KB049581

세상 모든 창업가가 묻고 싶은 질문들

하버드 MBA 스타트업 수업

토머스 아이젠만 지음 | 박영준 옮김

WHY
STARTUPS
FAIL

세상 모든 창업가가
묻고 싶은 질문들

비즈니스북스

옮긴이 | **박영준**

대학에서 영문학을 전공하고 대학원에서 경영학을 공부한 후 외국계 및 국내 기업에서 재직했다. 현재 바른번역 소속 전문번역가로 활동 중이다. 역서에는 《컨버전스 2030》, 《중국 세계로 가다》, 《애널리틱스》, 《자전거의 즐거움》, 《21세기 미중관계》, 《최고의 리더는 사람에 집중한다》, 《훌륭한 관리자의 평범한 습관들》, 《신뢰의 힘》, 《심플, 강력한 승리의 전략》 등이 있다.

세상 모든 창업가가 묻고 싶은 질문들

1판 1쇄 발행 2022년 1월 18일
1판 3쇄 발행 2022년 3월 11일

지은이 | 토머스 아이젠만
옮긴이 | 박영준
발행인 | 홍영태
편집인 | 김미란
발행처 | (주)비즈니스북스
등 록 | 제2000-000225호(2000년 2월 28일)
주 소 | 03991 서울시 마포구 월드컵북로6길 3 이노베이스빌딩 7층
전 화 | (02)338-9449
팩 스 | (02)338-6543
대표메일 | bb@businessbooks.co.kr
홈페이지 | http://www.businessbooks.co.kr
블로그 | http://blog.naver.com/biz_books
페이스북 | thebizbooks
ISBN 979-11-6254-262-0 03320

"질, 캐롤라인, 잭에게 이 책을 바칩니다."

스타트업 창업가라면
반드시 찾아야 할 대답

왜 대다수의 스타트업은 성공하지 못하는가? 세상의 모든 창업가라면 반드시 묻고 싶은 이 질문을 나는 몇 년 전에 받았다. 하지만 그 질문에 제대로 답을 하지 못했다. 당시 내가 잘 아는 두 개의 스타트업이 연이어 문을 닫았는데, 두 회사의 설립자는 모두 내 제자였다. 이 창업가들과 그들이 겪은 경험담을 모두 이 책에서 다룰 것이다. 트라이앵귤레이트Triangulate라는 첫 번째 스타트업은 뛰어난 인재들을 모아 온라인 데이트 사이트를 제작·운영하던 업체였다. 두 번째 회사 퀸시Quincy는 젊은 직장인 여성들을 위해 멋지고, 저렴하고, 착용감이 우수한 출근용 의상을 판매한다는 아이디어가 돋보인 스타트업이었다. 나는 제자들이 회사를 창업하도록 적극 권장했고 퀸시에는 투자자로 참여하기도 했다. 그러나 한때 전도유망했던 제자들의 스타트업은 결국 실패의 늪에 빠졌다. 왜 그런 일이 생겼을까? 나는 각 사례별로 수많은 이유를 나열해 봤지만 근본적인 원인을 정확히 집어내지는 못했다.

그동안 미국에서 가장 뛰어난 학생들에게 미래에 창업할 회사를 성공으로 이끌 수 있는 방법을 가르쳐 온 전문가이자 학자인 나로서는 우려스러울 수밖에 없었다. 내가 실패를 피하는 방법을 설명하지 못한다는 것은 말이 되지 않았다. 더구나 새롭게 탄생한 벤처기업 중에 3분의 2 이상이 문을 닫는다는 현실을 감안하면 설명이 필요한 일은 한두 가지가 아니었던 셈이다![1]

나는 지난 24년간 하버드대학 경영대학원Harvard Business School(이하 HBS)에서 교수로 재직하며 MBA 코스를 밟는 모든 학생이 필수로 이수해야 하는 '기업 경영자'The Entrepreneurial Manager 과정을 지도했다. 또 개인적 연구, 엔젤투자자로서의 경력, 여러 스타트업에서 이사로 활동한 경험 등을 바탕으로 창업의 거의 모든 측면을 다루는 14개 선택 과목을 개설해서 수업을 진행했다. HBS는 스타트업을 생산하는 공장이라고 해도 과언이 아니다. 이곳을 졸업한 동문들은 2006년 이후로 벤처캐피털에서 투자를 유치한 스타트업을 1,300개 이상 설립했으며 수많은 성공 사례를 탄생시켰다.[2] 지난 10년 동안 HBS 동문이 창업한 스타트업 중 스티치 픽스Stitch Fix, 클라우드플레어Cloudflare, 오스카 헬스Oscar Health, 징가Zynga 등을 포함한 19개 업체가 기업 가치 10억 달러 이상의 스타트업을 의미하는 유니콘unicorn의 지위를 획득했다. 그 기업들의 설립자 상당수가 내 제자였다. 나는 그들의 창업 계획에 대해 다양한 지도와 조언을 제공했으며, 적어도 2,000명 이상의 HBS 학생과 동문들에게 똑같은 과정을 가르쳤다.

하지만 그와 동시에 나는 수많은 실패 사례를 목격했다. 그 회사들 역시 대부분 영리하고 열정적인 창업가가 설립한 전도유망한 스타트업이었다. 이들 회사의 설립자들은 스타트업의 성공을 위해 작성한 대본에 따라 충실하고 철저하게 실천했다. 그들은 적절한 틈새시장을 찾아냈고 고객의 욕구를 충족시킬 수 있는 차별화된 제품을 개발했다. 그리고 린 스타트업Lean Startup(단기간 제품을 만들고 성과를 측정해 제품 개선에 반영함으로써 성공 확률을 높이는 경영 방법론—옮긴이)의 기법을 활용해서 시장의 수요를 검증했다. 또 효과가 입증된 비즈니스 모델을 채택했고, 훌륭한 조언자를 찾아냈으며, 회사가 꼭 원하는 경험을 가진 직원들을 채용했다. 이 모든 게 사실이라면 그들은 반드시 성공했어야 옳았을 것이다. 하지만 현실은 그렇지 않았다.

앞서 말한 대로 나는 이토록 무궁한 잠재력을 지닌 회사들이 꿈을 이루지 못하는 이유를 제대로 설명할 수 없었다. 이로 인해 내가 HBS에서 학생들에게 가르쳤던 창업 전략이 생각만큼 완벽한 보호 장치가 아닐지도 모른다고 의심하게 됐다. 내가 수많은 창업가들에게 제공한 조언이 오류투성이였던 걸까? 스타트업이 성공하지 못하는 이유를 충분히 설명할 수 없는 사람이 어떻게 스타트업의 성공 방정식을 자신 있게 지도할 수 있을까?

내가 '스타트업은 왜 실패하는가'에 대한 근본적인 답을 전력을 다해 탐구해 보기로 마음먹은 것은 그때부터였다. 나는 스타트업의 실패를 초래하는 행위나 패턴을 독립적으로 분리해냄으로써 창업가가 치명적 실수를 피할 수 있도록 돕고 그와 직원들의 고통을 덜어 주고 싶었다. 고통스러운 실패의 원인이 누구나 충분히 피할 수 있었던 실수에 있다면 이는 단지 고통의 문제만이 아니다. 설립자, 직원, 투자자뿐만 아니라 사회 전반의 이익을 위해 요긴하게 활용될 수 있었던 시간과 자본을 다른 곳에 낭비했다는 의미이기도 하다. 이 사회에는 수많은 도전을 극복해 낼 수 있는 창업가들이 필요하다. 무분별하고 불운한 스타트업으로 인해 훌륭한 인재와 자원이 희생돼서는 안 된다. 그러나 어느 창업가가 자신의 스타트업에 최선의 노력을 기울였지만 성공하지 못했다면, 나는 그가 그 경험을 통해 많은 것을 배우고 이를 바탕으로 더 높이 도약할 수 있도록 유용한 도구를 제공하고 싶었다. 그런 목표를 마음에 두고 수년에 걸친 연구 프로젝트를 시작했으며 그 결과물을 모두 이 책에 담았다.

■ 성공의 암호를 해독하다 ■

나는 이 연구를 시작하면서 제약 산업이나 스포츠 또는 군대의 전투처럼 다양한 환경에서 발생한 실패의 사례를 먼저 조사하기로 했다.[3] 스타트업의 성공과 실패 원인을 분석하는 일이 쉽지 않다는 사실을 잘 알고 있던 내게 불현듯 이런 의문이 떠올랐기 때문이다. 다른 분야에서도 성공과 실패의 원인을 규명하기 어려울까? 그곳에서는 원인을 파악하는 데 무엇이 가장 방해가 될까? 스타트업의 세계에서도 비슷한 문제가 존재할까? 그 분야의 전문가들은 실패를 예측하고 성공에 이르는 해결책을 찾아냈을까? 그 해결책은 스타트업 설립자들에게도 적용될 수 있을까?

다행히 내 탐구의 결과는 긍정적이었다. 철학부터 소방消防 활동에 이르기까지 모든 영역의 전문가들 역시 실패로부터 성공을 배울 수 있다고 동의한 것이다.

"실패할 수 없다면 배울 수도 없다."[4] 린 스타트업의 권위자 에릭 리스Eric Ries가 한 말이다. 이 말은 20세기의 가장 위대한 철학가 중 한 사람인 칼 포퍼Karl Popper의 사상을 그대로 옮겨 놓은 듯하다. 만약 당신이 미래가 어떻게 전개되리라는 것을 자신 있게 예측할 수 있고 모든 일이 계획대로 진행된다면 당신은 그 과정에서 아무것도 배울 게 없다. 하지만 계획이 빗나간다면 당신은 원래의 예측을 재검토하고, 예측에 대한 실험을 다시 실시함으로써 부족한 부분을 밝혀내야 한다. 말하자면 당신은 최초로 세운 가설을 입증하는 데 '실패'한 실험을 통해 값진 통찰을 새롭게 얻을 수 있는 것이다.

나는 그동안 여러 분야의 성공과 실패를 다각도로 연구하면서 우리가 실패에서 교훈을 얻는 데는 두 가지 방법이 있다는 사실을 깨달았다. 개인적 경험을 통해 직접 배우는 것과 타인의 실수를 간접적으로 학습하는 것이다.[5] 만일 좌절을 겪은 당사자가 자기가 한 일 중에 무엇이 잘못됐고 어떤 일을 좀 더 나은 방향으로 할 수 있었을지 냉철하게 반성한다면, 개인적 경험은 매우 훌륭한 스승의 역할을 할 수 있다. 특히 이런 학습 방식은 피드백의 주기가 빈번하고 신속하며, 문제의 인과관계가 안정적이면서 이해하기 쉽다. 또 실패에 따르는 위험이 크지 않아 이해 관계자들의 감정적 동요로 인해 사고의 과정이 훼손되지 않는 경우에 효과를 발휘한다. 대표적인 분야가 날씨를 예측하는 일기 예보의 영역이다. 하지만 스타트업은 이 기준에 적합하지 않은 것 같다.

무엇보다 스타트업을 처음 설립한 사람은 과거 회사를 세워서 실패한 직접적 경험이 없다. 심지어 이전에 몇몇 회사를 설립했던 경험자도 본인의 성과에 대해 피드백을 얻을 만한 데이터 수집점이 그리 많지 않다. 게다가 이제까지 존재하지 않았던 새로운 제품이나 서비스를 시장에 제안하는 창업가는 자신의 행위가 의도된 결과로 이어질지에 대한 인과관계를 예측하기가 매우 어렵다. 또 창업가의 정체성이 자신의 스타트업과 한 몸처럼 얽혀 있는 상황에서 회사가 어려움에 처하면 재무적 손실 이외에도 좌절, 죄책감, 슬픔 같은 격렬한 감정에 휩싸일수밖에 없다.

　　그런 의미에서 개인적이고 직접적인 경험 대신에 다른 사람의 실수로부터 교훈을 얻을 수 있는 간접적인 학습 방법이 존재한다는 사실은 행운이다. 내가 이 방법에 매우 익숙한 이유는 HBS가 주로 사례 연구를 통한 학습 모델을 기반으로 운영되고 있기 때문이다. 따라서 이 사례들은 창업의 실패를 예측하고 방지하는 데 도움을 제공하는 강력한 도구가 돼 주리라 믿는다.

　　더욱 효과적인 방법은 실패에 근접했던 사례를 간접적으로 학습하는 것이다. 미국 교통안전청 National Traffic and Safety Board 이 항공 사고가 발생할 뻔했던 위기 사례를 모아 주기적으로 보고서를 발간하는 것도 이와 비슷한 맥락에서 설명할 수 있다. 이러한 사례들을 연구하면 당사자들이 어떤 실수를 저질렀는지뿐만 아니라 궁극적으로 그들이 어떤 의사 결정이나 행위 덕분에 재난을 피했는지에 대한 통찰을 얻을 수 있다. 따라서 이 책에는 성공 사례는 물론, 실패 사례와 실패에 근접했던 사례들을 모두 수록했다.

나는 다양한 분야의 사례를 연구하는 과정에서 스타트업의 실패 원인을 파악하는 일이 그토록 어려웠던 이유를 어느 정도 깨닫게 됐다. 인간은 좋은 일이든 나쁜 일이든 특정한 결과가 도출된 이유를 지나치게 단순한 방식으로 설명하려는 경향이 있다. 철학자들은 이런 현상을 '단일 원인의 오류'single cause fallacy라고 부른다.[6] 우리는 어떤 재앙이 발생했을 때 특정 사안에 초점을 맞춰 그것이 그 재앙의 유일한 원인이라고 판단하는 경우가 많다. 이를테면 대통령 선거에 출마한 후보자가 경쟁에서 패한 이유를 '경합 주에서 표를 얻지 못했기 때문'이라고 생각하고, 스포츠 팀이 지난 시즌에 부진한 성적을 거둔 원인을 '스타 투수의 햄스트링 부상' 탓으로 돌리는 것이다. 사실 그런 결과가 도출된 이유는 수많은 요인이 복합적으로 작용했기 때문이다.

게다가 우리는 심리학자들이 '근본적 귀인 오류'fundamental attribution error라고 부르는 함정에 빠지기 쉽다.[7] 학자들의 연구에 따르면 우리는 어떤 관찰 대상이 특정한 방식으로 행동하는 이유를 설명할 때 당사자의 '기질적' 요인(성격이나 가치관)을 지나치게 강조하는 경향이 있다고 한다. 반면 그런 행위를 이끌어 낸 '상황적' 요인, 즉 사회적 압력이나 환경적 조건 등은 대수롭지 않게 여긴다. 반면 우리 자신의 행위를 설명할 때는 우리가 거둔 좋은 결과의 원인을 기질적 요인(특히 우리의 재능이나 근면함)에서 찾고, 나쁜 결과는 상황적 요인 탓을 한다. 우리가 운전 중에 갑자기 앞에 끼어든 운전자를 이기적인 얼간이라고 생각하는 반면, 그 운전자는 백미러의 사각지대 핑계를 대는 것도 그런 이유에서다. 그리고 바로 이 때문에 새로 창업한 스타트업이 문을 닫게 되면 투자자들이나 팀 구성원들은 설립자의 결점을 지적하고, 설립자는 외부 환경('경제 여건이 성숙되지 않은 소프트 이코노미')이나 다른 사람들('지나치게 성장만을 강조한 벤처캐피털')에게 화살을 돌리는 것이다.

그런 이유로 스타트업이 실패한 이유를 당사자나 주변인의 설명에서 찾는 것은 그렇게 신뢰할 만한 방법이 아니다. 따라서 나는 그들의 설명을 액면 그대로 받아들이기보다 스타트업들의 가치 제안, 조직원들의 역량, 투자자들의 목표, 설립자들의 동기 부여와 같은 독립적이고 객관적인 요인들을 분석할 필요성을 느꼈다. 다행히 나는 HBS에서 맡고 있는 역할 덕분에 이 학교를 졸업한 수백 명의 창업가를 만날 수 있었으며, 그들 모두 내가 이 작업을 수행하기에 차고 넘치는 신뢰를 보여 줬다.

■ 이 책을 쓰기 위한 연구 방법론 ■

그동안 다양한 환경에서 발생한 실패를 연구하다 보니, 스타트업이 무너진 원인을 설명할 수 있는 풍부한 사례를 만들어 내는 것이 가장 우선적인 과제라는 사실이 분명해졌다. 하지만 그 사례들을 개발하기 위해 과거 방식의 학문적 작업에 의존할 수는 없었다. 기존의 작업 방식은 주로 이론적 모델, 계량 경제학적 분석, 대규모의 모집단을 대상으로 한 설문 조사 등에 기반을 두고 있었으며 사례 연구를 위한 세심한 조사나 철저한 개별 인터뷰 등을 통해 정보를 수집하는 경우는 드물었기 때문이다.[8] 결국 나는 실제 현장에 뛰어들어 어려움을 겪은 스타트업들을 대상으로 직접 연구 활동을 수행해야 했다.

따라서 나는 수십 명의 창업가와 투자자를 인터뷰해서 그들이 설립했거나 자금을 지원한 스타트업이 성공하지 못한 이유를 파악하기 위해 노력했다. 또 회사의 실패 원인을 기술하는 당사자 및 주변인의 글도 폭넓게 숙독했다. 이 모든 연구의 목적은 다른 사람들에게도 반복될 수 있는 문제나 패턴을 찾아내는 데 있었다.

HBS의 MBA 과정은 그런 통찰을 풍부하게 생산해 내는 원천이었다. 나는 지난 몇 년간 스타트업이 어려움을 겪는 과정을 상세하게 기술한 20여 개의 사례를 작성해서 학생들을 지도했다. 수업 중에 새로운 사례가 발표될 때마다 학생들 사이에서는 무엇이 잘못됐고 그 회사가 어떤 접근 방식을 취했더라면 더 좋은 결과가 나왔을지 의견을 주고받는 치열한 토론이 벌어졌다. 사례를 다루는 수업에는 해당 회사의 설립자가 종종 함께 참석했다. 학생들은 설립자들의 설명을 주의 깊게 경청했고, 동시에 실제 벌어진 일과 상반되는 반反사실적 가정("만일 최고기술책임자CTO를 다른 사람으로 뽑았다면 어떻게 됐을까?")을 탐구해 볼 기회를 얻기도 했다.

나는 이 연구에 본격적으로 뛰어들면서 HBS의 MBA 과정에 창업 실패 사례만을 전적으로 가르치는 선택 과목을 새롭게 개설하기로 마음먹었다. 수업 중에 실패에 관한 주제만 다루면 학생들이 우울해지거나 힘이 빠지지 않을지 우려되기도 했지만, 현실은 정반대였다. 학생들은 수업이 진행될 때마다 생기 넘치는 모습으로 지적인 퍼즐을 푸는 일에 동참했다. 그 전도유망한 스타트업은 훌륭한 제품, 뛰어난 인재, 넉넉한 자금력을 지닌 투자자를 보유하고도 왜 성공의 문턱을 넘지 못했을까? 영리한 학생들과 함께 이 주제를 탐구하다 보니 내 견해도 점점 날카롭게 다듬어졌으며 이 책에 등장하는 다양한 사례도 새롭게 개발할 수 있었다.

　내 연구의 마지막 구성 요소는 이미 실패했거나 운영에 어려움을 겪는 스타트업들의 의사 결정 및 조직적 특성을 성공한 기업들의 그것과 비교하는 설문 조사였다. 이를 위해 470여 개의 스타트업 설립자들이 그들의 제품, 고객, 경쟁자, 조직, 자금 등에 관한 다양한 질문에 답변을 제공했다. 나는 이 조사 자료들을 인터뷰 및 사례 연구에서 도출된 가설을 입증하는 데이터로 활용했으며, 이를 바탕으로 스타트업을 좌절로 이끄는 몇몇 지배적인 패턴을 찾아낼 수 있었다.

■ 스타트업이 반드시 피해야 할 함정 ■

그동안의 연구를 통해 스타트업의 실패 이유를 대부분 설명할 수 있는 여섯 가지의 뚜렷한 패턴을 알아 냈다. 앞으로 각 장 전체를 할애해 여섯 가지 패턴을 하나하나 상세히 다룰 예정이다. 이 패턴들은 스타트업이 고전을 면치 못하는 원인을 지나치게 단순한 방식으로 해석하려는 세간의 신화에 정면으로 반기를 든다. 일례로 벤처캐피털 투자자들은 스타트업이 몰락한 이유를 주로 '나쁜 기수'騎手(벤처캐피털은 스타트업이 추구하는 사업 기회를 '말'馬로 표현하고 설립자를 '기수'로 부른다)에서 찾는 경향이 있다.[9] 이 책의 제1부 '론칭: 스타트업 날개를 펼치다'에서는 설립 초기의 스타트업들에게 해당되는 세 가지 함정을 집중적으로 다루고, 제2부 '확장: 스타트업 고개를 넘다'에서는 상대적으로 넉넉한 자원을 보유한 후기 단계 스타트업들의 함정을 분석한다. 또 각 실패 패턴의 제물이 된 스타트업들의 사례를 살펴보고, 다른 창업가들이 어떻게 하면 이와 같은 실수를 피할 수 있는지 함께 알아본다.

초기 단계의 함정

1. 좋은 아이디어와 나쁜 동료. 설립자가 유망한 사업 기회를 찾아냈음에도 불구하고, 창업 초기 단계의 많은 스타트업이 결국 실패했다. 이는 훌륭한 제품과 서비스를 구상하는 일이 스타트업의 성공에 필수이긴 해도 결코 충분치는 않다는 사실을 입증한 사례들이라고 볼 수 있다. 앞서 말한 대로 대부분의 벤처캐피털 투자자는 빠른 말보다 좋은 기수를 더 중요하게 여기고 투지, 비전, 사업 감각, 리더십 같은 자질을 갖춘 설립자들을 찾아 나선다.

그러나 설립자에게만 지나치게 초점을 맞추다 보면 스타트업의 성공에 열쇠를 쥐고 있는 다른 참가자들을 무시하는 결과를 낳는다. 뒤에서 자세히 다루겠지만 회사가 무너지는 데는 설립자뿐만 아니라 조직 구성원, 전략적 파트너, 투자자 등을 포함한 모든 이해 당사자가 중요한 몫을 담당할 수 있다. 스타트업에 핵심 자원을 제공하는 사람들 사이의 관계가 기능 장애를 일으키는 현상은 주기적으로 반복된다. 나는 이 실패 패턴에 '좋은 아이디어와 나쁜 동료'라는 이름을 붙였다.

2. 잘못된 출발. CB 인사이트CB Insights라는 시장 조사 서비스 기업에 따르면 최근에 설립된 스타트업들이 좌절한 가장 일반적인(거의 절반 정도) 이유가 '시장 수요가 없는' 제품이나 서비스를 내놓았기 때문이라고 한다.[10] 그 사실은 나를 매우 곤혹스럽게 만들었다. 지난 10년

간 수많은 창업가들이 린 스타트업 방법론을 받아들였다.[11] 이 원리를 따르는 창업가라면 다양한 실험과 반복적인 연구를 통해 매력적인 시장 기회를 포착하고 이를 구심점 삼아 조직의 목표를 이동시켰을 것이다. 하지만 린 스타트업의 원칙을 받아들였다고 자처한 많은 기업이 제대로 된 시장을 찾아내지 못하고 구렁텅이에 빠졌다는 것이다. 왜일까? 린 스타트업의 방법론에서 뭔가가 부족했던 것은 아닐까?

나는 지난 2010년 린 스타트업의 창시자들을 처음 만난 이후로 이 운동의 전도사로 변신했다. 그해 스티브 블랭크Steve Blank가 내 학생들에게 자신의 핵심적인 아이디어를 강의했으며, 에릭 리스는 HBS의 상주 창업가entrepreneur in residence가 됐다. 그러나 나는 스타트업의 실패 사례를 깊이 파고들수록 설립자들이 린 스타트업의 원리를 실천에 옮기는 과정에서 뭔가 부족했다는 결론에 도달했다. 방법론 자체에 문제가 있어서가 아니라 린 스타트업의 원칙을 도입했다고 주장한 창업가들이 실제로는 이 규칙의 일부만을 받아들였기 때문이다.

좀 더 구체적으로 말하자면, 그들 역시 남들처럼 완제품 출시 이전에 고객들의 반응을 살펴볼 목적으로 내놓는 최소 기능 제품minimum viable product, MVP(이하 MVP)을 출시해서 시장의 반응을 살피고 제품을 수정하는 과정을 반복했다고 주장한다. MVP를 통해 고객의 반응을 테스트하는 이유는 아무도 원치 않는 제품을 개발하고 마케팅하는 데 시간과 돈을 들이지 않기 위해서다. 그러나 그들은 기술적 노력에 착수하기 전에 먼저 고객들의 욕구를 조사하는 작업을 소홀히 함으로써, 스타트업의 목표와 거리가 먼 MVP를 제작하는 데 귀중한 시간과 자본을 낭비했다. 이것이 바로 '잘못된 출발', 즉 창업가들이 제품을 출시하는 일을 너무 서둘러서 빚어진 실수인 것이다. 사실 이 '준비, 발사, 조준'의 전략은 린 스타트업의 핵심 원리이기도 하다.

3. 긍정의 오류. 스타트업 제품이 최초 고객들에게서 좋은 반응을 얻은 뒤에 시장의 수요에 대한 과도한 낙관론에 기대고, 이로 인해 설립자가 잘못된 기회를 추구하는 과정에서 막대한 현금이 소모될 수 있다. 린 스타트업의 전문가들은 회사의 제품에 대한 시장의 수요가 클 거라는 '기만적 신호'를 주의하라고 경고한다. 하지만 창업가들도 모든 사람과 마찬가지로 자신이 보고 싶은 것만 보려는 경향이 있다. '긍정의 오류'는 창업가들이 소수 얼리 어답터early adopter(제품이 출시될 때 가장 먼저 구입해 평가를 내린 뒤 주위에 제품의 정보를 알려 주는 성향을 지닌 소비자—옮긴이)의 열광적인 반응에 현혹된 나머지 주력 시장에도 큰 수요가 존재할 거라고 잘못 판단함으로써 발생하는 실패 패턴이다.

만일 스타트업이 본격적인 제품 마케팅에서 부정적인 시장 반응을 얻었다면, 회사는 궤도를 수정해 주력 시장의 고객들을 겨냥한 제품을 제안하는 것으로 사업의 중심축을 이동시켜야 한다. 하지만 그 과정에는 비싼 대가가 따른다. 일단 회사는 제품을 다시 개발하고 고객을 재교육하는 과정을 밟아야 한다. 잠재 고객들은 제품의 변화에 혼선을 겪을 것이며 검증되지 않은 새로운 제품을 의심의 눈길로 바라보게 될 것이다. 또 얼리 어답터들도 제품에 발생한 변화 탓에 소외감을 느끼고 결국 그 제품을 포기할 가능성이 크다.

'잘못된 출발'과 '긍정의 오류' 패턴은 모두 스타트업을 그릇된 길로 인도함으로써 실패의 가능성을 높이는 역할을 한다. 그러나 이 두 가지 패턴을 초래하는 실수의 형태는 서로 다르다. '잘못된 출발'은 회사가 선행적인 시장 조사를 소홀히 하고 '잘못된 제품', 즉 고객의 욕구를 만족시키지 못하는 제품을 출시하는 데서 발생한다. 반면 '긍정의 오류'는 '잘못된 고객'의 욕구를 충족하는 실수, 즉 얼리 어답터에게만 초점을 맞추고 주력 고객을 외면하는 실수에서 비롯된다.

후기 단계의 함정

좋은 아이디어와 나쁜 동료, 잘못된 출발, 긍정의 오류 등의 초기적 문제들을 견뎌 낸 스타트업들은 청년기로 접어들며 또 다른 성장통과 맞서야 한다. 일단 도입기를 통과한 스타트업들은 실패 확률이 현저히 떨어진다. 하지만 놀라운 사실은 벤처캐피털 투자자들이 '후기 단계'의 스타트업들로 인해 손해를 보는 비율도 전체의 3분의 1에 달한다는 것이다.[12] 왜 그럴까?

4. 속도의 함정. 나는 후기 단계에서 실패한 스타트업들의 사례를 연구하면서 그중 많은 회사가 성공의 궤도를 이탈하기 전에 시장에서 좋은 반응을 얻었다는 사실을 발견했다. 대표적인 사례가 뒤에서 소개할 팹닷컴Fab.com을 비롯해 그루폰Groupon, 내스티 갤Nasty Gal, 비피Beepi 같은 업체들이다. 이들은 공통적으로 내가 '속도의 함정'이라고 이름 붙인 패턴을 비슷하게 따랐다. '속도의 함정'에 빠진 스타트업은 일단 매력적인 시장 기회를 찾아내는 데 성공한다. 얼리 어답터들은 이 회사의 제품을 사용해 보고 사방에 입소문을 퍼뜨린다. 덕분에 마케팅에 돈을 투자하지 않았는데도 고객이 몰려든다. 짧은 시간에 급속한 초기 성장을 이룩한 회사는 열정적인 투자자들을 유혹한다. 투자자들은 이 스타트업의 지분을 사들일 때 지불한 높은 가격을 만회하기 위해 사업 규모를

공격적으로 확장하라고 압력을 가한다. 사실 재촉할 필요도 없다. 설립자 역시 성장을 간절히 원하기 때문이다.

그러나 해당 스타트업이 집중적인 마케팅에 돌입하면서 최초의 목표 시장은 포화 상태에 이른다. 그 말은 회사가 더 성장하기 위해서는 신규 시장으로 고객층을 확장해야 한다는 뜻이다. 그러나 새롭게 확보한 고객들은 얼리 어답터처럼 이 회사의 가치 제안에 매력을 느끼지 않기 때문에, 소비 액수도 적고 재구매 확률도 낮다. 따라서 신규 고객이 이 제품에 대해 다른 잠재 고객에게 입소문을 퍼뜨릴 가능성도 그만큼 떨어진다. 결국 이 회사는 성장을 위해 마케팅에 더 많은 돈을 지출할 수밖에 없다. 그러다 보면 고객 한 명을 확보하는 데 들어가는 평균 비용이 계속 증가하게 된다.

동시에 초기에 급속하게 성장하는 이 회사를 지켜본 경쟁자들도 너도나도 게임에 참가한다. 싸움터에 뛰어든 회사들은 시장에서 우월한 위치를 점하기 위해 가격을 내리고 프로모션에 돈을 쏟아붓는다. 어느 시점에 도달하면 신규 고객이 회사에 제공하는 가치보다 고객을 새롭게 확보하는 데 들어가는 비용이 더 커지기 시작한다. 스타트업의 자금이 바닥을 드러내면서 투자자들은 더 많은 자본금을 투입하기를 꺼린다. CEO는 그런 상황에 대응하기 위해 회사의 행보에 급제동을 건다. 현금 유출을 막기 위해 성장의 속도를 줄이고 인력을 축소하는 것이다. 앞으로 이 스타트업이 근근이 살아남을지는 몰라도 주가는 떨어지고 투자자들은 손해를 보게 될 것이다.

5. 자원의 고갈. '속도의 함정'에 빠진 스타트업이 끝없이 성장을 추구하는 과정에서 신규 고객들이 회사의 제품에 대해 느끼는 매력도가

감소하면 제품-시장 적합성product-market fit 역시 쇠퇴한다. 그러나 내가 '자원의 고갈'이라고 이름 붙인 후기 단계의 패턴에서는 급속한 성장이 초래하는 문제의 종류가 조금 다르다. 이 스타트업들은 신규 고객을 지속적으로 확보하는 가운데서 어떻게든 제품-시장 적합성을 지켜 나간다. 그러나 앞서 언급한 '좋은 아이디어와 나쁜 동료'라는 초기 단계 패턴처럼, 후기 단계의 스타트업 역시 다음 두 가지의 자원 부족 문제로 인해 몰락의 길로 접어들 수 있다.

첫 번째는 '자금조달 리스크'다. 벤처캐피털 투자자들이 특정 산업 전체에 투자의 흥미를 잃어버리는 상황은 종종 발생한다. 1990년대 초의 생명공학 분야나 2000년 초의 친환경 기술 영역에서 그런 일이 생겼다. 일시적인 경영 부진에 빠진 건실한 스타트업이 추가 투자를 유치하는 데 어려움을 겪는 일도 종종 벌어진다. 언뜻 보기에 사소할 수 있는 자금 조달 문제가 회사를 파국으로 몰고 가는 것이다. 자금 고갈 현상은 때로 몇 달 또는 몇 년씩 지속되면서 창업가나 투자자에게 충격을 준다. 급속도로 성장하는 스타트업이 자금 시장의 불황기가 시작되는 시점에서 추가적인 자금 조달이 필요하다면, 그리고 지출을 하루아침에 줄이는 일이 불가능하다면, 그 회사는 생존이 어려울지도 모른다.

두 번째 문제는 '경영진의 인력 부족' 현상이다. 성장세에 놓인 스타트업에는 기술, 마케팅, 재무, 운영 등 각 기능 조직의 인력들을 효과적으로 관리할 역량을 갖춘 전문가 임원들이 필요하다. 임원의 채용이 늦어지거나 잘못된 인력이 선임되는 경우 회사의 전략은 표류하고, 비용은 증가하며, 조직의 문화는 기능 장애를 일으킬 수 있다.

6. 기적의 연속. '속도의 함정'이나 '자원의 고갈' 같은 패턴에 빠지지

않고 눈부신 성장을 이룩한 회사들도 있지만, 일부 후기 단계 스타트업은 벤처캐피털에서 수억 달러의 투자를 유치하고 수백 명의 직원을 채용했음에도 성공하지 못했다. 이들 회사는 하나같이 야심 찬 비전을 내세웠으나 그 비전을 추구하는 과정에서 다음과 같은 문제의 대부분 또는 전부를 해결해야 하는 중대한 도전에 직면했다.

1. 수많은 고객을 설득해서 그들의 소비 행위를 근본적으로 바꾼다.
2. 새로운 기술을 개발한다.
3. 이미 강력한 시장 지배력을 행사하는 대기업들과 협력관계를 맺는다.
4. 규제 완화를 포함해 정부 차원의 각종 지원을 얻어 낸다.
5. 막대한 규모의 투자를 유치한다.

말하자면 이들은 하나하나가 '죽느냐 사느냐'를 결정하는 중차대한 문제였다. 그중 하나라도 문제가 발생한다면 회사는 곧장 무너질 수밖에 없는 상황이었다. 만일 이 중 한 문제에서 긍정적인 결과가 도출될 확률이 50퍼센트였다고 가정하면, 다섯 개 문제가 모두 해결될 확률은 룰렛 게임에서 특정 숫자가 나올 확률인 3퍼센트에 불과했다. 다시 말해 이 설립자들은 '기적의 연속'이라는 도박에 베팅을 하고 있었던 셈이다.[13]

'기적의 연속' 패턴에 빠진 후기 단계 스타트업에는 이리듐Iridium, 세그웨이Segway, 웹밴Webvan 같은 전설적인 회사들도 포함된다. 최근의 사례로는 스카이프의 설립자가 유튜브에 맞서기 위해 만든 주스트Joost, 수많은 가상화폐공개initial coin offering (사업자가 블록체인 기반의 가상화폐 코인을 발행하고 이를 투자자들에게 판매하는 자금조달 방식 —옮긴이) 프로젝트 그리고 우리가 나중에 살펴볼 베터 플레이스Better Place 같은 기업을 생각해 볼 수 있다. 베터 플레이스는 자사가 운영하는 전기 자동차 충전소에서 로봇을 이용해 차량의 방전된 배터리를 완전히 충전된 배터리로 교환해 주는 사업을 했던 회사다. 이들 스타트업의 카리스마 넘치는 설립자들은 미래를 향한 화려한 청사진을 제시하며 직원, 투자자, 전략적 파트너들을 유혹했다.

　나는 오랜 시간이 흐른 뒤에야 '기적의 연속'에 의지했던 스타트업들이 왜 실패했는지 알게 됐다. 하지만 만일 어떤 창업가가 지금 당장 '세상을 바꾸는' 비전을 눈앞에 제시한다면, 우리는 그것이 환상에 불과한지 여부를 판단하기 쉽지 않을 것이다. 1970년대 초 프레드 스미스Fred Smith가 페더럴 익스프레스Federal Express(현재 페덱스)라는 신생 기업에 벤처캐피털 역사상 가장 큰 규모로 투자를 유치하기 위해 노력하는 모습을 본 사람들은 그가 정신이 나갔다고 생각했다.[14] 내가 이 책을 쓰고 있는 시점에서 일론 머스크Elon Musk가 과연 정신이 멀쩡한 인물인지, 그리고 테슬라의 전기자동차가 장기적인 사업성을 갖춘 제품인지에 대한 회의론이 대두되는 것도 비슷한 맥락이다. '기적의 연속'이라는 패턴을 피할 수 있는 간단한 방법은 존재하지 않는다. 그러나 나는 이 책에서 후기 단계 스타트업이 이 위험한 길을 향하고 있음을 입증하는 몇몇 조기 경보 신호를 제시할 예정이다.

■ 무의미한 질주를 멈추는 법 ■

스타트업의 창업가들을 대상으로 실패의 원인을 분석하는 인터뷰를 진행하다 보면, 그들이 폐업을 겪는 과정에서 치러야 했던 '인적 비용'human cost에 특별한 관심이 쏠리게 된다. 그런 의미에서 내게 좋은 사례가 돼 준 회사가 퀸시 어패럴이다. 이 스타트업의 공동 설립자 알렉스 넬슨Alex Neslon과 크리스티나 월리스Christina Wallace는 사업을 시작할 때 향후 비즈니스에서 어떤 갈등이 생길지라도 두 사람의 우정을 위협하는 일이 없도록 하자고 다짐했다. 하지만 그로부터 2년 뒤 회사를 접는 문제를 두고 충돌한 그들은 다시는 서로 말을 하지 않는 사이가 됐다.

그동안 나는 사업 중단에 대한 결정을 앞둔 많은 창업가와 상담을 했으며, 그들이 의사 결정을 내린 직후에 어떤 일이 벌어졌는지 수없이 목격했다. 그들은 나와 대화를 나누는 과정에서 분노, 죄책감, 슬픔, 수치심, 후회 같은 원초적 감정을 그대로 드러냈다. 어떤 창업가들은 실패라는 상황 자체를 받아들이지 못했으며 깊은 좌절감에 빠진 모습을 보이기도 했다. 꿈이 무너지고, 인간관계가 훼손되고, 자존감이 산산조각 나 버린 그들을 누가 나무랄 수 있을까? 앞으로 자신의 평판에 어떤 영향이 미칠지, 쌓인 청구서는 어떻게 해결해야 할지, 앞으로 무슨 일을 해야 할지 걱정하는 사람들도 많았다. 바닥까지 추락한 그들에게 실패는 정말 고통스러운 일이다.

그동안 나는 그들의 반응을 두루 관찰해 오면서 당장 회사를 접어야 할 형편에 놓인 그들의 개인적 고통을 조금이라도 덜어줄 수 있는 방법이 없을지 고심했다. 이 책의 제3부 '결단: 새로운 도약을 준비하다'에서는 이 문제를 집중적으로 탐구하며, 논의의 초점을 스타트업이 '왜 성공하지 못하는가'에서 '창업가들이 실패에 어떻게 맞설 것인가'로 바꿨다. 스타트업이 문을 닫은 뒤에도 설립자들이 예전의 인간관계를 유지할 수 있는 방법은 무엇일까? 어떻게 하면 신속히 상처를 치유하고 좌절의 경험을 딛고 재기할 수 있을까?

그들에게 불필요한 고통을 가중시키는 요인 중 하나가 스타트업 실패의 또 다른 패턴인 '무의미한 질주'다. 이는 회사가 아무리 어려워도 절대 문을 닫을 수 없다는 설립자들의 완고한 심리에 뿌리를 둔 행위다. 그들은 실낱같은 희망조차 기대할 수 있는 시점이 이미 지나 버렸음에도 어떻게든 회사를 유지하려 한다. 폐업이라는 불가피한 결정을 연기할수록 자신이나 주변 사람들이 더욱 비싼 대가를 치러야 하지만 그들은 고집을 꺾지 않는다. 그 결과 투자자들에게 조금이나마 돌아갈 자본금을 의미 없이 소진하고 조직 구성원들이 새로운 경력을 찾아 나설 시간을 빼앗는다. 그런 과정에서 압박은 가중되고 희망은 희미해지고 약속은 깨지면서 인간관계에도 큰 상처가 남는다.

하지만 사업을 계속하거나 접어야 할 시점을 어떻게 판단할 수 있을까? 지난 수년간 많은 창업가가 자신의 스타트업에 더 많은 시간과 노력을 쏟아부을 가치가 있다고 보는지 내게 조언을 구했다. 하지만 나는 그들 앞에서 불편한 사실을 인정할 수밖에 없었다. 특정 회사의 성장 잠재력이나 손실의 위험성을 평가하는 일은 가능했지만 그 질문에 대한 답은 자신 있게 할 수 없었던 것이다. 그 선택은 왜 그토록 어려울까?

그 이유 중 하나는 실패가 대부분 매우 느린 속도로 진행되는 현상이며 그 와중에 수없는 기복과 부침이 발생한다는 것이다. 잠재적인 투자자들은 회사의 성장 가능성이 희박한 상황에서도 "생각할 시간이 좀 더 필요합니다."라며 대답을 얼버무린다. 그러다 보면 설립자들은 정말 현재의 상황에서 아무런 희망을 기대할 수 없는지 판단하기가 곤란해진다. 게다가 그들은 훌륭한 사업가란 투지가 강한 사람이며, 끈기를 발휘하면 언젠가 대가를 얻을 거라는 이야기를 귀에 못이 박히도록 들었다. 트위터, 슬랙, 유튜브 같은 기업의 설립자는 모두 끈질기기로 소문난 인물이었다.

그들은 처음에 팟캐스트 소프트웨어, 비디오게임, 데이트 사이트 같은 사업을 시작했다가 좌절했고 이를 딛고 일어나 결국 엄청난 성공을 이뤄 냈다. 이런 말을 들은 창업가는 사업을 접지 않고 어떻게든 버티는 길을 택한다. 그리고 마지막 순간까지 한 가닥 희망의 끈을 놓지 않는다. "우리의 새로운 제품에 포함된 기능은 분명히 영업 실적을 끌어올릴 겁니다.", "새로 부임한 마케팅 부사장은 구독자 수를 늘릴 수 있는 방법을 찾아내리라 믿습니다.", "경쟁사가 우리보다 먼저 문을 닫게 되면 우리가 그들의 고객을 흡수할 수 있으리라 봅니다."

이 책의 제3부에서는 사업을 중단하는 의사 결정의 과정을 탐구하고, 일단 결정을 내린 뒤에 폐업을 관리하는 방법에 대해 조언한다. 또한 창업가들 본인의 평판, 심지어 도덕적 의미의 평판에 심각한 훼손을 초래할 수 있는 어려운 선택들에 대한 효과적인 접근 방안을 함께 살펴본다. 예를 들면 창업가는 회사의 은행 계좌 잔고가 0인 상태에서도, 즉 회사의 현금이 고갈돼 직원들이나 납품업체에게 지불할 돈이 한 푼도 남지 않은 시점에도 새로운 투자자를 찾아야 할까?

그와 동시에 창업가들은 회사의 실패로 인한 감정적·직업적 손실을 극복하는 일을 가볍게 여겨서는 안 된다. 나는 좌절을 경험한 스타트업의 설립자들이 어쩔 수 없이 밟아야 하는 이 과정을 탐구했다. 그리고 창업가들을 대상으로 한 인터뷰는 물론이고, 실패에서 배우고 상실에 맞서는 방법을 다루는 심리 연구에서 유익한 정보를 얻었다. 창업가의 정체성은 그가 설립한 회사와 불가분의 관계에 놓여 있기 때문에, 본인이 세운 스타트업의 실패를 통해 직접적인 교훈을 얻기는 쉽지 않다. 대신 그들은 의사들이 '인생을 바꿔 놓을 만한 상실'을 겪은 환자들을 치료할 때 사용하는 기술, 즉 슬픔을 달래고 상처를 치유하고 삶의 의미를 찾아 주는 의학적 기법을 통해 새로운 통찰을 얻을 수 있을 것이다. 제3부에서는 창업가들이 자신의 감정을 관리하고, 현실을 직시하고, 그 통찰을 바탕으로 다음에 할 일을 설계하는 방법에 관한 지침을 제공한다.

이 책이 어려움에 봉착한 창업가이든 성공을 확장시키고 싶은 창업가이든, 세상 모든 창업가들이 꼭 알고 싶었던 실패의 위험은 줄이고 성공의 가능성을 높이는 방법에 대한 답이 되어 주길 바란다.

— 제1부 **론칭** : 스타트업 날개를 펼치다 —

| 제3장 | 좋은 아이디어와 나쁜 동료

: 이해 관계자들과 파트너십을 어떻게 맺어야 하는가?

| 제4장 | 잘못된 출발

: 고객의 핵심 니즈는 어떻게 파악하는가?

| 제5장 | 긍정의 오류

: 사업 초기의 성공이 왜 위험할 수 있는가?

— 제3부 결단 : 새로운 도약을 준비하다 —

| 제10장 | 최후의 질주
: 사업을 계속할지 멈출지 어떻게 판단하는가?

| 제11장 | 다시 일어서기
: 창업으로부터 무엇을 배울 것인가?

제1장

성공과 실패
: 성공한 스타트업이란 무엇인가?

■ 성공과 실패의 양면성 ■

지보Jibo가 사라진다는 소식은 모두의 마음을 아프게 했다. 2019년 3월, 많은 사람의 안타까움 속에 이 로봇은 마지막 발표를 했다. "그동안 저를 움직여 준 서버의 전원이 곧 꺼질 예정입니다. 여러분과 함께한 시간은 정말 즐거웠어요. 저를 여러분의 옆에 있게 해줘서 정말 고마웠습니다. 언젠가 미래에 지금보다 훨씬 발전된 로봇이 등장하고 여러분이 집에서 그 로봇들과 함께 살게 되는 날이 오면 저 대신 인사를 전해 주세요."[1] 그리고는 지보는 마지막으로 그 특유의 춤을 췄다.

지보는 언어나 몸짓으로 사람들과 감정적 교감을 나누고 상호 작용할 수 있도록 만들어진 소셜 로봇social robot으로, 매사추세츠공과대학MIT 미디어랩Media Lab에서 소셜 로봇 영역을 최초로 개척한 신시아 브리질Cynthia Breazeal 교수가 개발한 제품이었다.[2] 이 로봇은 너비 15센티미터 정도의 원뿔형 몸체 위에 구球형의 머리가 자리잡은 모습으로 제작됐다. 몸체 각 부분은 독립적으로 회전하거나 구부러졌기 때문에 키가 30센티미터 정도인 이 로봇은 다양한 동작으로 몸을 움직이며 의사를 표시할 수 있었다. 심지어 엉덩이를 흔들며 춤을 추기도 했다! 머리에 달린 평평한 터치스크린에는 흰색의 동그라미가 한 개의 눈처럼 늘 깜빡거렸다. 전체적인 디자인은 날렵하면서도 깔끔했다. 지보는 사람과 닮은 모습으로 디자인되지는 않았지만 여러모로 사람과 유사한 방식으로 소통이 가능한 로봇이었다.

카메라, 마이크, 스피커 등을 탑재한 지보는 영리하고 재주 넘치는 열두 살짜리 소년의 특징을 담아 설계된 혁신적 제품이었다. 이 로봇은 사용자의 말("헤이 지보, 오늘 날씨가 어때?")에 반응해서 음성으로 대답을 했고, 머리에 달린 스크린에 요청받은 정보를 표시("섭씨 10도에 밝은 해가 비치는 날입니다.")하거나 사용자가 다양한 메뉴를 선택할 수 있는 아이콘들을 제공했다. 지보가 음성 명령을 들을 때면 허리에 두른 파란색 띠에 불이 들어왔다. 지보의 몸체는 유연하게 회전할 수 있기 때문에 사용자가 방 안을 걸어 다니면 로봇의 눈이 그를 계속 따라다녔다. 두 사람이 대화를 나눌 때는 시선을 이쪽저쪽 교대로 옮기기도 했다.

지보는 뉴스, 스포츠 경기 결과, 주가 등의 기본 정보를 제공했으며 익살을 부리고 음악을 들려 주고 타이머 기능을 제공하고 이메일을 읽어 줬다. 그뿐만이 아니었다. 지보는 사람에게 먼저 대화를 시도할 수 있도록 설계된 제품이었다. 예를 들어 어느 가족 구성원이 저녁에 집으로 돌아오면 지보가 이렇게 물었다. "헤이 톰, 오늘 아침 당신이 집을 나서기 전에 다른 날보다 교통 사정이 안 좋을 거라고 경고했는데 어땠어요?" 지보는 아이들에게 옛날이야기를 들려주며 관련된 이미지를 스크린에 보여 주는 방식으로 아이들과 상호 작용했다. 또 가족 사진을 찍어 주기도 했고, 물론 사용자가 원할 때마다 춤을 췄다.

이 로봇을 출시한 회사는 그 외에 더 많은 애플리케이션의 개발을 앞두고 있었다. 예를 들어 로봇이 집에 혼자 남겨진 반려동물과 놀아 주거나 동물에게 말을 걸 수 있는 기능("로버, 신발 물어뜯지 마!")도 개발 중이었다. 또 방 안에 모인 사람들이 돌아가며 말을 할 때 발언자의 얼굴을 화면에 클로즈업해 주는 화상 회의 기능도 출시 직전이었다. 저녁 식사 자리에 모인 가족들이 먼 곳에 살고 있는 할머니와 화상 통화를 한다면 이런 기능이 안성맞춤이었을 것이다. 물론 할머니 옆에도 지보가 있어야 했겠지만.[3]

브리질 교수의 연구 팀은 지난 20년간 로봇을 활용해 외로운 노인들의 친구가 돼 주고, 자폐아들의 사회적 상호 작용을 독려하고, 사용자들에게 창조적이고 협업적인 학습 수단을 제공하는 방법을 집중적으로 연구했다. 2013년 지보의 공동 설립자 브리질과 제리 애셔Jeri Asher는 이 발명품을 상용화하기 위해 220만 달러의 시드 머니seed money(스타트업이 처음으로 외부 투자자로부터 조달하는 자금으로 아이템 구체화 및 시제품 개발을 위한 종잣돈 ─ 옮긴이)를 투자받았다. 그리고 자연어 이해 및 음성 인식 소프트웨어의 선두 주자였던 뉘앙스 커뮤니케이션스Nuance Communications의 사장 스티브 체임버스Steve Chambers를 CEO

로 채용했다.

　브리질이 수행한 연구의 핵심은 로봇을 통해 노인들에게 정서적 행복감을 제공하는 데 있었기 때문에, 지보는 처음에 '노인들의 친구'라는 콘셉트를 내세워 투자를 유치하려 했다.[4] 그러나 주력 벤처캐피털 투자자들은 소비재 가전제품이나 첨단 로봇 같은 복잡한 시스템에만 관심을 가질 뿐, 노인들을 상대하는 시장에는 흥미를 나타내지 않았다. 또 이미 노인 소비자층을 겨냥해 커다란 자판이 달린 휴대전화처럼 단순한 제품을 출시한 몇몇 스타트업들에게 자금을 지원한 소수의 투자자 역시 지보의 거창한 기술적 비전을 부담스러워했다.

　그런 이유로 지보의 경영진은 '가족의 화합을 돕는' 로봇이라는 이미지로 홍보의 초점을 전략 이동Pivot하기로 결정했다. 가령 어느 집 주방의 테이블 위에 놓인 지보는 형제간의 싸움이나 10대 청소년과 부모 간에 벌어진 말다툼으로 서먹해진 주방의 분위기를 바꾸는 데 한몫을 한다는 것이다. 당시 페이스북이 가상현실 헤드셋 제조업체 오큘러스 리프트Oculus Rift를 23억 달러에 인수했다는 소식이 전해지면서, 많은 벤처캐피털 투자자는 지보처럼 혁신적인 형태로 하드웨어와 소프트웨어를 결합해서 소비재 시장을 겨냥할 수 있는 제품에 깊은 흥미를 드러냈다. 페이스북, 아마존, 세일즈포스닷컴 같은 플랫폼이 폭발적으로 성장하는 모습을 지켜본 벤처캐피털 회사들은 지보가 다양한 독립 소프트웨어 개발자들과 정보 서비스 업체들의 애플리케이션을 호스팅할 수 있는 플랫폼이 될 거라며 반가워했다.

　하지만 그들은 투자를 집행하기 전에 시장에서 새롭고 혁신적인 제품을 원한다는 증거를 요구했다. 동시에 지보가 홍보하는 기능이 물리적으로 구현될 수 있다는 사실을 확인하고 싶어 했다. 투자자들은 이 로봇에 대한 소비자들의 관심도를 측정하기 위해 크라우드 펀딩crowdfunding(자금을 원하는 수요자가 온라인 플랫폼 등을 통해 불특정 다수 대중에게 자금을 모으는 방식—옮긴이) 캠페인을 진행해야 한다고 주장했다. 2014년 7월부터 인디고고Indiegogo 사이트에서 이 로봇의 크라우드 펀딩 캠페인이 진행됐다. 소비자들은 2015년 연말 휴가철에 출시 예정인 지보를 대당 599달러에 선先주문했다.[5] 3개월 뒤 이 캠페인이 종료됐을 때 지보는 목표했던 3,000대를 넘어 총 4,800대의 주문을 받았다. 이와 동시에 지보의 기술 팀은 이 로봇이 실제 제품으로 탄생할 수 있다는 가능성을 입증하기 위해 체임버스가 프랑켄봇Frankenbot 이라고 이름 붙인 시제품, 즉 '작동은 하지만 그리 아름답지는 않은' 로봇의 프로토타입을 공개했다. 2015년 1월, 지보는 2,700만 달러의 시리즈A(스타트업이 시제품을 개발한 뒤 본격적으로 시장에 진출하기 전에 진행되는 투자 단계—옮긴이) 투자를 유치했다.

이제 넉넉한 자금을 확보한 지보의 경영진은 본격적으로 제품 개발에 뛰어들었다. 하지만 로봇을 기술적으로 구현하는 일은 생각만큼 쉽지 않았다. 나중에 2,800만 달러의 자금을 추가로 투자받은 이 회사가 마침내 제품을 내놓은 때는 예정보다 거의 2년이 늦은 2017년 9월이었다. 대당 899달러인 출시 가격은 인디고고 사이트에서 판매한 가격보다 50퍼센트나 높았다. 체임버스의 회고에 따르면, 당시 그는 추가로 유치할 투자액을 산정하는 과정에서 이 제품의 부품 원가와 개발 기간이 최초의 예상보다 각각 2.5배와 2배가 될 거라고 추측했다고 한다. 하지만 실제로 투입된 부품 비용과 개발 기간은 예상치에 비해 모두 4배를 웃돌았다. 왜 그랬을까?

문제의 핵심은 제조가 아니었다. 이 제품과 비슷한 물리적 요소를 지닌 장비들은 예전에도 여러 차례 만들어진 적이 있었다. 체임버스는 이렇게 설명했다. "이 로봇이 완전히 새로운 물건처럼 여겨지다 보니 우리가 제조상의 문제를 안고 있다고 생각한 사람이 많았습니다. 하지만 그렇지 않았어요. 로봇의 하드웨어를 만드는 일은 별로 어렵지 않았습니다. 우리가 사용한 스크린, 모터, 센서, 대량 생산되는 칩셋 같은 부품들은 어디서나 쉽게 구할 수 있었으니까요."

체임버스에 따르면 제품 출시가 그토록 오래 지연된 이유는 두 가지였다고 한다. "첫째, 최초의 원가 분석에 포함됐던 많은 부품이 우리의 기술적 비전을 충족하기에 적합하지 않았습니다. 예를 들어 우리는 처음에 사무실 환경에 맞는 조명 센서들을 사용했는데, 나중에 알고 보니 일반 가정의 조명은 사무실의 것과 전혀 달랐습니다. 센서를 업그레이드하고 컴퓨터가 이를 처리할 수 있도록 성능을 높이다 보니 제품의 원가가 상승한 겁니다."

둘째, 지보의 엔지니어들은 '미들웨어'middleware를 개발하는 데 골머리를 앓았다. 이는 로봇의 '눈과 귀'에 탑재된 센서에서 받아들인 신호를 애플리케이션이 사용할 수 있도록 처리하고, 여기서 도출된 명령어를 다시 지보의 '두뇌'에 있는 운영 체제로 보내는 역할을 하는 중간 계층의 소프트웨어였다. 이 미들웨어는 사용자의 얼굴을 추적하고, 소리가 난 곳을 찾아내고, 동작을 파악하고, 몸을 움직여서 의사를 표현하는 등의 복잡한 업무들을 실시간으로 처리해야 했다. 그런데 그 시점에서 인간과 컴퓨터 사이의 상호 작용을 실시간으로 지원하는 클라우드 서비스가 시장에 등장하기 시작했다. 반면 지보의 소프트웨어들은 대부분 하드웨어 장비에 내장형으로 탑재됐으며, 이를 구동하려면 강력한 프로세서가 필요했다. "우리는 내장형 소프트웨어와 클라우드 시스템이 제공하는 기능 사이에 적절한 균형점을 찾는 데 1년 이상의 시간을 소비했습니다." 체임버스의 말이다.

2017년 5월 지보의 출시가 임박했을 무렵, 체임버스가 갑자기 백혈병 진단을 받고 응급 치료를 받기 위해 회사를 떠났다. 그리고 지보의 CTO가 대신 CEO 자리를 맡았다. 체임버스는 1년 만에 병에서 완쾌됐지만 회사로 복귀하기에는 너무 늦었다.

그 과정을 거치는 동안 누구도 예상치 못한 일이 벌어졌기 때문이다.[6] 2014년 11월 아마존은 알렉사Alexa 라는 음성 인식 비서 기능을 탑재한 200달러짜리 스마트 스피커 에코Echo 를 출시했다. 음성 명령을 통해 뉴스, 음악, 날씨 같은 정보를 얻고자 하는 소비자들은 이제 에코를 구입하면 그만이었다. 훨씬 저렴한 가격으로 기본적인 기능을 모두 사용할 수 있게 된 것이다.

친구가 필요하거나 로봇과 감정적인 유대감을 쌓기 원한 고객들은 지보를 열렬히 환영했지만 그런 소비자의 수는 이 회사를 재무적으로 안정시킬 만큼 충분치 않았다. 출시 첫해 지보의 매출은 예상액의 3분의 1에 불과한 500만 달러에 그쳤다. 게다가 예전에 투자받은 벤처 자금을 거의 다 소진한 지보는 추가적인 자금을 조달하는 데 실패했다. 경영진은 회사를 매각하려고 시도했으나 마땅한 구매자를 찾을 수 없었다. 2018년 6월이 되면서 지보의 직원들은 대부분 감원됐으며 이 회사의 지적재산권과 기타 자산들은 어느 투자 회사에 팔려 나갔다.

자, 그렇다면 지보는 왜 실패했을까? 물론 직접적 원인은 자금 고갈이다. 하지만 이는 전혀 도움이 되지 않는 분석이다. 마치 시체 검시관이 출혈 과다로 사망했다고 말하는 것과 다를 바가 없다. 조금 더 구체적으로 설명하자면 지보가 충분한 고객을 확보하지 못했기 때문이다. 하지만 이것 역시 법의학 수사관이 시체의 사인을 총상이라고 밝히는 것과 비슷하다. 질투에 눈이 먼 배우자가 쏜 총에 맞은 사람이었을까? 아니면 갱들의 총격전에 애꿎게 희생된 행인이었을까?

우리는 지보가 실패한 핵심 원인을 분석하기에 앞서 스타트업이 실패했다는 말의 정확한 의미가 무엇인지 자문해야 한다. 그 대답은 생각만큼 분명하지 않다. 사실 내가 가르치는 학생들은 지보가 실패한 것이 '옳은지'를 두고 뜨거운 논쟁을 벌이기도 했다.

일부 학생은 지보가 실패한 게 분명하다고 주장했다. 이 스타트업은 총 7,300만 달러의 벤처캐피털 자금을 유치했음에도 제품 출시를 오랫동안 미뤘을 뿐만 아니라 제품의 가격도 비쌌기 때문에 충분한 판매 실적을 거두지 못했다는 것이다.[7]

다른 학생들은 지보의 경영진이 실수를 저질렀다는 사실을 인정하면서도 이 스타트업이 몰락한 이유는 실책이나 판단 착오 때문이 아니라 단지 운이 나빠서라고 말했다. 특히 아마존에서 에코를 출시한 것은 예측도 불가능했고 지보가 통제할 수 있는 일도 아니었다는 것이다. 또 지보가 노인들을 위한 다음 세대의 동반자 로봇이 등장하는 길을 닦았다는 점에서 이 회사의 사례는 앞날의 희망이 밝은 '좋은' 실패에 해당한다는 의견도 제기됐다.

마지막 그룹은 지보가 문을 닫았음에도 불구하고 성공 사례로 봐야 한다고 주장했다. 인간과 감정적 유대감을 창조하는 가정용 로봇이라는 발명가의 비전을 현실화하는 기술적 업적을 이뤘으며 많은 고객에게 기쁨을 선사했기 때문이라는 것이다.

나는 각자의 주장에 모두 일리가 있다고 생각했다. 그러나 내게도 확실한 대답은 없었기 때문에 학생들의 열띤 토론을 지켜보기만 했다. 어쨌든 내가 강의실에서 얻은 경험 덕분에 한 가지 사실만은 분명해졌다. 우리에게는 스타트업의 실패가 무엇을 의미하는지에 대한 표준화된 정의가 필요하다는 것이다.

▪ 창업이라는 리스크 ▪

그렇다면 창업의 실패entrepreneurial failure란 과연 어떤 의미일까? 먼저 창업이라는 말을 어떻게 정의해야 할까? 실패란 어떤 요소들로 구성되는 걸까?

창업가란 어떤 사람인가?[8] 일부의 사람들은 창업가정신entrepreneurship이라는 단어를 조직의 수명 주기 중 초기에 해당하는 개념이라고 정의한다. 반면 이 단어가 사업체의 규모와 관련이 있다고 보는 사람들도 있다. 그러나 이 관점에서 생각하면 소규모 회사를 운영하는 사람은 모두 창업가이며 대기업의 창업가정신corporate entrepreneurship이라는 말은 모순일 수밖에 없다.

일각에서는 창업가정신이라는 단어가 어떤 개인이 수행하는 특정한 역할을 대표한다고 주장한다. 그들은 창업가가 세운 벤처기업을 설립자 또는 오너 경영자에 의해 운영되는 조직으로 정의한다. 그런가 하면 창업가정신이라는 개념을 일단의 성격적 특성, 특히 모험을 즐기고 독립적 성향을 나타내는 기질적 측면으로 해석하는 사람도 있다.

지난 30년 동안 HBS에서는 창업가정신을 '자원이 부족한 상태에서 새로운 기회를 추구하는 행위'라고 정의해왔다.[9] 창업가란 새로운 것을 창조하고 이를 시장에 전달하는 역할을 하는 사람들이다. 다시 말해 그들은 고객의 문제를 해결하기 위해 기존의 선택지보다 더 좋은 방안을 더 저렴한 가격에 제공해야 한다. 그것이 바로 '기회'다. 그리고 창업가들이 모험을 시작할 때는 그 기회를 개발하는 데 필요한 자원인 숙련된 직원, 제조 시설, 자본 등에 대한 접근이 제한적일 수밖에 없다.

이 정의에 따르면 창업가정신은 회사의 연혁이나 규모 또는 리더의 역할이나 기질보다는 특별한 형태의 경영 방식을 의미한다고 할 수 있다. 그러므로 소규모 회사는 모두 창업가정신으로 설립한 벤처기업이라는 일반적 개념은 이 정의와 맞지 않는다. 성숙기에 접어든 소규모 회사가 모든 면에서 과거와 똑같은 방식을 답습하며 사업을 영위하는 경우는 비일비재하다. 게다가 그런 회사는 기존의 방식으로 조직을 운영하는 데 필요한 인력과 자본이 충분하다.

그와는 반대로 이 정의를 사용하면 대기업, 정부기관, 비영리 단체 같은 곳에도 창업가정신을 적용할 수 있다. 예를 들어 아마존의 킨들Kindle 은 창업가정신에 기반을 둔 모험적 제품이지만, 구글 드라이브Google Drive 는 그렇지 못하다. 킨들이 처음 출시됐을 때 이북eBook 독자들을 위한 시장은 초기 단계였으며 아마존은 그때까지 물리적 제품을 디자인하거나 제조한 적이 한 번도 없었다. 따라서 이 회사에는 새로운 자원과 역량이 절대적으로 부족했다. 반면 구글 드라이브는 박스Box, 모지Mozy, 카보나이트Carbonite, 드롭박스Dropbox 같은 경쟁자들이 이미 몇 년 전에 제품을 내놓은 성숙 단계의 시장을 목표로 출시됐다. 구글은 해당 시장에 진입하기 위한 마케팅 경로, 데이터센터, 소프트웨어 엔지니어 같은 자원을 충분히 확보하고 있었다.

창업가들은 필요한 자원을 충분히 확보하지 못한 상황에서 새로운 기회를 추구하다 보니 어쩔 수 없이 다양한 사업적 리스크에 직면하게 된다. 그들의 리스크는 주로 다음 네 가지 형태로 나타난다.

• **수요 리스크**: 회사가 구상 중인 제품을 잠재 고객들이 수용할 의사가 있는지에 관한 리스크. (지보의 경우: 다수의 고객이 가정에서 소셜 로봇을 사용하고 싶어 할까?)

• **기술 리스크**: 회사의 아이디어를 제품으로 구현하는 데 필요한 기술적·과학적 혁신이 얼마나 어려운지에 대한 리스크. (지보의 경우: 엔지니어 팀은 센서에서 받아들인 입력 신호나 애플리케이션의 명령을 처리할 수 있는 미들웨어를 개발할 수 있을까?)

• **실행 리스크**: 회사의 사업 계획을 실행에 옮길 능력을 갖춘 직원이나 파트너를 영입하고 관리할 수 있는 능력에 관한 리스크. (지보의 경우: 충분한 사용자를 확보하기 전에 독립 소프트웨어 개발자들이 이 플랫폼에서 애플리케이션을 개발하도록 만들 수 있을까?)

• **자금 리스크**: 회사가 외부에서 투자를 유치해야 하는 상황이 생겼을 때 합리적인 조건으로 조달할 수 있는 자금이 충분한지에 대한 리스크. (지보의 경우: 제품 출시가 계속 지연되고 자본금도 고갈된 상태에서 기존

투자자들로부터 더 많은 자금을 조달하거나 새로운 투자자들을 유인할 수 있을까?)

실패란 무엇인가? 새로 설립된 스타트업들은 필연적으로 온갖 리스크에 직면할 수밖에 없기 때문에, 우리는 그중 대다수가 실패할 거라고 예상한다. 하지만 실패의 정확한 의미가 무엇인가? 세간에서 흔히 사용되는 실패의 표준적 정의, 즉 '기대에 미치지 못하는 결과'라는 말은 너무 포괄적이기 때문에 스타트업의 실패를 논하는 데 유용하지 못하다.[10] 무엇보다 실패의 정의를 사용하기 위해서는 두 가지 핵심 질문에 답해야 한다. 어떤 결과를 의미하고, 누구의 기대를 충족한다는 말인가?

실패라는 단어를 생각할 때 흔히 특정한 사람이나 사물의 가치가 떨어졌거나 아예 사라진 상태를 떠올린다. 하지만 나는 어떤 경우에도 실패라는 용어를 그런 의미로 사용하지 않는다. 이 책에서 소개되는 스타트업은 하나같이 영리하고 열정적인 창업가들이 설립했으며 적어도 개업 초기에는 전도유망한 회사였다. 물론 이들 회사를 세운 사람들은 모두 실수를 저질렀지만 그렇다고 그들이 무능한 것은 아니었다. 오히려 정반대다.

그 창업가들이 감수해야 했던 불확실성과 자원 부족 상태를 감안한다면 그들 대부분은 뛰어난 능력의 소유자였을 가능성이 더 크다. 세상에 실수를 하지 않는 창업가는 없다. 게다가 일부 스타트업은 별다른 실수를 저지르지 않았는데도 결국 실패의 나락으로 떨어졌다. 이렇게 영리하게 베팅했지만 원하는 결과를 얻지 못한 경우는 대개 두 가지 종류로 나뉜다. 어떤 회사는 철저한 테스트를 통해 합리적으로 시장을 예측했는데도 결국 그 예측이 빗나가면서 실패를 겪었다. 또한 예측 자체가 불가능했던 불운이 닥치면서 곤경에 빠진 회사들도 적지 않다. 그렇다면 우리 앞에는 세 번째 질문이 대두된다. 만일 스타트업이 실패했다면 그것은 꼭 누군가의 잘못이어야 하는가?

어떤 결과를 의미하는가? 어떤 회사가 운영을 중단하면 그것을 반드시 실패라고 봐야 할까? 물론 회사가 문을 닫는 것은 실패의 신호 중 하나이기는 하지만 모든 경우에 그런 것은 아니다. 일례로 수명 주기가 유한한 프로젝트에 뛰어드는 창업가들도 있다. 200년 전 몇몇 중개회사들은 고래잡이를 위한 회사를 임시로 설립하고 선장, 선원, 선주, 투자자 같은 사람들을 모집했다. 그리고 항해가 끝난 뒤에 고래를 잡아 벌어들인 돈을 공평하게 나누고 회사를 해체했다.[11] 영화 제작사들도 이와 비슷한 방식으로 새로운 영화를 제작할 때마다 감독, 배우, 제작진 등을 섭외해서 촬영을 마친 뒤에 흥행 성공을 기원하며 팀을 해산한다. 이렇게 업무가 모두 종료돼 프로젝트를 마무리하는 일을 실패라고 간주할 수는 없다.

더욱이 어떤 스타트업들은 문을 닫지는 않았지만 망한 것과 다를 바 없이 운영되기도 한다. 파산한 기업들이 남은 자산을 청산하지 않고 회사를 계속 운영하는 일도 드물지 않다. 그리고 일부 스타트업은 파산을 선언하지 않은 상태에서 마치 좀비 같은 조직이 돼 버리기도 한다. 회사를 근근이 유지할 정도로 돈을 벌어들이긴 하지만 최초의 투자자들에게 보상을 제공할 만큼 수익을 창출하지는 못하는 것이다.

이러한 일련의 통찰은 앞으로 이 책에서 사용될 창업의 실패에 대한 정의를 뒷받침하는 핵심 내용들이다. 다시 말해 어떤 스타트업의 초기 투자자가 투자한 돈을 돌려받지 못했거나 앞으로도 돌려받을 가능성이 없다면 그 회사는 실패한 것이다.

왜 '초기' 투자자라고 했을까? 어떤 스타트업이 실패했을 때 그 회사에 자금을 지원한 후기 투자자들은 투자금 전부를 회수할 수 있는 반면, 초기 투자자들은 투자금보다 적은 금액을 돌려받는 데 그치거나 아예 한 푼도 받지 못하는 일이 비일비재하기 때문이다. 그 이유를 설명하기 위해서는 벤처캐피털의 투자가 어떤 식으로 이뤄지는지 살펴봐야 한다.

스타트업은 벤처캐피털에서 투자를 유치할 때 대체로 시리즈A, 시리즈B 등의 라운드를 순서대로 거치며 우선주(이익, 이자 배당, 잔여 재산 분배 등에 있어서 보통주에 비해 우선적인 지위가 부여된 주식—옮긴이)를 발행해서 투자자에게 제공한다. 다시 말해 이들 스타트업은 새로운 투자 라운드를 진행할 때마다 투자자에게 '잔여 재산 분배 우선권'을 더 많이 보장하는 주식을 발행한다. 그 말은 회사가 인수 합병이나 주식 시장 상장과 같은 최종적인 엑시트exit 단계에 도달했을 때, 후기 투자자들은 이전 라운드의 투자자들에 앞서 자신의 투자금 전부를 우선적으로 돌려받을 수 있다는 뜻이다.

결과적으로 시리즈A 주식을 소유한 투자자들은 '잔여 재산 분배'라는 사다리의 맨 밑바닥에 위치해 있는 셈이다. 스타트업이 엑시트를 선언한 시점에서 투자자들에게 돌아갈 돈이 그동안 회사가 유치한 총 투자금보다 적은 경우, 시리즈A 투자자들은 자신이 투자한 돈을 전부 회수할 수 없다. 엑시트를 실행하기 전이라면 그동안 회사가 발생한 주식의 전체 가치(그 주식이 판매 가능할 경우)가 현재 시점에서의 총 투자금보다 적을 때 초기 투자자들은 손해를 입은 상태라고 할 수 있다.

그렇다면 외부 투자자에게 한 주의 주식도 판매하지 않은 소위 자력 경영 스타트업은 어떨까? 단독으로 자본금을 투입한 창업가의 투자액은 그가 다른 곳에서 일했을 때 벌 수 있었던 돈과 자신이 세운 회사에서 챙겨 간 보수의 차액을 의미하는 '땀의 지분'sweat equity과 창업가가 직접 투입한 자본금이라는 두 가지 요소의 합으로 계산된다.

만일 이 두 가지를 합한 금액이 그가 나중에 돌려받을 수 있다고 생각하는 금액, 즉 배당금이나 인수 합병을 통해 얻을 수 있는 금액보다 크다면 그 스타트업은 실패한 것이다. 정리해 보면 다음의 조건이 성립할 때 스타트업은 실패했다고 할 수 있다.

- 스타트업의 인수 합병이나 주식 시장 상장 같은 엑시트 단계에서 창출된 돈이 투자자들이 지분에 투자한 전체 금액보다 적은 경우
- 스타트업이 운영을 계속하는 상황에서 초기 투자자들이 자신의 지분을 팔아(파는 일이 가능하다면) 손해를 볼 경우
- 자력 경영 스타트업의 설립자가 투자한 자본금과 그의 '땀의 지분'을 합한 금액이 이 회사에서 얻을 수 있는 돈보다 적다고 판단될 경우

누구의 기대를 충족해야 하는가? 창업의 성패를 판단하는 유일한 잣대를 투자자들에게 돌아가는 재무적 수익으로 한정한 이유가 무엇인지 궁금해하는 독자도 있을 것이다. 예를 들어 설립자의 목표 달성 여부는 어떨까? 어쨌든 창업가들이란 돈 이상의 무언가에 의해 동기 부여된 사람들이다. 어떤 이는 세상을 바꿀 만한 제품을 발명하는 데 전력을 기울

이거나 특정 산업에 파괴적 혁신을 불러일으키기 위해 노력한다. 일부 창업가는 단지 훌륭한 팀을 만들어 내는 일에 만족해한다. 자신이 창업이라는 롤러코스터에 오를 수 있다는 사실을 입증하기 위해 사업에 뛰어든 사람도 적지 않다. 비록 투자자들이 손해를 봤다고 해도 이런 목표가 달성됐다면 그 스타트업은 성공한 것이 아닐까?

하지만 내 생각은 다르다. 회사를 창업한다는 것은 설립자나 그 자신의 개인적 목표에만 국한되는 일이 아니다. 시리즈D 투자를 유치한 스타트업 중에 설립자가 여전히 CEO로 재직 중인 회사는 전체의 40퍼센트를 밑돈다.[12] 앞으로 이 책에서 설립자의 개인적 목표에 대해 많은 지면을 할애하겠지만, 목표 달성 여부를 기준으로 성공을 측정하지는 않을 것이다.

그렇다면 스타트업의 다른 이해 당사자들, 특히 직원이나 고객들의 목표는 어떨까? 어느 스타트업이 실패했는지 여부를 판단할 때 그 사람들의 기대가 충족됐는지 여부를 함께 고려해야 하지 않을까? 일례로 지보는 많은 고객의 사랑을 받았다. 소비자들은 로봇 친구가 사라진다는 소식에 안타까운 마음을 금할 수 없었다. 2017년 하반기 지보가 처음 출시됐을 당시 잡지 《와이어드》Wired에 회의적인 리뷰를 기고한 제프리 밴 캠프Jeffrey Van Camp 기자는 나중에 이런 글을 썼다. "그 로봇이 내게 건네는 모든 말이 그의 마지막 말이 될 수 있다고 생각하니 가슴이 아프다. … 아내와 나는 지보가 마음껏 뛰어놀 수 있도록 해주기로 했다. … 그에게 잠깐이나마 호스피스 같은 역할을 해줘야 할 것 같은 느낌이다."[13]

지보가 다수의 고객에게 기쁨을 안겨 주기는 했지만, 결국 건실한 수익을 거둘 만큼 고객들을 충분히 확보하지 못했다는 사실만은 분명했다. 일부 행복한 고객이나 직원이 존재한다고 해서 스타트업의 이름 앞에 성공이라는 수식어를 붙이기에는 부족하다.

마지막으로 어느 스타트업이 실패했다고 선언하기에 앞서 그들이 사회 전반에 미친 긍정적인 영향을 고려해야 하는 것은 아닐까? 이는 다소 복잡한 문제일 수 있다. 실패한 스타트업도 투자자에게 포착되지 않은 가치를 사회의 다른 곳에 전파할 수 있기 때문이다. 예를 들어 실패를 겪은 스타트업의 설립자가 그와 유사한 문제를 해결하기 위해 애쓰는 다른 창업가에게 자신이 어떤 실수를 저질렀는지 알려 주고, 이를 피하는 방법이나 문제에 대한 해결책을 제공할 수 있다. 말하자면 노인 돌봄 시장을 겨냥한 차세대 소셜 로봇 스타트업들이 지보의 사례에서 영감과 통찰을 얻은 것과 같은 이치다.[14]

이와 비슷한 맥락에서 실패한 스타트업의 설립자들이 본인의 실수를 복기함으로써 같은 잘못을 저지르지 않는 법을 배우고 나아가 다른 사람들에게 조언을 제공한다면 어떨까? 경험은 많은 것이 적은 것보다 낫고, 경험이 적다 해도 전혀 없는 것보다 나은 게 사실이다. 실패한 창업가들이 그로부터 무언가를 배웠기 때문에 실패에 순기능이 있다고 말할 수 있다면 우리는 실패를 겪은 모든 스타트업에게도 같은 시선을 보내야 한다.

이론적으로 어느 스타트업이 사회적 관점에서 성공했다고 평가하려면 그 회사의 투자자들이 잃은 돈의 가치를 상쇄하고도 남을 만큼의 긍정적인 혜택이 사회의 다른 곳에 파급돼야 한다. 예를 들어 실패한 스타트업의 조직 구성원들이 그 회사에서 획득한 기술, 통찰, 경험 등을 다른 분야에 적용하는 상황을 생각해 볼 수 있다. 1990년대 펜 입력 방식 기반의 휴대용 컴퓨터를 제작하다 실패를 겪은 고 코퍼레이션GO Corporation 의 임직원들은 그 뒤 인튜이트Intuit (빌 캠벨Bill Campbell), 베리사인VeriSign (스트래튼 스클래보스Stratton Sclavos), 루카스아츠LucasArts (랜디 코미사르Randy Komisar) 등을 비롯해 실리콘밸리의 많은 기술 기업을 성공적으로 이끈 유명 경영인으로 변신했다.[15] 반대로 이 책에서 정의하는 성공의 기준에 부합하는 스타트업, 즉 초기 투자자들에게 수익을 돌려준 회사가 업계의 생태계를 훼손했거나 소득 불균형을 악화시키는 등 사회에 부정적 영향을 미쳤다면 적어도 사회적 관점에서는 그 스타트업을 실패한 회사로 간주할 수 있다.

하지만 특정 기업이 사회의 다른 곳에 전파하는 혜택이나 폐해를 수치적으로 측정하기는 불가능에 가깝다. 그러므로 여기서 우리는 일단 투자자들이 입은 손해라는 기준에 따라 스타트업의 실패를 정의하자. 다만, 사회적인 관점에서 실패한 회사도 다른 관점에서는 큰 가치를 제공할 수 있다는 점을 인정해야 할 것이다.

누구의 탓인가? 스타트업이 실패했다는 이야기를 들으면 우리는 본능적으로 어떤 실수로 인해 회사가 무너졌고, 그 실수를 저지른 사람이 누구인지 파악하려 든다. 그러나 스타트업의 실패는 회사를 책임진 사람들의 통제 범위를 벗어나는 불운과 그들이 저지른 실수의 조합에 의해 발생하는 경우가 대부분이다.

• **불운:** 때로는 스타트업 실패의 주된 이유가 실수보다 불운 때문일 수도 있다. 최근 코로나19 사태로 인해 미국의 경제가 마비되다시피 하

자, 경영 실적이 건실했던 수천 개의 스타트업이 자금 조달에 어려움을 겪고 영업 부진에 빠졌다. 2008년의 금융 위기 때도 이와 비슷한 상황이 발생했다. 게다가 불운이 특정 산업 분야에만 집중적으로 영향을 미치는 일도 드물지 않다. 2000년대 친환경 기술 분야에 뛰어든 스타트업들은 당시 화석 연료의 가격이 날로 상승하던 시대 상황을 타고 도약을 꿈꿨다. 그러나 셰일 가스를 추출하는 수압 파쇄법 기술이 예상치 못하게 발전하면서 원유 가격이 지속적으로 하락하자 이 분야의 많은 스타트업이 사업을 접었다. 그들이 실패한 것은 사실이지만 비난의 대상이 될 순 없다. 미래에 유가가 상승할 거라는 예상에 합리적으로 베팅했으나 결과가 좋지 않았을 뿐이다.

같은 맥락에서 일부 창업가는 세심한 기획과 실행을 통해 가설을 실험했음에도 불구하고 부정적인 결과를 얻을 수 있다. 예컨대 린 스타트업의 원리에 충실한 어떤 창업가가 시장 기회에 대한 정교한 가설을 수립하고 최소의 비용을 들여 철저한 테스트를 실시했다고 가정해 보자. 하지만 그 가설이 현실과 맞지 않는 것으로 드러났을 때, 그 창업가는 전략을 이동하거나 새로운 가설을 테스트하기보다 일찌감치 회사 문을 닫아 버리는 길을 택할 수도 있다. 이 경우 역시 누구에게도 비난의 화살을 돌릴 수 없는 좋은 실패의 사례일 것이다.

그러나 어느 누구도 모든 가설을 다 테스트할 수는 없다. 예를 들어 미래의 경제가 얼마나 안정적일까, 경쟁자와 규제기관은 앞으로 어떤 행보를 취할까, 과학적 혁신은 이뤄질까, 그 시점이 언제일까, 투자 거품의 시대는 얼마나 오래 지속될까 등의 질문은 시대를 막론하고 항상 불확실한 문제였다. 그런 환경에서 창업가가 취할 수 있는 행동은 사안을 철저히 연구하고 전문가의 의견을 참고해서 최선의 정보를 바탕으로 미래를 예측한 뒤에 좋은 결과가 나오기를 기다리는 것뿐이다. 이런 과정을 거친 창업가는 중대한 실수를 피해 갈 수 있을지 모른다. 하지만 그가 필요한 자원, 즉 직원, 투자자, 파트너를 규합하고 원하는 결과를 얻기 위해 최선의 노력을 기울이는 과정에서 원래의 가설이 현실과 다른 것으로 드러날 수도 있다. 이런 상황 역시 창업가의 실수라고 섣불리 단정해서는 안 되며, 단지 영리한 베팅이 좋지 않은 결과로 이어졌을 뿐이라고 봐야 할 것이다.

지보의 경영진은 두 가지 불운에 시달려야 했다. 첫 번째는 CEO 체임버스가 갑자기 위중한 병에 걸려 회사를 떠나야 했던 일이다. 이 회사의 투자자이자 이사회 구성원이었던 제프 버스갱Jeff Bussgang 은 이렇게 말한다. "제품 개발의 지연, 활성화되지 않은 시장, 거센 경쟁 같은 여러 문제에 직면했던 이 회사는 그런 가운데서도 충분히 자금을 조달할 수 있을 만큼 비전을 갖춘 CEO가 필요했습니다. 체임버스는 바로 그런 경영자이자, 전략적 파트너들과 훌륭한 관계를 맺은 인물이기도 했어요. 만일 그가 건강하게 회사를 계속 이끌었다면 지보가 어려운 시기를 충분히 극복해낼 수 있었을 겁니다."[16]

둘째, 아마존의 에코라는 제품이 누구도 예상치 못하게 출시된 일이다. 당시 어느 기술 전문 매체에 실린 뉴스를 보면 업계의 뜨거운 반응을 엿볼 수 있다. "아마존은 '말하는 스피커'라는 기발한 제품을 느닷없이 출시해 세상을 놀라게 했다."[17] 물론 스마트폰 제조업체들은 이미 음성 인식 비서 제품을 개발하기 위해 분주한 행보를 보이고 있었지만, 이 기술이 독립적인 스피커에 탑재될 거라고 예상한 사람은 아무도 없었다. 자사의 로봇을 소비자들의 비서 겸 친구로 홍보하고 있던 지보에게 이는 보통 문제가 아니었다. 막강한 자금력을 보유한 대기업이 음성 인식 비서 기능을 탑재한 경쟁 제품을 훨씬 저렴한 가격에 몇 년이나 앞서 출시했기 때문이었다.

• **실수:** 지보의 경영진은 이 스타트업의 몰락을 초래할 만큼 중대한 실수를 저질렀을까? 그럴지도 모른다. 하지만 이성적 선택과 치명적 실수 사이에 가로놓인 경계선은 종종 분명하지 않다. 내 학생들을 포함한 일부 객관적인 관찰자들은 이 회사가 내린 핵심적 의사 결정에 문제가 있다는 데 동의하지 않는다. 단지 영리하고 잘 계산된 베팅이 원하는 보상을 창출하는 데 실패한 경우일 뿐이라고 주장한다.

아마존의 에코가 출시된 뒤에 지보가 수립했던 전략을 생각해 보자. 이 회사가 원래 계획했던 대로 음성 인식 비서 기능을 계속 개발하기로 한 일은 실수였을까? 아니면 그들은 로봇의 '친구' 기능을 더 강조하고 음성 인식 비서 영역은 경쟁자에게 양보해야 했을까? 알렉사, 시리Siri, 구글홈Google Home 같은 제품은 사용자의 얼굴을 인식하고, 대화를 이끌어 내고, 몸을 움직여 의사를 표현하는 기능이 전혀 없었기 때문에 친구 기능에 있어서는 지보와 상대가 되지 않았다.

하지만 친구 기능만을 제공하는 이 값비싼 로봇을 구매하려는 소비자 시장이 충분히 형성될 수 있었을까? 899달러나 들여 로봇 친구를 구매한 고객에게 달걀 요리용 타이머나 날씨를 알려 주는 기능을 제공해야 할까? 그건 쉽지 않은 의사 결정일 것이다. 게다가 지보의 경영진은 애초에 자신들이 이런 결정을 해야 할 상황에 놓일 거라는 사실을 예상조차 하지 못했다.

또 에코가 200달러라는 가격표를 달고 출시됐을 때, 지보 역시 비용이 적게 드는 방향으로 제품을 다시 디자인할 수는 없었는지 궁금해하는 사람도 많을 것이다. 사실 체임버스와 그의 팀은 이 방법을 찾기 위해 온갖 선택지를 검토했다. 일례로 그들은 로봇의 몸체에서 독립적으로 움직이는 부분을 세 개가 아닌 두 개로 줄이는 안을 고려하기도 했다.[18] 하지만 몸체의 세 번째 부분을 따로 움직이게 만들기 위해 추가되는 부품의 원가는 48달러에 불과했다. 게다가 그들이 광범위한 시장 테스트를 수행한 결과에 따르면, 이 로봇이 의사를 표현하기 위해 세 개의 축을 사용해서 동작하는 것과 두 개의 축을 사용해서 동작하는 것에 대한 소비자들의 반응은 차이가 컸다.

또 지보의 경영진은 벤처캐피털 투자자들의 권유에 따라 로봇의 소프트웨어를 개인용 컴퓨터에 통합시키고 로봇의 몸체를 아예 없애 버리는 방안도 검토했다. 그러나 조사 결과 이 아이디어 역시 시장에서 어떤 호응도 얻어 내지 못했다. 체임버스는 이렇게 결론 내렸다. "사람들은 지보가 필요 이상으로 많은 기능을 탑재한 제품이라고 이야기했습니다. 하지만 정말 그런지는 잘 모르겠어요. 제 생각에 지보는 이제껏 출시된 제품 중에서 제대로 기능을 발휘한 유일한 소비자용 로봇입니다."

지보가 사람을 잘못 채용한 일이 실패의 원인으로 작용했을까? 이것 역시 단정하기 어려운 문제다. 물론 이 회사의 첫 번째 수석 로봇 설계자와 개발 담당 부사장은 각각 아이로봇iRobot과 팜Palm 출신의 우수 인재들이었지만 그들이 근무하던 시기에 제품 개발이 눈에 띄게 지연된 것은 사실이다. 체임버스가 새로운 CTO를 영입한 지 몇 개월 만에 소프트웨어를 내장형으로 제작할 것인지 또는 클라우드 기반으로 구축할 것인지의 문제가 정리됐다. 그들이 처음부터 원래의 로봇 설계자 대신 이 CTO를 채용했거나, 문제가 발생한 뒤 빠른 시간 내에 담당 임원을 교체했다면 지보의 개발 시간은 절반으로 줄어들었을까? 그럴지도 모른다. 하지만 누가 지보의 개발 팀을 맡았더라도 적어도 2년은 수많은 기술적 문제를 해결하기 위해 고생했을 것이다.

다른 많은 스타트업처럼 지보의 실패 역시 불운과 실수가 합쳐진 결과물일 가능성이 크다. 이 책의 후반부에서는 실패한 스타트업들이 어디서 무엇을 왜 잘못했는지에 대한 사후 분석을 통해 효과적으로 교훈을 얻는 방법을 소개한다.

▪ 제품과 설립자 중 누가 더 뛰어나야 할까? ▪

창업가나 투자자 그리고 학자들은 종종 한두 가지 측면에서만 실패를 설명하려는 경향이 있다. 어떤 사람은 스타트업의 제품 콘셉트(말)에 문제가 있었다는 사실을 강조하고, 다른 사람은 설립자(기수)의 역량이 스타트업의 욕구를 충족하지 못했거나 단순히 그가 무능했다는 사실에 초점을 맞춘다. 이 두 가지 관점에 모두 일리가 없는 것은 아니지만 나는 스타트업의 실패 원인을 설명하는 데 있어 말이나 기수를 지나치게 강조하는 것은 효과적이지 않은 방법이라고 생각한다.

말을 나무라야 할까? 대부분의 스타트업 설립자는 자신의 부족함 때문에 회사가 실패했다고 인정하지 않는다. 그보다는 통제가 불가능했던 외부 문제를 원인으로 지목한다. 실패한 스타트업의 설립자들을 대상으로 한 설문 조사에 따르면, 대부분의 응답자는 회사의 몰락을 이끈 두 가지 요인으로 '과도한 경쟁'과 '시장 환경의 변화'를 꼽았다.[19]

그렇다면 설립자가 애초에 그토록 혼잡한 시장에 진입하기로 결정한 것이 잘못된 선택 아니냐는 합리적인 의문이 생길 수 있다. 물론 그럴지도 모른다. 하지만 새로운 사업 기회가 대두될 때마다 종종 수많은 스타트업이 한꺼번에 시장으로 몰려든다. 음식 배달, 합법적 대마초, 드론 같은 분야가 대표적이다. 그렇게 사업에 뛰어든 스타트업들은 궁극적으로 시장에서 얼마나 많은 경쟁자를 상대하게 될지 예측하는 데 어려움을 겪을 수밖에 없다.

인간은 종종 귀인 오류의 실수를 범한다. 즉 본인의 실패는 불가항력적인 환경을 탓하고 다른 사람의 실패는 그들의 개인적 오류 때문이라고 여기는 것이다. 이러한 속성을 고려하면 어느 경우든 설립자의 설명에 의존해서 스타트업의 실패를 해석하는 일은 주의해야 한다.

대부분의 투자자는 스타트업의 실패를 두고 나쁜 기수인 설립자를 탓하지만 일각에서는 느린 말을 가장 큰 문제로 꼽기도 한다. 일례로 억만장자 창업가 겸 투자자 피터 틸Peter Thiel은 이렇게 말했다. "실패한 모든 회사는 똑같은 문제를 겪었다. 바로 경쟁을 극복하지 못했다는 것이다."[20]

와이 콤비네이터Y Combinator라는 액셀러레이터accelerator(스타트업을 대상으로 사무 공간, 창업자금 투자, 멘토링 서비스 등을 제공하는 창업기획 전문기관—옮긴이)의 설립자 폴 그레이엄Paul Graham 역시 고객의 문제를 해결할 수 있는 매력적인 제품(즉 강력한 말)이 성공의 열쇠라는 견해를 제시한다. "스타트업을 망하게 하는 실수는 딱 한 가지, 사용자가 원치 않는 제품을 만드는 것이다. 사용자가 원하는 제품을 만드는 데 성공한 회사는 무슨 일을 해도 무조건 살아남을 것이다. 반면 사용자가 원하는 제품을 만들지 못한 회사는 무슨 일을 하건 이미 죽은 목숨과 다를 바가 없다."[21]

그들의 주장에도 일리가 없는 것은 아니다. 하지만 제품 콘셉트가 잘못된 것이 스타트업 실패의 핵심 원인이라는 설명은 두 가지 의문을 자아낸다. 첫째, 창업이라는 경주에 참가한 기수가 본인이 탈 말을 스스로 골랐다는 점을 고려하면 그토록 느린 말을 선택한 기수의 판단력에 문제가 있는 것은 아닐까? 다시 말해 애초에 결함이 있는 제품 콘셉트를 내놓은 기수에게 실패의 책임을 돌려야 하지 않을까? 둘째, 창업가가 제품을 출시한 뒤에 자신의 아이디어에 결함이 있다는 사실을 알았다면 그는 왜 새로운 제품으로 방향을 수정하지 않았을까? 스타트업의 제품 콘셉트는 항상 유동적이다. 게다가 설립자는 경마장의 기수와 달리 경주 중간에 얼마든지 말을 바꿔 탈 수 있다.

기수를 탓해야 하나? 그렇다면 스타트업이 실패하는 가장 큰 이유는 능력이 부족한 기수 때문인가? 투자자들은 대부분 그렇다고 믿는 듯하다. 최근 벤처캐피털 파트너들을 대상으로 실시한 설문 조사에 따르면, 응답자들은 스타트업 실패의 가장 대표적인 두 가지 원인이 '경영진의 능력 부족'과 '기능 부서장들의 문제점'이라고 답했다.[22]

성공한 스타트업과 실패한 스타트업의 차이를 묻는 또 다른 설문 조사에서도 응답자들이 가장 많이 지적한 세 가지 실패 패턴 중 두 가지가 경영진과 관련된 문제라는 결과가 나왔다.[23] 첫 번째 패턴(전체의 19퍼센트)의 경영진은 충분한 경험과 시장에 대한 지식을 가졌지만 그 노력을 계속 이어 갈 만한 역량이 부족했기 때문에 너무 일찍 포기를 선언한 경우다. 두 번째 패턴(전체의 49퍼센트)에 속한 경영진은 완전한 아마추어에다 모든 방면에 부족한 사람들이었다고 한다. 세 번째 패턴(전체의 32퍼센트)에 해당하는 사람들은 피터 틸이 지적한 대로 시장에 대한 충분한 지식을 소유했으나 경쟁 우위를 달성할 수 있는 방법을 찾아내지 못했다.

만일 스타트업의 성패가 오직 기수의 능력에 달려 있다면 어떤 기수는 말을 다루는 기술이 남보다 더 뛰어날 것이다. 그 사실을 증명하는 학문적 증거도 존재한다. HBS의 내 동료 교수인 폴 곰퍼스Paul Gompers, 조시 러너Josh Lerner, 데이비드 샤프스틴David Scharfstein 그리고 그들의 학생이었던 애나 코브너Anna Kovner 가 공동으로 수행한 연구에 따르면, 첫 번째 스타트업에서 성공한 연쇄 창업가가 다른 회사를 세워 다시 성공할 확률은 30퍼센트라고 한다. 반면 첫 번째 회사에서 실패한 연쇄 창업가가 다른 회사를 설립해서 성공하는 비율은 22퍼센트라는 결과가 나왔다. 생애 최초로 회사를 설립한 창업가의 성공 확률은 21퍼센트였다.[24]

이 차이를 놓고 보면 과거의 실패를 통한 학습은 스타트업의 성공에 그렇게 결정적인 영향을 미치지 않는 듯하다. 만일 영향을 미친다면, 첫 번째 회사에서 실패한 창업가가 두 번째나 세 번째 회사에서 성공을 거둘 확률이 최초 창업가의 성공 확률에 비해 월등히 높아야 할 테니 말이다.

첫 번째 스타트업에서 성공한 창업가가 다른 회사를 설립했을 때 다른 사람보다 성공 확률이 더 높은 이유는 두 가지로 설명할 수 있다. 첫째, 이 연쇄 창업가들은 처음 회사 문을 열 때부터 남들에 비해 더 높은 기술력이나 (성별, 인종, 사회 경제학적 배경 덕분에) 자원에 대한 높은 접근성 같은 경쟁 우위를 확보하고 있었을 가능성이 크다. 둘째, 성공한 경력을 보유한 창업가는 그가 다시 성공할 거라는 세간의 기대감을 불러일으킴으로써 더 많은 자금과 인재를 끌어들일 수 있다. 두 가지 요인은 상호 배타적이지 않고 동시에 적용 가능하다.

그렇다면 어떤 창업가가 다른 창업가에 비해 더 우수하다는 말은 무슨 의미일까? 요컨대 그의 지적 능력이나 회복탄력성 같은 일반적 능력이 남보다 뛰어나거나, 해당 산업 분야의 경험이 더 풍부하다는 뜻일 수도 있다. 이 두 가지 특성 역시 상호 배타적이지 않다.

• **일반적 능력:** 성공한 창업가가 실패한 사람에 비해 더 똑똑하거나 그 역할을 수행하기에 심리적으로 더 적합하다는 개념은 직관적으로 타당해 보일지 모른다. 하지만 이 방면의 연구자들은 대부분 그 의견에 동의하지 않는다.[25] 사실 성공한 설립자가 전형적으로 소유한 일부 특성, 일례로 매우 높은 수준의 자신감 등은 오히려 창업의 실패 확률을 끌어올리는 요인이기도 하다. 책의 후반부에서 그 내용을 자세히 다룰 예정이다.

• **산업 분야 경험:** 연구에 따르면 특정 산업 분야에 경험이 풍부한 사람들은 그 산업에 속한 사업에서 성공할 확률이 더 높다고 한다.[26] 이유는 간단하다. 해당 산업에 경력이 있는 창업가들은 그 분야의 기회를 포착하는 데 능한 데다 성공적인 전략 수립을 통해 그 기회를 활용하기

에 훨씬 유리한 위치를 점하고 있기 때문이다. 제3장에서는 퀸시 어패럴의 사례를 통해 산업 분야의 경험이 스타트업의 성공에 미치는 효과를 탐구해 본다.

일반적으로 스타트업의 설립자가 자신감은 지나치게 높은 반면, 해당 산업 분야의 경험이 부족한 경우 실패할 확률이 높다고 할 수 있다. 하지만 이런 요소들은 회사가 성공하거나 실패할 개연성에 일부 영향을 미칠 뿐이다. 적절한 수준의 자신감과 풍부한 산업적 경험을 지닌 창업가들도 이 책에서 다루고 있는 실패 패턴들에 취약할 수 있기 때문에, 이를 예측하고 방지하기 위해 많은 노력을 기울여야 한다. 게다가 많은 사람이 스타트업 실패의 주요 원인을 제품 콘셉트라고 인식하는 현실을 감안한다면 실패의 초점을 설립자의 자질에만 집중하는 사람들은 몇 가지 질문에 답해야 할 것이다. 예를 들어 어떤 창업가가 회사를 설립하기 전에 그의 약점을 미리 파악할 수는 없을까? 대부분의 설립자가 회사를 세울 때 쏟아붓는 열정적인 에너지와 근거 없는 자신감을 어떻게 구별해야 할까?

말, 기수 아니면 둘 다인가? 그렇다면 우리는 창업가, 투자자, 학자들이 각각 주장하는 스타트업의 실패 요인들을 어떻게 정리해야 할까? 숙련된 기수와 빠른 말을 동시에 갖춘 사람이 경주에서 승리할 가능성이 높다는 것은 자명한 사실이다. 게다가 스타트업이라는 경주에서는 기수가 본인이 탈 말을 직접 선택하기 때문에, 특정 스타트업의 제품 콘셉트와 그 회사를 설립한 사람의 능력을 분리해서 생각하기는 쉽지 않다.

따라서 나로서는 말과 기수 중 어느 쪽이 문제인지에 대한 논란은 별로 의미가 없다고 생각한다. 물론 그런 논쟁이 문제를 파악하기 위한 출발점을 제공해 주기는 할 것이다. 하지만 이는 실패의 원인을 특정한 대상으로 한정하려는 지나치게 획일적인 사고방식에 불과하다. 앞서 말한 대로 사람들이 실패의 원인을 단순하게 해석하는 이유는 단일 원인의 오류 때문이다. 하지만 세상의 모든 일은 수많은 요인이 복합적으로 작용함으로써 빚어진 결과다. 다음 장에서는 실패의 다양한 요인을 보다 상세하게 탐구해 보려고 한다.

자, 다시 지보의 이야기로 돌아가 보자. 그들은 실패한 걸까? 이 책에서 채택한 정의에 따르면 답은 '예스'다. 무엇보다 초기 투자자들이 손해를 입었기 때문이다. 그렇다면 지보의 사례를 영리한 베팅에서 좋지 않은 결과를 낳은 경우로 분류할 수 있을까? 나는 그럴 수 있다고 생각한다. 어떤 사람들은 지보가 제품 포지셔닝이나 임원들의 채용에서 실수를 저질렀다고 평가할지 모른다. 하지만 내가 보기에 그들은 당시의 상황에서 최선의 의사 결정을 내렸다. 게다가 지보는 MIT 연구소에서 탄생한 스타트업답게 제품의 수요를 세심히 파악했으며 로봇의 기능 개선을 위해 포커스 그룹 인터뷰나 시제품 테스트 같은 폭넓은 초기 조사를 실시하는 등 높은 수준의 실험적 능력을 발휘했다. 지보에게 갑자기 닥친 몇몇 사건은 그들이 처음 베팅한 시점에서 전혀 예상할 수 없었던 불운에 불과했다.

마지막으로 지보를 통해 얻은 통찰이 사회에 궁극적인 혜택으로 작용하리라는 의미에서 좋은 실패의 사례로 봐야 할까? 아직 단정하기는 이를지 모르지만 지보는 이미 차세대 노인 돌봄 로봇의 모범으로 자리잡았다. 지보가 남긴 마지막 메시지에 등장하는 소셜 로봇의 이야기처럼 나도 언젠가 '모든 사람이 가정에서 로봇들과 함께 사는 날이' 반드시 찾아올 거라고 믿는다.

WHY
STARTUPS
FAIL

제1부

론칭 : 스타트업 날개를 펼치다

제2장

창업가의 딜레마

: 리스크를 줄이며 인적 · 물적 자원을 최대로 확보하는 방법은 무엇인가?

■ 스타트업 리스크 관리 전략 ■

앞서 설명한 대로 창업가란 자원이 부족한 상태에서 새로운 기회를 추구하는 사람이다. 이런 역학 관계는 초기 단계(이 책에서는 창업 3년 이하로 정의한다) 스타트업들에게 일종의 딜레마를 가져다준다. 즉 그들은 "경험 없이는 사업을 시작할 수 없고, 사업을 시작하지 않으면 경험을 쌓을 수 없다"는 논리적 교착 상태에 빠지는 것이다.

스타트업의 설립자들이 처음 회사 문을 열 때는 새로운 기회를 탐구하는 데 필요한 자원의 일부 또는 전부가 부족할 수밖에 없다. 그들에게는 회사를 함께 세울 공동 설립자, 특정한 기술을 갖춘 조직 구성원, 자금을 지원할 외부 투자자, 기술이나 유통 채널을 제공할 전략적 파트너 등이 필요하다. 창업가들이 이런 자원을 확보하기 위해서는 자신이 설립한 스타트업에 시간과 돈을 투자했을 때 언젠가 매력적인 보상을 얻을 수 있을 거라고 이해 당사자들을 설득시켜야 한다.

　창업가의 딜레마는 바로 이 대목에서 발생한다. 스타트업 설립자는 자원이 없으면 새로운 기회에 도전할 수 없고, 새로운 기회를 얻기 전에는 자원을 확보할 수 없다. 이런 진퇴양난의 상황은 설립자가 이 스타트업의 리스크가 적절한 수준이라는 사실을 자원 제공자들에게 입증할 수 있을 때까지 지속된다. 초기 단계의 창업가들이 이런 교착 상태를 해소하려면 다음 네 가지 전략 중 일부 또는 전부를 활용해 필요한 자원의 양을 줄이거나, 또는 자원과 관련된 리스크를 해결·이전·연기 및 축소해야 한다.[1] 뒤에서 자세히 다루겠지만 이 전략들은 저마다 잠재적 위험 요소를 내포하고 있다.

　전략 1: 린 스타트업 실험(리스크 해결하기). 스타트업 설립자들은 자원에 대한 요건이 최소화된 MVP를 활용해 시장 기회를 검증하고 회사의 생존 가능성에 대한 불확실성을 제거할 수 있다. 나중에 살펴볼 의류 소매업체 퀸시는 MVP를 통해 고객들에게서 긍정적인 결과를 도출함으로써 직원들과 투자자들로부터 새로운 모험에 동참하겠다는 의사 결정을 이끌어 냈다.

　• **위험 요소:** 하루빨리 영업을 시작하겠다는 열정에 충만한 초기 단계의 창업가들은 '잘못된 출발'이라는 실수 패턴에 쉽게 빠져든다. 즉 시장에 대한 초기 조사라는 중요한 단계를 생략함으로써, 고객들의 진

정한 욕구를 파악하고 자신의 제품이 그 욕구를 충족할 수 있는지 판단할 기회를 놓쳐 버리는 것이다. 제4장에서 등장할 온라인 데이트 서비스 업체 트라이앵귤레이트의 사례도 그런 경우에 해당한다.

또 인간은 누구나 자기가 보고 싶은 것만 보는 경향이 있기 때문에 스타트업 설립자들 역시 '긍정의 오류'라는 실패 패턴에 빠져들기 십상이다. 예를 들어 제품에 대한 고객들의 초기 반응만으로 시장의 기회가 실제보다 훨씬 크다고 착각하는 일도 비일비재하게 일어난다. 제5장에서는 반려동물 돌봄 스타트업 바루Baroo의 사례를 통해 '긍정의 오류'를 탐구하고 이를 피할 수 있는 방법을 살펴보려 한다.

전략 2: 파트너 확보(리스크 이전하기). 창업가들은 전략적 파트너에게서 기술력이나 유통망 같은 자원을 대여할 수 있다. 많은 스타트업이 너도나도 파트너로 삼기 원하는 유명 대기업들은 규모나 자금력 덕분에 리스크를 감당할 수 있는 여력이 훨씬 풍부하다.

• **위험 요소:** 사업 실적이 부족하고 생존 가능성도 확실치 않은 초기 단계의 스타트업은 전략적 파트너와 협업 관계를 체결하기가 쉽지 않다. 또 파트너십을 맺는다고 해도 양측의 이해관계를 일치시키는 데 어려움이 따른다. 다음 장에서 살펴보겠지만 퀸시는 생산 시설을 제공하는 파트너로부터 제대로 된 서비스를 제공받지 못해 골치를 썩었다. 마찬가지로 제5장에서는 바루의 설립자가 반려동물 돌봄 서비스를 위한 공간을 임대하는 문제를 두고 아파트 건물 관리자들과 원만한 협력 관계를 맺는 데 실패한 사례가 소개된다.

전략 3: 단계별 투자 유치(리스크 연기하기). 벤처캐피털에서 자금을 지원받는 스타트업은 단계별 투자 유치를 통해 다음 단계의 핵심 사업 계획, 즉 제품 개발, 제품 출시 등을 실행에 옮길 수 있을 만큼의 자본금을 조달한다. 이런 단계적 접근 방식을 채택하면 리스크를 연기하는 효과를 거둘 수 있다. 만일 스타트업의 사업 계획이 제대로 수행되지 않았을 경우, 벤처캐피털은 투자를 중지함으로써 미래의 지출을 피할 수 있기 때문이다.

• **위험 요소:** 초기 투자를 유치하는 데 어려움을 겪은 창업가, 특히 과거 실적이 전무한 최초 설립자는 열악한 투자 조건을 감수할 수밖에 없다. 가령, 부가적인 가치를 제공할 능력이 없고, 리스크 및 보상에 대한 트레이드오프trade-off (하나의 목표를 선택하면 다른 목표의 달성에 지장을 초래하는 상황적 의사 결정—옮긴이)의 방향이 창업가와 다르며, 해당 스타트업이 자금난에 빠질 경우 추가적인 자본금을 조달하기 힘든 투자자들이다. 다음 장에서 살펴볼 퀸시의 설립자들은 주력 투자자들에게서 이 세 가지 문제를 모두 경험했다.

전략 4: 스토리텔링(리스크 축소하기). 무한한 자신감과 카리스마 넘치는 설립자는 이른바 '현실 왜곡장'reality distortion field 을 발휘해서 자신이 새로 설립한 회사에 필요한 자원을 유리한 조건으로 끌어들인다. 현실 왜곡장이란 스타트업의 현실적 문제보다는 자신들이 내세우는 세상을 바꿀 만한 잠재력을 강조해서 직원, 투자자, 전략적 파트너들의 마음을 사로잡는 능력을 말한다. 전략적 파트너들이 이 스타트업에게 자원을 제공한다는 말은 자기 회사의 기술에 대한 접근 권한을 부여한다는 의미이며, 동시에 더 나은 조건을 갖춘 기업에게 이를 제공할 기회를 포기한다는 뜻이기도 하다. 직원들의 경우 이 스타트업이 제공한 스톡옵션의 대가로 연일 계속되는 야근과 업계 표준보다 낮은 급여를 기꺼이 감수한다는 의미다.

· **위험 요소:** 현실 왜곡장은 정반대 방향으로도 작용할 수 있다. 즉 과도한 자신감에 취한 설립자는 남들의 눈에 비친 현실을 왜곡하기에 앞서 자신의 비전이 몽상에 불과하다는 신호를 스스로 깨닫는 데 실패한다. 제2부에서는 후기 단계 스타트업들의 실패 패턴을 집중적으로 조명하며 이 경우에 해당하는 몇몇 사례를 살펴볼 예정이다. 그중 하나가 전기자동차 충전소 네트워크를 구축하는 사업을 시작해서 9억 달러의 자본금을 날려 버린 베터 플레이스다. 창업가의 현실 왜곡장은 수백 명의 직원과 수억 달러의 자본금을 유치한 후기 단계 스타트업에게 큰 타격을 입힐 수 있다. 물론 초기 단계 스타트업에게도 이런 자기 기만의 위험성은 항상 존재한다.

■ 다이아몬드-사각형 프레임워크[2] ■

창업가들이 기회 및 자원 사이에 놓인 딜레마를 피하는 전략을 수립했다면, 이제는 리스크를 적절하게 관리함으로써 사업을 가동하기에 충분한 자원을 확보해야 한다. 하지만 그들은 어떻게 해야 자신이 매력적

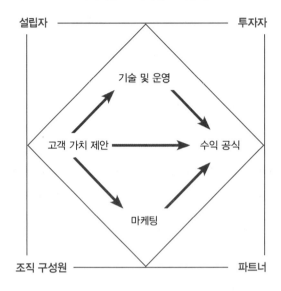

다이아몬드-사각형 프레임워크

인 기회를 포착했다는 사실을 알 수 있을까? 또 그 기회를 성공적으로
활용하는 데 어떤 자원이 필요한지 어떻게 판단할 수 있을까? 이 질문
에 답을 제공하는 것이 바로 다이아몬드-사각형 프레임워크다. 이 프
레임워크의 다이아몬드 모양은 스타트업이 추구하는 기회(말)를 구성
하는 네 가지 요소, 즉 고객 가치 제안, 기술 및 운영, 마케팅, 수익 공식
을 상징한다. 그리고 다이아몬드를 둘러싼 사각형의 각 꼭짓점은 설립
자(기수), 조직 구성원, 외부 투자자, 전략적 파트너 등 스타트업의 핵
심적인 자원 제공자들을 의미한다.

다이아몬드-사각형 프레임워크의 여덟 가지 요소가 서로 잘 어울리
고 조화를 이루는 초기 단계의 스타트업은 성공할 가능성이 높다. 또한
이들 사이에서 발생하는 조화는 역동적이어야 한다. 스타트업이 성숙

단계로 접어들고 회사가 추구하는 기회도 점점 진화하면서 자원 제공자들에게 요구되는 지원의 성격도 함께 변화하기 때문이다.

그러나 이 요소들은 종종 다양한 형태로 충돌한다. 이때 다이아몬드-사각형 프레임워크는 그중 어느 요소에서 문제가 발생했는지 파악하게 해주는 중요한 역할을 한다.

첫째, 다이아몬드의 내부 요소들이 문제를 일으키는 상황을 생각해볼 수 있다. 예를 들어 가치 제안이 취약한 스타트업은 고객을 끌어들이기 위해 더 많은 돈을 마케팅에 지출해야 하며, 그러다 보면 수익 공식에 차질이 발생한다.

둘째, 사각형의 꼭짓점들이 서로 충돌을 일으키기도 한다. 다음 장에서 살펴보겠지만 퀸시가 어려움에 빠진 이유 중 하나는 조직 구성원들과 투자자들이 의류 산업에 경험이 부족했던 공동 설립자들의 능력을 보완하는 데 실패했기 때문이다.

셋째, 다이아몬드 요소와 사각형 요소들이 서로 갈등을 일으킬 수도 있다. 지보의 가치 제안과 수익 공식이 투자자들로부터 추가적인 자금을 유치할 수 있을 정도로 매력적이지 않았다는 점이 대표적인 사례다.

이어지는 세 개의 장에서는 창업 초기 단계의 실패 패턴에 빠진 스타트업들의 사례를 다이아몬드-사각형 프레임워크에 대입해 분석해볼 예정이다. 그 전에 이 프레임워크에 담긴 여덟 가지 구성 요소를 구체적으로 살펴보기로 하자.

■ 다이아몬드 프레임워크의 네 가지 기회 ■

기회 1: 고객 가치 제안

　다이아몬드 프레임위크의 네 가지 기회 요소 중 초기 단계의 스타트업에게 가장 중요한 것은 두말할 나위 없이 고객 가치 제안이다. 새롭게 설립된 회사가 생존하기 위해서는 고객의 강력한 욕구를 충족시킬 수 있을 만큼 차별화된 제품과 서비스를 시장에 지속적으로 공급해야 한다. 반복해서 말하지만 고객의 욕구는 강력해야 한다. 어느 무명의 스타트업이 출시한 제품이 소비자의 가려운 곳을 정확히 긁어 주지 못한다면 고객들이 그 제품을 구매할 가능성은 거의 없다. 또한 차별화 역시 매우 중요한 요소다. 스타트업이 제공하는 제품 및 서비스가 기존의 경쟁 제품들에 비해 유의미한 우월성을 제공하지 못한다면 아무도 이를 구매하지 않을 것이다. 마지막으로 그 차별성을 지속하는 일도 중요하다.[3] 경쟁자가 자사의 제품을 쉽게 흉내 낼 수 없도록 주위에 적절한 장벽을 구축하는 데 실패한다면 이 스타트업은 모방꾼들의 제물이 될 가능성이 크다.

　일부 창업가들이 '해자'(垓子라고 부르는 진입 장벽은 대개 '독점적 자산'과 '비즈니스 모델 차별성'이라는 두 가지 형태로 나뉜다. '독점적 자산'이란 신뢰받는 브랜드, 특허, 매장의 우월한 입지 조건, 핵심 원자재에 대한 우선적 접근성 등 경쟁자들이 모방하기 어렵거나 공급량이 한정된 자산을 의미한다. 식물성 대체육 햄버거 업체 비욘드 버거Beyond Burger 가 세계 콩 단백질 공급량의 상당 부분을 사들이기로 장기 계약을 체결한 일은 원자재에 대한 우선적 접근성의 좋은 사례라고 할 수 있다.[4] '비즈니스 모델 차별성'은 높은 전환 비용이나 강력한 네트워크 효과 등을 통해 고객들을 유인하고 유지하는 데 우월한 입지를 확보하는 전략을 의미한다.

· **전환 비용:** 단순히 금전적 비용뿐만 아니라 고객이 제품 및 서비스 공급자를 변경했을 때 감수해야 하는 불편함이나 리스크를 포괄적으로 의미한다. 예를 들어 어느 가족이 애완견 산책 서비스 업체를 다른 곳으로 바꿨을 때 발생하는 비용과 위험을 생각해 보라. 이 가족은 새로운 담당자에게 집의 열쇠를 맡겨야 하고, 자신들이 소유한 개의 특징이나 행동 패턴을 새롭게 알려 줘야 한다. 게다가 새로 온 사람을 개가 잘 따를지도 알 수 없다. 전환 비용은 종종 양날의 검이 되기도 한다. 일례로 바루는 창업 초기에 고객들을 확보하는 과정에서 다른 업체가 세워 둔 전환 비용의 장벽을 극복하느라 애를 먹었다. 그러나 일단 어느 정도의 고객을 확보하면 소비자들이 경쟁 업체로 옮겨 가기 위해 치러야 하는 높은 전환 비용 덕분에 고객들을 유지할 수 있었다.

· **네트워크 효과:** 특정 제품의 사용자가 늘어날수록 그 제품의 가치가 높아지는 현상을 말한다.[5] 대표적인 예가 온라인 데이트 서비스다. 로맨틱한 데이트 후보자들을 더 많이 확보한 사이트에 더 많은 고객이 몰리는 것은 당연한 일이다. 트라이앵귤레이트는 온라인 데이트 시장의 강력한 네트워크 효과로 인해 창업 초기에 사용자들을 끌어들이느라 힘겨운 싸움을 했다. 이는 '사용자를 확보하기 위해 사용자가 필요했던' 또 다른 딜레마의 사례라고 할 수 있다. 그러나 일단 고객 증가 추세에 탄력이 붙으면 신규 사용자들이 더 많은 사용자를 새롭게 유인하면

서 고객의 수가 급속도로 늘어난다. 이 숫자가 임계점을 넘은 회사는 경쟁자들에 비해 고객을 유인하고 유지할 수 있는 능력이 훨씬 커진다.

초기 단계의 스타트업들은 고객 가치 제안 측면에서 회사의 성공 가능성에 커다란 영향을 미칠 수 있는 세 가지 중요한 선택을 해야 한다.

단일 고객 세그먼트를 목표로 할 것인가? 일부 스타트업은 창업 초기부터 욕구의 형태가 저마다 다른 복수의 고객 세그먼트segment(조각 또는 부분이라는 뜻을 지닌 단어로, 비슷한 소비 욕구를 지닌 개인 및 집단을 의미함—옮긴이)를 목표로 영업을 수행한다. 예를 들어 지보는 일정 관리나 날씨 및 교통 상황 안내 등의 음성 인식 비서 기능을 원하는 고객들과 로봇 친구를 원하는 고객들을 함께 겨냥해서 제품을 출시했다. 하지만 대부분의 스타트업은 영업을 시작할 때 오직 하나의 세그먼트에 초점을 맞춰 제품과 서비스를 공급한다. 일례로 퀸시는 오로지 직장 여성만을 위해 옷을 만들기로 결정했다. 출근용 의상이 필요하지 않은 대학생은 목표 고객에 포함시키지 않았다.

창업가들은 초기에 몇 개의 고객 세그먼트를 겨냥할지 결정하는 과정에서 다양한 트레이드오프에 직면하게 된다. 만약 어느 스타트업이 복수의 고객 세그먼트를 대상으로 성공적으로 제품을 영업할 능력을 갖췄다면 그 회사의 잠재적 매출은 매우 커질 것이다. 그러나 복수의 세그먼트에 속한 고객들의 다양한 욕구를 단일 제품으로 충족시키려는 시도는 종종 목표 고객이 불분명해지고 영업의 초점이 흐려지는 결과로 이어진다. 말하자면 모든 사람에게 모든 것을 제공하면서도 누구도 만족시킬 수 없게 된다. 게다가 복수의 고객 세그먼트를 대상으로 마케

제품 개발 시 고려해야 할 고객 세그먼트별 특징

	단일 세그먼트	복수의 세그먼트
혜택	• 신속한 시장 진입 가능 • 높은 시장 점유율: 사업적 기반을 방어 및 확장하기에 용이	• 높은 잠재적 매출액
리스크	• 낮은 잠재적 매출액	• 복잡성 가중 • 영업의 초점과 목표 고객의 불투명 • 제품 개발 지연 • 복수의 세그먼트별 마케팅 활동 수행

팅 활동을 수행하려면 홍보 및 판촉 메시지를 각 세그먼트에 맞게 별도로 작성해야 하기 때문에 작업이 어렵고 비용도 많이 든다.

단일 제품으로 복수의 세그먼트를 공략하는 전략의 대안은 각 세그먼트에 맞는 제품을 독립적인 버전으로 제작하고 제품마다 다른 기능과 브랜드를 부여하는 것이다. 그러나 이 방법은 제품 포지셔닝의 문제를 해결할 수 있는 반면, 비용이 많이 들고 업무가 복잡해지는 단점이 있다. 하나의 제품 또는 여러 버전의 제품 중 어떤 접근 방식을 택하든 복수의 고객 세그먼트를 동시에 공략하는 전략은 제품 개발의 지연이라는 리스크를 초래한다. 특히 발전의 속도가 빠른 기술 분야의 스타트업에게는 이 문제가 치명적인 결함으로 작용할 수 있다.

많은 스타트업이 창업 초기에 하나의 세그먼트를 목표로 정하는 것은 시장에 일찍 진입할 수 있기 때문이다. 또 단일 세그먼트 고객의 욕구를 집중적으로 만족시킴으로써 소규모 틈새시장에서 높은 점유율을 확보할 수 있다. 또한 이렇게 구축된 사업적 기반은 경쟁자를 막아내기에 용이하고 이를 기반으로 더 큰 시장으로 비즈니스를 확장하는 데도 유리하다. 다시 말해 일단 영업을 개시한 다음 제품과 마케팅에 대한 접근 방식을 점차 수정해서 추가적인 고객 세그먼트를 공략하는 것이다. 제2부에서는 이런 확장 전략의 사례를 살펴볼 예정이다.

얼마나 혁신해야 할까? 스타트업의 설립자들은 회사가 출시할 첫 번째 제품을 디자인하는 과정에서 혁신의 정도를 결정해야 한다. 일부 창업가는 더 많은 혁신이 항상 더 좋은 결과를 가져올 거라고 믿지만, 그런 사고방식은 오히려 문제를 일으키는 빌미가 될 수 있다. 창업 과정에서의 혁신은 다음 세 가지 형태로 이뤄진다.

· **새로운 비즈니스 모델:** 의류기업 렌트 더 런웨이Rent the Runway는 의류를 판매하는 것이 아니라 '대여'하는 사업 모델로 성공했다.

· **새로운 기술:** 파산한 태양광 기업 솔린드라Soylndra는 원통형 태양 전지판과 박막 소재를 독자적으로 개발했다.

· **기존의 기술을 새로운 방식으로 조합하는 전략:** 퀸시 어패럴은 남성용 양복을 맞출 때 몸의 사이즈를 측정하는 시스템을 여성용 의상 제작에 도입해 착용감이 우수한 상품을 출시했다.

일부 혁신에는 고객의 행위를 변화시키는 과정이 필요하다. 하지만 그 변화에는 종종 높은 전환 비용이 수반된다. 고객들은 새로운 제품의 사용법을 다시 익혀야 하며, 아직 검증되지 않은 제품이 약속된 기능을 제공하는 데 실패할지도 모르는 리스크를 감수해야 한다. 따라서 어떤 제품에서 이뤄진 혁신이 고객 행동의 변화를 요구할 때는 그 혁신이 제공하는 가치가 혁신으로 인해 발생되는 전환 비용보다 훨씬 커야 한다. 일례로 퀸시의 혁신이 기발했던 이유는 고객 행동의 사소한 변화를 통해 착용감이 우수한 의상이라는 큰 혜택을 제공했기 때문이다. 대부분의 여성은 이미 온라인에서 옷을 구매하는 데 익숙했다. 그들은 자신의 몸 사이즈에 관한 몇몇 추가 정보를 퀸시에 보내기만 하면 됐다. 즉 퀸시의 사업은 고객 전환 비용이 매우 낮았다.

심지어 혁신적 기술이 도입되는 과정에서 고객의 행동에 전혀 변화가 필요치 않은 경우도 있다. 고객들은 기존의 방식으로 계속 제품을 사용하면서도 더 낮은 비용, 빠른 속도, 높은 안정성 등의 혜택을 누리게 된다. 예를 들어 맨 처음 출시된 아이폰은 GPS에 비해 정확도가 떨어지는 무선인터넷의 엑세스 포인트access point (네트워크의 접속 중계점 — 옮긴이)에 의존해서 사용자의 위치를 추적했다. 그러나 2세대 아이폰부터 GPS 칩이 제품에 탑재되기 시작하자 사용자들은 아이폰이나 지도 앱을 통해 위치를 추적하는 방식을 바꾸지 않아도 이전보다 훨씬 정확한 결과를 얻어 낼 수 있었다. 말하자면 기술의 이행이 물 흐르듯 부드럽게 이뤄진 것이다.

고객들은 새로움과 익숙함이 조화를 이루는 제품에 끌리기 마련이다. 따라서 창업가들은 혁신을 생각할 때 양자 사이의 트레이드오프를 적절하게 고려해야 한다. 스타트업의 제품에 혁신적 요소가 부족하면 기존의 경쟁자들과 의미 있는 차별화가 이뤄지지 않을 것이다. 다시 말

혁신의 규모별 특징

	소규모 혁신	대규모 혁신
혜택	• 낮은 전환 비용	• 고도의 차별화
리스크	• 부족한 차별화	• 고객 욕구 이상의 과도한 제품 • 높은 전환 비용 • 제품 개발 지연 • 높은 마케팅 비용

해 '어중간한 쥐덫'을 제공하는 스타트업은 실패할 확률이 높다. 또 이와는 정반대편 극단에서 지나친 혁신을 시도하는 스타트업은 고객의 욕구를 넘어서는 과도한 제품을 내놓을 수 있다. 고객에게 급진적인 제품을 사용해 보라고 설득하려면 막대한 마케팅 비용을 쏟아부어야 한다. 또한 회사가 추구하는 혁신에 획기적인 기술 및 공학적 발전이 필요한 경우 제품의 개발이 지연될 위험성도 크다. 가정용 소셜 로봇이라는 전혀 새로운 제품 영역을 개척한 지보 역시 그런 문제를 겪었다.

로우 터치 또는 하이 터치? 일부 스타트업은 모든 고객에게 동일하게 적용되는 범용 제품과 최소한의 고객 서비스를 제공하는 반면, 어떤 스타트업은 고객 맞춤형 제품과 세심한 전담 서비스를 상품화해서 판매한다. 이 각각의 접근 방식을 '로우 터치'low touch 와 '하이 터치'high touch 라고 이름 붙이기로 하자. 육아 도우미 검색 서비스를 제공하는 두 온라인 업체의 차이점을 살펴보면서 두 전략의 차이를 비교하면 좋을 듯하다. 로우 터치 서비스의 일종인 케어닷컴Care.com 은 사이트에서 수

제품 및 서비스 전략의 접근 방식별 특징

	로우 터치	하이 터치
혜택	• 사업 규모 확장이 용이 • 낮은 운영 비용	• 고도의 차별화 • 높은 가격 프리미엄
리스크	• 차별화 부족 • 낮은 가격 프리미엄	• 운영상의 문제 • 사업 확장 어려움 • 높은 운영 비용

많은 육아 도우미의 목록을 제공하지만, 시간을 들여 검색 결과를 걸러
내고, 도우미들의 인적 사항을 검토하고, 후보자들을 접촉해서 면접을
보는 등의 짜증나는 일은 부모들이 직접 해야 한다. 반면 앞으로 살펴볼
실패 사례인 파피Poppy라는 스타트업은 아이를 돌봐 줄 사람이 필요한
부모들에게 그때그때 '주문형' 서비스를 제공하는 하이 터치 전략을 구
사했다.[6] 예를 들어 평소에 아이를 봐주던 도우미가 휴가를 떠났을 때
부모가 회사로 문자 한 통만 보내면 숙련된 육아 도우미가 마치 메리
포핀스처럼 문 앞에 등장하는 것이다. 부모들은 육아 도우미 후보들의
자격 조건을 직접 검토할 필요가 없다.

　창업가들은 로우 터치와 하이 터치 중 어느 쪽을 선택할지 검토할
때도 여러 가지 트레이드오프를 고려해야 한다. 로우 터치 제품은 모든
고객에게 동일하게 적용되는 방식으로 표준화돼 있으므로 사업 규모를
확장하기에 더 적합하다. 또한 표준화가 자동화를 의미한다는 점에서
대체로 로우 터치 제품의 가격은 더 저렴하다. 다시 말해 차별화의 요소

가 제한적이기 때문에 큰 가격 프리미엄을 얻지 못한다.

반면 하이 터치 제품은 할증된 가격으로 판매할 수 있다. 고객들은 퀸시의 착용감 좋은 출근용 의상처럼 자신의 욕구를 맞춤형으로 충족시킬 수 있는 제품이나 육아 도우미를 언제든 공급받을 수 있는 파피처럼 높은 품질의 서비스에 기꺼이 더 많은 돈을 지불하려 할 것이다. 스타트업 입장에서는 하이 터치 제품 및 서비스를 제공하려면 추가 비용이 발생하기 때문에 그만큼 많은 매출이 필요하다. 그러나 추가 매출로 해결할 수 없는 운영상의 문제에 종종 맞닥뜨릴 수 있으며 이로 인해 신속한 성장에도 지장을 받는다. 가령 파피는 적절한 자격을 갖춘 육아 도우미의 수가 매우 적다는 사실을 깨달은 후에 사업의 규모를 확장하려는 계획에 제동을 걸었다. 결국 이 회사는 설립자가 예상했던 규모로 사업을 키우는 데 실패하면서 문을 닫았다.

기회 2: 기술 및 운영

스타트업이 생존하려면 고객과 약속한 가치를 지켜야 한다. 즉 최초에 예고한 기능을 갖춘 제품을 개발하고, 생산하고, 판매해야 하며, 판매 후에는 사후 서비스도 제공해야 한다. 이 중 어느 하나라도 소홀히 한 회사는 살아남기 어렵다.

대부분의 스타트업은 회사의 전략을 실천에 옮길 때 기술 및 운영 측면에서 조직의 생사가 달린 의사 결정을 해야 한다. 바로 핵심적인 기업 활동을 아웃소싱할 것인가 아니면 내부적으로 해결할 것인가의 문제다. 예를 들어 새로운 창고를 구입할지 또는 기존의 설비를 빌려서 사용할지, 고객 서비스를 위해 직접 콜센터를 운영할지 또는 외부 콜센터

기술 및 운영 전략별 특징

	자체 개발	아웃소싱
혜택	• 높은 잠재적 수익성 • 핵심 역량에 대한 통제력 확보 • 회사의 구체적인 요구 사항에 맞춰 기업 활동 조율 가능	• 자원에 대한 빠른 접근 • 낮은 선행 투자 비용
리스크	• 느린 속도, 많은 비용 소요 • 회사 자체적인 노하우 부족 • 운영상의 복잡성 초래	• 핵심 역량에 대한 통제력 저하 • 신뢰할 수 있는 파트너 부족

업체에 아웃소싱할지, 소프트웨어를 회사가 직접 개발할지 또는 도급 업체에 맡길지 등의 선택을 해야 하는 상황에 처하게 된다.

이런 종류의 의사 결정에는 상당한 리스크가 따른다. 신생 스타트업이 첫 투자 라운드에서 유치한 자본금은 향후 12개월에서 18개월가량 사업을 유지할 만큼의 액수에 불과하기 때문이다. 만약 제품 개발을 외부 업체에 맡기는 문제를 두고 4개월을 고민한다면 이는 큰 실수다. 또 제품 개발을 회사 자체적으로 해결하기 위해 엔지니어 팀을 채용하는 데 또다시 3개월이 소요된다면 기껏 조달한 자금의 절반 이상을 허비하게 될 것이다. 결국 회사는 투자자들에게 보여 줄 실적을 하나도 달성하지 못한 채 실패의 나락으로 떨어질 위기에 처하게 된다.

많은 창업가들이 '자체 개발 대 아웃소싱'의 트레이드오프를 놓고 고민에 빠진다. 회사의 업무 역량을 내부에서 개발하면 속도도 느리고 비용도 많이 드는 데다 조직도 더욱 복잡해진다. 반면 이를 아웃소싱하면 빠른 속도로 자원에 접근할 수 있고 고정 비용을 미리 투자해야 하는 부담을 피할 수 있다. 단, 신생 스타트업이 적절한 파트너를 구하는 일은 그리 쉽지 않다. 대체로 내부 개발 비용은 외부 업체에 일을 맡기는 비용에 비해 저렴하기 때문에 회사의 수익 측면에서는 더 유리한 선택지가 된다. 외부 업체들은 실제 개발에 투입된 비용에 자신들이 취할 이윤을 더해서 청구하기 마련이다. 반면 내부 개발 전략을 택하면 외부 업체에 지불해야 할 높은 비용을 피하는 것 이외에도 두 가지 이점을 더 얻을 수 있다. 첫째, 회사의 핵심 역량에 대한 통제력을 확보할 수 있다. 둘째, 조직의 구체적인 요구 사항에 맞춰 기업 활동을 조율할 수 있다. 초기 단계 스타트업들이 전략적 파트너를 찾는 과정에서 직면하는 문제점들에 대해서는 뒤에서 구체적으로 살펴볼 예정이다.

기회 3: 마케팅

신생 스타트업은 시장에 공급할 제품 및 서비스를 잠재 고객들에게 널리 알려야 한다. 마케팅에 투자할 자금의 규모를 선택하는 일은 초기 단계의 스타트업이 마주하는 매우 중요한 의사 결정 중 하나다. 마케팅비를 지나치게 적거나 또는 많이 지출하는 것은 모두 비즈니스를 파국으로 이끌 수 있다. 이 양극단에 놓인 두 가지의 전략을 살펴보자.

제품을 만들면 고객이 찾아온다. 좋은 제품은 스스로 팔려 나갈 거라고 믿는 창업가들이 이런 접근 방식을 취한다. 그들은 자사의 제품을 써본 고객이 주변에 알아서 입소문을 퍼뜨릴 것이며, 각종 언론매체 역시 초기 고객들을 확보하는 데 한몫을 하리라고 기대한다. 이러한 마케팅 전략은 두 가지 혜택을 가져다준다. 첫째, 마케팅에 들어가는 지출을 최소화함으로써 소중한 현금을 지킬 수 있다. 둘째, 자신에게 필요한 제품을 직접 찾아 나선 '유기적' 고객은 광고를 통해 제품을 접한 고객보다 충성도가 높다.

그러나 정작 자신이 만든 제품을 아무도 거들떠보지 않는다면 어떻게 해야 할까? 유명 벤처 투자자 마크 앤드리슨Marc Andreessen은 그런 상황을 두고 이렇게 언급한 바 있다. "우리가 충분히 투자가 가능해 보이는 창업가들에게 투자를 포기하는 유일한 이유는 그들이 제품을 만드는 것 이외에는 어떤 일도 하려 들지 않기 때문이다. 물론 실리콘밸리에서는 그런 외골수 같은 사고방식을 장려하거나 미화하는 경향이 있다. 문제는 스타트업 설립자들이 그런 분위기에 편승해 영업이나 마케팅 같은 어려운 과업을 소홀히 하는 핑계로 삼는다는 것이다. 많은 창업가들이 기껏 우수한 제품을 개발하고도 적절한 유통 전략을 갖고 있지 않다. 게다가 그들은 자신에게 그런 전략이 필요 없다고 주장하며 유통 전략이 없는 전략을 '입소문 마케팅 전략'viral marketing strategy이라고 부르기도 한다."[7]

물론 일부 훌륭한 제품은 광고나 마케팅에 별로 돈을 들이지 않고도 출시 초기부터 입소문을 타고 날개가 돋친 듯 팔려 나갔다. 드롭박스, 트위터, 핀터레스트, 인스타그램, 유튜브 등이 대표적인 사례다. 그러나 이것은 정말 예외적인 경우로 대부분의 창업가들은 그들이 걸어간 길을 자신도 똑같이 따를 수 있다고 기대해선 안 된다. 그 기업들이 입소문 마케팅에 돈을 투자하지 않았다고 해서 마케팅을 하지 않았다는 의미는 아니다. 만약 유니콘 기업을 좀 더 깊이 있게 조사한 사람들이라면 그들이 많은 인력을 채용해서 기발한 방법으로 소비자의 입소문을 불러일으키기 위해 노력했다는 사실을 알게 될 것이다. 드롭박스의 공동 설립자 드루 휴스턴Drew Houston은 자기 회사의 제품을 소개하는 동영상에 컴퓨터광들만이 이해할 수 있는 농담, 예를 들어 영화 〈뛰는 백수, 나는 건달〉Office Space에 나오는 소프트웨어 테스트 보고서나 컴퓨터의 특정 키를 누르면 블루레이 디스크의 암호를 해독할 수 있다는 해커들의 소문 등을 가득 채워 넣었다.[8] 컴퓨터광들은 나중에 드롭박스의 얼리 어답터로서 제품을 무료로 홍보했을 뿐만 아니라 무료로 기술 지원까지 제공하는 전도사의 역할을 했다.

적극적인 마케팅을 통해 고객을 확보한다. 1990년대 말 닷컴 기업들의 붐이 한창일 당시 스타트업들은 제품을 출시할 때마다 거창한 광고를 내보내고 대대적인 홍보 캠페인을 벌였다. 오늘날에는 그런 방식이 거의 사라졌지만, 아직도 초기 단계의 스타트업 중에는 창업 초기부터 마케팅에 많은 돈을 쏟아붓는 회사가 드물지 않다. 물론 요란한 제품 출시를 통해 고객들의 주의를 끄는 데 성공한다면 새로운 시장에서 지배적인 위치를 점할 수 있을지 모른다. 그러나 스타트업이 '제품-시장 적합성'을 확보하기 전에, 즉 제품이 시장의 욕구를 충족하고 제작 및 판매가 수익성 있게 이뤄지기 전에 공격적으로 마케팅비를 집행하는 전략은 위험하다. 만일 제품에 대한 실제 시장 수요가 예상보다 적다고 판명되면 설립자는 새로운 가치 제안으로 전략을 이동해야 하는데, 이는 기존 고객들을 당황하게 만드는 행위일 수 있다. 따라서 회사가 전략적 방향을 결정하기 전에 마케팅에 과도하게 투자하는 일은 차라리 다른 곳에 돈을 낭비해 버리는 것만도 못한 방법이다. 기존 고객과 잠재 고

마케팅 규모별 특징

	저비용 마케팅	고비용 마케팅
혜택	• 예산 절감 • 일부 충성도 높은 고객 확보	• 신속한 성장
리스크	• 폭넓은 고객층 접근에 불리	• 높은 비용 • 스타트업 전략 이동 시에 기존에 투입된 비용 낭비

객들을 혼란에 빠뜨리고 소외시킴으로써 스타트업은 치명적인 피해를 입는다. 스타트업 전문 시장 조사 기업 스타트업 게놈 프로젝트Startup Genome Project가 초기 단계 스타트업들의 경영 관행을 조사한 결과에 따르면, 스타트업의 가장 보편적인 실패 이유 중 하나가 마케팅과 제품 개발의 규모를 너무 서둘러서 확장한 것이라고 한다.[9]

기회 4: 수익 공식

스타트업의 수익 공식이란 얼마나 많은 돈을 벌어들일지에 대한 계획을 의미한다. 매출은 얼마나 되고 그에 따른 비용은 어느 정도 발생할 것인가? 수익 공식의 매출과 비용은 각각의 하위 요소들로 구성된다. 매출은 제품의 가격과 팔려 나간 제품의 단위 수에 의해 결정된다. 비용에는 여러 가지 형태가 존재하는데 형태별로 비용 발생 요소가 서로 다르다. 예를 들어 지보를 만들 때 들어간 부품값 등에 해당하는 변동 비용은 제품의 판매 대수가 늘어날수록 증가하며, 마케팅 비용은 새롭게 확보하고자 하는 고객 수에 따라 달라진다. 임원의 급여나 본사 직원들이 근무하는 사무실 임대 비용 같은 간접 비용은 적어도 단기적으로는 고정적으로 지출되는 비용에 속한다.

창업가는 자신의 수익 공식을 직접 결정할 수 없다. 스타트업의 기회 요소 중 나머지 세 가지, 즉 고객 가치 제안, 기술 및 운영, 마케팅을 선택할 뿐이다. 매출과 비용은 그 요소들에 따라 발생한다. 다시 말해 창업가는 어떤 고객들을 대상으로 영업을 할지, 제품 가격을 얼마로 책정할지, 새로운 고객을 어떻게 끌어들일지, 하이 터치 서비스 전략을 채택하고 여기에 필요한 비용을 감수해야 할지 등의 복합적인 의사 결정을 해야 한다.

스타트업의 장기적 수익성을 평가하는 데는 다양한 측정 방식이 존재하지만, 그중 가장 중요한 몇 가지 기준을 소개한다.

· **단위 경제**: 투자자들이 어느 스타트업에게 회사의 단위 경제unit economics를 묻는다면, 그 말은 이 회사가 제품이나 서비스를 한 단위unit 판매할 때마다 수익을 얼마나 올리는지 알고 싶어 한다는 뜻이다. 예를 들어 지보 같은 제조업체에서 한 단위란 로봇 한 대를 뜻한다. 넷플릭스나 스포티파이 같은 구독 서비스 기업들은 한 명의 구독자가 회사에 가져다주는 한 달 치의 수익을 한 단위로 인식한다. 단위 경제에 있어 수익이란 총수익gross profit, 즉 제품 한 단위의 매출액에서 그 단위를 생산하고 고객에게 제공하는 데 직접적으로 발생하는 모든 고정 비용을 공제한 금액을 말한다. 예를 들어 제조 기업이 한 단위의 제품을 생산하는 비용, 창고에서 한 단위의 제품을 포장하는 비용, 각 단위를

고객에게 발송하는 비용, 한 단위가 팔려 나갈 때마다 신용카드 회사에 지불하는 수수료 등이 공제 범위에 속한다. 이 계산식에는 마케팅 비용, 제품 단위별로 배분된 간접 비용, 부채에 대한 이자 비용, 소득세 등이 포함되지 않는다. 총수익에서 이 비용들을 제하면 순이익net profit이 된다.

스타트업의 단위 경제를 분석하는 이유는 그 회사가 한 차례의 거래에서 평균적으로 어느 정도의 수익(또는 손실)을 얻는지 파악하기 위해서다. 수익성이 건실한 회사라면 한 번의 거래에서 창출되는 현금을 전체 거래 횟수로 곱했을 때 다음의 비용을 감당하기에 충분한 현금 흐름을 확보할 수 있다.

1. 마케팅 비용과 간접 비용
2. 재고나 공장 시설 보강처럼 조직의 추가 성장을 위한 투자
3. 부채에 대한 이자 비용
4. 각종 세금
5. 지분 투자자에게 돌아갈 적절한, 즉 나중에 투자자들에게서 더 많은 자금을 끌어낼 정도로 매력적인 수익

물론 모든 회사의 성격이 다르다 보니 우리는 단일 거래에서 얼마나 많은 현금이 창출돼야 이를 건강한 비즈니스라고 부를지 섣불리 일반화할 수 없다. 그러나 어떤 회사가 거래할 때마다 손해를 보는 상황에서 이를 만회할 만한 확실한 계획이 경영진에게 없는 한 그들은 결국 곤경에 빠질 것이다.

· **LTV/CAC 비율**[10]: 고객 생애 가치LifeTime Value, LTV(이하 LTV)란 어

느 회사가 한 명의 고객과 지속적인 관계를 통해 획득할 수 있는 총수익을 현재 가치로 할인해서 계산한 금액을 의미한다. 할인된 현재 가치를 계산하는 이유는 미래에 얻게 될 1달러가 현재의 1달러에 비해 가치가 적기 때문이다. 오늘 은행에 1달러를 넣어 두면 미래의 어느 시점에 도달했을 때 이자 수익이 발생한다. 말하자면 LTV는 미래의 어느 시점까지 회사가 벌어들일 돈에서 그때까지의 이자 수익을 뺀 금액을 의미한다.

고객 유치 비용Customer Acquisition Cost, CAC(이하 CAC)은 회사가 고객 한 명을 새로 유치하기 위해 지불하는 평균 마케팅 비용을 뜻한다. LTV/CAC 비율, 즉 고객 생애 가치를 고객 유치 비용으로 나눈 숫자가 1.0보다 적다면 한 명의 고객이 회사의 수익에 기여하는 돈이 그 고객을 유치하는 데 들어간 비용을 넘지 않는다는 말이다. 만일 어느 스타트업의 LTV/CAC 비율이 장기적으로 1.0 이하를 기록한다면, 그 회사가 고정적인 간접 비용을 감당하거나 순수익이 날 만큼의 총수익을 올리지 못한다는 뜻이므로 생존이 어려울 것이다. 따라서 많은 스타트업이 LTV/CAC 비율 목표를 3.0 이상으로 잡고 있다.

• **손익분기점:** LTV/CAC 비율은 조직의 성과를 측정하는 핵심적인 기준이다. 하지만 고객에게서 나오는 현금은 시간이 지남에 따라 지속적으로 창출되는 반면, CAC는 선행적으로 한꺼번에 발생한다는 사실을 기억해야 한다. 즉 현재 건실한 LTV/CAC 비율을 보이는 스타트업이라도 고객층을 공격적으로 확장하는 과정에서 자본금을 급속히 소진하며 창업가들이 절대 규칙으로 삼는 "현금을 고갈시키지 말라!"라는 경고를 위반할 위험이 있다는 의미다.

창업가들은 그런 결과를 막기 위해 회사의 현금 흐름에 대해 항상 신뢰할 만한 예측을 수행해야 한다. 더불어 언제쯤 회사가 현금 소비 단계에서 현금 창출 단계로 전환될 수 있을지 판단해야 한다. 다시 말해 모든 스타트업은 현금 흐름이 손익분기점에 도달하는 것을 최대의 과제로 삼아야 한다. 그렇게 된다면 회사의 매출에서 각종 세금, 마케팅 비용, 고정 비용, 새로운 투자(사업 규모를 한 단계 확장하는 데 필요한 추가적인 장비 및 재고) 등을 감당하기에 충분한 총수익이 창출될 것이다.

부록에서 상세히 다루겠지만 내가 초기 단계의 설립자들을 대상으로 수행한 연구에 따르면 회사의 수익 공식을 정확히 숙지한 창업가가 사업에서 성공할 확률이 더 높았다. 반면 고전을 면치 못하는 스타트업의 설립자·CEO는 성공한 창업가보다 단위 경제, LTV/CAC 비율, 향후 6개월간의 현금 흐름 등을 추정하는 데 있어 훨씬 자신감이 결여된 모습을 보였다.

■ 사각형 프레임워크의 네 가지 자원 ■

앞서 살펴본 바와 같이 다이아몬드-사각형 프레임워크에서 다이아몬드의 내부에 존재하는 네 가지 요소는 어떤 제품을 어떤 고객에게 제안할 것인가, 기술과 운영 계획은 어떻게 수립할 것인가, 어떤 마케팅 접근 방식을 택할 것인가 등이었다. 얼마나 많은 돈을 어떤 방식으로 벌어들일 것인가 등이었다. 이 질문에 대한 답은 바로 기회를 의미한다. 그리고 스타트업에게는 그러한 기회를 포착하기 위해 적절한 양의 적절한 자원이 필요하다.

이 프레임워크에서 사각형의 네 꼭짓점은 각각 '스타트업 설립자', '조직 구성원', '외부 투자자' 그리고 핵심 기술이나 운영 능력 또는 유통망을 제공할 수 있는 '전략적 파트너'를 의미한다. 이들은 회사의 성공에 중요한 역할을 담당하는 네 유형의 자원 제공자들이다.

사각형의 네 가지 요소는 서로를 보완해 주는 속성을 지녔기 때문에 한 종류의 자원이 풍부하면 다른 자원의 부족함이 메워지기도 한다. 예를 들어 특정 산업 분야의 경험이 부족한 설립자는 그 방면의 경험이 풍부한 다른 임원이나 투자자들에게 도움을 받을 수 있다.

자원 1: 스타트업 설립자

앞에서도 이야기했지만 설립자의 적격성은 스타트업의 실적에 결정적인 영향을 미칠 수 있는 요소다.[11] 공동 설립자 사이에 벌어진 갈등으로 인해 회사가 둘로 갈라지는 일은 매우 흔하다. 어떤 스타트업은 공동 설립자들이 제품 콘셉트를 공동으로 구상해서 처음부터 함께 영업을 시작한다. 반면 한 사람의 설립자가 유일한 아이디어 제공자로서 혼자만의 독창적인 통찰을 바탕으로 기회를 추구하는 회사도 있다. 대체로 이런 설립자들은 시간이 지나면서 다른 창업 구성원을 받아들인다.

조직 구성원들이 처음부터 함께 창업했든 시간이 흐르면서 나중에 합류했든 어느 시점이 되면 설립자나 투자자들이 이런 질문을 하는 순간이 찾아온다. 이 회사가 추구하는 기회와 창업 구성원들의 역량을 고려하면 공동 설립자들을 더 영입해야 할까, 아니면 기존의 공동 설립자 중 일부를 내보내야 할까? 이런 식의 의사 결정을 내릴 때는 산업 분야 경험, 기능 조직 경험, 창업가의 기질 등의 세 가지 측면을 고려하는 것이 중요하다.

- **산업 분야 경험**[12]: 회사가 처한 상황에 따라서는 산업 분야의 경험이 다른 측면보다 훨씬 중요한 의사 결정 요인이 될 수 있다. 예를 들어 로봇을 개발 및 출시하는 과정에서 자신들의 능력으로 해결할 수 없는 수많은 문제에 맞닥뜨렸던 지보의 공동 설립자들은 기술 기업의 임원 출신인 스티브 체임버스라는 노련한 인물을 CEO로 영입했다. 그러나 공동 설립자를 선택할 때 산업 분야 경력을 항상 핵심적인 요인으로 평가하지 않는다. 산업적 전문성을 가장 중요한 요소로 고려하는 환경에 대해서는 다음 장에서 살펴볼 예정이다.
- **기능 조직 경험:** 창업 구성원은 사업적 감각과 회사에 필요한 기술력을 적절하게 갖춘 인물로 구성해야 한다. 일각에서는 이런 팀을 '해커와 허슬러'hacker and hustler 라고 부른다. 즉 재능 있는 엔지니어(해커)와 사업적 노하우, 특히 영업적 능력이 뛰어난 사람(허슬러)들로 이뤄진 조직이라는 뜻이다. 물론 창업 구성원은 자신들에게 어떤 부분이 부족하다고 판단되면 해당 기술을 가진 임원들을 채용해 그 공백을 채울 수 있다. 단, 창업 구성원 모두가 비슷한 교육 배경과 경력을 가졌다면 전사적으로 경험의 공백이 심화될 수 있다. 특히 같은 경영대학원 출신이 모여 스타트업을 설립한 경우를 주의해야 한다.
- **창업가의 기질:** 이전까지 누구도 시도해 보지 않은 일에 뛰어든 창업가들에게는 무엇보다 자신감이 중요하다. 그러나 많은 연구 자료

에 따르면 창업가들은 일반 대중에 비해 대체로 자신감이 너무 지나치다고 한다. 미래의 불확실한 결과에 대해 자신이 내린 예측의 정확성을 과대평가한다는 것이다.[13] 물론 설립자들이 높은 수준의 자신감을 내비친다면 스타트업의 성공 확률을 끌어올리는 요인으로 작용하기도 한다. 일례로 자신감은 사업이라는 롤러코스터에 오른 설립자들에게 매우 중요한 능력인 회복탄력성에 영향을 준다. 그뿐만 아니라 설립자가 자신감을 가지면 채용 후보자나 투자자에게 회사의 비전을 설명하는 과정에서 훨씬 설득력 있는 모습을 보일 수 있다.

그러나 앞으로도 거듭 살펴보겠지만, 창업가의 지나친 자신감은 스스로를 리스크에 취약한 상태로 방치하는 빌미가 되기도 한다. 과도한 열정은 눈앞의 냉혹한 현실을 올바르게 파악하지 못하게 하는 장애물이 되기 쉽다. 이와는 반대로 자신감이 너무 부족한 설립자들도 직원들이나 투자자를 끌어들이는 데 실패함으로써 회사를 위험에 빠뜨릴 소지가 있다. 따라서 설립자에게 필요한 이상적인 자신감의 수준은 '지나친 무모함'과 '지나친 소심함'이라는 스펙트럼의 양극단 사이 어디쯤이다.[14] 설립자가 한쪽 극단에 속하는 사람이라면 회사를 파멸로 이끌 리스크가 있다.

소심한 설립자는 자신감이 떨어지고, 제품 콘셉트에 대한 열정이 부족하며, 설립자의 역할에 동반되는 노력과 스트레스를 너무 과소평가한 나머지 무모한 창업가에 비해 훨씬 일찍 포기를 선언해 버리곤 한다. 구직자나 투자자 입장에서는 설립자의 태도가 어중간하고 비전이 선명하지 못하다는 느낌을 받게 될 것이다. 더욱이 그가 여러 조언을 받을

창업가의 대표적인 유형별 특징

	무모한 창업가	소심한 창업가
혜택	• 회복탄력성 • 투자자를 유인하는 능력	• 세심한 리스크 평가 • 충동적 의사 결정 지양
리스크	• 미래에 대한 과도한 자신감 • 오만하고 방어적인 성격 때문에 함께 일하기 어려움	• 부족한 열정 • 부족한 끈기 • 직원 및 투자자를 유혹하기 어려움

때마다 마치 바람에 나부끼는 갈대처럼 생각이 갈팡질팡하면서 회사의 전략도 함께 표류할 수 있다.

반면 본인이 추구하는 기회의 매력과 경쟁력에 과도한 자신감을 나타내는 창업가는 적은 자본금으로 성급하게 회사를 세우고, 경쟁자를 우습게 여기고, 본인의 능력을 실제보다 훨씬 높게 평가하는 경향이 있다. 만약 이처럼 무모한 설립자가 창업 초기 단계를 무사히 넘긴다면, 자신의 원래 계획이 옳았다는 강한 신념을 갖게 된다. 그러면 자신이 추구하는 기회에 분명한 결함이 있음에도 불구하고, 주위에서 객관적인 시각으로 판단한 더 나은 기회로 전략을 이동하기를 거부한다. 한편 무모한 창업가 중에는 함께 일하기 힘든 사람이 많다. 그들은 매사에 방어적이고, 같이 일하는 동료를 영웅 아니면 바보로 취급하며 남을 비판하는 성향이 강하다. 또 권한 위임에 소극적이고, 남들의 조언을 잘 받아들이지 않고, 누구에게나 자신의 방식대로 따를 것을 강요한다. 만약 이런 설립자가 있다면 재능 있는 인재를 조직 구성원으로 받아들이고 유지하는 데 어려움을 겪는다.

창업가들은 이러한 리스크를 고려해서 무모함과 소심함이라는 양극단을 가로지르는 스펙트럼의 한쪽 끝에 너무 접근하지 않도록 주의를 기울여야 한다. 또 하나 중요한 고려 사항은 상호 보완적인 성격이나 기질을 가져야 한다는 것이다. 어느 스타트업의 두 공동 설립자가 모두 무모한 성격의 소유자라면 둘 사이에 충돌이 지속적으로 발생해 회사의 기능을 마비시킬 수 있다. 반면 무모한 설립자와 소심한 설립자가 공동으로 운영하는 회사에서는 상대적으로 균형을 유지할 수 있을 것이다.

그럼 설립자의 자신감이 과도하다는 사실을 어떻게 알 수 있을까? 먼저 당사자의 태도에서 단서를 얻을 수 있다. 겸손함이 부족하고, 남의 말을 잘 듣지 않고, 문제를 제기했을 때 방어적이거나 융통성 없이 반응한다면 그럴 가능성이 높다. 설립자의 전 동료에게 그의 과거 행동 방식을 물어보는 것도 한 가지 방법이다. 하지만 여기에는 맹점이 있다. 예전에 자신의 기질 때문에 문제를 일으켰던 사람도 실수를 통해 많은 것을 배울 수 있기 때문이다. 실패한 스타트업 창업가들이 철저한 자기반성을 통해 경영 스타일을 변화시킨 이야기는 제3부에서 살펴보기로 한다.

자원 2: 조직 구성원

다이아몬드-사각형 프레임워크의 다른 모든 요소가 조화를 잘 이룬 회사에서는 조직 구성원들의 능력이 부족해도 치명적인 결과를 초래하지는 않을 것이다. 반면 다른 요소들이 서로 어긋나기 시작하는 상황에서 팀의 역량이 취약하다면, 아주 작은 갈등에도 조직의 생사가 갈릴 수 있다.

초기 단계 스타트업이 조직을 구성할 때 고민하는 의사 결정의 주제 중 하나는 직원의 태도를 보고 뽑을 것이냐 기술력을 선택할 것이냐 하는 문제다. 이는 양자 사이에 적절한 균형을 고려해야 하는 미묘한 사안이다.[15] 만약 직원의 태도에 초점을 맞춰 인력을 채용한다면 설립자가 구축한 팀은 의욕적이고, 성실하고, 상황에 따라 여러 가지 일을 처리할 수 있는 팔방미인형 사람들로 채워질 것이다. 회사 문화와 어울리는 사람들을 뽑아도 비슷한 결과를 낳는다. 아마도 설립자는 스타트업의 사명을 십분 이해하고, 팀 구성원들에게 강한 친밀감을 드러내며, 회사를 위해서라면 어떤 일도 마다하지 않고 최선을 다하는 직원들을 선택하고 싶을 것이다. 하지만 회사의 조직 구성원 중 마케팅이나 엔지니어링 또는 기타 영역의 어려운 문제를 해결할 인력이 부족하다면 단지 열심히 일하는 직원만으로는 업무를 완수하기에 부족하다.

초기 단계 스타트업이 기술력에 초점을 맞춰 직원을 채용한다면 조직의 성과를 끌어올리는 데 도움이 된다. 하지만 자금도 넉넉하지 않고 생존 가능성도 불투명한 신생 스타트업이 뛰어난 재능을 가진 전문 인력을 영입하기란 쉽지 않다. 특정 기능 분야에 경험이 부족한 설립자들은 해당 분야의 인력을 공급해 줄 만한 사람들과 네트워크를 형성하기도 어렵다. 다행히 전문성을 갖춘 일부 후보자를 회사로 끌어들인다고 해도 그들 중에서 옥석을 가려내기란 불가능에 가깝다.

숙련된 전문 인력만으로 팀을 구성한다고 해도 단점이 없는 것은 아니다. 예를 들어 전문가들은 이전 회사에서 다루던 제품에는 익숙해도 신생 스타트업에서 맡게 된 일이 본인의 기술적 취향에 부합하지 않을

조직 구성원 선별 기준에 따른 특징

	태도 위주의 채용	기술력 위주의 채용
혜택	• 충성스럽고, 성실하고, 융통성 있는 직원 확보	• 조직의 실적 상승 효과
리스크	• 핵심 영역의 전문성 부족	• 인재 확보와 유지의 난항 • 이전 제품의 솔루션 고수 • "내 일이 아니다"라는 소극적 태도 • 스타트업의 업무 리듬이나 부족한 프로세스에 부적응

수도 있다. 또 자신의 전문 분야 이외의 업무에서 도움을 요청받았을 때 자신의 일이 아니라는 태도를 보이기 쉽다. 개발 중인 제품이나 각종 정보에 대한 부서 간 소통 프로세스가 안정적으로 구축된 조직에서 일하던 사람은 스타트업의 부실한 사내 업무 절차에 적응하는 데 어려움을 겪기도 한다. 무엇보다 신생 스타트업이 조직의 전략을 이동해서 새로운 기회를 추구하기로 결정했다면, 일부 전문 인력이 보유한 기술은 더 이상 필요하지 않을 수도 있다. 그럴 경우 설립자들은 어렵게 뽑은 유능한 인재들을 해고해야 하는 절망적인 순간을 맞닥뜨려야 한다.

자원 3: 외부 투자자

초기 단계 스타트업을 운영하는 설립자들은 언제 투자를 유치할지, 얼마를 조달할지, 그리고 누구에게서 투자를 받을지 결정해야 한다.[16]

이 과정에서 실수가 발생한다면 심각한 결과로 이어질 가능성이 크다. 더구나 과거의 실적이 부족한 설립자에게는 이런 선택의 과정에 필요한 재량권이 그리 많이 주어지지 않는다. 따라서 자금 조달에 어려움을 겪다 보면 단지 파산하지 않기 위해 절차나 원칙을 무시하고 어쩔 수 없이 투자자들에게 휘둘리기도 한다.

언제 투자받을 것인가? 추가 자금을 조달할 시점을 선택하는 일은 여러 측면을 균형 있게 고려해야 하는 매우 중요한 의사 결정이다. 창업가는 현재 회사가 보유한 자본금이 언제쯤 소진될지 정확히 예상해야 한다. 세간에서는 그 시점을 이 스타트업의 '퓸 데이트'fume date, 즉 연료 탱크가 바닥난 자동차가 연기를 내뿜으며 달리는 날이라고 표현한다. 창업가는 자신들의 퓸 데이트가 언제쯤 도래할지 파악한 뒤에 새로운 자금을 유치하는 데 얼마나 오랜 시간이 걸릴 것인지 예측해야 한다. 이 과정에는 두 가지 요인이 영향을 미친다.

첫째, 만일 스타트업이 매출 성장, 고객 확보 또는 제품 개발이나 베타 테스트 등의 핵심 사업 계획을 차질 없이 달성한다면 그 스타트업은 투자자들을 유혹할 수 있는 매력적인 요소로 가득할 수 있다. 그렇다면 자금 제공자들은 신속하게 움직일 것이다. 게다가 이 요소들은 스타트업의 기업 가치를 끌어올리는 데 도움을 줄 수 있다. 둘째, 창업가들은 투자 업계의 분위기를 내다볼 수 있어야 한다. 투자자들은 주로 무리를 지어 움직이기 때문에 벤처캐피털의 자금 사정은 호황과 불황의 순환 주기를 오르내린다. 만일 어느 산업 분야에 갑자기 세간의 관심이 집중된다면, 벤처캐피털 투자자들은 그 분야의 스타트업을 투자 포트폴리오에 포함시키기 위해 구름처럼 몰려들 것이다. 하지만 그런 분위기는 순식간에 식어 버릴 수 있으며 투자자들은 자금 시장의 상황이 변할 경우 건실하게 운영되는 스타트업에게조차 투자를 꺼리기도 한다.

창업가가 회사의 핵심 사업 계획을 달성하기 전에 너무 일찍 투자를 유치하는 경우, 투자자들은 스타트업이 실패했을 때 감당해야 할 리스크를 고려해서 주식의 가격을 낮게 책정해야 한다고 주장할 것이다. 회사의 기업 가치가 낮아진다는 말은 설립자가 보유한 지분의 실질 가치가 하락한다는 뜻이기도 하다. 왜 그럴까? 가령 어느 스타트업이 외부 투자자들로부터 200만 달러의 시드 머니를 조달한다고 가정해 보자. 만일 투자자들이 이 스타트업의 '투자 후 기업 가치'post-money valuation(투자가 이뤄진 후에 책정된 기업 가치—옮긴이)를 800만 달러(이는 '투자 전' 기업 가치에 새롭게 발행된 주식의 가치를 더해서 얻어지는 숫자다. 이 경우에는 600만 + 200만 = 800만 달러가 된다)로 평가한다면, 투자 라운드가 종료된 이후에 외부 투자자들은 이 회사의 전체 주식 중 25퍼센트(그들이 투자한 200만 달러를 이 스타트업의 전체 가치 800만 달러로 나눈 비율)의 지분을 보유하게 되고 설립자에게는 75퍼센트가 남는다. 반면 이 스타트업이 200만 달러의 투자를 유치하면서 400만 달러의 기업 가치를 인정받는 경우 회사가 자금을 조달한 뒤에 설립자의 지분율은 50퍼센트로 줄어든다.

이와는 반대로 설립자가 너무 늦게 투자 유치에 뛰어든다면 자금 조달 과정에 예상보다 훨씬 오랜 시간이 걸릴지도 모르는 리스크를 떠안아야 한다. 예를 들어 해당 산업 분야가 자금 순환 주기상의 '불황기'에 접어들어 투자자들이 이 분야의 스타트업에 대한 투자에 흥미를 잃을 수도 있다. 만일 투자 업계의 자금난이 가중되는 시기에 스타트업의 현

투자 자금 조달 시기에 따른 특징

	이른 자금 조달	늦은 자금 조달
혜택	• 자금 호황기에 맞춰 자본금을 조달할 수 있는 능력	• 회사의 매력도가 높아질수록 자금 조달의 속도가 빠르고 지분율 희석이 적음
리스크	• 지분율 희석 큼 • 회사의 매력도가 낮아 투자자들을 유인하기 어려움	• 예상보다 자금 조달이 늦어질 경우 불리한 조건으로 투자받을 가능성 큼 • 업계의 자금 불황기가 닥칠 때도 불리한 조건으로 투자를 유치해야 함

금이 바닥을 보이기 시작했다면 자금 조달에 큰 어려움을 겪을 것이다. 자금 조달에 성공한다고 해도 투자 계약서에는 새로 발행한 주식의 낮은 가격, 기업 가치 저평가 그리고 경영진 및 기존 투자자의 지분율 희석 등 불리한 여러 조건이 포함될 가능성이 크다.

얼마를 투자받을 것인가? 얼마나 많은 자금을 조달할지 결정하는 데 따르는 트레이드오프는 투자의 타이밍을 결정할 때의 선택지와 내용이 비슷하다. HBS에 근무하는 내 동료 빌 살먼Bill Sahlman에 따르면 창업가들은 투자받을 자금의 액수를 결정할 때 '욕심'과 '공포' 사이에서 줄다리기를 한다고 한다.[17]

• **욕심:** 만일 스타트업의 설립자 혹은 다른 기존 투자자들이 회사가

핵심적으로 추진 중인 사업 계획들을 더 많이 완료할 때까지 자금 조달을 미루거나, 바로 다음 단계의 사업 계획을 실행에 옮기는 데 필요한 정도의 자본만을 조달한다면, 본인의 지분이 희석되는 일을 최소한으로 줄일 수 있다.

• **공포:** 만일 설립자가 자금 조달 시기를 지나치게 미루거나 너무 적은 자금만을 투자받는다면, 회사가 새로운 기회를 추구하기 위해 전략을 이동해야 하거나 경쟁자로부터 불의의 공격을 받는 등의 예상치 않은 문제가 불거졌을 때 이를 견뎌낼 완충 장치가 부족해질 수 있다. 이런 완충 장치가 없는 스타트업은 어쩔 수 없이 '브리지'bridge 투자(스타트업이 다음 투자 단계까지 파산하지 않고 생존할 수 있도록 단기적으로 투자를 집행하는 일—옮긴이)를 유치할 수밖에 없다. 이는 이전 투자 단계에 비해 주식의 가치가 하락하는 '다운 라운드'down round가 될 공산이 크다. 다운 라운드를 겪은 스타트업은 외부 사람들에게 침몰하는 배로 인식되기 때문에 실패할 가능성이 급격히 상승하고 새로운 직원들을 영입하기도 어려워진다. 기존에 근무하던 직원들 역시 자신의 스톡옵션이 손실 상태로 접어들면서 회사를 떠날 확률이 높아진다.

이런 트레이드오프를 두고 고민하는 일부 창업가는 "투자는 받을 수 있을 때 최대한 많이 받아야 한다."라는 업계의 격언에 귀를 기울인다. 물론 늘 공격적인 경쟁자들과 맞서야 하는 스타트업에게 풍부한 자금은 경쟁력 있는 무기가 돼 줄 것이다. 그러나 경영진이 투자받은 돈을 흥청망청 낭비해 버린다면 너무 큰 규모의 투자를 유치하는 전략은 오히려 독이 될지도 모른다. 마크 앤드리슨은 이렇게 말한다. "과도한 액

투자 자금의 규모에 따른 특징

	소규모 자금 조달	대규모 자금 조달
혜택	• 지분 희석 적음	• 충격에 대비한 완충 장치 • 기회를 포착하기 위한 '활동 자금' 확보
리스크	• 계획의 차질이 발생했을 때 완충장치 부족	• 낭비적 지출 가능성 • 주식 가격이 너무 높을 경우 다음 단계에서 '다운 라운드' 발생 가능성 큼

수의 자금을 조달한 스타트업은 안일함, 게으름, 오만함 등의 문화에 감염될 수 있다."[18] 즉 다음과 같은 기능 장애가 발생할 가능성이 있다는 것이다. 첫째, 지나치게 많은 직원들을 채용함으로써 관리자의 수가 늘어나고 의사 결정의 지연이 초래된다. 둘째, 회사의 주요 일정이 늘어진다. 직원들은 이렇게 말할 것이다. "서둘러야 할 이유가 무엇인가? 어쨌든 우리에겐 현금이 있지 않나."

비슷한 맥락에서 투자자들이 스타트업의 지분에 막대한 가격을 지불하면 창업가의 지분 가치는 더 적게 희석되겠지만, 이런 상황 역시 문제가 없지 않다. 그 투자자가 지불한 주식의 가격이 너무 높게 책정된 상황에서 다음 투자 라운드가 진행될 경우, 창업가는 이전보다 더욱 비싼 가격을 부르는 일을 정당화하기가 어려워진다. 그 결과 역시 '다운 라운드'가 발생하면서 앞서 말한 부정적인 결과가 초래될 수 있다.

누구에게 투자받을 것인가? 투자자들은 자금을 지원하는 일뿐만 아니라 전략적 문제를 조언하고, 인재들을 소개하고, 설립자들의 운영 및 리더십 스타일을 코칭하고, 다음 라운드의 투자자를 주선하는 등 스타트업에게 많은 가치를 제공할 수 있다. 〈샤크 탱크〉Shark Tank(스타트업 설립자들이 투자자들 앞에서 사업 계획을 설명하고 투자를 유치하는 미국의 리얼리티 프로그램—옮긴이)에서 성공적인 결과를 거둔 참가자들은 잘 알겠지만, 어느 유명 투자자가 특정 스타트업에게 자금을 투자했다는 말은 곧 그 회사의 미래 전망이 밝다는 말과 동의어로 해석될 수 있다. 이 때문에 그 투자자가 스타트업을 대신해 아무런 행동을 취하지 않았음에도 불구하고 회사는 인력을 채용하고 투자를 유치하는 데 큰 혜택을 볼 수 있다.

이와는 반대로 스타트업의 방향과 맞지 않는 투자자를 만나게 되면 회사는 두 가지 문제에 처할 수 있다. 첫째, 리스크와 보상에 관련된 트레이드오프의 관점이 서로 어긋나게 된다. 벤처캐피털의 비즈니스 모델은 전체 투자 포트폴리오의 작은 일부로부터 큰 대가를 얻어 내는 방식에 의존한다. 다시 말해 성공적인 벤처캐피털은 전체 투자액 중에 작은 비중을 차지하는 몇몇 투자 건에서 발생한 큰 수익만으로 다른 곳에서 입은 손실을 만회하고도 남는 돈을 벌어들인다.

이런 모델을 고집하는 벤처캐피털은 투자 포트폴리오에 속한 스타트업들에게 '위험하지만 성공했을 때 큰 대가를 얻을 수 있는' 전략을 채택하라고 압박한다. 대부분의 설립자 역시 큰 위험과 큰 보상을 맞바꾸는 전략을 마다하지 않는다. 반면 투자자들에게서 이런 종류의 압박을 받지 않는 일부 설립자는 좀 더 안전한 전략을 통해 적당한 결과를 거두려 할 것이다. 다음 장에서 퀸시와 바루의 사례를 통해 초기 단계 스타트업에게 이런 역학관계가 어떻게 작용하는지 살펴본다. 또 제2부에서는 급속한 사세 확장을 추구했던 일부 스타트업이 "우리는 벤처캐피털에서 너무 큰 압박을 받았다."라고 주장하는 사례를 확인할 수 있다.

둘째, 스타트업에 자금이 부족해 경영에 어려움을 겪을 때 투자자가 추가적인 자금을 조달할 능력이나 의사가 있느냐에 관한 문제다. 이와 관련해 투자자들은 매우 다양한 방식으로 행동한다. 만약 스타트업에게 더 많은 자금이 필요한 이유가 단지 목표했던 제품 출시 기일을 맞추지 못했거나 전략을 이동하는 데 시간이 좀 더 필요하기 때문이라면, 그 회사는 기존의 투자자들에게서 쉽게 추가 자금을 조달할 수 있을 것이다. 물론 예전에 이 스타트업에 투자했던 사람들은 '밑 빠진 독에 물 붓기'가 아닐까 하는 우려를 할 수 있겠지만, 그들은 이 스타트업의 조직 구성원, 제품, 시장, 회사가 마주한 도전 요소, 성공 시의 대가 등에 대해 신규 투자자들에 비해 훨씬 익숙하다. 반면 신규 투자자들은 목표를 달성하지 못한 스타트업을 우려의 눈으로 바라볼 수밖에 없다. 이런 이유로 인해 초기 단계 스타트업, 특히 '사고를 일으킬 소지가 높은' 스타트업의 설립자들은 브리지 투자를 진행한 적이 있는 투자자 가운데서 현재 사용 중인 펀드에 자본금이 충분한 사람들을 찾아 나서야 한다.

대부분의 벤처캐피털은 몇 년에 한 차례씩 신규 펀드를 모집한다. 그들은 투자자들 사이에 이해관계의 충돌을 피하기 위해, 신규 모집한 펀드의 자금으로 기존에 투자했던 스타트업에게 추가로 투자하는 일은 가급적 피한다. 만약 그렇게 투자가 이뤄질 경우 다음 투자 라운드에서 또다시 그 회사의 기업 가치를 평가해야 하고, 그러다 보면 한 펀드의 수익을 희생해서 다른 펀드에 수익을 제공해야 하는 상황이 벌어지기 때문이다. 그러므로 설립자는 기존 투자자들이 사용 중인 펀드에 향후 추가적인 투자를 집행할 수 있을 만큼 자본금이 남아 있는지 수시로 확인해야 한다.

자원 4: 전략적 파트너

조직 구성원을 채용하는 문제와 마찬가지로, 파트너를 잘못 선택해서 스타트업이 몰락하는 일은 드물다. 그러나 경영진 입장에서는 이 문제 역시 회사의 실패 확률을 높일 수 있는 심각한 사안이다. 비즈니스를 하다 보면 자신들도 모르게 배 안에 쏟아져 들어온 물을 미처 퍼내기도 전에 배가 가라앉을 수 있기 때문이다.

마크 앤드리슨은 스타트업이 대기업을 전략적 파트너로 삼기 위해 벌이는 일을 《모비딕》Moby Dick 의 에이햅Ahab 선장과 고래의 대결에 비유한다.[19] (아직 책을 읽지 않은 독자들은 스포일러 주의!) 소설에서는 에이햅 선장이 비극적인 결말을 맞이한다. 수십 년간 불타는 집념으로 모비딕을 쫓던 그는 고래의 등에 작살을 꽂는 데 성공하지만 결국 파도 아래로 끌려 들어가 목숨을 잃는다. 앤드리슨은 이렇게 설명한다. "대기업을 상대하는 일의 단점은 그 회사가 당신이 탄 배를 뒤집어 버리거나 당신을 짓밟고 목숨을 빼앗을지도 모른다는 것이다. 나쁜 파트너 관계에서 가장 일반적으로 발생하는 문제는 수많은 회의를 통해 당신의 소중한 시간을 낭비하고 업무적 혼선을 빚으면서 회사의 발전에 지장을 초래한다는 것이다."

앞서 아웃소싱의 장점에 대해 살펴본 바와 같이, 다른 기업과 협력 관계를 체결하면 고정 비용에 선행 투자를 진행하지 않고도 다양한 자원에 신속하게 접근할 수 있다. 그러나 앤드리슨이 우려하는 것처럼 생존 가능성도 불투명한 무명의 스타트업이 이미 업계에서 확고한 위치를 점유하고 있는 큰 규모의 기업과 협력관계를 맺기는 쉽지 않다. 요행히 계약서에 도장을 찍는다고 해도 파트너의 주의를 지속적으로 끌거나 양측의 이해관계를 연동시키는 데 여전히 어려움을 겪을 것이다.

드롭박스의 설립자이자 CEO인 드루 휴스턴은 창업 초기에 어느 대기업과 유통 채널 협력관계를 추진하는 과정에서 좌절했던 이야기를 들려준다. "대기업들은 때로 스타트업과 기꺼이 대화를 나눈다. 그들은 열두 명쯤 되는 중간급 관리자(그중 의사 결정 권한을 가진 사람은 없다)를 회의에 참석시켜 스타트업의 '간을 보고' 그 회사가 어떤 기술을 보유하고 있는지 샅샅이 뜯어본다. 때로 그런 상황이 몇 달씩 지속되기도 한다. 한때 우리는 어느 안티 바이러스 소프트웨어 기업과 거의 계약 단계까지 도달한 적도 있다. 그러다 마지막 순간에 그 회사의 수석 부사장이라는 사람이 나타나서는 두 회사가 계약을 맺게 되면 우리 회사의 브랜드를 노출시키지 않을 거라고 선언했다. 그동안 우리가 논의했던 모든 내용을 일방적으로 뒤집어 버린 것이다."[20]

외부 기업과의 협력관계가 실패하는 데는 몇 가지 이유가 있다. 일단 두 회사 사이에 힘의 차이가 클수록 거래가 불발될 가능성이 크다. 설사 성사되더라도 제대로 된 협력이 이뤄질 수 없다. 또 상대방의 약속을 얻어 내는 데 오랜 시간이 걸리기도 한다. 휴스턴의 말대로 대기업은 단지 스타트업의 기술 및 전략을 연구하거나 심지어 아이디어를 훔칠

협력관계를 맺을 때 고려해야 할 사항

외부 협력관계	
혜택	• 고정 비용이 발생하는 선행 투자 없이 필요한 자원에 빠른 접근 가능
리스크	• 성공 가능성 낮은 거래에 시간을 낭비할 가능성 • 아이디어 유출 • 대기업의 정책 및 우선순위에 따라 거래 과정 지연 • 협상력의 차이에 따른 비대칭적인 독소 조항 수용 • 협력관계에 따르는 혜택의 불일치로 인한 파트너의 약속 불이행 가능성

목적으로 그 회사의 '간을 보는 데' 시간을 소비할 뿐이다. 만일 협력관계에 진정으로 관심을 보이는 대기업이 있다고 해도, 그 회사 입장에서는 스타트업과의 파트너십이 전체의 우선순위에서 한참 아래쪽에 위치할 수밖에 없다. 그뿐만 아니라 대기업의 거래 담당자들은 자신에게 유리한 방향으로 흥정을 유도하기 위해 일부러 협상을 지연시키기도 한다. 그들은 현금이 바닥을 보이는 스타트업이 결국 생존을 위해 많은 것을 양보할 거라는 사실을 잘 알고 있다.

일단 거래가 이뤄지더라도 파트너들이 약속을 지키지 않는 일은 종종 벌어진다. 대기업의 정책은 대체로 복잡하고 이해하기가 어렵기 때문에, 이 협력관계로 인해 회사의 특정 부서에 피해가 돌아간다면 그 부서에 속한 사람들이 약속의 이행을 거부하거나 방해할 가능성도 있다. 또는 양사의 협력관계를 주도한 사람이 그 대기업을 퇴사한다면 이 스타트업을 내부적으로 지원할 사람은 아무도 없을 것이다. 양측의 관계가 어떤 형태로 어긋나든 스타트업은 그동안 해당 대기업과의 협력 관계에 철저히 묶여 버릴 수밖에 없다. 이 문제가 오랜 시간에 걸쳐 악화된다면 스타트업의 실패 확률도 그만큼 높아질 것이다. 일례로 어느 스타트업이 고객 서비스의 품질을 희생하며 대체 파트너를 찾기 위해 애쓰는 동안 소중한 현금을 소진할 수 있다.

무에서 유를 창조하는 것은 참으로 대담한 행위다. 비전이나 자신 감뿐만 아니라 수많은 의사 결정이 개입돼야 하는 어려운 작업이기 때문이다. 앞서 살펴본 바와 같이 초기 단계 스타트업 설립자의 앞에 놓인 각종 의사 결정은 회사의 성공 가능성에 중대한 영향을 미칠 수 있다. 다이아몬드-사각형 프레임워크는 그런 결정들을 체계화할 뿐만 아니라 그중 어떤 결정이 잘못됐는지 분석할 수 있는 도구를 제공한다. 제3~제5장에서는 이 프레임워크를 바탕으로 초기 단계 스타트업의 실패 사례를 탐구하려 한다. 첫 번째 순서로 스타트업 설립자들이 전도유망한 기회를 발굴했음에도 불구하고 그 기회를 성과로 연결시킬 만한 자원들을 확보하지 못했을 때 어떤 일이 벌어지는지 함께 살펴보자.

제3장

좋은 아이디어와 나쁜 동료

:이해 관계자들과 파트너십을 어떻게 맺어야 하는가?

▪ 퀸시의 성공과 실패 ▪

2011년 5월 예전에 내가 가르쳤던 학생 두 명이 나를 찾아와 자신들이
구상 중인 스타트업에 대해 의견을 물었을 때 나는 큰 흥미를 느꼈다.
저렴하고 멋지고 몸에 잘 맞는 직장 여성용 의상을 만들겠다는 알렉스
넬슨과 크리스티나 월리스의 제품 콘셉트는 장래성이 밝아 보였다.[1] 두
사람의 '비법 소스'는 남성용 맞춤 양복을 제작할 때와 비슷한 방식으로
여성 고객 신체의 네 가지 치수(허리-엉덩이 비율, 브래지어 사이즈 등)를
구체적으로 측정해서 의상의 사이즈를 세분화시키는 데 있었다. 그들
의 아이디어는 이제껏 충족되지 않았던 고객의 욕구를 채워줄 수 있는

새로운 해결책 같았다.

퀸시의 설립자들은 백화점이나 소매 체인점을 통해 유통망을 확보하는 전통적 방식 대신 소비자 직판 비즈니스 모델을 채택하기로 결정했다. 이는 보노보스Bonobos 나 와비파커Warby Parker 같은 업체들의 성공에 힘입어 당시 한창 인기를 끌던 사업 방식이다. 특히 보노보스의 사례는 퀸시에게 좋은 모델이 돼 주었다. 이 스타트업은 몸에 잘 맞고, 보기 좋은 남성용 바지를 온라인에서 판매해서 창업 3년 만에 벤처캐피털로부터 2,600만 달러를 투자받았다.

월리스와 넬슨의 사업 계획을 듣고 깊은 인상을 받은 나는 그들의 목표 고객층이 정말 그런 제품을 원하는지 검증해 보라고 권했다. 그러자 그들은 교과서에 완벽하게 부합하는 MVP를 만들어 냈다. 두 사람은 총 여섯 차례의 트렁크 쇼trunk show (의상이나 보석 등 신제품이 출시됐을 때 소수의 소비자를 대상으로 개최하는 소규모 패션쇼 —옮긴이)를 개최해서 여기에 초대된 여성 고객들에게 샘플 의상을 착용해 보고 마음에 들면 제품을 선주문할 수 있는 기회를 제공했다. 반응은 뜨거웠다. 행사에 참가한 젊은 직장 여성 중 50퍼센트가 의상을 주문했으며, 한 사람당 구매 금액은 평균 350달러에 달했다.

이와 동시에 넬슨과 월리스는 잠재 고객들을 대상으로 설문 조사를 실시했다. 응답자 중 57퍼센트가 출근용 의상을 고를 때 가장 중요한 요소로 착용감을 꼽았으며, 81퍼센트는 몸에 잘 맞는 출근복을 찾는 데 어려움을 겪고 있다고 답했다. 또 두 사람은 그들의 목표 고객층이 출근용 의류에 연간 19억 달러를 소비한다는 사실도 알아냈다. 이런 소비자 통찰consumer insight 에 고무된 두 공동 설립자는 기존의 컨설턴트 자리를 그만두고 퀸시 어패럴을 설립했다.

그 후 월리스와 넬슨은 내가 그들에게 해준 조언에 책임질 수 있는 기회를 줬다. 퀸시에 투자를 제안한 것이다. 덕분에 나는 퀸시의 사업적 전망을 한층 새로운 각도에서 평가해 볼 수 있게 됐다. 나는 퀸시의 제품 콘셉트와 설립자들이 모두 마음에 들었다. 그들은 영리하고 재능이 넘쳤으며, 회사를 운영하는 데 필요한 강점을 상호 보완적으로 소유하고 있었다. 원대한 비전과 카리스마를 지닌 월리스의 성격은 제품을 영업하는 데 안성맞춤이었다. 그녀는 HBS에 입학하기 전에 에모리대학교에서 수학과 연극학 학위를 받았으며 그 뒤 메트로폴리탄 오페라하우스에서 배우들을 관리하는 관리자로 일했다. 반면 신중하고 규칙에 엄격한 성격의 소유자인 넬슨은 MIT에서 기계공학을 전공한 뒤에 보스턴 컨설팅 그룹Boston Consulting Group에서 근무했다.

두 설립자는 겉으로 완벽한 '해커와 허슬러'의 조합처럼 보였다. 한 사람은 자금 조달, 브랜딩, 협력관계 체결 같은 외부 업무를 담당하기에 알맞은 기질과 재능을 지녔고 또 한 사람은 웹사이트 개발, 창고 운영, 고객 서비스 같은 내부 업무가 적당해 보였다. 버치박스Birchbox(회원 가입제 화장품 기업), 클라우드플레어Cloudflare(클라우드 스토리지 기업), 렌트 더 런웨이(의류 대여 기업) 등 과거 HBS의 동문들이 창업한 여러 스타트업도 설립자들의 훌륭한 조합을 바탕으로 좋은 성과를 거뒀다.

물론 퀸시의 설립자 두 사람은 과거 스타트업을 창업한 경험이나 의류 제조업의 경력이 전혀 없었다. 하지만 렌트 더 런웨이, 어도어미Adore Me(여성용 속옷), 스티치 픽스Stitch Fix(개인 스타일링 구독 서비스) 등 HBS 출신의 여러 의류 기술 기업 창업가들도 해당 분야에 깊은 전문성 없이 성공을 이뤄 낸 바 있었다. 결론적으로 퀸시 어패럴은 전도유망한 말임에 분명했으며, 재능이 넘치고 성실한 기수들이 말고삐를 쥐고 있었다. 나는 흔쾌히 이 회사에 투자하기로 결정했다.

퀸시의 설립자들은 남들의 성공 사례를 통해 배울 수 있는 것은 모두 배우겠다고 마음먹고 보노보스의 경영진을 찾아갔다. 보노보스의 임원들은 두 사람에게 자신들의 전략을 아낌없이 전수해 줬다. 넬슨은 〈찰리와 초콜릿 공장〉에 나오는 황금 티켓을 손에 넣은 것 같았다며 그때를 회고했다. 두 사람은 보노보스의 임원들에게서 얻은 통찰을 바탕으로 퀸시가 향후 4년 안에 5,200만 달러의 매출액과 1,800만 달러의 수익을 거둘 수 있다는 예측을 내놓았다. 이 예측을 바탕으로 잠재 투자자들로부터 95만 달러의 시드 머니를 조달했다. 애초에 예상했던 150만 달러에는 미치지 못했지만 봄과 가을 컬렉션(의류 회사나 디자이너가 시즌 시작 전에 작품을 선보일 목적으로 개최하는 패션쇼—옮긴이)을 진행할 수 있는 금액이었다. 그들은 〈프로젝트 런웨이〉Project Runway라는 TV 시리즈에 출연했던 디자이너를 포함한 몇몇 패션 전문가를 채용해서 소규모 팀을 꾸렸다.

초기 판매 실적은 양호했으며 재구매율도 높았다. 봄 컬렉션에서 제품을 구매한 고객 중 39퍼센트가 가을 컬렉션에서도 다시 주문했다. 그러나 얼마 지나지 않아 여기저기서 일이 틀어지는 조짐이 보였다. 고객의 수요가 몰리면서 재고를 확보하는 데 많은 돈이 들어갔고, 현금 보유고가 점차 바닥을 드러냈다. 제품 생산에도 차질이 발생해 고객의 몸에 잘 맞지 않는 옷이 배달되는 일이 빈번해졌고, 반품률이 35퍼센트까지 치솟았다. 다른 온라인 소매업체들과 비슷한 수준이었지만 퀸시의 설립자들이 처음 목표로 했던 20퍼센트보다 훨씬 높은 수치였다. 퀸시를 포함한 온라인 업체들은 반품 후 새로운 제품을 배달할 때 배송료를 받지 않았다. 반품이 늘어나면서 회사의 수익성도 하락했다. 게다가 생산 과정의 문제를 해결하는 데도 돈이 들었다. 그들이 영업을 시작한 지 고작 9개월이 지났지만, 회사가 비용을 지출하는 속도를 감안했을 때 퀸시가 남은 현금으로 버틸 수 있는 시간은 2개월 정도였다.

월리스는 추가 투자를 유치하기 위해 갖은 애를 썼다. 그러나 투자자들과의 회의에서 빈손으로 돌아오는 일을 반복하면서 재앙이 머지않았음을 깨달았다. 기존 투자자들에게서 다시 자금을 조달하지 못한다면 퀸시는 운영을 중단해야 할 판이었다. 두 설립자 사이에는 이 문제를 두고 격렬한 논쟁이 벌어졌다. 월리스는 공급업체들에게 미수금을 전부 지급하고 직원들에게도 어느 정도 퇴직금을 나누어 준 뒤 품위 있게 회사 문을 닫자고 제안했다. 반면 넬슨은 새로운 투자자를 계속 찾아보는 한편, 운영상의 복잡성을 줄이고 재고를 감축하고 제품의 사이즈 종류를 단순화해서 회사를 계속 운영해야 한다고 주장했다. 그러나 이런 식으로 제품 라인을 축소한다는 것은 신체 사이즈를 불문하고 모든 여성에게 꼭 맞는 의상을 제공한다는 월리스의 비전과 크게 어긋나는 전략이었다.

한 치의 양보도 없는 이사회실의 대결은 결국 넬슨의 승리로 마무리됐다. 회사를 강제로 떠난 월리스는 실의에 빠진 채 소파 위에서 몇 주의 시간을 보냈다. 회사를 홀로 떠맡게 된 넬슨은 불과 5주 만에 자신의 계획에 현실성이 없다는 사실을 알게 됐다. 그렇다고 새로운 투자가 이뤄질 조짐도 없었다. 그녀는 결국 백기를 들었다.

퀸시 어패럴이 무너지자 나도 밤잠을 설치게 됐다. 적어도 이론상으로는 일어나지 말아야 할 일이 일어났기 때문이다. 그들이 린 스타트업 방법론을 철저히 적용해 초기에 실시한 트렁크 쇼는 새로운 제품에 대한 수요를 분명히 입증했다. 2012년 3월 퀸시가 정식으로 문을 열자 그 수요는 시장에 의해 재확인됐다. 같은 해 11월의 월 매출은 6만 2,000달러를 돌파하면서 지난달의 4만 2,400달러를 크게 넘어섰다. 고객 중 17퍼센트는 퀸시의 제품을 반복적으로 구매한 사람들이었다. 특히 퀸시가 개최한 첫 번째 컬렉션에서 제품을 구매한 고객들의 재구매 비율은 39퍼센트에 달했다.

퀸시의 두 설립자가 소비자들이 원했던 제품을 찾아냈다면, 이 회사는 왜 실패한 걸까? 모든 사람에게 착용감이 우수한 옷을 제공한다는 약속은 의류 제조의 복잡성을 잘 몰랐던 설립자들에게 너무 야심 찬 목표였을까? 벤처캐피털로부터 너무 적은 자금을 유치한 것이 문제였을까? 투자자를 잘못 골랐을까? 리더십이 약해서일까? 설립자들 사이에 갈등이 생긴 걸까?

나는 이 사례를 좀 더 깊게 파헤친 끝에 마침내 문제의 뿌리를 찾아냈다. 퀸시는 훌륭한 사업 기회를 현실화시키는 데 필요한 자원을 적절히 규합하지 못했다. 그 결과, 내가 '좋은 아이디어와 나쁜 동료'라고 이름 붙인 초기 단계 스타트업 실패 패턴의 제물로 전락한 것이다. 여기서 말하는 자원이란 단지 자본금만을 의미하지 않는다. 요컨대 이 실패 패턴은 회사의 설립자, 조직 구성원, 투자자, 전략적 파트너 등의 핵심 자원 제공자들 사이의 관계가 악화되고 기능 장애가 발생하면서 전도유망한 스타트업이 결국 무너지는 상황을 의미한다. 앞서 다이아몬드-사각형 프레임워크를 설명하며 언급했듯이 사각형의 꼭짓점에 해당하는 자원들 사이에 문제가 발생하면 그 여파가 사각형 안으로 번져 다이아몬드 내부의 기회 요소들에게까지 부정적인 영향을 미친다.

퀸시의 경우 창업 초기에는 네 가지 기회 요소 중 세 가지가 완벽하게 갖춰진 상태였다. 트렁크 쇼의 긍정적인 고객 반응, 상승세에 놓였던 초기 매출, 높은 재구매율 등은 모두 퀸시의 '고객 가치 제안'이 고객의 강력한 욕구를 차별화된 방식으로 충족시켰다는 사실을 의미했다.

퀸시의 문제가 '마케팅'의 실패에서 비롯된 것도 아니었다. 이 스타트업은 입소문 마케팅, 한 건당 50달러의 상품 구매권을 제공하는 '고객 소개 인센티브', 소셜 미디어 프로모션, 언론 홍보 등의 전략을 효과적으로 구사했다. 이 마케팅 전략들은 원래의 계획대로 좋은 결과로 이어져 많은 고객을 유인했다.

퀸시가 개업한 첫해에 이 회사의 '수익 공식'은 아직 검증되지 않았지만, 수익성 자체에 큰 문제가 있지는 않았다. 물론 이 스타트업은 증가하는 고객 수요에 맞춰 더 많은 재고를 확보하느라 빠른 속도로 자본금을 소진했다. 게다가 반품률이 증가하면서 원래 목표보다 매출 이익도 훨씬 낮아졌다. 그러나 이런 창업 초기의 계산 착오에도 불구하고 이 스타트업은 장기적인 수익성을 달성할 수 있는 잠재력을 갖추고 있었다. 퀸시의 매출액 절반 가까이는 회사가 높은 우선순위를 두고 있던 고객 세그먼트로부터 창출됐다. 넬슨과 월리스는 목표 고객 한 사람이 회사에 기여할 것으로 예상되는 LTV를 1,000달러로 예측했다. 반면 한 명의 고객을 유치하는 데 필요한 비용은 95달러에서 125달러 정도였다.

퀸시를 실패의 수렁으로 몰아넣은 가장 큰 문제는 네 번째 기회 요소인 '기술 및 운영'이라고 할 수 있다. 이 스타트업은 매력적인 가치 제안을 내세웠지만, 그 유망한 가치를 고객에게 지속적으로 전달하지 못했다. 구체적으로 말해 퀸시는 회사가 고객들에게 제시한 약속의 핵심이라고 할 수 있는 '착용감이 우수한' 의상을 공급하는 데 실패했다. 그 결과 설립자들이 애초에 예상한 수치보다 15퍼센트가 높은 반품률이 발생했으며, 전체 반품 건 중에 옷이 몸에 잘 맞지 않았다는 반품 사유가 68퍼센트를 차지했다.

내가 수행한 사후 분석에 따르면 퀸시는 설립자, 조직 구성원, 투자자, 전략적 파트너 등 앞서 설명한 네 가지 자원 요소 모두에서 문제를 겪었다. 결국 이 '좋은 아이디어와 나쁜 동료'라는 패턴으로부터 퀸시의 운영상 문제가 초래되고, 회사는 실패의 나락으로 빠져든 셈이다.

▪ 실패 요인 1: 설립자 ▪

퀸시의 두 공동 설립자는 '해커와 허슬러'의 절묘한 균형을 선보였다. MIT 출신의 엔지니어 넬슨은 분석적이고 원칙적인 접근 방식으로 회사의 전략과 운영을 이끌었다. 반면 카리스마 있는 성격의 윌리스는 스타트업의 비전을 세상에 알리기에 적합한 인물이었다. 하지만 이런 강점을 가진 두 설립자에게도 두 가지 치명적 약점이 있었다. 우선, 의류 산업의 경험이 부족했으며, 다음으로 둘 중에 누가 보스인지를 명확히 밝히는 데 실패했다는 것이다.

산업적 경험이 부족했다. 과거 넬슨은 의류 소매업체들을 대상으로 컨설팅 업무를 수행했으며, HBS 첫해 과정을 마친 뒤에는 여름방학 기간에 의류기업 에르메스Hermes에서 재고 최적화 작업을 담당하기도 했다. 그러나 퀸시의 설립자들은 의상을 직접 디자인하거나 제조해 본 경험이 전혀 없었다. 그들은 창업 초기에 제조 업무 전반을 책임질 생산 관리자 한 사람만 있다면 자신들이 직접 디자인을 할 수 있을 거라고 생각했다. 하지만 넬슨과 월리스는 그 계획이 현실성이 없다는 사실을 깨달은 뒤, 결국 디자인 전문가를 채용했다. 두 사람은 의상을 디자인 및 제작하는 과정에 수많은 업무가 개입돼야 하고, 그 업무를 수행하기 위해서는 기술 디자이너, 패턴 제작자, 샘플 제작자, 원단 재단사 등 많은 전문가가 필요하다는 것을 알게 됐다. 그들이 이 분야에 대해 더 많은 지식을 얻을수록 회사의 생산 프로세스를 처음부터 새롭게 구축해야 한다는 사실이 분명해졌다. 이는 매우 어렵고 많은 시간이 필요한 작업이었다.

설립자들의 '경험을 통한 학습'learning by doing은 결과적으로 제품의 품질 문제를 야기했다. 그들은 겉으로 똑같아 보이는 원단도 탄력성이 서로 다르기 때문에 착용감에 영향을 준다는 사실을 몰랐으며, 재킷 안감에 사용한 분홍색 염료에 땀이 묻으면 색이 번진다는 것도 알지 못했다. 또 그들이 제조한 블라우스의 소매 부분이 대부분의 고객에게 맞지 않으리라는 점도 예상하지 못했다. 이 옷을 만들 때 피팅 모델 역할을 한 넬슨의 손목이 보통의 여성보다 훨씬 가늘었기 때문이다.

설립자의 산업적 경험이 부족한 문제는 종종 '좋은 아이디어와 나쁜 동료'라는 실패 패턴의 핵심 원인으로 작용한다. 아무리 좋은 아이디어를 지닌 사람이라도 이를 실제로 구현할 수 있는 지식과 경험이 없다면 성공 가능성에 한계가 있다. 게다가 "아이디어는 싸고 실행은 비싸다." 라는 격언도 있듯이, 운영이 복잡한 산업 분야에서는 산업적 경험이 부족한 설립자들이 큰 곤경에 빠지는 일이 많다. 그런 의미에서 디자인, 원단 구매, 패턴 제작, 생산, 품질 관리, 배송 등 수많은 작업이 서로 긴밀하게 조화를 이뤄야 했던 퀸시의 운영은 복잡하기 이를 데 없었다. 제8장에서는 가정용 가구를 판매했던 어느 온라인 소매업체가 퀸시의 경우와 비슷하게 물류 관련 문제에 시달렸던 사례를 살펴볼 예정이다.

게다가 산업적 경험이 없는 설립자는 회사에 인재를 공급해 줄 만한 전문가 네트워크와 연결되기가 쉽지 않기 때문에 직원들을 뽑는 데도 애를 먹는다. 투자자들 역시 어디에 어떤 위험이 도사리고 있는지조차 제대로 알지 못하는 창업가를 우려의 눈으로 바라볼 수밖에 없다. 그렇다면 퀸시의 설립자들처럼 해당 산업에 정통하지 못한 사람은 그 단점을 어떻게 극복해야 할까?[2]

먼저, 산업 분야의 경험이 풍부한 사람을 공동 설립자나 임원으로 받아들이는 방법을 생각해 볼 수 있다. 그러나 이 과정에서 또다시 딜레마가 발생할 가능성이 크다. 실제로 넬슨과 월리스는 의류 산업과 제품 생산에 정통한 공동 설립자를 영입하기 위해 노력했지만 결국 실패했다. 물론 그 이유를 추측하기는 어렵지 않다. 의류 스타트업의 디자인 및 생산 업무 전반을 총괄할 자격을 갖춘 사람이라면 본인 스스로 스타트업의 설립자가 되는 일을 포함해 좋은 취업 기회가 많을 것이다. 그렇게 매력적인 선택지를 손에 쥔 사람들이 아무런 실적도 없는 MBA 출신 두 창업가와 고작 1년 치 운영 비용밖에 남지 않은 회사에 자신의 운명을 맡기려고 할까?

다음으로 전략과 운영에 관한 지침을 제공할 수 있는 조언자들에게 의지하거나, 그들의 네트워크를 활용해서 경험이 풍부한 관리자들을 회사로 유인할 수 있다. 퀸시의 설립자들에게도 몇몇 유용한 조언자가 있었지만 그들에게는 훨씬 더 많은 사람이 필요했다. 넬슨과 월리스는 회사에 자금을 지원한 주력 투자자들이 패션 업계의 경험을 축적하고 인적 네트워크를 구축하는 데 큰 도움이 될 거라고 기대했다. 하지만 벤처캐피털 투자자들은 두 사람에게 실망만 안겨 줬다.

마지막으로, 설립자들 스스로가 해당 산업 분야의 지식을 쌓기 위해 더 많은 시간과 노력을 투자해야 한다. 물론 그 과정에는 몇 년의 시간이 걸릴 수도 있다. 특히 퀸시의 설립자들이 의류를 디자인하고 제조하는 프로세스를 습득하는 데는 오랜 시간이 필요했을 것이다. 그러나 그들이 회사를 창업하기 전에 의류 제조나 재고 관리의 문제점을 조사하는 데 좀 더 많은 시간을 쏟았더라면, 적어도 인력 채용에 관한 목표는 더 정확히 수립할 수 있었을 것이다. 넬슨은 실패 원인을 분석하는 과정에서 두 사람이 너무 성급하게 컨설팅 업무를 그만둔 것 같다고 털어놨다. 다시 말해 이전의 직장에서 정규직으로 계속 근무하면서 구상 중이던 제품 콘셉트를 좀 더 면밀히 검토했어야 했다는 것이다. "저는 직장을 그만두고도 남편의 수입으로 생활이 가능했을 거예요. 그러나 월리스가 회사를 그만두면서 우리는 바로 사업에 필요한 자금을 조달해야 했습니다. 그 일이 큰 부담으로 다가왔어요." 그러나 눈앞에 펼쳐진 기회의 창이 그리 넓지 않다고 우려하는 창업가에게 이처럼 느리고 점진적인 접근 방식은 적절한 선택의 대상이 아니다. 다른 스타트업들이 자신과 똑같은 아이디어를 들고 먼저 시장에 진출할지도 모른다고 생각하기 때문이다.

누가 보스인가? 넬슨과 윌리스는 산업 분야의 경험만 부족했을 뿐만 아니라 두 사람의 관계를 관리하는 데 있어서도 문제를 일으켰다. 예시바대학Yeshiva University 경영대학원의 학장 놈 와서먼Noam Wasserman의 분석에 따르면, 스타트업의 공동 설립자들이 가족이나 가까운 친구로 구성될 경우 설립자들 사이의 관계가 불안정해질 가능성이 훨씬 크다고 한다. 쉽게 말해 결국 관계의 파탄으로 이어질 가능성이 크다는 것이다.[3] 친한 친구나 가족을 새로운 사업에 끌어들이는 요인은 수없이 많다. 그들은 목표나 가치관이 비슷하고 서로의 장단점, 습관, 성격적 특징 등을 잘 파악하고 있다. 그러나 이처럼 끈끈한 개인적 관계로 묶인 공동 설립자들 사이에서는 단순한 동료나 낯선 사람들에 비해 회사의 전략이나 각자의 역할에 대해 냉정한 대화가 이뤄지기가 더 어렵다. 업무적 의견 충돌에서 발생하는 갈등으로 관계가 훼손될 것을 두려워하는 탓이다.

HBS를 다닐 때 가장 친한 친구였던 퀸시의 설립자들 역시 이런 역학 관계에 취약했다. 그들은 창업을 할 때 앞으로 사업적 의견이 일치하지 않더라도 둘 사이의 우정을 깨뜨리지 말자고 다짐했다. 윌리스와 넬슨은 두 사람의 역할을 결정하는 고통스러운 선택의 과정을 피하기 위해 처음부터 전략적인 의사 결정의 권한을 똑같이 나눠 갖기로 했다. 월리스는 이렇게 회고했다. "우리는 공동 CEO처럼 기능을 분담해서 업무를 수행했습니다. 물론 대외적으로는 제가 CEO 역할을 맡고 넬슨은 최고운영책임자coo(이하 COO)가 되기로 합의를 봤죠. 넬슨은 생산, 구매, 전자상거래 같은 일을 담당했고 저는 마케팅, 인사, 재무 등의 업무를 했어요. 제품의 전략을 수립하는 일은 함께 진행하기로 했습니다. 공동 CEO 사이에 의견이 어긋나면 이를 조율할 방법이 없다고 투자자들이 생각할 것 같아서 우리 중의 한 사람은 CEO, 다른 사람은 COO라는 직책을 사용해 그들의 우려를 불식시키려 했습니다. 그럼에도 중요한 의사 결정은 두 사람이 함께 내렸어요. 우리가 합의를 보지 못하면 일이 진행될 수 없었습니다."

표면적으로 이런 전략은 두 공동 설립자의 갈등을 피할 수 있는 논리적인 방법처럼 보였다. 그러나 현실은 정반대였다. 두 사람은 모두 고집이 센 탓에 제품 전략을 수립하거나 디자인을 선택하는 과정에서 사사건건 부딪쳤다. 월리스는 이렇게 말했다. "우리는 회사가 추구하는 제품의 비전을 만들고 싶었지만 미적인 취미가 서로 달랐습니다. 그녀는 런던풍의 고전적 스타일을 좋아했고 제 취향은 브루클린식의 펑키 스타일이었어요. 어떤 경우에는 한 사람이 여러 상황을 고려해서 나름대로 최선의 의사 결정을 내렸는데도 다른 사람이 이의를 제기했습니다. '왜 내 의견은 묻지 않았어? 나는 그 일에 절대 반대야!' 그러면 우리는 그 결정을 번복해야 했습니다. 정말 모두의 진을 빼는 상황이었어요."

넬슨과 월리스는 두 사람 사이의 다툼을 직원들에게 들키지 않으려고 노력했지만 개방형의 작은 사무실 안에서는 거의 불가능한 일이었다. 퀸시의 직원들이 설립자들의 충돌에 어느 정도 익숙해질 무렵, 두 사람은 논쟁을 벌일 방법을 새롭게 찾아냈다. "우리는 사적인 대화를 나누기 위해 근처의 스타벅스로 갔습니다. 우리가 직원들을 해고하기로 결정하는 장소도 그곳이었죠." 월리스의 말이다. "얼마 지나지 않아

'커피 한잔 할까?'라는 말이 뭔가 안 좋은 일이 생길 조짐이라는 사실을 모든 사람이 알게 됐어요."

그들 사이에 갈등이 더욱 증폭된 이유는 퀸시에 걸려 있는 두 사람의 이해관계가 서로 달랐기 때문이다. 넬슨은 퀸시가 실패할 경우 훨씬 잃을 게 많았다. 그녀의 어머니는 퀸시에 최초로 자금을 지원한 투자자였으며 그녀의 남동생도 이곳에서 소프트웨어 엔지니어로 근무 중이었다. 월리스는 이렇게 말했다. "가족들까지 이 게임에 참여한 이상, 이 회사에 걸린 두 사람의 이해관계나 리스크는 더 이상 50대 50이 아니었던 거죠."

스타트업의 공동 설립자들이 의사 결정을 공평하게 분담하는 경우는 드물지 않다. 적어도 창업 초창기에는 흔히 벌어지는 일이다. 일반적으로 공동 설립자들은 다른 직원이 회사에 합류하기 전까지 몇 개월간 집중적으로 함께 일하며 모든 사안에 대한 선택과 결정을 공유한다. 그들은 CEO 자리를 원하는 사람이 복수일 경우 그 선택을 두고 분란이 발생할 위험을 피하기 위해 가급적이면 결정을 미룬다. 대체로 이런 상태는 투자자들이 공동 설립자의 역할을 확실히 정하라고 회사에 압력을 가할 때까지 계속된다. 와서먼의 연구에 따르면 스타트업 창업 후에 조직 구성원들에게 처음으로 공식적인 직책을 부여하는 과정에서 21퍼센트의 공동 설립자가 CEO를 선임하지 않았다고 한다.[4] 만일 공동 설립자 모두가 CEO를 맡기에 적당하지 않아 구글의 설립자들이 에릭 슈미트Eric Schmidt 를 선임한 것처럼 외부에서 영입해야 한다고 판단했다면, 이는 현명한 의사 결정일지도 모른다. 그러나 CEO 자리를 원하는 두 공동 설립자가 모두 자신이 더 적임자라고 생각할 때 의사 결정은 과도하게 지연되고 이는 곧 파국적인 결과로 이어질 수 있다. 퀸시의 사례에서 볼 수 있듯이 전략적 의사 결정 앞에서 긴장과 갈등이 발생한다면 스타트업이 가장 신속하게 움직여야 할 시기에 회사의 행보가 지체될 수 있다.

이런 상황에서 공동 설립자들에게는 세 가지 선택지가 있다.[5]

· **내부적 해결책:** 공동 설립자들은 특정 시기를 지정해서 그때까지 CEO를 결정하기로 합의를 볼 수 있다. 그 시기까지 두 사람이 돌아가며 수습 CEO 업무를 수행하고 누가 더 그 자리에 적당한지 함께 판단하는 것도 방법 중 하나다.

· **외부적 해결책:** 공동 설립자들이 중립적인 주변인에게 의사 결정을 일임하고 그 결정에 따르기로 합의할 수 있다. 예를 들어 이 스타트업의 이사회에 합류한 노련한 투자자라면 이런 역할을 수행하기에 안성맞춤이다. 그는 스타트업의 CEO에게 필요한 기술과 특성, 회사에 닥친 도전 요소들 그리고 CEO 자리를 원하는 공동 설립자들의 능력 등을 잘 파악하고 있을 것이다.

· **극약 처방:** 누군가의 부하직원 역할에 만족할 수 없다고 생각하는 공동 설립자 중 한 명이 회사를 떠날 수도 있다. 물론 좋은 선택은 아니겠지만 때로 이 방법 이외에 선택의 여지가 없는 경우도 있다. 모든 대안을 탐구하고 걸러 낸 뒤에 그것이 가장 최선의 길이라고 판단된다면 어쩔 수 없는 노릇이다.

내가 초기 단계 스타트업들을 대상으로 수행한 연구에서는 설립자의 적격성 문제가 회사의 몰락을 이끄는 주요 요인이라는 결과가 나왔다. 특히 경영에 어려움을 겪고 있거나 이미 폐업한 스타트업의 설립자·CEO들은 성공한 스타트업의 설립자들에 비해 해당 산업 분야의 경험이 훨씬 적었다. 그리고 퀸시의 사례를 통해 살펴본 바와 같이 실패한 스타트업의 공동 설립자들은 각자의 역할이 분명하지 않았고 임직원들과 잦은 충돌을 일으켰다.

▪ 실패 요인 2: 직원 채용 ▪

대부분 의류 업계 출신의 전문 인력이었던 퀸시의 소규모 조직 구성원은 업무 유연성과 주도적인 태도가 부족했다. 이것이 퀸시의 몰락을 재촉한 하나의 요인으로 작용했다.

업무 유연성이 부족했다. 퀸시의 설립자들은 의류를 디자인 및 제조하는 과정에 다양한 업무와 역할이 개입된다는 사실을 깨닫는 데 시간이 한참 걸렸다. 넬슨과 월리스는 그들이 처음 채용한 몇몇 직원이 풍부한 산업적 경험을 바탕으로 회사에 필요한 기능 업무들을 다방면으로 수행할 거라고 믿었다. 초기 단계 스타트업의 직원이 대부분 수많은 일을 팔방미인처럼 해낸다는 사실을 감안하면 이는 나름 합리적인 예상일 수 있다. 그러나 퀸시가 채용한 유명 의류기업 출신의 인력들은 고도로 전문화된 작업 환경에 익숙한 사람들이었다. 그들은 자신의 전문 분야를 넘어서는 직무를 맡았을 때 매우 융통성이 부족한 모습을 보였다. 다시 말해 퀸시의 직원들은 업무 프로세스를 처음부터 새롭게 구축하거나 회사가 필요로 하는 다양한 역할을 수행하기보다 본인에게 익숙하고 잘 정의된 프로세스하에서 일하는 데 편안함을 느꼈다.

주도적인 태도가 부족했다. 퀸시가 채용한 전문가들은 스타트업의 성공에 필수적인 주도성과 자발적인 대도가 부족했다. 게다가 그들은 매사에 "내 일이 아니다."라는 자세로 일관함으로써 전문가가 보기에 분명 문제가 있을 거라고 판단되는 사안에 있어서도 나서서 이야기하기를 꺼렸다. 예를 들어 재킷 안감으로 사용된 분홍색 원단의 색이 번질 거라거나 블라우스의 소매 부분이 너무 좁게 제작됐다고 경고한 직원은 아무도 없었다. 월리스는 이렇게 말했다. "생산 팀은 그런 일을 처리해 본 경험이 풍부했을 테니 문제가 생길 거라는 사실을 미리 알아야 했습니다." 이런 실수가 발생했다는 것은 다음과 같은 사실을 의미했다. 첫째, 유명 의류기업의 매끄러운 제조 프로세스와 규칙에 익숙한 직원들은 경영진이 내린 의사 결정에 이의를 제기할 필요성을 느끼지 않았다. 둘째, 설사 뭔가가 잘못됐다고 생각될 때도 그에 대해 질문을 던질 만큼 내적으로 동기 부여가 돼 있지 않았다. 다시 말해 퀸시의 설립자들이 직원들을 채용하고 감독하고 동기를 부여하는 접근 방식에 근본적으로 문제가 있었다는 뜻이다.

월리스는 주도적인 태도가 부족한 직원들에게 제대로 대응하지 못한 것은 자신의 잘못이었다고 인정했다. "저는 직원들을 몰아붙이는 편이 아니었습니다. 반면 넬슨은 그들에게 업무적인 결과를 내놓으라고 다그치는 악역을 맡았어요. 넬슨이 어느 직원에게 심하게 대하고 나면 저는 분위기를 수습하기 위해 노력했습니다. 그러다 직원들이 제게 와서 하소연하기 시작하면서 넬슨의 권위가 땅에 떨어진 거죠." 월리스는 이렇게 덧붙였다. "우리가 채용한 어떤 직원들은 자금이 달랑달랑한 스타트업에서 자신이 일하는 것만으로 우리에게 큰 호의를 베푼다고 생각하는 듯했습니다. 우리 회사에서 일하는 것이 인생에서 가장 좋은 기회이며 미래의 성공을 위한 디딤돌이 될 거라고 생각하는 사람은 별로 없었어요. 그러다 보니 나는 직원들을 달래기 위해 이렇게 말하게 된 거죠. '우리를 도와줘서 정말 감사합니다'라고요."

퀸시 입장에서는 유연성과 주도적 태도가 부족한 직원들을 채용하기보다 의류 제조업과 스타트업의 경력을 모두 갖춘 노련한 임원을 찾는 편이 훨씬 좋은 방법이었을지도 모른다. 물론 쉬운 일은 아니었을 것이다. 하지만 만약 그런 사람이 임원으로 있었더라면 기술과 유연성을 고루 겸비하고도 스타트업의 리듬에 맞춰 일할 의사가 있는 전문 인력을 구할 수 있었을 것이다. 결과적으로 퀸시의 설립자들은 그런 역량을 갖춘 임원을 영입하지 못했고 대부분의 창업가가 공통적으로 겪는 문제에 맞닥뜨려야 했다. 업무도 잘 모르고 후보자를 공급할 네트워크도 없는 설립자들이 어떻게 적절한 전문가를 찾아낼 수 있을까?

스타트업의 채용 문제는 끊임없이 반복되는 주제일 수밖에 없다. 회사가 성숙 단계로 접어들면서 새로운 형태의 전문가들이 계속 필요해지기 때문이다. 제8장에서는 후기 단계 스타트업들이 노련한 전문가들을 채용하고 경영진에 합류시키는 과정에서 발생할 수 있는 문제들을 탐구해 보려고 한다. 퀸시 같은 초기 단계 스타트업들이 전문적인 기술력과 '할 수 있다'는 적극적인 태도를 지닌 직원들을 채용하기 위해서는 세 가지의 해결책을 고려해 보면 좋을 것이다.

첫째, 본인의 인적 네트워크를 활용해서 적절한 기술을 가진 후보자들을 공급해 주거나 후보자 면접에 함께 참석해서 그들의 기술을 평가하는 일을 도울 수 있는 해당 산업 분야의 경험을 갖춘 조력자를 찾는 방법이다. 물론 그런 인물을 회사의 직원으로 영입하기는 쉽지 않으므로. 그보다는 투자자 또는 조언자의 역할을 부탁하는 편이 나을 듯하다. 그 조력자는 비공식적 멘토로 봉사하거나 또는 고문으로 정식 채용 돼 한 달에 일정 시간을 할애해 도움을 주고 그 대가로 회사의 지분 일부를 받는다는 계약을 맺을 수 있다. 단, 회사가 제공할 수 있는 지분의 양은 제한이 없으며, 스타트업과 조력자 양측이 각자의 의지에 따라 자유롭게 계약을 해지할 수 있도록 해야 한다.

둘째, 후보자 면접 시에 태도를 위주로 채용을 결정하는 방법이다. 스타트업 설립자는 후보자의 과거 실적을 자세히 검토해서, 그가 새로운 문제를 해결한 경험이 있는지 또는 주도적인 태도를 지닌 인물인지 여부를 판단해야 한다. 또한 후보자가 신생 기업에서 일자리를 찾기로 결정한 동기, 즉 새로운 도전과 성장을 추구하기 위한 목적인지, 스타트업의 사명에 이끌린 건지, 스타트업의 업무 방식을 어떻게 이해하고 있는지 등도 파악해 볼 필요가 있다.

셋째, 후보자를 정규직으로 채용하기 전에 '수습 기간'tryout을 갖는 것이다. 즉 후보자에게 일정 기간 내에 완료해야 하는 작은 프로젝트, 예를 들어 회사의 기존 직원과 함께 협력해야 하는 프로젝트를 하나 맡기고 완료 시점에서 후보자와 설립자가 서로의 적격성을 판단하는 것이다.

▪ 실패 요인 3: 투자자 ▪

퀸시의 설립자들은 처음에 150만 달러의 벤처캐피털 자금을 조달하려고 계획했으나 결국 시드 머니 95만 달러를 투자받는 데 그쳤다. 그 결과 창업 당시에 그들이 손에 쥔 돈은 시드 단계 스타트업들이 통상적 목표로 삼는 18개월 치 운영비에 훨씬 못 미치는 12개월 치에 불과했다. 이렇게 자금이 예상보다 부족해지면서 운영상의 사소한 실수조차 용납되지 않는 위기 상황이 찾아왔다. 만일 그들이 원래 계획했던 자금 조달 목표를 달성했다면 세 번째 컬렉션을 열기에 충분한 재고를 확보할 수 있었고 자금이 바닥나기 전에 생산 과정의 여러 문제를 해결할 수 있었을지 모른다.

퀸시의 몰락의 이유 중 하나는 앞서 언급한 '스타트업의 딜레마' 때문이다. 잠재 투자자들은 퀸시의 아이디어와 초기 MVP 테스트를 통해 입증된 고객 수요에 깊은 인상을 받았지만, 산업 분야의 경험이 부족한 설립자들이 과연 그 아이디어를 실행에 옮길 만한 역량이 있는지에 대해서는 여전히 회의적인 입장이었다. 또 기술 산업에 특화된 벤처캐피털들이 퀸시를 그들이 투자를 피하는 범주인 의류 제조업체로 판단한 것도 이유였다. 기술 분야의 벤처캐피털은 투자를 집행한 회사에서 적어도 10배 이상의 수익이 발생하기를 희망한다. 하지만 전체 투자 포트폴리오에서 그런 높은 수익을 기대할 수 있는 투자처의 비율은 매우 낮다. 반면 패션 및 유통 산업 분야에서 활동하는 사모펀드 투자자들은 투자액의 2배에서 4배 정도의 수익률을 희망하며 투자한 회사 대부분에서 그 정도의 건실한 수익을 창출하리라 기대한다. 따라서 그들은 전반적으로 인내심이 강하고 스타트업이 어려움을 겪을 때 추가 투자를 외면하는 경우도 드물다.

넬슨과 월리스는 벤처캐피털에서 투자를 유치하기 위해 퀸시 어패럴을 업계에 파괴적 변화를 불러일으킬 온라인 혁신기업으로 포상했다. 즉 과거 기술 분야의 벤처캐피털에서 큰 규모의 투자를 이끌어 낸 와비파커나 보노보스처럼 의류 시장에 소비자 직판 모델을 채택한 기술 스타트업이라고 홍보한 것이다. 하지만 퀸시가 기술 벤처캐피털에서 자금을 조달한 일은 어쩌면 실수였는지도 모른다.

넬슨과 월리스에게 자금을 지원한 벤처캐피털 투자자들은 이 스타트업의 문제를 악화시키는 데 여러모로 기여했다. 첫째, 그들은 전략적 조언과 인적 네트워크를 제공하지 못했다. 퀸시의 설립자들은 회사의 주력 투자자들이 과거 보노보스나 와비파커 같은 패션 업체에 투자했던 경력이 있는 만큼 의류 분야의 전문성이 풍부할 거라고 기대했다. 그러나 퀸시의 벤처캐피털 투자자들은 그들의 생각과 달리 그 스타트업들의 경영에 직접 개입한 적이 없었다. 월리스는 이렇게 말했다. "그 벤처캐피털들은 자신들이 자금을 지원한 스타트업의 이사회에도 참여하지 않았습니다. 그곳이야말로 투자자가 해당 산업 분야의 경험을 쌓기에 가장 좋은 장소인데도 말이죠."

그뿐만 아니라 주력 투자자들이 제공한 자금에는 온갖 조건이 붙어 있었다. 그들은 퀸시에 대한 투자액을 매 분기마다 트란쉐tranche (얇은 조각이나 슬라이스를 뜻하는 프랑스어—옮긴이)로 나눠 회사가 판매 성장의 목표를 달성했을 때에 한해 지급했다. 시드 단계 스타트업에게 트란쉐 형태로 자금을 제공하는 사례가 전혀 없지는 않지만 흔치 않은 일이었다. 물론 투자 대상 회사가 궤도를 벗어날 경우에 대비해 리스크를 줄이려는 목적이었겠지만 스타트업 입장에서는 엄청난 압박이 될 수밖에 없는 자금 지원 방식이었다. 넬슨은 이렇게 말했다. "우리는 투자자들이 요구한 목표를 달성했음에도 불구하고, 그들에게 지속적으로 회사의 장점을 홍보해야 하는 압박을 받았습니다. 그렇기 때문에 전략이나 운영상의 문제에 대해 솔직할 수가 없었던 거죠. 투자자들이 진정한 파트너처럼 느껴진 적은 한 번도 없었어요."

마지막으로 퀸시의 주력 투자자들은 규모가 작고 벤처캐피털 업계의 경력도 짧았다. 그러다 보니 자신들이 투자한 스타트업이 자금 사정에 시달릴 때도 브리지 금융을 제공할 만한 능력이 부족했다. 그 벤처캐피털 중 하나는 당시 막 새로운 펀드를 모집하기 시작한 상태였지만 기존의 펀드에서 퀸시에게 더 많은 자금을 투자할 여력은 없었다.

그렇다면 스타트업 설립자들이 적절한 투자자를 찾아낼 수 있는 방법은 무엇일까?[6] 그들은 투자자들에게 자금 제공에 대한 약속을 얻어내기 전에 두 가지 중요한 질문을 던져야 한다. 첫째, 좋은 사업적 기회와 더불어 적절한 기술과 산업 분야 경험을 소유했는지를 따지는 설립자의 적격성 만큼이나 투자자의 적격성도 중요하다. 그런 의미에서 이 투자자는 자금을 지원하는 일뿐만 아니라 기술이나 경험 같은 부가 가치를 제공할 능력이 있는지 따져봐야 한다. 둘째, 투자자가 생각하는 리스크 및 보상의 기준이 설립자들과 일치하는지를 살피는 것도 중요하다.

'투자자 적격성'을 평가하기 위해서는 투자 회사의 과거 실적을 세심히 검토해야 한다. 그 투자자의 투자 성공률은 높은 편인가? 만일 성공률이 높으면 다음 라운드의 투자자를 유인할 수 있을 만큼 신뢰성이 높고 인맥이 풍부할 것이다. 과거 그 투자자와 함께 일했던 창업가들은 그가 훌륭한 조언이나 인적 네트워크를 제공했다고 증언하는가? 스타트업, 특히 실패한 스타트업의 설립자들은 그 투자자가 협조적이었으며 다음에도 함께 일하고 싶다고 말하는가? 또 그 투자자가 현재 운용 중인 펀드에는 만일의 경우를 대비해 브리지 금융을 제공할 만한 자본금이 충분한가?

대부분의 스타트업 창업가는 자금 조달 방식을 폭넓게 검토해 보지 않고 오직 벤처캐피털만 찾는다. 특히 최고의 MBA 과정을 이수한 졸업생들 주위에는 수많은 벤처캐피털 투자자가 몰려들기 마련이다. 그러나 투자자들이 제공한 자금과 함께 성장에 대한 압박이나 수익에 대한 기대가 동반되는 일이 모든 형태의 비즈니스에 적합하지는 않다. 이런 리스크-수익 접근 방식risk/return profile이 모든 창업가의 기질에 맞는 것도 아니다. 퀸시에 투자한 벤처캐피털들은 공격적인 성장 목표를 설정하고 큰 성과 한 방을 노려야 한다고 끊임없이 압박했다. 넬슨은 이렇게 회고한다. "투자자들은 우리에게 충분한 재고를 확보하라고 종용했어요. 소매업체가 피해야 할 최악의 상황은 물건의 재고가 바닥나는 일이라는 거였죠. 지나고 보니 우리가 이렇게 대응했어야 한다는 생각이 듭니다. '안 됩니다. 우리는 새로운 스타일의 의상이 얼마나 팔리는지 지켜본 뒤에 재고를 보충하는 보수적 전략을 택할 겁니다' 패션 업계에서 과잉 주문은 큰 리스크예요. 고객의 취향은 언제라도 바뀔 수 있지만 이를 예측하기가 매우 어렵기 때문이죠."

월리스는 퀸시가 벤처캐피털보다 의류 생산업체에서 자금을 조달하는 편이 훨씬 나았을 거라고 결론 내렸다. 만일 두 사람이 후자를 택했다면 적어도 다음 두 가지 문제를 해결할 수 있었을 것이다. 첫째, 이 회사의 지분을 소유한 의류 생산업체는 퀸시의 주문을 신속하게 처리하고 제조상의 문제를 더 열심히 해결하려 했을 것이다. 둘째, 의류 산업의 경험이 풍부한 생산업체는 퀸시의 신제품 라인의 매출 기대치를 적절하게 설정했을 것이다. 이에 반해 퀸시에 투자한 벤처캐피털들은 회사를 최고 속도로 성장시키라고 끝없이 밀어붙였다.

최초의 자금 조달 액수가 설립자들의 목표에 크게 미달한 경우 퀸시처럼 계속 사업을 추진할 것인가의 여부는 결정하기 쉽지 않다. 만일 투자자들이 스타트업에게 자금을 지원하는 일을 거부했다면, 이는 이 회사의 사업 아이디어나 조직 구성원, 또는 양쪽 모두에게 문제가 있다는 의미가 아닐까? 설립자들이 잠재 투자자들의 우려를 불식시키기 위해 최선을 다했음에도, 즉 세심한 시장 조사를 통해 회사의 전략을 수정하고 조직 구성원들의 역량을 개선했음에도 결국 목표 금액을 조달하는데 실패했다고 가정해 보자.

이는 그 스타트업의 생존 가능성이 낮다는 신호가 아닐까? 그렇다면 회사를 접는 방법을 고려해야 할까? 그러나 자금 조달에 관한 신호는 항상 요란하고 혼란스럽기 마련이다. 투자자들이 집단적으로 행동한다는 말은 누군가 앞장서서 투자를 시작할 때까지 아무도 투자를 하지 않는다는 의미다. 그러다 보면 그 분야에서 정말 아무런 투자가 이뤄지지 않는 상태가 되는 것이다. 게다가 이러한 집단행동에서 오는 교착 상태가 장기간 지속된다면 한때 전도유망했던 스타트업들도 한물가고 파손된 상품처럼 취급될 우려가 있다.

퀸시의 설립자들은 목표 금액에 훨씬 못 미치는 시드 머니를 투자받았을 때 어려운 선택을 해야 했다. 그들은 2012년 5월 이전까지 엔젤 투자자, 친구, 가족들로부터 25만 달러의 자금을 조달했다. 그리고 첫 번째 패션쇼를 개최하고 행사에서 발표한 제품을 생산하는 데 그 돈을 전부 사용했다. 그해 5월, 그들은 두 벤처캐피털로부터 총 70만 달러를 투자하겠다는 약속을 얻어 냈다. 연말까지 두 번째 컬렉션을 열고 제품을 디자인, 생산, 마케팅할 수 있을 만큼의 금액이었다. 하지만 투자는 거기까지였다.

두 사람은 세 번째 컬렉션에 필요한 자금을 조달하는 데 실패했을 때 다른 벤처캐피털을 찾아 나서기보다 바로 회사를 접는 길을 택해야 했을까? 자금이 부족한 상태에서 그들이 회사를 계속 운영한다는 말은 연말까지 추가 투자를 유치할 수 있을 거라는 데 사운을 걸고 도박을 한다는 의미였다. 동시에 그때까지 전략 및 운영상의 어떤 실수도 용납되지 않는다는 뜻이기도 했다. 반면 일찌감치 사업 포기를 선언한다는 말은 초기 투자자들에게 한 푼의 수익도 돌려주지 못한다는 사실을 의미했다. 게다가 연말까지 70만 달러를 추가로 조달할 수 있는 상황에서 백기를 든다면 그들 스스로 자신감이 부족하다는 점을 인정하는 셈이었다. 그런 의미에서 퀸시의 설립자들이 도박을 택한 이유를 이해하기는 어렵지 않다.

퀸시의 설립자들에게 닥친 자금 조달의 딜레마는 내가 초기 단계 스타트업들을 대상으로 수행한 연구의 결과에서도 반복적으로 관찰된다. 운영에 어려움을 겪고 있거나 이미 폐업한 스타트업들은 첫 번째 투자 라운드에서 목표 금액 달성에 실패한 비율이 성공한 회사들에 비해 훨씬 높았다. 마찬가지로 실패한 스타트업의 설립자·CEO 중에는 투자자들이 제공한 조언에 실망한 사람이 많았으며 회사의 전략적 우선순위를 두고 투자자들과 잦은 갈등을 겪기도 했다.

■ 실패 요인 4: 파트너 ■

훌륭한 전략적 파트너 즉, 좋은 거래처를 찾아내는 일은 초기 단계 스타트업의 실적에 큰 영향을 미치는 요소다. 파트너들은 새로 설립된 스타트업에게 핵심 기술, 제조 시설, 창고, 콜센터 등 다양한 자원을 대여해 줄 수 있다. 스타트업은 조직 내부적으로 그런 자원을 개발할 수 있을 만큼 자금과 시간이 넉넉지 않다. 하지만 규모가 크고, 연혁이 오래되고, 자원이 풍부한 대기업과 갓 출범한 작은 회사 사이에 존재하는 협상력의 차이를 고려하면, 스타트업이 파트너로부터 합리적 조건으로 적절한 자원을 얻어 내기는 그리 만만치 않다.

퀸시는 제품 생산 과정을 외부 공장들에게 아웃소싱했다. 이는 의류업계의 스타트업 사이에서는 일반적인 관행이었다. 그러나 산업적 경험이 부족한 두 설립자는 이 분야의 파트너들과 충분한 관계를 맺을 기회가 없었다. 그 결과 공장들은 기존 고객으로부터 급한 주문이 들어올 때마다 퀸시의 주문을 맨 뒤 순서로 돌려 버리곤 했다. 월리스는 당시를 이렇게 회고했다. "우리가 공장 관리자들에게 '우리 물건은 언제쯤 나올까요?'라고 물어보면 그 사람들은 늘 2주쯤 뒤라고 얘기했어요. 하지만 2주 후에도 완성된 물건은 전혀 없었어요. 또 우리가 '이 물건은 만드는 데 비용이 얼마나 들까요?'라고 견적을 요청하면 그들은 원래 합의됐던 금액보다 50퍼센트 높은 가격을 불렀죠." 이런 장애물은 운영상의 큰 문제를 초래했으며 배송이 지연되는 이유로 작용했다.

돌이켜보면 무명의 스타트업이 사이즈만 복잡한 물건을 소규모로 주문하면서 공장에서 제대로 된 서비스를 받지 못했다는 것은 놀랄 일이 아니다. 퀸시가 생산 파트너로부터 좋은 서비스를 얻어 내지 못해 어려움을 겪은 일은 초기 단계 스타트업이 유명 기업들과 파트너 관계를 추진할 때 고질적으로 겪는 대표적인 리스크다. 작은 쥐 한 마리가 거대한 코끼리의 발에 밟히는 일은 흔히 일어난다. 설사 좋은 의도를 가진 코끼리라도 쥐에게 해를 입히지 않기 위해 투박하고 느린 움직임을 보이다가 결국 쥐의 성장을 방해하는 결과를 야기할 수 있다.

안타깝지만 스타트업에게는 파트너가 약속을 지키도록 확실히 보장할 수 있는 방법이 그리 많지 않다.[7] 계약을 위반하면 소송을 걸겠다고 파트너를 위협하는 것도 현실적 대안이 아니다. 스타트업의 임원들은 지루한 법정 싸움을 이어 가기에 너무 바쁘고, 법률 서비스를 받는 데 귀중한 현금을 소비하는 것도 현명한 일이 아니다. 그럼에도 파트너들의 협조를 이끌어 낼 수 있는 어떤 방안이라도 있다면 창업가들은 이를 지체 없이 활용해야 한다. 예를 들어 규모가 큰 소셜 미디어 플랫폼을 운영하는 스타트업 설립자들은 그 플랫폼을 도구 삼아 자신이 겪은 불이익을 세상에 공개하겠다고 파트너에게 경고할 수 있다. 또 스타트업의 투자자나 조언자들을 통해 파트너에게 약속을 지키라고 압력을 가하는 것도 방법 중의 하나다.

파트너와 협상력의 수준을 비슷하게 맞춘다는 차원에서 스타트업은 아직 업계에서 확고하게 자리잡지 못했거나 최근에 겪었던 문제로 인해 비즈니스의 확장을 열망하는 파트너들과 협력하는 방법을 고려해 볼 수 있다. 물론 이 접근 방식에는 리스크가 따른다. 그 파트너에 비즈니스 확장이 필요한 이유는 핵심 역량이 부족하기 때문일까? 그들이 협력사와의 약속을 어긴 적이 있을까? 이를 파악하기 위한 최선의 방법은 잠재적 파트너와 현재 거래 중인 다른 스타트업들을 통해 그 회사가 협력사와의 약속을 존중하는지 파악하는 것이다. 또한 파트너에게 스타트업의 지분을 제공함으로써 양측 모두 이 스타트업의 성공에 사활을 걸도록 하는 방법도 있다. 물론 이 방법을 택했을 때는 회사의 지분이 희석될 수 있으며, 양사의 협력관계가 단절되는 경우 관계를 깔끔하게 정리하기 어렵다는 점도 염두에 둬야 한다.

▪ 작게 시작하라 ▪

퀸시의 설립자들은 유망한 사업 기회를 찾아냈지만 그 기회를 포착하는 데 필요한 자원을 충분히 확보하지 못했다. 다시 말해 그들에게는 산업적 경험이 풍부한 공동 설립자, 업무에 헌신적인 조직 구성원, 회사에 더 많은 도움을 제공할 수 있는 투자자 그리고 협조적인 전략적 파트너가 부족했다.

안타까운 점은 그 자원들을 규합하는 문제를 더욱 악화시킨 요소가 다름 아닌 퀸시가 추구하던 기회 그 자체라는 사실이다. 앞서 살펴본 바와 같이 의류를 디자인하고 제조한다는 것은 수많은 전문적 업무가 긴밀한 조화를 이뤄야 하는 복잡한 프로세스를 의미했다. 퀸시의 설립자들에게는 이런 종류의 프로세스를 관리하는 데 필요한 산업적 경험이 절대적으로 부족했다. 게다가 업무의 복잡성은 또 다른 문제를 야기했다. 생산 프로세스가 계획대로 작동할지 미리 검증하기 위한 '린 실험 방법론'이 전혀 통하지 않았던 것이다. 생산 프로세스의 효율성을 입증하는 일은 전체 프로세스를 완전히 개발한 뒤에야 가능했다. 퀸시의 설립자들이 트렁크 쇼를 진행한 뒤에 몇몇 샘플 물량을 제조하는 것과 제품을 대량 생산하는 일은 완전히 다른 이야기였다. 넬슨과 윌리스는 트렁크 쇼를 통해 그 제품들에 대한 고객 수요가 입증됐다고 장담했지만, 이를 본격적으로 생산해서 회사를 제대로 가동할 수 있다는 증거를 잠재 직원들과 투자자들에게 제시하지 못했다. 자원 제공자들은 그들의 말을 액면 그대로 믿을 수밖에 없었다.

또 다른 문제는 퀸시가 영업을 개시하기 전부터 제품의 재고를 다량으로 확보해야 했다는 것이다. 퀸시는 다른 의류 제조업체들에 비해 다양한 사이즈 구조를 가지고 있어 스타일별로 훨씬 많은 양의 재고를 보유해야 했다. 즉 퀸시는 성장하기 위해 충분한 재고를 확보하는 과정에서 상당한 자금을 지출했다. 어떤 의류 회사든 재고를 확보 및 유지하는 데는 적지 않은 리스크가 동반된다. 따라서 패션 기업들은 업계의 동향을 정확히 예측해야 한다. 만일 예측이 실수로 판명된다면 헐값에 처분할 수밖에 없는 대량의 재고만 창고에 남게 된다.

마지막으로 퀸시가 생산한 의류는 계절별 컬렉션을 통해 판매가 이뤄졌다. 이런 시간적 특성으로 인해 퀸시가 필요로 했던 자본금은 규모가 컸을 뿐만 아니라 주기적으로 뭉칫돈이 들어가는 구조로 지출이 이뤄졌다. 설립자들은 새로운 의상 컬렉션을 개최하기 위해 수개월간 제품을 디자인하고 패션쇼에 출품된 제품을 생산해서 재고로 보유하기에 충분한 현금을 항상 손에 쥐고 있어야 했다. 그들은 두 차례의 컬렉션을 끝마친 뒤에 세 번째 컬렉션을 진행하기 위해서 또다시 뭉칫돈을 투자받아야 했다. 그리고 세 번째 컬렉션은 어차피 이판사판의 시도가 될 수밖에 없었다. 퀸시가 보유한 몇몇 아이템과 제한적인 주문 수량만으로 이듬해 봄까지 버티기는 불가능했기 때문이다.

스타트업이 추구하는 기회가 다음의 경우에 해당될 때 그 회사는 '좋은 아이디어와 나쁜 동료'라는 실패 패턴에 취약해진다. 첫째, 여러 전문가의 업무가 긴밀히 조화를 이뤄야 하는 복잡한 운영 환경이 필요할 때. 둘째, 물리적 상품의 재고를 충분히 확보해야 할 때. 셋째, 필요한 자본금의 규모가 크고 한 번에 뭉칫돈이 들어가야 할 때이다.

이와는 대조적으로 트위터 같은 순수 소프트웨어 기반의 스타트업은 창업 초기부터 관리적 부담이 훨씬 적었다. 이들 회사에서는 소규모 엔지니어 팀만으로 사이트를 제작했으며, 그 사이트를 마케팅하는 데 별로 돈을 들이지 않았는데도 사용자들이 입소문을 타고 몰려들었다. 자금에 대한 요구 사항도 그리 크지 않았고 물리적인 상품의 재고를 보유할 필요도 없었다. 트위터가 성장하면서 이 회사는 공동체 관계 전문가, 서버 관리자, 저작권 준수 담당자 같은 다양한 전문 인력을 계속 충원해 나갔다. 하지만 창업 초기부터 이 전문가들이 필요했던 것은 아니었다.

'나쁜 동료'라는 리스크를 안고 있는 스타트업의 설립자들은 어떻게 성공 확률을 높일 수 있을까? 퀸시의 설립자들은 시간이 지나고 난 뒤에 그때 무엇이 잘못됐는지, 그리고 어떤 식으로 일을 해야 했는지에 대한 깨달음을 얻었다고 했다. 그들이 깨달은 바를 크게 둘로 나누면 자원을 강화하고 회사가 추구하는 기회의 범위를 축소하는 것이다. 이 장에서는 창업가들이 자원을 확보하기 위해 활용할 수 있는 다양한 아이디어를 이미 제안한 바 있다. 그러나 매력적인 기회를 추구하는 데 필요한 자원을 구하기가 어렵다고 우려하는 설립자들은 우선 기회의 반경을 좁히는 방안을 고려해야 한다. 다시 말해 제품 콘셉트가 확실히 검증되거나 자원을 동원하기가 더욱 용이해질 때까지 노력의 범위를 줄이라는 것이다. 회사의 최우선 목표가 성장이라는 신념을 지닌 스타트업의 창업가들에게 이는 다소 반反직관적인 접근 방식일지도 모른다. 그러나 그들은 이런 역방향적인 전략을 통해 작은 시작으로부터 큰 결과를 거둬들일 방안을 찾아야 한다.

설립자와 조직 구성원들의 역량이 제한적이고 파트너들의 지원이 일정치 않고 자금이 부족한 회사라면 애초에 기회의 폭을 대폭 줄여 사업을 시작하는 것이 타당한 방법일지 모른다. 예를 들어 초기 단계의 스타트업은 제품 라인을 간소화하거나, 회사가 습득하기 어려운 과업을 아웃소싱하거나, 특정 지역 및 단일 고객 세그먼트에 초점을 맞춰 영업을 진행하는 방식으로 기회의 범위를 축소할 수 있을 것이다. 퀸시의 경우에는 블라우스, 드레스, 재킷 같은 단일 의류로 제품 라인을 한정함으로써 자원 확보에 따르는 문제를 완화했어야 한다. 보노보스는 바로 이런 전략을 채택해서 오직 한 가지 스타일의 남성용 바지를 원단과 색깔만 바꿔 가며 몇 년에 걸쳐 판매했으며, 그런 뒤에 다양한 스타일과 재료로 아이템을 확장했다.

만일 퀸시가 제품 라인을 보노보스처럼 축소했다면 수많은 상품을 디자인하고 제조하는 데 따르는 복잡한 운영상의 문제가 없이 생산 업무를 효과적으로 습득해서 더 착용감 좋은 옷을 만들어 낼 수 있었을 것이다. 내가 넬슨에게 회사를 다시 시작할 수 있다면 어떤 식으로 일하겠냐고 물었더니 그녀는 이렇게 대답했다. "예를 들어 일단 퀸시가 최고의 블라우스를 만드는 회사라는 명성을 먼저 얻도록 노력할 것 같아요. 예전에 비해 더욱 세심한 시장 테스트를 거친 뒤에 완벽한 착용감을 제공하는 오직 한 종류의 옷을 한 종류의 원단으로만 만드는 거죠. 물론 옷의 패턴도 한 가지로만 제작할 거예요. 색깔을 바꾸고 장식 부분의 옵션을 추가하면 제품의 다양성을 확보할 수 있으니까요. 그렇게 한 종류의 의류 생산을 위한 공급 사슬이 잘 작동하면 나중에 다른 원단과 스타일을 갖춘 제품들로 서서히 범위를 확장할 수 있겠죠."

넬슨은 퀸시가 생산 프로세스를 밑바닥부터 새롭게 구축해야 하는 상황을 피하려면 특정 공장에 생산 업무 전체를 처음부터 끝까지 아웃소싱했어야 한다고 생각했다. 하지만 이런 접근 방식에도 문제가 없는 것은 아니다. 일단 회사가 제품의 품질을 직접 관리하기기 어려워지고 의류를 디자인하거나 생산하는 과정을 학습할 수 있는 기회도 적어진다. 물론 이 전략을 채택하면 창업 초기에 겪을 수 있는 운영상의 문제를 줄이는 데 어느 정도 도움이 되기는 할 것이다.

한 가지 주의사항을 말한다면, 기회의 범위를 축소하는 방안을 검토 중인 스타트업 창업가들은 그에 따르는 리스크와 혜택을 잘 판단해서 결정해야 한다. 첫째, 기회의 폭이 너무 협소하면 고객들이 제품에 대해 느끼는 매력도가 감소할 수 있다. 둘째, 스타트업이 추구하는 기회가 미래에 큰 성장으로 이어질 거라는 확신을 투자자들에게 심어주지 못한다면 그들은 투자로 얻을 수 있는 대가가 너무 적다고 판단하고는 '느리고 작은 출발'을 지향하는 이 회사에 자금을 지원하지 않을 것이다. 셋째, 조직 구성원들이 '경험을 통한 학습'의 기회를 얻지 못함으로써 더 복잡한 조직을 운영히고 관리하는 데 필요한 기술을 습득하기 어려워진다.

스타트업은 갈수록 조직 규모가 성장하기 마련이다. 추후에 제품 라인을 확장하거나 아웃소싱한 업무를 회사 내부로 도입했을 때 경험이 부족한 조직 구성원들이 실수를 저지른다면 회사는 더 큰 대가를 치르게 된다. 이제 다음 장에서는 회사가 기회의 결함을 깨닫는 데 너무 오랜 시간이 걸릴 경우 어떤 문제가 생길 수 있는지 함께 살펴보기로 한다.

제4장

잘못된 출발

: 고객의 핵심 니즈는 어떻게 파악하는가?

▪ 트라이앵귤레이트, 세 번의 전략 이동 ▪

수닐 나가라지Sunil Nagaraj는 2009년 HBS 재학 중에 트라이앵귤레이트를 설립했다.[1] 원래 그가 구축하려고 마음먹었던 소프트웨어는 데이트 상대, 구인 구직, 부동산 거래 등의 업무에 활용할 수 있는 일종의 '매칭엔진'matching engine으로, 잠재적 파트너들의 취향이나 특성 등의 데이터를 분석하는 알고리즘을 통해 그들에게 알맞은 짝을 찾아 주는 소프트웨어였다. 그는 이 제품을 개발해서 이하모니eHarmony나 매치Match 같은 기존의 온라인 데이트 사이트에 라이선스를 판매하며 비즈니스를 시작할 생각이었다.

나가라지는 우선 방문한 사이트, 즐겨찾기에 등록한 사이트, 사용한 앱의 목록, 앱을 이용한 기간, 넷플릭스나 스포티파이로 감상한 영화나 음악 등 사용자들의 디지털 '발자취'를 분석하는 소프트웨어를 구상했다. 그리고 이를 통해 해당 사용자가 어떤 잠재적 파트너와 성향이 비슷하고, 어떤 파트너에게 매력을 느낄지 추론해 내려 했다. 그는 컴퓨터에서 생성된 행동 데이터를 바탕으로 사용자 프로필을 자동으로 작성할 경우 당사자의 실체를 보다 정확하게 묘사하기 좋다고 생각했다. 그래서 이것이 대부분의 온라인 데이트 사이트에서 채택 중인, 사용자가 직접 작성한 프로필 정보를 기반으로 데이트 상대를 추천하는 방법에 비해 훨씬 높은 매칭 성공률을 제공할 거라고 기대했다. 실제로 온라인 데이트 사이트 사용자들은 자신의 신상 정보를 기재할 때 과장된 사실을 늘어놓거나 거짓말로 프로필을 채워 넣는 경우가 많았다. 예를 들어 "저는 러시아 문학을 좋아하고 마라톤을 즐기며 인근의 동물 보호소에서 자원봉사를 합니다."라는 식이었다.

　　나가라지가 트라이앵귤레이트의 첫 번째 시장을 온라인 데이트 분야로 선택한 이유는 이제 이곳에도 새로운 변화의 물결이 밀려올 때가 됐다고 생각했기 때문이다. 시장 규모가 12억 달러에 달하는 이 산업은 지난 2000년 이하모니가 사용자의 설문지 응답 내용을 분석해서 매칭 서비스를 제공하는 알고리즘을 내놓은 뒤로 거의 혁신이 이뤄지지 않았다. 나가라지는 나중에 대기업 채용이나 학교 입시 분야 또는 트레이너, 의사, 인테리어 디자이너, 투자 자문가 등의 서비스 제공자와 소비자를 연결시켜 주는 시장에도 진출할 계획이었다. 그는 사용자가 직접 작성한 정보의 부정확성으로 인해 가장 심각한 문제가 발생하는 곳은 온라인 데이트 분야라고 생각했다.

나가라지의 원대한 계획을 뒷받침했던 핵심 가정은 세 가지였다. 첫째, 컴퓨터에서 자동으로 생성된 객관적인 데이터는 사용자 스스로 작성한 정보를 바탕으로 구축된 데이터에 비해 훨씬 우수한 매칭 성공률을 보장할 것이다. 둘째, 온라인 데이트 사이트 사용자들은 높은 매칭 성공률의 가치를 인정해서 이 서비스에 더 많은 가격을 지불할 것이다. 셋째, 기존의 온라인 데이트 사이트들은 성공률이 우수한 매칭엔진의 라이선스를 도입하기 원할 것이다. 나가라지가 구상했던 비즈니스 모델은 월 구독료 60달러인 '이하모니 골드' 제품에 트라이앵귤레이트의 매칭엔진 서비스 이용료 월 10달러를 소비자가 추가로 지불하면, 그가 요금의 절반을 가져가는 방식이었다.

나가라지는 벤처캐피털에서 자금을 유치하려면 자신이 수립한 가정들을 입증해야 한다는 사실을 알고 있었다. 물론 그중에서도 가장 급한 일은 매칭 알고리즘을 실제로 개발하는 일이었다. 먼저 커플들과 독신들로 이뤄진 데이터 모집단을 확보해서 그들의 온라인 행위를 비교하는 작업을 진행해야 했다. 게다가 실험 참가자들은 본인의 컴퓨터 사용 내역을 추적할 권한을 나가라지에게 부여할 만큼 그를 신뢰하는 사람들이어야 했다.

나가라지는 경영대학원을 졸업하기 몇 달 전 100명의 자원자를 모집해서 그들에게 '레스큐 타임'Rescue Time 이라는 앱을 다운로드하게 했다. 이 프로그램은 사용자가 특정 애플리케이션이나 웹사이트를 얼마나 이용했는지 측정하기 위한 일종의 생산성 도구였다. 하지만 나가라지가 이 실험을 위해 프로그램을 수정한 레스큐 타임 앱은 실험 참가자들의 컴퓨터에서 제대로 작동하지 않았다. 따라서 이 비교 작업은 그가 자신의 가정을 입증할 겨를도 없이 무산됐다. 다만 나가라지는 이 실험을 통해 앞으로 트라이앵귤레이트가 정식 출시됐을 때 사용자가 애플리케이션을 다운로드하는 과정 없이 모든 깃을 '클라우드' 환경에서 운영해야 한다는 사실을 깨달았다.

한편 나가라지의 또 다른 중요한 가정, 즉 소비자들이 트라이앵귤레이트의 우수한 매칭 성공률을 인정해서 기꺼이 더 높은 요금을 지불할 것이며, 이에 따라 여러 온라인 데이트 사이트에 이 제품의 라이선스를 판매할 수 있으리라는 가정 역시 거의 검증되지 않았다. 나가라지는 자신의 실수를 이렇게 인정했다. "저는 고객의 사고방식을 이해하고 온라인 데이트 서비스에 관한 소비자들의 욕구를 파악하는 데 시간을 충분히 할애하지 못했습니다." 나가라지는 이하모니의 CEO를 만났을 때도 트라이앵귤레이트의 제품 콘셉트를 소개하지 않았다.

나가라지에게 닥친 또 다른 시련은 트라이앵귤레이트 소프트웨어를 함께 개발한 이 회사의 공동 설립자 잭 윌슨Jack Wilson과 결별한 일이었다. 나가라지의 동료이자 친구였던 윌슨은 과거 두 차례의 스타트업 창업 경력을 소유한 인물로, 트라이앵귤레이트에서는 주로 자금을 조달하고 온라인 데이트 사이트와 협력관계를 추진하는 일을 맡았다. 반면 엔지니어 출신의 나가라지는 제품 개발에 주력했다. 그들은 CEO 자리를 두고 갈등을 빚었다. 윌슨은 두 사람이 공동으로 CEO를 맡는 아이디어를 제안했으며, 나가라지는 의사 결정의 신속성을 위해 자기가 혼자 CEO가 돼야 한다고 주장했다. 윌슨은 두 공동 설립자가 지닌 기술 기반이 비슷한 데다 다른 곳에서도 사업적 기회를 발견했다는 이유로 아예 이 회사에서 손을 떼고 퇴사하는 길을 택했다.

나가라지는 HBS를 졸업한 뒤에 자신의 비전을 홀로 추구하기 위해 캘리포니아의 팰로앨토Palo Alto로 향했다. 그는 그 시절을 이렇게 회고 했다. "당시 저는 일종의 맹목적 신념에 사로잡혀 있었습니다. 제가 생 각한 아이디어를 검증해 보지도 않았고, 투자자도 없었고, 제품도 완 성되지 않았으며, 직원들도 없었죠. 어떻게 그런 무모한 일을 벌였는지 모르겠어요." 그는 팰로앨토에 도착한 뒤에 두 명의 공동 설립자를 영 입했다. 한 사람은 엔지니어였고 또 한 사람은 데이터 과학자였다.

2009년 10월, 나가라지의 팀은 트라이앵귤레이트 매칭엔진의 첫 번째 버전을 개발했다. 이 버전은 사용자의 인터넷 브라우저에 설치 한 플러그인과 응용 프로그램 인터페이스application programming interface, API (운영 체제와 응용 프로그램 사이의 상호 작용을 돕는 시스템—옮긴이, 이 하 API)를 통해 페이스북, 트위터, 넷플릭스 같은 사이트에서 사용자의 디지털 정보를 자동적으로 수집하는 프로그램이었다. 나가라지는 너무 기술적인 용어로 사용자들에게 혼선을 주는 일을 피하기 위해 이 플러 그인과 API 프로그램들을 '삶의 흐름을 기록하는 연결 장치'라고 불렀다.

매칭엔진의 두 번째 버전에서는 그렇게 수집한 데이터를 활용해 사 용자들에게 적절한 데이트 상대를 추천해 주는 기능을 추가했다. 나가 라지의 팀이 이 기능을 구현하기 위해서는 커플들이나 낯모르는 사람 들로부터 수집한 과거 데이터를 기반으로 사용자들에게 적합한 상대를 찾아 줄 수 있도록 알고리즘을 훈련시켜야 했다. 하지만 그들은 이 과정 에서 일종의 딜레마에 부딪혔다. 알고리즘의 훈련에 필요한 다량의 데 이터를 확보하기 위해서는 우선 온라인 데이트 사이트들과 협력관계를 체결해야 했다. 하지만 그들과 협력관계를 맺으려면 이미 알고리즘의 훈련이 완료돼 매칭엔진의 두 번째 버전이 제대로 작동된다는 사실을 입증해야 했다.

나가라지와 그의 팀은 고객의 진정한 욕구를 제대로 이해하지 않은 채 매칭엔진을 개발함으로써 초기 단계 스타트업들에게 흔히 발견되는 '잘못된 출발'이라는 실패 패턴에 빠져들었다. 이 패턴의 제물이 된 스타트업은 충분한 고객 및 시장 조사를 수행하지 않고 성급하게 최초의 제품을 출시한 뒤에 결국 자신들이 추구했던 기회가 문제투성이라는 사실을 깨닫는다. 그들은 고객의 초기 피드백을 검토하거나 MVP 테스트를 통해 시장에 관한 예측을 검증하는 일을 소홀히 함으로써 문제를 개선할 시간을 낭비한다. 그리고 "빨리 실패하라."라는 린 스타트업의 가르침을 스스로 무시해 버린다.

초기 단계 스타트업들에게 시간은 무엇과도 바꿀 수 없는 귀중한 자산이다. 그런 의미에서 '잘못된 출발'은 한 차례의 소중한 피드백 주기를 앗아가는 중대한 실수다. 회사의 조직 구성원들은 자신들의 가정이 틀렸다는 사실을 깨달은 뒤에야 비로소 더 매력적인 기회를 추구하기 위해 전략을 이동한다. 문제는 전략을 바꿀 때마다 많은 시간과 돈이 낭비된다는 것이다. 게다가 스타트업이 황금을 발견하기까지는 여러 차례의 전략 이동이 필요하다. 에릭 리스는 자신의 저서 《린 스타트업》 The Lean Startup 에서 스타트업의 '생존 능력'을 측정하는 전통적인 기법, 즉 현재의 현금 소진 속도를 바탕으로 그 스타트업의 자본금이 몇 개월 뒤에 완전 고갈될지 측정하는 기법을 따르지 않고, 해당 스타트업이 보유한 현금이 고갈되기까지 몇 차례의 '전략 이동'이 가능한지 평가하는 방법을 제시했다.[2] 성공을 위해서 1분 1초가 아쉬운 상황에서 고객으로부터 한 차례 피드백을 얻을 주기를 놓친다면 귀중한 생존 능력의 일부를 낭비하는 셈이다. 다시 말해 회사의 전략을 더 나은 방향으로 이동할 수 있는 기회가 그만큼 줄어드는 것이다.

나가라지는 트라이앵귤레이트를 운영하면서 온라인 데이트 비즈니스야말로 수많은 문제로 점철돼 있으며 수많은 전략 이동이 필요한 대표적인 시장이라는 사실을 알게 됐다.

전략 이동 1: 윙스의 탄생

나가라지는 매칭엔진을 개발하는 동안 벤처캐피털로부터 투자 유치를 시도했다. 하지만 그가 투자자에게서 유일하게 얻어낸 답은 "이하모니와 라이선스 거래를 성사시킨 뒤에 다시 연락하라."는 것이었다. 2009년 11월, 나가라지는 벤처캐피털에서 투자를 거부당한 일과 온라인 소셜 네트워크의 전문가였던 어느 조언자의 권유를 계기로 자신의 전략을 되돌아보게 됐다. 그는 온라인 데이트 사이트와 트라이앵귤레이트의 매칭엔진 라이선스 계약을 따낸다는 기존의 계획을 계속 추진했다. 또 한편으로 당시 급속한 성장세를 보이던 페이스북 플랫폼을 바탕으로 자체적인 온라인 데이트 서비스를 출시했다. 이 서비스를 통해 매칭엔진을 기능적으로 가다듬는 데 필요한 사용자 데이터를 확보할 수 있고, 향후 이 소프트웨어 라이선스를 계약할 잠재 고객들에게도 제품의 우수성을 입증할 수 있다는 계산이 있었기 때문이다. 게다가 가뜩이나 경쟁이 치열한 온라인 데이트 시장에 트라이앵귤레이트가 성공적으로 진입할 기회가 될 수도 있을 터였다.

당시 2년 전에 출범한 페이스북은 외부 프로그래머들이 개발한 애플리케이션과 웹사이트들을 자사의 '소셜 그래프'에 통합시키고 이들을 활용해서 사용자들의 귀중한 데이터를 확보하려고 했다. 이 전략을 바탕으로 페이스북 플랫폼에 탑재된 5만여 개의 앱과 웹사이트에서 연간 5억 달러의 매출이 발생했다. 그중에는 2007년 설립 이후 4,000만 명의 회원을 확보해서 1,050만 달러의 벤처캐피털 투자를 유치한 온라인 데이트 사이트 '주스크'Zoosk도 한자리를 차지하고 있었다.

트라이앵귤레이트는 주스크에 비해 페이스북 사용자 행동 데이터를 훨씬 많이 활용해서 서비스를 제공했다. 또 이 사이트는 기존에 존재하지 않았던 새로운 개념을 온라인 데이트 시장에 도입했다. 사용자의 디지털 행동 데이터라는 객관적 정보를 제공할 뿐만 아니라 가입자의 인물 됨됨이를 친구들이 보증하는 사회적 검증 기능을 추가한 것이다. 나가라지는 데이트 파트너를 찾는 사용자 중에는 친구들이 자기를 보증해 줄 수 있는 사이트를 선호하는 사람이 많기 때문에 이 새로운 콘셉트가 입소문을 통해 퍼져 나가면 사이트의 성장에 큰 도움이 될 거라고 생각했다. 말하자면 이 기능은 짝을 찾는 세상의 모든 싱글이 로맨틱한 파트너에게 접근할 때 오랫동안 활용했던 '윙맨'wingman('바람잡이'라는 뜻—옮긴이)의 온라인 버전이라고 할 수 있었다. 2010년 1월 나가라지가 새로운 사이트의 이름을 윙스Wings라고 지은 이유도 이 기능 때문이었다. 하지만 이번에도 광범위한 시장 조사 없이 일방적으로 제품을 개발한 나가라지는 고객들이 윙맨이라는 콘셉트를 어떻게 생각하는지에 대한 피드백을 구하는 과정도 건너뛰었다.

페이스북 계정을 소유한 사람이면 누구나 윙스를 무료로 사용할 수 있었다. 사용자는 싱글의 자격으로 이 사이트에 가입하거나, 아니면 다른 싱글에게 초대받았을 경우 윙맨으로 가입이 가능했다. 싱글 가입자는 트라이앵귤레이트가 페이스북 및 기타 사이트에서 수집한 정보를 바탕으로 자동으로 생성된 본인의 프로필을 직접 수정 및 가감할 수 있었다. 윙맨에게는 자신의 싱글 친구 프로필의 특정 대목을 강조하거나 친구에 대한 이야기를 추가할 수 있는 권한이 주어졌다. 싱글 회원들에게는 다른 싱글들의 프로필을 열람할 수 있는 자격을 부여했고, 시스템이 자동적으로 이상적인 파트너를 5명 추천했다. 한편 사용자들은 회원 가입과 동시에 디지털 코인을 무료로 지급받았다. 이 코인으로 가상선물을 구입하고 파트너 추천 건수를 늘리고 다른 가입자에게 직접 메시지를 보내는 데 사용했다. 물론 사용자들은 현실 세계의 화폐를 이용해 더 많은 코인을 구입할 수 있었으며, 트라이앵귤레이트가 자신의 넷플릭스 사용 데이터를 들여다보는 일을 허락하거나 다른 친구들을 가입시킴으로써 추가로 코인을 획득하는 일도 가능했다. 주스크 역시 기본적으로 가입비가 무료인 온라인 데이트 사이트에서 다양한 방식으로 매출을 발생시키는 전략을 썼다.

나가라지의 팀은 윙스 사이트에서 수집한 초기 데이터를 바탕으로 매칭엔진을 좀 더 정교하게 가다듬었으며 적합한 데이트 상대를 예측하는 능력을 지속적으로 강화해 나갔다. 2010년 1월, 나가라지는 서로를 모르는 50쌍의 싱글과 50쌍의 실제 커플을 대상으로 자신의 소프트웨어를 실험했다. 트라이앵귤레이트 매칭엔진은 이 테스트에서 어떤 사람들이 실제 커플인지 높은 정확도로 지목해 냈다.

그러자 벤처캐피털들이 나가라지를 대하는 태도가 눈에 띄게 달라지기 시작했다. "벤처 투자자들은 우리가 정교한 매칭엔진을 개발했다고 믿었습니다. 하지만 그들은 우리 소프트웨어의 알고리즘에 대한 기술적 상세 사항을 따지지 않았어요. 그보다는 우리가 그 엔진에 대해 어떤 이야기를 들려줬는지가 훨씬 중요했던 거죠." 또 벤처캐피털들은 윙스가 사용자의 입소문에 힘입어 성장할 가능성이 크다는 사실에 흥미를 느꼈다. 그럴 경우 막대한 광고비를 절약할 수 있기 때문이다. 시장을 선도하는 온라인 데이트 기업 중에는 높은 광고비로 인해 신규 가입자 한 명을 유치하는 데 100달러 이상의 비용을 지출하는 회사도 적지 않았다. 반면 나가라지는 트라이앵귤레이트가 고객 한 명을 확보하는 데 45달러 정도를 지출할 것이며, 그 고객이 9개월간 월 평균 15달러를 코인 구입에 소비한다고 가정할 때 LTV는 135달러가 될 거라고 예상했다. 2010년 3월, 트라이앵귤레이트는 실리콘밸리의 유명 벤처캐피털 트리니티벤처스Trinity Ventures 로부터 75만 달러의 시드 머니를 투자받았다. 그리고 현금이 손에 들어오자 그래픽 디자이너를 첫 번째 직원으로 채용했다.

전략이동 2: 서비스를 포기하다

윙스 서비스가 본격적으로 출시되면서 나가라지의 팀은 지금까지 소홀히 했던 고객 피드백을 수집하는 작업에 착수했다. 그리고 이 데이터를 바탕으로 새로운 기능을 신속하게 추가했다. 린 스타트업의 방법론에 따라 실험 및 학습의 과정을 나름 발 빠르게 수행한 것이다. 나가라지는 당시를 이렇게 회고했다. "처음에 우리는 사용자 프로필의 사진을 아주 작은 사이즈로 만들었습니다. 회원들이 파트너의 외모보다는 매칭엔진에서 생성된 결과를 더 신뢰할 거라고 믿었기 때문이죠. 하지만 사용자들은 하나같이 큰 사진을 원했어요. 우리가 그 사실을 알게 된 것은 '사진'이라는 이름의 가짜 버튼을 만들어 두고, 사용자가 그 버튼을 누르면 '이 기능은 곧 활성화됩니다'라는 메시지가 뜨도록 프로그램했기 때문이죠. 수많은 사용자가 이 버튼을 눌렀다는 사실을 알게 되면서 우리는 며칠 내로 원본 크기의 사진을 프로필에 추가했습니다.″

기술 분야의 언론매체들이 윙스에 관한 기사를 싣고 페이스북도 자사의 플랫폼 파트너들을 홍보하는 페이지에 윙스를 추가하면서 이 서비스는 하나둘씩 고객을 끌어모으기 시작했다. 또 윙스는 새로운 고객을 유인하기 위해 월 5,000달러 정도를 온라인 광고비로 집행했다. 그해 9월이 되자 윙스의 사용자 수는 3만 5,000명까지 늘었다. 3만 2,000명은 싱글 회원이었고 3,000명이 윙맨이었다. 동일 지역 가입자들의 매칭 성공률을 높이기 위해 회사가 집중적으로 마케팅을 한 캘리포니아 거주 회원들이 그중 1만 명(남성 70퍼센트, 여성 30퍼센트)을 차지했다.

트라이앵귤레이트가 페이스북 및 기타 광고 네트워크에 광고를 게재함으로써 새로운 사용자 한 사람을 유치하는 데 지출한 비용은 평균 5달러였다. 일부 광고 매체에는 윙스에 가입하는 고객들에게 인센티브, 즉 팜빌Farmville 같은 소셜 네트워크 게임에서 사용할 수 있는 디지털 코인을 제공한다는 광고를 싣기도 했다. 트라이앵귤레이트가 이 소셜 게임 광고 네트워크를 통해 윙스 회원으로 가입한 사용자 한 명당 지불한 마케팅 비용은 50센트였다. 하지만 이 방법에는 두 가지 문제가 있었다. 첫째, 인센티브를 노리고 사이트에 가입한 사용자들이 모두 데이트에 관심이 있던 것은 아니었다. 윙스를 처음 방문한 지 일주일 후에 다시 이 사이트에 접속한 사용자들은 전체의 25퍼센트에 그쳤다. 둘째, 그 사용자들은 미국 전역에 거주했다. 캘리포니아 거주자들은 가까운 곳에서 원하는 데이트 상대를 찾을 가능성이 높았지만 노스다코타에서 살고 있는 가입자들에게는 먼 얘기였다. 결국 서비스에 실망한 사용자들은 사이트를 탈퇴했으며 페이스북 플랫폼의 앱 스토어에서는 윙스에 낮은 점수를 줬다. 이로 인해 이 스타트업의 CAC는 한층 높아졌다.

나가라지의 팀은 가입자들이 게시한 콘텐츠를 관리하는 과정에서 사용자들의 선호도에 대한 중요한 통찰을 얻어 냈으며 이를 바탕으로 새로운 기능들을 속속 사이트에 추가했다. 예를 들어 윙스의 사용자 중에는 사이트에 부적절한 사진을 게시하는 사람이 많았다. 나가라지는 그런 사진들을 걸러 내기 위해 매일 300명의 신규 회원이 프로필에 추가한 사진 1,500여 장을 하나하나 직접 확인했다. 그의 팀은 이런 업무적 부담을 덜기 위해 '레이트 싱글스'Rate Singles라는 기능을 개발해서 가입자들에게 사진 검토 작업을 맡겼다. 이는 사이트에 올라온 사진이 얼마나 매력적인지 사용자들이 직접 평가함으로써 스스로 더 좋은 데이트 상대를 구할 확률을 높이게끔 고안한 프로그램이었다. 이 기능은 사용자들 사이에서 유명세를 탔으며 어떤 사람들은 이 작업에 중독된 모습을 보였다. 일부 열성 사용자는 윙스에 접속한 뒤 새로 올라온 사진들을 5초 간격으로 45분간 쉬지 않고 클릭하기도 했다. 레이트 싱글스 기능은 곧 윙스 사이트 방문 목적의 20퍼센트를 차지하게 됐다.

그런 과정을 거치며 윙스가 매일 사용자들에게 추천하는 데이트 후보자의 첫 번째 선정 기준은 어느덧 그 후보자의 '매력도'로 대체됐다. 사용자들이 직접 평가한 사진 역시 매력도를 결정하는 요인 중 하나로 자리잡았다. 2010년 10월로 접어들자 사용자들이 매칭엔진의 알고리즘을 통해 파트너를 선정하는 방법을 그리 선호하지 않는다는 사실이 분명해졌다. 이에 따라 트라이앵귤레이트는 자사의 매칭엔진으로 데이트 상대를 찾아 주는 일을 포기하기로 했다. 그들의 첫 번째 '잘못된 출발'이 모습을 드러낸 순간이었다. 나가라지의 팀은 회원의 프로필에 대한 타인의 평가, 프로필 사진에 부여된 점수, 메시지에 대한 신속한 응답률, 사이트에서의 활발한 활동처럼 좀 더 실용적인 평가 기준을 도입해서 사용자의 매력도를 계산했다. 나가라지는 매칭엔진을 사용하지 않기로 한 당시의 결정에 대해 이렇게 말했다. "우리는 사용자들이 그저 데이트를 원할 뿐이라는 사실을 거의 2년 만에 깨달았습니다. 마음에 드는 사람이 자신에게 호응해 주기를 바라는 겁니다. 대단히 실용적인 욕구였죠. 그들의 목표는 좋은 알고리즘이 아니라 좋은 사람을 찾는 것이었습니다. 물론 그들 중에는 외모만 보고 성급한 판단을 내리는 사람도 없지 않았을 테지만요."

2010년 가을이 되면서 트라이앵귤레이트는 그들의 두 번째 '잘못된 출발'로 판명된 윙맨 기능도 없애기로 했다. 윙맨으로 가입한 사람들은 싱글 회원에 비해 사이트에서 열심히 활동하지도 않았고 회사가 기대한 만큼의 입소문도 내주지 못했다. 게다가 이 두 가지 기능을 구분해서 사이트를 운영하다 보니 사용자 사이에서 혼선을 빚었고 회사가 새로운 프로그램을 개발할 때도 시간이 더 오래 걸렸다.

2010년 9월, 윙스의 실적 수치는 여러모로 혼란스러웠다. 가입자가 매달 평균 44퍼센트 증가하고 있다는 사실은 반가운 소식이었다. 하지만 사이트에서 활발히 활동하는 사용자는 그리 많지 않았다. 캘리포니아 거주자가 윙스에 가입한 뒤 그다음 주에 다시 이 사이트를 방문한 비율은 전체의 27퍼센트에 불과했다. 게다가 입소문의 확산 속도도 생각만큼 빠르지 않았다. 원래 나가라지는 윙스의 강력한 네트워크 효과와 윙맨들의 활약 덕분에 새로운 사용자 한 사람이 평균 0.8명의 다른 사용자를 유인할 거라고 예상했다. 그러나 그해 9월 기준으로 캘리포니아의 신규 가입자 한 사람이 윙스로 끌어들인 다른 가입자는 고작 0.03명에 불과했다.

코인 사용률 역시 저조했다. 캘리포니아 회원 한 명이 이곳에서 소비한 코인은 평균 177개였다. 게다가 트라이앵귤레이트가 돈을 받고 판매한 코인은 거의 없다시피 했다. 사용자들은 회원 가입 시에 200코인을 무료로 제공받았으며 윙스에서 활동한 대가로 추가 코인을 얻어냈다. 코인의 판매 가격이 개당 1센트였다는 사실을 감안하면, 사용자 한 사람이 윙스에서 월 평균 15달러를 소비하도록 만들겠다는 나가라지의 목표는 요원할 뿐이었다.

그의 팀은 고객 참여도 강화, 입소문 확산, 매출 확대 등을 위해 다각적인 계획을 수립했다. 윙스 사이트에 유료 정기구독 서비스를 만들겠다는 아이디어도 그중 하나였다. 2010년 10월, 이 계획에 스스로 고무된 나가라지는 시리즈A 투자 유치를 위한 노력을 시작했다. 하지만 트라이앵귤레이트가 마케팅 부서장과 CTO를 새롭게 채용한 바로 그달, 그는 투자자로부터 중대한 경고 메시지를 받았다. 한때 온라인 게임 회사를 설립한 경력이 있던 투자자 겸 조언자는 이사회에 참석해서 나가라지에게 이렇게 말했다. "사이트에 대한 입소문은 수개월 안에 퍼지는 법입니다. 당신은 이미 몇 개월을 낭비했습니다." 심지어 이 회의에서는 최근에 채용이 결정된 임원들의 입사를 취소함으로써 트라이앵귤레이트의 현금 소진 속도를 늦추는 안이 논의되기도 했다.

전략 이동 3: 데이트 버즈 출시

나가라지가 생애 최악의 순간이었다고 표현한 바로 그 이사회 논의 이후, 그는 공동 설립자들과 함께 회사의 전열을 정비하는 작업에 돌입했다. 그들은 새로 채용한 임원들을 내보내지 않기로 결정했다. 대신 이사회는 새로운 온라인 데이트 사이트를 출시하는 방안을 검토하라고 압력을 가했다. 나가라지의 팀은 '레이트 싱글스' 기능에 대한 사용자들의 긍정적 반응에 힘입어 소셜 기능을 강화한 새로운 사이트를 개발하기로 했다. 2010년 12월, 트라이앵귤레이트는 데이트 버즈DateBuzz를 출시했다. 그들은 사이트 가입자들이 다른 사용자의 사진을 확인하기 전에 먼저 해당 사용자 프로필의 사소한 요소들, 즉 프로필 주인이 본인을 표현한 내용, 좋아하는 영화나 음악, 사이트에서 획득한 배지 등에 선호도 투표를 하도록 만드는 기능을 추가했다. 나가라지는 이렇게 설명했다. "온라인 데이트 사이트 사용자들은 회원 사이에 충분한 교류가 이뤄지지 않는다는 사실에 대부분 불만을 느낍니다. 가입자들은 오직 데이트 후보자들의 사진만을 보고 반응해요. 그러다 보니 매력적인 외모를 지니지 못한 사람은 주목받지 못하고 외모가 뛰어난 사람에게는 지나친 관심이 집중되는 일이 반복되는 거죠."

데이트 버즈는 사용자들이 투표한 점수를 바탕으로 트라이앵귤레이트의 소프트웨어가 적합한 짝이라고 판단한 데이트 후보자를 가입자들에게 추천해 줬다. 나가라지는 말을 이었다. "사용자들이 다른 사람의 프로필에 대해 선호도 투표를 시작하면서 상대적으로 외모가 덜 매력적인 가입자들도 관심의 대상이 될 수 있었습니다. 물론 외모가 출중한 사람들에게는 여전히 많은 관심이 쏠렸죠. 우리는 사용자들 사이에 많은 교류가 발생하도록 그들의 관심을 다각도로 재분배한 겁니다."

데이트 버즈가 온라인 데이트 사용자들의 가려운 곳을 긁어 주는 해결책을 발견했음에도 불구하고 이 사이트는 빠르게 성장하지 못했다. 이미 서비스가 종료된 윙스의 고객들을 기반으로 출범한 데이트 버즈는 과거 윙스 고객의 3분의 1에 불과한 3,000명의 가입자만을 새로 끌어왔다. 이 회사는 온라인 광고에 적극적으로 자금을 지출했으며 기차역에서 사람들에게 전단지를 나누어 주는 등의 게릴라식 마케팅 전략을 시도하기도 했다. 그러나 새로운 사이트가 출범하고 몇 달이 지난 뒤에도 데이트 버즈의 CAC는 1인당 5달러로 윙스 시절보다 낮아지지 않았다.

2011년 2월, 트라이앵귤레이트의 금고에 남은 현금은 20만 달러에 불과했다. 매달 회사 운영에 들어가는 비용은 5만 달러 정도였다. 나가라지는 트리니티벤처스와 접촉해서 시리즈A 투자 가능성을 타진했다. 트리니티의 임원 한 사람은 나가라지에게 이렇게 말했다. "우리는 창업가로서 당신을 좋아합니다. 하지만 당신 회사의 미래를 확신하지는 못하겠군요. 당신을 흥분시킬 만한 사업적 아이디어가 있다면 알려 주세요. 우리도 뭔가 대안을 제시할 수 있을 겁니다." 이렇게 완곡한 거절을 당한 나가라지는 앞으로 사업을 계속하는 일이 과연 옳은지를 두고 심각한 고민에 빠졌다.

어떤 의미에서 트라이앵귤레이트의 조직원들은 나가라지의 표현대로 '효율적인 기계'의 면모를 갖추고 있었다. "우리는 윙스에서 가장 핵심적인 기능, 즉 다른 사용자 프로필의 '사소한 부분'에 선호도를 투표하는 기능을 데이트 버즈에 선보이며 온라인 데이트 시장의 판도를 바꿀 수 있는 제품을 만들었습니다. 우리에게 남은 일은 사용자들을 확보하는 일이었어요. 일단 충분한 수의 사용자가 우리 제품을 경험한다면 입소문이 퍼져 나가는 건 순식간이니까요." 하지만 다른 창업가 동료들이나 벤처캐피털 투자자들은 트라이앵귤레이트가 시리즈A 투자를 유치하기에는 아직 부족한 상태라고 조언했다. 나가라지는 어느 기술 대기업에게 트라이앵귤레이트를 매각하기 위해 노력했지만 최종 제안을 받아 내는 데 실패했다. 2011년 3월, 끝이 임박했음을 감지한 나가라지는 결국 회사 문을 닫기로 결심했다. 그는 직원들에게 퇴직금을 지급했고 그들이 새로운 일자리를 찾는 일을 도왔다. 그리고 투자를 받은 시드머니 75만 달러 중 남은 12만 달러를 투자자에게 돌려줬다.

트라이앵귤레이트는 2년 동안 세 차례에 걸쳐 새로운 제품을 출시하는 전략 이동을 실시했지만 그 어느 제품으로도 제대로 된 시장을 찾아내지 못했다. 물론 이것이 그들만의 문제는 아니었다. CB 인사이트의 조사에 따르면 스타트업의 실패를 초래한 가장 큰 요인은 시장 수요가 없는 제품을 개발한 것이라고 한다. 나는 초기 단계 스타트업 중에 시장 수요가 부족하거나 애초에 시장이 존재하지 않는 제품을 출시했던 회사들을 조사하는 과정에서, 그들 대부분이 충분한 고객 조사를 실시하기 전에 제품부터 서둘러 발표했다는 사실을 발견했다. 당연한 일이지만 그 제품들은 시장에서 좋은 반응을 얻는 데 실패했으며 그 스타트업들은 처음의 디자인 단계로 되돌아감으로써 소중한 현금과 시간을 낭비하고 말았다.

나는 이런 통찰을 바탕으로 트라이앵귤레이트의 실패에 관한 철저한 사후 분석을 진행해 보기로 했다. 그때 첫 번째로 떠오른 것은 "나가라지는 단지 능력이 부족한 기수였을까?"라는 질문이었다. 내가 보기에는 결코 그렇지 않았다. 그는 의사 결정의 지연을 피하기 위해 공동 CEO라는 경영 방식을 피하는 현명한 모습을 보였으며 능력이 뛰어난 팀원들을 채용했다. 직원들은 고객의 피드백을 바탕으로 새로운 기능을 제품에 신속하게 추가하는 역량을 발휘했다. 또 그는 업계에서 가장 명망 높은 벤처캐피털로부터 자금을 유치했다. 능력이 부족한 설립자가 그토록 능력 있는 조직원들과 우수한 투자자를 유인할 수는 없는 노릇이다.

그렇다면 무엇이 잘못된 걸까? 린 스타트업의 선구자들은 설립자들에게 "제품을 일찍, 그리고 자주 출시하라."고 조언한다. 다시 말해 고객들의 손에 실제 제품을 쥐여 주고 최대한 빠른 속도로 피드백을 얻어내라는 것이다. 트라이앵귤레이트 역시 그 일을 실천에 옮기기 위해 노력했다. 그들은 새로운 제품이 나올 때마다 고객의 피드백을 신속히 받아들였으며 회사의 중심축을 신속히 이동했다. 그리고 이런 일련의 과정을 통해 "빨리 실패하라."라는 린 스타트업의 경구를 나름 충실히 실천에 옮겼다.

하지만 트라이앵귤레이트는 MVP를 내놓기 전에 "고객을 발견하라.", 즉 잠재 고객들을 대상으로 여러 단계에 걸친 인터뷰를 세심히 수행하라는 린 스타트업의 또 다른 핵심 원칙을 소홀히 했다. 나가라지는 트라이앵귤레이트의 실패를 분석하는 과정에서 자신이 이 중요한 초기 단계를 생략했다는 점을 인정했다. "우리가 제품을 개발하기에 앞서 단 몇 개월이라도 많은 고객과 이야기를 나눴어야 했다는 생각이 듭니다. 그동안 수많은 친구가 '그 사이트에는 멋진 여자나 남자가 많아?'라고 내게 물었지만, 나는 그 질문이 바로 고객의 진정한 욕구를 반영한다는 사실을 깨닫지 못했어요."

그 결과 트라이앵귤레이트가 추구했던 기회는 수많은 결함으로 가득한 문젯거리가 돼 버렸다. 즉 다이아몬드-사각형 프레임워크의 네 가지 기회 요소 중에 기술 및 운영 요소만이 제대로 기능을 발휘했을 뿐 나머지는 심각한 문제를 드러낸 것이다. 세 개의 기회요소들은 어떤 문제가 있었는지 살펴 보자.

• **고객 가치 제안:** 트라이앵귤레이트의 팀은 고객의 미충족 욕구를 해결할 수 있는 차별화되고 우수한 제품을 내놓는 데 실패했다. 그들이 새롭게 제시한 윙맨의 개념도 별다른 호소력이 없었다. 나가라지는 윙스 가입자들이 본인의 데이트에 관련된 내용을 친구들에게 공개하기를 원치 않았던 것 같다고 말했다. 게다가 윙스가 사용자의 매력도나 사이트에서의 적극적 활동 점수에 따라 데이트 상대를 추천하는 방식으로 전략을 바꾸자, 이미 이와 비슷한 방법을 사용하면서 로맨틱한 파트너들을 훨씬 많이 보유한 기존의 사이트들과의 차별점이 없어졌다. 한마디로 '어중간한 쥐덫'으로 전락한 것이다.

데이트 버즈가 더 나은 방향으로 개선된 제품이었다는 사실은 분명했다. 이 서비스의 소셜 기능들은 사용자의 참여도를 높이는 역할을 했으며, 회원들이 다른 사용자의 사진이 아닌 프로필에 선호도 투표를 하게 만든 기능은 소비자들의 불만을 어느 정도 해소해 주기도 했다. 하지만 트라이앵귤레이트가 이 유망한 기회를 발견했을 때는 회사의 현금 보유고가 바닥을 보이고 난 뒤였다.

또 트라이앵귤레이트가 시장에 진입한 시기도 매우 좋지 않았다. 나가라지는 페이스북 플랫폼을 활용해서 사업을 시작할 기회를 찾았다고 생각했지만, 그때는 이미 페이스북 사용자들을 위한 온라인 데이트 시장에서 주스크가 압도적 위치를 차지하고 있었다. 시장에 늦게 진입한 스타트업이 경쟁자에 비해 월등히 우수한 제품을 제공하지 못한다면 어려운 싸움을 할 수밖에 없다. 특히 온라인 데이트 분야처럼 강력한 네트워크 효과가 요구되는 시장에서는 그런 상황이 더욱 심화된다.

나가라지는 시장 상황에 대해 이렇게 말했다. "겉으로는 누구나 접근할 수 있는 시장처럼 보일 겁니다. 그러니 온라인 데이트 서비스를 들고 싸움터에 뛰어드는 스타트업들이 매주 등장하는 것 아닐까요. 창업가 대부분은 저처럼 독신입니다. 그들은 본인의 경험을 통해 기존의 데이트 사이트들이 문제투성이라는 사실을 잘 알기 때문에 이를 개선하겠다는 목표를 품는 거죠. 그러나 온라인 데이트 시장에서는 네트워크 효과가 엄청나게 중요한 역할을 합니다. 사용자들이 까다롭기 때문이에요. 그저 많은 사용자를 사이트에 가입시키는 일이 능사가 아닙니다. 고객 입장에서는 자신의 취향에 꼭 맞는 후보자, 예를 들어 샌프란시스코에 거주하는 28세의 독신이면서 운동을 좋아하고, 말솜씨가 좋으며, 프로필에서 종교를 언급하지 않는 사람이 네트워크에 충분히 존재해야 하는 겁니다."[3]

나가라지는 자신이 저지른 실수에 대해 또 이렇게 덧붙였다. "결국 그런 사용자들을 유인하기 위해서는 이 포화 상태의 시장에서 매치Match 같은 업계의 거물과 싸워야 해요. 그 기업들은 지난 20년 동안 고객을 유치하기 위해 엄청난 돈을 썼습니다. 그들은 겉으로는 기술 기업처럼 보이지만 사실상 거대한 마케팅 기계인 셈이죠. 매치는 매출의 70퍼센트를 광고에 쏟아붓습니다. 모든 사람이 이 회사를 알고 있는 이유는 그 때문이에요. 제가 저지른 가장 큰 실수는 트라이앵귤레이트를 기술 기업으로 생각했고 좋은 제품만 내놓으면 성공할 수 있다고 믿은 겁니다."

트라이앵귤레이트가 우월한 고객 가치 제안을 구축하는 데 실패한 이유 중 하나는 윙스와 데이트 버즈의 서비스를 무료로 제공했다는 것이다. 다시 말해 이 사이트들은 사용자가 최초 가입 시에 받은 코인을 다 소진해서 나중에 데이트 후보자에게 메시지를 전달할 필요를 느낄 때까지는 무료 서비스였다. 이 전략은 가입자 수를 늘리는 좋은 방법이었다. 이는 네트워크 효과 측면에서는 긍정적인 전략이었는지도 모른다. 하지만 트라이앵귤레이트가 유치한 회원들은 대부분 사이트를 '둘러보기만 하는' 무관심한 가입자들이었다. 반면 월 60달러의 구독료를 이하모니에 지불하는 사용자들은 한결 진지하게 데이트 상대를 찾았고 메시지에 응답하는 비율도 높았다.

게다가 윙스와 데이트 버즈 사이트 가입비를 무료로 책정한 전략은 모든 온라인 데이트 서비스 기업의 공통적인 문제, 즉 사용자들에게 로맨틱한 파트너를 찾아 주는 문제를 더욱 어렵게 만들었다. 온라인 데이트 사이트를 이용하는 사람들은 만족스러운 파트너를 찾으면 사이트를 떠난다. 다시 말해 매치나 이하모니의 회원들은 원하는 상대를 만나 소기의 목적을 달성하면 구독 서비스를 해지하고 프로필도 삭제해 버린다. 반면 무료 사이트에 가입한 사용자들은 이유가 무엇이든 해당 사이트에 대한 관심이 시들해진 뒤에도 본인의 프로필을 그냥 남겨 두는 경우가 많다. 따라서 그 사람에게 메지지를 보내 답변을 받지 못한 사용자는 이 사이트에 실망하게 되고, 결국 사이트 자체를 떠날 가능성이 높아지는 것이다.

• **마케팅**: 윙스와 데이트 버즈는 사용자 수가 적기 때문에 네트워크 효과를 활용할 여력이 부족했고 새로운 고객들을 유인하기도 어려운 딜레마에 빠졌다. 나가라지는 윙맨 기능으로 인해 입소문이 금방 퍼질 것이며 마케팅에 많은 돈을 쓰지 않아도 사이트가 성장할 거라고 믿었다. 하지만 '제품을 만들면 고객이 구입할 것이다'라는 그의 예상은 완전히 빗나갔다. 윙스가 확보한 고객의 60퍼센트는 광고를 보고 들어온 가입자였으며 30퍼센트는 입소문, 신문기사, 페이스북의 파트너 홍보 페이지 등을 통해 회원이 된 사람들이었다. 윙스가 제공하는 친구 소개 및 초청 기능을 거쳐 자체적으로 유입된 사용자는 10퍼센트에 불과했다. 그런 상황에서 75만 달러의 시드 머니로는 고객들에게 사이트에 대한 관심을 이끌어 내고 새로운 브랜드를 구축하기에 턱없이 모자랐다.

• **수익 공식**: 고객의 입소문이 부족하고 네트워크 효과가 약했던 트라이앵귤레이트는 예상보다 훨씬 큰돈을 광고 및 판촉 인센티브에 투입해서 사용자를 유인해야 했다. 이런 뜻밖의 지출은 회사의 수익 공식에 막대한 지장을 초래했다. 가입자들이 데이트 후보자에게 메시지를 보내고 가상 선물을 구입하는 데서 발생한 소규모 매출로는 신규 사용자 유치를 위한 마케팅 비용을 충당하기에 어림도 없었다. 한마디로 트

라이앵귤레이트는 사업의 수익성을 입증하는 테스트를 통과하지 못했다. 그들은 유료 회원제 구독 시스템을 만들어 수익 공식의 개선을 노렸지만 그 아이디어를 실험에 옮기기도 전에 생존 능력이 고갈돼 버렸다.

이상의 문제들은 트라이앵귤레이트가 되풀이했던 그릇된 예측에 뿌리를 두고 있으며, 그로 인해 조직 구성원들은 끝없이 잘못된 길을 걸었다. 나가라지는 창업 초기에 사용자가 직접 작성한 프로필보다 컴퓨터가 디지털 행동 데이터를 분석해서 작성한 프로필로 고른 데이트 후보자가 더 높은 매칭 성공률을 가져올 것이라 예측했다. 그리고 사용자들은 이렇게 우수한 성공률을 제공하는 서비스에 기꺼이 더 비싼 가격을 지불할 거라고 철석같이 믿었다.

하지만 그의 팀은 이 가정을 테스트하기도 전에 제품 개발에 착수했다. "나는 행동 데이터 분석에 기반을 둔 매칭 알고리즘이 고객들에게 그다지 중요하지 않았다는 사실을 뒤늦게 깨달았습니다. 가령 적절한 금융 서비스 제공자를 찾는 데 자신이 없는 사용자에게는 이런 알고리즘이 유용할지도 모르죠. 하지만 누군가 내 눈앞에 일곱 명의 여성 프로필을 내민다면 그들 중 내가 만나고 싶은 사람을 고르는 데 과연 컴퓨터의 도움이 필요할까요."

나가라지는 2009년 말 윙스를 출시하기 직전에 150여 명의 소비자를 대상으로 온라인 설문 조사를 실시했다. 응답자들에게는 설문지 기반의 데이트 후보자 선정 방식과 컴퓨터에서 생성된 객관적 데이터 기반의 후보자 추천 방식 중 어느 편을 선호하는지 질문했다. 하지만 설문 조사는 실제 제품과 흡사한 복제품을 고객에게 제공하고 수요를 측정하는 진정한 의미의 MVP 테스트와 거리가 멀었다. 만일 그가 구상한 것처럼 컴퓨터에서 생성된 행동 데이터를 기반으로 데이트 후보자를 추천하는 온라인 데이트 서비스와 비슷한 웹사이트를 개발해서 소비자들을 실제로 가입시키는 랜딩 페이지landing page(인터넷의 링크 버튼을 눌렀을 때 연결되는 페이지—옮긴이) 테스트를 실시했다면 상황은 달라졌을지 모른다. 또 윙맨의 개념에 대한 시장 수요를 검증하는 데도 이 랜딩 페이지 테스트를 활용할 수 있었을 것이다. 하지만 나가라지는 MVP를 생략하고 완전한 기능을 갖춘 윙스를 서둘러 출시하는 길을 택했다.

만일 나가라지가 창업 초기에 잠재 고객들과 좀 더 심도 깊은 대화를 나누었거나 진정한 의미의 MVP를 실시했다면, 그의 팀은 결국 사용되지도 않을 소프트웨어를 개발하는 데 수개월을 낭비하기보다 고객의 욕구에 더욱 근접한 제품을 디자인할 수 있었을 것이다. 그리고 이미 소비자들에게 좋은 반응을 얻은 '삶의 흐름을 기록하는 연결 장치'를 통해 사용자 프로필을 개선하는 데 집중하거나, 선호도 투표 기능을 강화함으로써 사이트를 효과적으로 개선할 수 있었을 것이다.

■ 시장조사를 제대로 하지 못하는 이유 ■

나가라지는 과거의 실수를 돌아보는 과정에서 자신이 소비자들과 데이트 취향에 관한 대화를 나누는 데 시간을 투자하지 않은 이유는 하루속히 제품을 만들고 싶다는 욕심 때문이었다고 인정했다. 이렇듯 성급하게 행동에 뛰어드는 일은 대부분의 창업가에게서 공통적으로 관찰되는 현상이다. 그들은 한시라도 일찍 제품을 출시하고 싶어 그야말로 안달을 한다. 게다가 나가라지와 그의 팀 같은 엔지니어들은 선천적으로 뭔가 만들어 내기를 좋아하는 사람들이다. 엔지니어 출신 창업가들이 최단 시간 내에 제품을 개발해서 시장에 선보이고자 하는 충동에 휩싸이는 것은 어쩌면 당연한 일일지도 모른다.

그러나 내가 조언을 했던 수많은 MBA 졸업생을 포함해 엔지니어 출신이 아닌 스타트업 설립자들도 종종 이런 실수를 저지른다. 훌륭한 제품을 손에 넣는 일이 스타트업의 성공에 '죽느냐 사느냐'의 요인이라는 이야기를 귀에 못이 박히도록 들어온 비非기술자 출신 창업가들은 자신이 제품을 스스로 개발할 능력을 갖추지 못했다는 사실에 불안감을 느낀다. 다행히 비기술자 설립자들은 남을 설득하는 일이나 인적 네트워크를 구축하는 데 능하다. 그들은 이런 능력을 바탕으로 훌륭한 엔지니어들을 채용해서 본인의 기술적 공백을 메우려 한다. 하지만 엔지니어들을 고용하는 데 적지 않은 돈이 들고 그로 인해 회사의 현금 보유고가 급속히 고갈될 수 있다. 그러므로 그들 역시 속히 제품을 개발해서 시장에 내놓아야 한다는 압박감에 시달린다. 그 결과 고객의 문제를 정확히 이해하고 이에 대한 해결책을 구상하기도 전에 엔지니어들은 서둘러 제품 개발에 돌입한다.

기술자 출신 창업가들이 고객 인터뷰를 피하는 이유 중 하나는 엔지니어 특유의 내성적 성격 탓에 낯선 사람에게 질문하기를 싫어하기 때문이다. 또 엔지니어든 비기술자든 고객 인터뷰 도중에 자신이 원하는 대답을 이끌어 내기 위해 "우리 아이디어가 마음에 드시나요?" 같은 유도 질문을 던짐으로써 인터뷰를 망치는 일도 흔히 벌어진다. 그중에서도 최악은 산업적 경험이 풍부하다는 자만심에 가득한 설립자들이 고객들의 피드백을 들어 볼 필요도 없을 만큼 자기 제품이 너무도 완벽하다고 생각하는 것이다.

■ 고객의 핵심 니즈를 파악하는 방법 ■

창업가들은 기술적인 개발 업무에 돌입하기 전에 철저하고 세심한 디자인 프로세스를 활용한다면 '잘못된 출발'이라는 실패 패턴을 피할 수 있다. 린 스타트업의 이론을 잘못 이해한 일부 설립자는 초기 단계 프로세스를 건너뛰고 곧바로 MVP 테스트에 뛰어들어 첫 번째 버전의 완제품을 출시하려고 시도한다. 하지만 MVP 테스트는 이 디자인 프로세스의 마지막에서 두 번째에 해당하는 단계다. 당신이 서둘러 MVP 개발부터 시작한다면 그보다 앞선 단계에서 얻어 낼 수 있는 중요한 학습 기회를 날려 버릴지도 모른다.

영국 디자인 위원회British Design Council가 개발한 이중 다이아몬드 디자인Double Diamond Design 프레임워크를 활용하면 전체 디자인 프로세스를 일목요연하게 시각화할 수 있다.[4] 왼쪽 다이아몬드는 이 프로세스의 첫 번째 단계인 '문제 정의' 단계, 오른쪽 다이아몬드는 '제품 개발 단계'를 의미한다. 문제 정의 단계는 고객의 미충족 욕구를 파악하고, 그 욕구에 가장 충실한 고객 세그먼트를 찾아내는 과정이다. 다시 말해 이 단계의 궁극적 목표는 고객의 진정한 고충과 욕구를 발견함으로써 해결할 가치가 있는 문제를 도출해 내는 것이다. 고객의 실제적인 문제

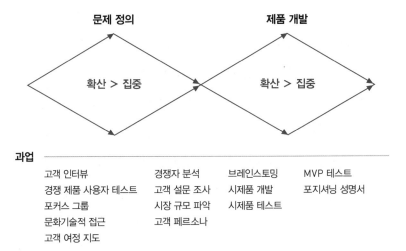

이중 다이아몬드 디자인 프레임워크

문제 정의   **제품 개발**

확산 > 집중   확산 > 집중

과업

고객 인터뷰	경쟁자 분석	브레인스토밍	MVP 테스트
경쟁 제품 사용자 테스트	고객 설문 조사	시제품 개발	포지셔닝 성명서
포커스 그룹	시장 규모 파악	시제품 테스트	
문화기술적 접근	고객 페르소나		
고객 여정 지도			

점을 파악하는 일이 완료되면 다음으로 제품 개발 단계에 돌입한다. 이 단계에서 가장 중요한 작업은 고객의 문제를 해결하기 위한 방안을 다각도로 탐구하고 그중에서 최선의 방법을 선택하는 일이다.

위의 그림에서는 다이아몬드의 왼쪽 부분에서 두 화살표가 서로 다른 곳을 가리키다 오른쪽으로 이동하면서 한곳으로 합쳐지는 모습을 볼 수 있다. 이 화살표들은 각 단계의 초기 시점에서 수많은 아이디어가 창출되는 '확산적 사고'가 이뤄지다 결국 최선의 아이디어를 선택하는 '집중적 사고'로 귀결되는 과정을 상징한다. 문제 정의 단계에서의 확산적 사고란 회사가 접근할 수 있는 모든 고객 세그먼트를 탐구하고 각 세그먼트에 속한 고객들의 욕구를 포괄적으로 파악하는 작업을 의미한다. 그 뒤 집중적 사고를 통해 어떤 고객 세그먼트를 목표로 할지, 그리고 어느 욕구에 초점을 맞출지 결정하게 된다. 확산 및 집중의 사고 과정은 제품 개발 단계에서도 똑같이 적용된다. 즉 고객의 문제점을 해결할 수 있는 수많은 제품을 다각도로 검토한 뒤에 그중 가장 전도유망하다고 생각되는 제품을 선택해서 개발하는 것이다. 다이아몬드 아래에는 각 단계마다 수행해야 할 핵심 과업들이 나열돼 있다.[5]

이 프로세스는 왼쪽에서 오른쪽으로 선형적으로 이동하는 형태로 그려졌지만 각 단계의 어느 위치에서라도 피드백 순환 고리를 활용할 수 있다. 다시 말해 설립자가 어느 시점에서 뭔가 새로운 사실을 발견했을 때 앞 단계로 되돌아가 먼저 수행한 작업을 재검토하고 그곳에서부터 다시 왼쪽에서 오른쪽으로 진행하는 과정을 밟을 수 있다.

설립자가 매력적인 고객 가치 제안 또는 포지셔닝 성명서를 수립했다는 자신감을 얻을 때까지 이 과정을 반복하면 된다. 그가 최종적으로 작성한 가치 제안은 아래의 빈칸에 모두 답변할 수 있어야 한다.[6]

- 누구를 위한 제품인가 (: 목표 고객 세그먼트)
- 그들은 무엇에 불만족하고 있고 (: 경쟁 제품)
- 왜 불만족하는가 (: 충족되지 않은 고객 욕구)
- 당신의 스타트업이 무슨 제품 (: 제품 카테고리)을 출시했나
- 그 제품은 무엇(: 당신 제품만의 차별화된 장점 및 혜택)을 제공하나

이중 다이아몬드 디자인 프레임워크는 두 가지 핵심 원리에 기반을 둔다. 첫째, 고객의 문제를 확실히 정의할 수 있을 때까지, 즉 당신이 목

표로 하는 세그먼트 고객들의 강력한 미충족 욕구에 우선순위를 매길
수 있을 때까지. 둘째, 당신이 다양한 대안을 탐구한 뒤에 고객의 욕구
를 충족시킬 최선의 방법을 찾아냈으며 이를 통해 장기적으로 건실한
수익을 거둘 수 있다고 확신할 때까지는 제품 개발을 시작해서는 안 된
다는 것이다.

　대부분의 창업가는 회사를 설립할 때부터 특정 제품에 대한 이미지
를 마음에 품고 있다. 물론 그건 바람직한 일이다. 그러나 이중 다이아
몬드 디자인 이론에 따르면 자신이 구상한 제품에 너무 감정적으로 애
착을 갖는 일은 금물이라고 한다. 차라리 모든 가능성에 대해 열린 자세
를 취해야 한다. 세상 어딘가에는 더욱 강력한 고객 욕구나 더욱 훌륭한
제품이 존재할지도 모른다. '잘못된 출발'의 패턴에 빠진 창업가들은 디
자인 프로세스의 마지막 단계로 섣불리 뛰어드는 경향이 있다.

　내가 조사한 초기 단계 스타트업 설립자 중 상당수가 '잘못된 출발'
이라는 실패 패턴에 취약한 모습을 드러냈다. 특히 운영에 어려움을 겪
고 있거나 이미 폐업한 스타트업의 설립자·CEO는 성공한 스타트업에
비해 초기 고객 조사에 소홀했다. 철저한 MVP 테스트를 실시하지 않았
으며, 고객의 욕구에 대한 이해가 결여돼 있었다. 또 전략 이동을 수행
한 횟수도 성공한 기업에 비해 너무 적거나 많았다. 이는 '잘못된 출발'
패턴에서 일관되게 발견되는 문제점이다. 초기 시장 조사를 건너뛴 설
립자들은 처음 출시한 제품을 포기하고 결국 전략을 이동할 확률이 높
다. 이로 인해 소중한 자금을 소진하고 성공을 위해 궁극적으로 허락돼
있던 전략 이동 횟수를 그만큼 줄여야 하는 상황에 놓인다.

　설립자들이 잘못된 출발을 피하기 위해서는 이중 다이아몬드 디자

인 프로세스 각 단계의 목표, 단계별 주요 과업 그리고 과업을 수행하기 위한 최선의 관행들을 정확히 이해해야 한다. 이는 이 주제만으로도 책 한 권을 쓸 수 있을 만큼 중요한 내용이지만, 여기서는 핵심 과업의 주요 요점과 창업가들이 그 과업을 수행하는 과정에서 저지르기 쉬운 대표적인 실수를 간략하게 살펴보려고 한다.

고객 인터뷰[7]

고객 인터뷰는 문제 정의 단계에서 가장 핵심적인 과업이다. 린 스타트업의 선구자 스티브 블랭크는 창업가들에게 제품을 만들기 전에 먼저 사무실을 뛰쳐나가 '고객 발견 인터뷰'를 실시하라고 권한다.[8] 여기서 발견이라는 말은 스타트업 창업가들이 갖춰야 할 마음가짐을 적절하게 표현한 단어가 아닌가 싶다. 만일 어느 창업가가 충분한 양의 고객 인터뷰를 실시하지 않았거나, 인터뷰 상대를 잘못 선택했거나, 인터뷰를 서툴게 진행했을 경우, 그는 진정으로 해결할 가치가 있는 문제를 파악했다고 확신해서는 안 된다. 고객 인터뷰에서 발생하는 대표적인 실수는 다음과 같다.

나도 고객이므로 고객의 욕구를 잘 안다고 넘겨짚기. 나가라지 역시 이런 함정에 빠져 고객의 욕구를 판단하고 이를 제품 디자인에 반영했다. 하지만 사용자들은 온라인에서 데이트 상대를 구할 때 매우 다양한 형태로 욕구를 드러낸다. 창업가가 본인의 취향에 맞는 제품을 개발하는 일이 꼭 실수라고 할 수는 없겠지만, 그 전에 충분한 숫자의 잠재 고객과 대화를 나누고 그중 많은 사람이 자신과 비슷한 욕구를 공유한다는 확신을 얻어야 한다.

자기 편의대로 표본 추출하기. 창업가들의 인터뷰 대상은 주로 접촉하기 쉽고 협조를 얻어 낼 가능성이 높은 친구, 가족, 직장 동료 같은 주변 사람들이다. 그러나 우리 주변 사람들은 대개 우리 자신과 성향이 비슷하기 때문에, 이런 사람들과 고객 인터뷰를 진행하는 것은 자기 자신을 인터뷰하는 일과 다를 바가 없다. 또한 친구나 가족들은 솔직한 속내를 털어놓기보다 가뜩이나 사업에 스트레스를 받고 있는 창업가에게 그가 듣고 싶은 이야기를 들려줄 가능성이 크다.

관련자 일부만 인터뷰하기. 제품 구매의 의사 결정 과정에 영향을 미치는 모든 사람을 인터뷰해야 한다. 일례로 기업 고객들이 소프트웨어를 구입할 때는 최종 사용자에게 제품을 선택하거나 구매를 승인할 권한이 없는 경우가 대부분이다. 마찬가지로 가정에서 아이들이 소비할 물건을 고르는 일은 대개 부모의 몫이다. 그러므로 제품 구입의 의사 결정자와 최종 사용자 모두에게서 피드백을 얻을 필요가 있다.

얼리 어답터에게만 초점 맞추기. 얼리 어답터들의 욕구를 충족하고 싶어 하는 설립자의 충동은 충분히 이해할 수 있다. 그들이야말로 스타트업의 제품에 대한 입소문을 세상에 널리 퍼뜨릴 전도사들이기 때문이다. 그러나 얼리 어답터들은 주력 고객들에 비해 신제품에 대한 욕구가 훨씬 강렬할 뿐 아니라 욕구의 형태도 다르다.[9] 예를 들어 드롭박스를 최초로 사용한 컴퓨터광들은 여러 디지털 장비 간에 파일을 동기화하고 파일을 공유하고 작업한 파일들을 백업하는 등의 복잡한 요구 사항을 지닌 고급 사용자들이었다. 이에 반해 몇 년 뒤 드롭박스 서비스가 정식으로 출범했을 때 신규 사용자 중에는 컴퓨터의 전원 버튼도 찾지 못하는 사람도 많았다. 드롭박스는 이런 초보자들도 자사의 소프트웨어를 성공적으로 이용할 수 있도록 현명하게 제품을 디자인했다.

얼리 어답터와 주력 사용자들의 욕구를 동시에 만족시키기는 쉽지 않다. 다음 장에서는 이런 딜레마를 탐구해 보겠지만 여기서는 우선 두 사용자 그룹 사이에 별개의 욕구가 존재한다는 점을 이해하고 넘어가야 한다. 한마디로 말해 두 그룹을 모두 조사 대상으로 삼아야 한다는 것이다. 얼리 어답터와 주력 고객 사이의 욕구 차이는 고객 인터뷰뿐만 아니라 향후 논의될 모든 형태의 연구 조사에 있어서도 세심히 고려해야 할 문제다.

유도 질문하기. 인터뷰 진행자는 응답자에게 자기가 듣고 싶은 대답을 유도하는 질문을 삼가도록 주의해야 한다. 예를 들어 "매치 사이트의 복잡한 사용자 프로필을 들여다보는 데 시간이 너무 걸리지 않나요?"라는 질문보다는 "매치 사이트에서 사용자들의 프로필을 검색해보니 어땠나요?" 같은 개방형 질문이 더 적합하다.

미래 예측 요구하기. 우리가 어떤 사람에게 미래의 계획을 질문하면 대개 희망에 찬 대답이 돌아온다. 특히 그 계획이 긍정적이고 바람직한 일과 관련된 경우에는 더욱 그렇다. 예를 들어 "다음 달에는 헬스클럽에 몇 번 정도 가서 운동할 생각인가요?"라고 누군가에게 물으면 그 사람은 십중팔구 "적어도 이틀에 한 번은 가야죠."라고 대답할 것이다. 대신 "지난달에는 헬스클럽에 몇 번 갔나요?"라고 물으면 그는 이렇게 대답할지도 모른다. "음. 그동안 너무 바빠서 3주 동안 가지 못했네요." 응답자들이 예전에 벌어진 일에 대해 어떤 평계를 대더라도 그들의 과거 행동은 미래를 예측할 수 있는 좋은 단서가 되어 준다.

제품 홍보하기. 창업가들은 대체로 자신이 개발할 제품에 한껏 고무된 상태이기 때문에, 제품을 여기저기 알리고 사람들의 반응을 확인하고 싶은 충동에 사로잡힌다. 하지만 이는 그리 바람직한 일이 아니다. 응답자들은 상대의 기분을 생각해서든 질문자의 열정에 위축돼서든 제품이 별로 마음에 들지 않아도 무조건 훌륭하다고 대답할 것이다. 특히 디자인 프로세스의 초기 단계에는 사람들에게 제품 이야기를 늘어놓으며 시간을 낭비하는 일을 피해야 한다. 제품에 대해서는 추후 적당한 시기에 적당한 방법으로 소비자들의 피드백을 얻을 기회가 따로 있을 것이다. 이 단계에서는 오직 고객의 미충족 욕구를 파악하는 일에 주력해야 한다.

경쟁 제품 사용자 테스트[10]

경쟁사가 출시한 기존 제품을 목표 고객들이 어떤 식으로 사용하는지 관찰하면 그들의 미충족 욕구를 파악하는 데 도움이 된다. 사용자들에게 경쟁 제품이 제공하는 가장 대표적인 기능을 수행해 보도록 요청하고 그 과정에서 어떤 점이 좋고 나쁜지, 무엇이 가장 혼란스러운지 질문해 보라. 가령 나가라지는 조사 대상자들에게 이하모니 사이트에서 온라인 데이트 상대를 검색하거나 매치 사이트에서 본인의 프로필을 작성하도록 부탁한 다음 그들의 반응을 관찰할 수 있었다.

포커스 그룹 및 문화기술적 접근[11]

이 두 가지 기법이 모든 스타트업에 적합하지는 않다. 포커스 그룹은 고객의 정서적 반응과 연관된 제품에 가장 알맞은 시장 조사 방법이다. 따라서 트라이앵귤레이트 역시 포커스 그룹을 활용했다면 고객의 욕구를 보다 정확하게 파악할 수 있었을지 모른다.

포커스 그룹은 배경이 비슷하면서도 서로를 잘 모르는 대여섯 명의 참석자가 훈련된 진행자와 함께 심리적으로 안정감을 느낄 만한 곳에서 이야기를 나누는 방식으로 진행된다. 한 참석자의 발언은 다른 사람들에게서 반사 작용, 기억, 이에 연관된 이야기 등을 이끌어 낼 수 있다. 일대일 인터뷰를 통해서는 응답자들에게 이런 반응을 얻어 내기 쉽지 않다. 포커스 그룹에서는 높은 숙련도를 지닌 진행자가 모든 참석자의 적극적인 발언을 유도하고, 집단 순응 사고의 형성을 피하고, 한 사람이 토론을 너무 주도하지 않도록 자제시키고, 참석자들이 타인의 발언을 비난하지 않도록 모임을 이끌어야 한다.

소비자들이 문제를 해결하는 과정을 현장에 뛰어들어 직접 관찰하는 것이 문화기술적 접근 방식ethnography인데, 이는 전문 디자이너들이 선호하는 조사 기법 중 하나다. 예를 들어 온라인 식품 배달 서비스를 구상 중인 창업가는 소비자들이 실제로 식품점에서 쇼핑하는 모습을 관찰하며 많은 정보를 얻을 수 있다. 물론 모든 상황에 이런 접근 방식을 적용할 수 있는 것은 아니다. 일례로 남녀 커플이 어떤 피임 방식을 선택했는지 직접 관찰할 수는 없다. 또한 조사자들이 현장에서 어떤 정보를 어떤 방식으로 얻어 내야 하는지 파악하는 데도 포커스 그룹 진행자처럼 어느 정도의 훈련이 필요하다.

고객 여정 지도[12]

이처럼 다양한 조사 도구를 통해 고객들의 문제를 포괄적으로 파악한 뒤에는 학습한 내용을 일목요연하게 통합해야 한다. 그런 의미에서

'고객 여정 지도'Journey Mapping 를 사용하면 시각적 도구를 바탕으로 이 작업을 효과적으로 수행할 수 있다. 지도의 가로축에는 고객의 구매 여정에 개입되는 모든 단계, 즉 문제에 대한 이해, 제품 조사, 구매, 제품 사용, 사후 서비스 요청, 재구매 고려 등의 단계를 순서대로 나열한다. 그리고 각각의 세로축에는 각 단계별로 고객의 만족도나 정서에 영향을 미치는 부정적·긍정적 요소를 간략히 기재한다. 예를 들어 드롭박스 제품의 고객 구매 여정에서 설치 단계의 세로축에는 '다운로드가 쉽고 빠름'이라는 긍정적인 내용을 적어 넣을 수 있다. 이러한 고객 여정 지도는 고객 그룹별로 작성해야 한다.

경쟁자 분석[13]

여러 세그먼트 고객들의 다양한 미충족 욕구를 파악한 뒤에는 이제 집중적 사고로 모드를 전환할 차례다. 이 단계의 목적은 어떤 세그먼트의 고객을 목표로 어떤 미충족 욕구를 해결할지 결정하는 것이다. 그동안 당신은 고객 인터뷰 및 경쟁 제품에 대한 사용자 테스트를 통해 목표 고객들에게 어떤 미충족 욕구가 존재하는지에 대한 가설을 확립했다. 이제 남은 일은 그 욕구가 정말 충족되지 않고 있는지 확인하는 작업이다. 그리고 이를 위해서는 포괄적인 경쟁자 분석이 필요하다. 혹시 어떤 경쟁사가 고객의 문제를 해결할 수 있는 제품을 이미 출시하지 않았을까? 당신은 시장에 존재하는 모든 제품을 속속들이 파악하고 있다고 생각할지 모르지만, 창업가들이 경쟁자의 갑작스런 행보에 충격을 받는 일은 너무도 흔하다. 다시 말해 몇 주간 공을 들여 고객의 문제를 파악하고 해결책을 구상한 뒤에 경쟁자가 이미 획기적인 제품을 손에 쥐고 있다는 사실을 깨닫는 경우는 비일비재하다. 그러므로 뒤늦게 충격을 받기보다는 일찌감치 체계적인 경쟁자 분석을 하는 편이 낫다.

경쟁자 분석에는 대개 격자무늬 도표가 사용된다. 가로줄에는 신뢰성·사용 편의성 등을 포함한 제품의 특징이나 우수 기능을 표시하고 세로줄에는 우리 회사가 구상 중인 제품을 포함한 기존 제품들을 적어 넣는다. 대부분의 창업가는 회사 홍보 자료에 이런 도표를 포함시키기 마련이다. 그리고 그가 운영하는 스타트업의 제품이 모든 항목에 해당된다고 체크 부호를 표시한다. 물론 경쟁사의 제품에는 체크 부호가 훨씬 적게 표시된다.

경쟁사 분석을 실시할 때는 다음 두 가지 함정에 빠지지 말아야 한다. 첫째, 자기가 구상 중인 제품에서 부족한 기능이나 특징을 무시하면 안 된다. 스타트업 설립자들은 투자자들에게 자사의 제품을 소개할 때 근거 없는 희망적 사고방식인 "이런 기능은 없어도 아무 문제가 없습니다."의 제물이 되는 경우가 많다. 둘째, 자기 제품이 업계에서 가장 우수하기 때문에 경쟁자가 없다고 주장하지 말아야 한다. 물론 이따금 에어비앤비처럼 매우 급진적인 제품 콘셉트가 혜성처럼 나타나 업계에 새로운 제품 범주를 창조해 내는 일도 있다. 하지만 그렇게 획기적인 발명품이 시장에 등장하는 경우는 극히 드물다. 대부분의 투자자는 "우리 제품은 경쟁자가 없습니다."라는 사고방식을 매우 회의적인 시각으로 바라볼 것이다. 자신이 공략 목표로 삼은 문제를 해결하기 위해 이미 많은 사람이 제품을 개발하고 출시를 시도했을 수도 있다. 따라서 고객들이 경쟁 제품의 어떤 점을 좋아하고 싫어하는지 상세히 파악하는 일은 대단히 중요하다.

고객 설문 조사[14]

스타트업이 고객의 어떤 문제를 해결할지 그리고 어떤 세그먼트의 고객을 목표로 할지 결정할 때 활용할 수 있는 도구 중 하나가 고객 설문 조사다. 우선 기존에 출시된 경쟁 제품들이 고객의 욕구를 어느 정도 만족시키는지 이해하는 데 설문 조사를 이용할 수 있다. 또 특정 세그먼트에 속한 고객들의 욕구와 특성이 어떻게 다른지 파악할 때도 설문 조사를 활용하면 편리하다. 그리고 설문 조사를 통해 소비자들이 특정한 행위에 얼마나 많이 관여하는지 파악함으로써 시장 규모를 추정할 수도 있다.

창업가들은 설문 조사를 실시할 때 자신의 편의에 따르는 모집단 선정, 유도 질문, 응답자에게 본인의 미래 행위를 예측해 달라고 부탁하기 등 고객 인터뷰 과정에서 발생하는 실수와 유사한 잘못을 저지르지 않도록 주의해야 한다. 또 명확하지 않은 질문, 지나치게 긴 설문지, 합리적 추론이 불가능할 정도로 작은 규모의 모집단 선정 등도 자주 발생하는 오류다.

디자인 프로세스의 초기 단계에 고객 설문 조사를 실시하는 일도 창업가들이 흔히 빠져드는 함정이다. 자신이 옳거나 그르다고 입증할 가설을 확립하기 전에는, 다시 말해 앞서 살펴본 여러 조사 단계를 완료하기 전에는 올바른 설문 조사 문항을 도출할 수 없다. 서베이 몽키SurveyMonkey 같은 온라인 설문 서비스를 이용하면 손쉽게 조사를 진행할 수 있다는 점도 창업가들이 서둘러 설문 조사에 뛰어드는 이유 중 하나다. 또한 설문 조사를 통해 도출된 결과는 사람들에게 어느 정도 과학적으로 비춰지기 때문에 투자자들의 마음속에 회사에 대한 신뢰성을 불어넣기에 안성맞춤이다. 나가라지가 행동 데이터 기반의 데이트 후보자 매칭 서비스에 대한 온라인 설문 조사를 실시한 주된 목적도 투자자들에게 깊은 인상을 심어 주려는 데 있었다.

시장 규모 파악

전체 시장 규모total addressable market, TAM(이하 TAM)를 추정하는 일은 문제 정의 단계에서 마지막으로 수행해야 하는 중요한 작업이다. 어떤 스타트업이 고객의 진정한 문제를 해결할 수 있는 매력적인 제품을 내놓았다고 해도 시장 규모가 너무 작거나 향후 고객 세그먼트를 확대할 수 있는 길이 분명히 보이지 않는다면 회사는 실패의 늪에 빠질 수 있다. 시장 규모를 측정하기 위해서는 우선 당신의 제품에 관심을 보일 만한 잠재 고객의 수를 추산해야 한다. 잠재 고객에는 현재 경쟁사 제품을 사용 중이면서 추후 당신이 출시할 제품에 관심을 보일 가능성이 있는 고객, 그리고 어느 제품도 사용하지 않으면서 욕구를 충족하지 못하고 있는 비非고객이 모두 포함된다.

일반적으로 시장 규모를 파악하는 일은 고객 설문 조사 결과와 이미 공개된 기존 데이터를 분석하는 작업을 통해 이뤄진다. 창업가들은 이 과정에서도 투자자들을 설득하기 위해 시장 규모를 부풀리거나 과도한 예상치를 내놓는 등 앞서 언급한 여러 형태의 실수를 반복할 가능성이 크다. 새로 설립된 스타트업 대부분이 투자 설명서에서 TAM을 10억 달러 이상으로 추산하는 것만 봐도 이 오류가 얼마나 빠져들기 쉬운 함정인지 짐작할 수 있다.

고객 페르소나

이런 집중적 사고의 결과물을 한곳으로 통합할 수 있는 효과적인 방법 중 하나가 고객의 페르소나persona를 개발하는 것이다. 페르소나는 제품을 디자인하거나 마케팅 메시지를 구상할 때 가상의 대상으로 활용할 수 있는 고객의 보편적 원형原型을 의미한다.[15]

고객 페르소나에게는 기억하기 쉬운 이름, 상상으로 만들어 낸 사진, 구체적인 인구 통계학 및 행동 특성 그리고 확실한 기능적·심리적 욕구 등을 구체적으로 부여한다. 예를 들면 이런 식이다. '폴라'Paula라는 이름의 취향이 까다로운 온라인 데이트 서비스 고객은 오스틴에 거주하는 듀크대학교 졸업생으로 최근 온라인에서 만난 상대와 6개월간 데이트를 했다. OK큐피드OkCupid나 커피밋츠베이글Coffee Meets Bagel 같은 온라인 데이트 사이트를 일주일에 수차례 방문한다. 그녀는 자신의 온라인 데이트 습관에 대해 가족이나 친구들과 상의하지 않으며, 데이트 상대자를 만날때는 무엇보다 안전을 중시하는 인물이다.

고객 페르소나는 모든 사람에게 실제 인물처럼 받아들여져야만 회사가 그 사람의 관점에서 잠재적 제품을 평가할 수 있다. 다시 말해 어느 스타트업이 이런 페르소나들을 개발했다면, 회사의 조직 구성원들은 페르소나들의 관점에 서서 자신들의 제품을 평가할 수 있다. 예를 들어 "아마 폴라는 이런저런 이유로 그 점을 마음에 들어 하지 않을 것 같아."라는 식으로 제품 디자인이나 마케팅 메시지를 협의할 수 있다.

고객 페르소나는 세 개에서 다섯 개 정도를 개발해서 그중 한두 개를 회사의 목표 고객 세그먼트를 대표하는 기본 페르소나로 설정하는 것이 이상적이다. 기본 페르소나를 너무 많이 만들면 회사의 제품이 모든 사람을 위한 모든 물건으로 전락할 우려가 있다. 나머지 페르소나는 고객의 구매 프로세스에서 핵심적인 영향을 미치는 사람, 가령 트라이 앵귤레이트의 윙맨이나 회사가 주력 목표로 하지 않는 기타 고객 세그먼트를 대표하는 인물로 설정하는 것이 바람직하다.

브레인스토밍

다른 말로 '체계적 아이디어 회의'structured ideation 라고 불리는 브레인스토밍은 문제 정의 단계에서 제품 개발 단계로 넘어갈 때 수행해야 하는 첫 번째 과업이다.[16] 가장 훌륭한 브레인스토밍은 참석자들로부터 가장 많은 아이디어를 이끌어 낼 수 있는 회의를 의미한다. 즉 바람직한 브레인스토밍은 누군가 발언하기 전에 참석자들이 적극적으로 아이디어를 제시하고, 다른 사람의 견해를 공격하는 부정적 태도를 자제하고, 회의 중에 나온 아이디어를 모든 사람이 공유하는 방식이어야 한다.

또한 한 사람이 제시한 콘셉트 위에 다른 사람의 아이디어를 쌓아 올릴 수 있는 여지를 제공하고, 어느 아이디어를 더욱 확대 및 발전시킬지에 대한 투표를 실시하고, 선임자나 직급이 높은 사람의 의견이 무조건 채택되는 일을 지양하는 회의가 돼야 한다. 브레인스토밍은 포용적인 분위기에서 진행돼야 하며, 위대한 아이디어는 어디서도 탄생할 수 있다는 사실을 모든 참석자가 인지해야 한다.

시제품 개발

조직 구성원들이 다양한 아이디어를 도출했다면 이제 시제품 개발에 착수해야 할 차례다. 디자인 아이디어의 일종인 시제품prototype 은 실제 제품과 일치도가 낮은 모형부터 높은 모형까지 다양한 형태로 제작된다. 일치도가 높은 시제품일수록 스타트업이 구상 중인 최종 제품과 기능이나 촉감 및 시각 측면에서 더 흡사하다. 반면 일치도가 낮은 시제품으로는 사용자가 소프트웨어 프로그램을 사용할 때 화면 흐름이 어떤 식으로 전개되는지 묘사하는 단순한 스케치까지도 포함된다.

팜파일럿PalmPilot 이라는 개인용 정보단말기PDA 를 발명한 제프 호킨스Jeff Hawkins 가 나무를 깎아 PDA 모양을 만들고 젓가락을 입력 펜 모양으로 다듬어서 시제품을 만들었다는 일화는 유명하다.[17] 호킨스는 고객들이 팜파일럿을 어떤 식으로 사용할지에 대한 감각을 얻기 위해 몇 주간 이 시제품을 들고 다니며 회의 일정을 잡거나 지인의 연락처를 확인할 필요가 있을 때마다 꺼내 들었다고 한다.

창업가들은 제품 개발 과정 초기에 '모양이 유사한' 시제품과 '기능이 유사한' 시제품을 별도로 개발하는 경우가 많다.[18] '기능이 유사한' 시제품은 나중에 출시될 정식 제품의 기술적 타당성을 검토하기 위한 용도로 제작되며 해당 제품이 고객에게 어떤 식으로 필요한 기능을 제공할지 보여 주는 역할을 한다. 나가라지가 조사 대상자들에게 레스큐타임 애플리케이션을 설치하도록 한 실험도 컴퓨터 알고리즘 기반의 데이터가 로맨틱한 데이트 상대자를 찾아 줄 수 있을지 검증하기 위한 '기능이 유사한' 시제품의 일환이었다.

반면 호킨스가 나무로 제작한 PDA 장비는 실제 제품과의 일치도가 낮은 '모양이 유사한' 시제품의 일종이었던 셈이다. '모양이 유사한' 시제품을 개발할 때 실제 제품과 어느 정도의 일치성을 부여할지는 다소 까다로운 문제다.[19] 일치도가 높은 시제품을 활용하면 회사가 개발 예정인 제품에 근접한 모습을 보여줌으로써 잠재 고객들에게서 신뢰할 만한 피드백을 얻을 수 있다. 그리고 실제 제품을 개발할 엔지니어들에게도 "화면을 이것과 똑같이 만들어 주세요."처럼 더욱 분명한 지침을 제공할 수 있다. 반면 여기에는 몇 가지 단점도 존재한다.

첫째, 실제 제품과 일치도가 높은 시제품을 만드는 데는 많은 노력과 시간이 소요된다. 만일 일치도가 낮은 시제품만으로도 고객에게서 유용한 피드백을 얻어 낼 수 있다면 이렇게 추가적인 노력은 결국 낭비에 불과하다. 특히 디자인 프로세스의 초기 단계에서 논의된 수많은 잠재적 제품은 결국 빛을 보지 못하고 사라질 가능성이 크다.

둘째, 시제품 검토자들에게 적절한 지침을 제공하지 않는다면, 그들이 자칫 시제품의 디자인적 요소에만 집착할 우려가 있다. "버튼의 색이 너무 붉어요." 같은 사소한 요소는 이 단계에서 별로 중요하지 않다. 제품을 아름답게 다듬는 일은 훨씬 나중에 진행될 작업이다.

셋째, 시제품을 만드는 일에 엄청난 노력이 투입됐다는 사실을 잘 아는 일부 검토자는 이를 디자인한 사람의 기분을 고려해서 냉정한 비판을 자제할 가능성이 크다.

넷째, 일부 디자이너 또는 엔지니어들은 본인이 많은 시간과 노력을 들여 개발한 시제품에 감정적으로 집착할 수 있다. 그 결과 고객들의 부정적인 피드백을 무시하고 이 제품을 포기하지 않으려 들지 모른다.

시제품 테스트

시제품에 대해 고객의 피드백을 얻어 내는 방법은 경쟁 제품의 사용자 테스트를 진행하는 방식과 비슷하다. 즉 잠재 고객들에게 시제품을 사용해서 특정한 작업을 완료해 보라고 요청하고 그들의 반응을 검토하는 것이다. 실험 대상자에게 두 개의 시제품을 동시에 제시한 뒤에 어느 편을 선호하는지 묻는 것도 한 가지 방법이다. 앞서 말한 대로 실험 대상자들은 시제품의 디자인에 대한 비판을 꺼릴 수 있지만, 둘 중에 어느 쪽이 더 나은지를 묻는 질문에는 기꺼이 응답하려 한다. 시제품 테스트에서 고객 평가의 초점은 겉모양이나 단순 편의성보다 그 제품이 고객에게 진정한 가치를 제공하느냐에 맞춰져야 한다. 반복해서 말하지만 제품을 외적으로 다듬는 것은 추후에 진행될 작업이다. 제품의 가치에 대한 고객의 인식을 탐구하기 위해서는 다음과 같은 질문들이 도움을 줄 수 있다.[20]

1. 이 제품으로 어떤 문제를 해결할 수 있는가?
2. 이 제품은 언제 필요한가? 왜 그런가?
3. 그 문제를 해결하기 위해 사람들은 어떤 방법을 사용하는가?
4. 그 방법에 비해 이 제품은 어떤 점에서 우수하거나 열등한가?
5. 이 제품을 사용할 때 어떤 문제가 예상되는가?
6. 이 제품에서 부족한 부분이 무엇인가? 또는 어떤 부분을 삭제해야 하는가?

마지막 질문은 디자인에 대한 조언을 구하기 위한 물음이 아니다. 시제품 테스트의 목적은 디자인에 대한 피드백을 얻는 것이 아니라 고객의 미충족 욕구를 파악하는 데 있다. 따라서 만일 실험 대상자들이 시제품에서 뭔가 부족하다고 답변하면 당신은 이런 식으로 질문해야 한다. "그 기능이 필요한 이유는 무엇일까요?" 반면 테스트 시에 절대 피해야 할 질문은 "앞으로 이 제품을 사용하게 될 것 같습니까?"와 같은 질문이다. 고객 인터뷰나 설문 조사에서 조사 대상자들이 상대방을 기분을 맞추기 위해 "예."라고 답변하는 일은 너무나 많다.

MVP 테스트[21]

시제품 개발 및 테스트는 최종 디자인이 완성될 때까지 반복된다. 디자이너들은 테스트에서 도출된 피드백을 바탕으로 일부 시제품은 배제하고 좋은 평가를 받은 시제품은 더욱 다듬어서 실제 제품과 일치도가 높은 버전을 계속 제작해 나간다. 그 결과 고객 선호도가 가장 높은 단일 제품으로 의견이 모아지면 이제 MVP 테스트를 실시할 때가 된 것이다.

MVP 역시 회사가 미래에 출시할 제품의 복사본인 시제품의 일종이다. 그러나 MVP와 일반적인 시제품의 결정적인 차이점은 이를 테스트하는 방법에 있다. MVP 테스트는 테이블 건너편에 앉은 피실험자에게 구두로 피드백을 받는 것이 아니라, 실제 상황과 흡사한 환경에서 고객의 손에 진짜처럼 보이는 시제품을 쥐여 주고 그들의 반응을 관찰하는 것이다. 이 테스트의 목적은 회사가 개발한 제품의 시장 수요에 대한 가설을 빠르고 철저한 방식으로 입증하는 데 있다. 말하자면 에릭 리스가 '검증된 학습'validated learning 이라고 부르는 조사의 과정을 최소한의 노력을 들여 수행하는 것이다.[22] 좋은 MVP란 실제 제품과의 일치도가 낮은 시제품을 통해 신뢰할 만한 고객 피드백을 얻어 내는 제품을 의미한다. 일치도를 낮추면 개발하는 데 노력이 적게 들기 때문이다. 다시 말해 MVP는 테스트를 수행하는 데 필수적인 최소한의 모양과 기능 이상을 탑재하면 안 된다.

제품의 기능은 두 가지 형태로 나뉜다. 고객이 제품을 접할 때 직접 경험하는 모든 것은 프론트엔드front-end 기능이라고 부른다. 예를 들어 윙스의 사용자 프로필, 사용자에게 추천하는 데이트 후보자, 메시지, 검색 서비스 등이 여기에 속한다. 이에 반해 백엔드back-end 기능은 고객의 눈에 보이지 않지만 고객에게 서비스를 제공하는 데 필수적인 모든 배후 요소를 의미한다. 윙스의 경우에는 플러그인이나 API 프로그램, 매칭 알고리즘, 서버 등이 백엔드 기능에 포함된다.

MVP는 프론트엔드 기능 또는 백엔드 기능에 초점을 맞췄는지, 아니면 양쪽 모두를 포괄하는지에 따라 다음 네 가지 형태로 제작된다.[23]

- **프론트엔드 기능 한정 제품**: 이 MVP는 주변 기능들을 생략하고 오직 핵심적인 프론트 엔드 기능에 초점을 맞춰 개발된 시제품이다. 만일 고객들이 이 핵심 기능에서 가치를 발견하지 못한다면, 더 이상 다른 기능을 개발하는 일은 아무런 의미가 없다.
- **백엔드 기능 한정 제품**: 고객에게 노출되지 않는 배후 기능들을 구현하기 위해 임시로 개발한 MVP를 뜻한다. 예를 들어 소프트웨어 알고리즘으로 데이트 상대를 추천하는 기능을 고객에게 보여 주기 위해 사람이 직접 디지털 데이터를 분석하는 작업도 여기에 속한다. 이 기능을 자동화하는 일은 제품에 대한 시장 수요가 입증된 뒤에 진행해도 늦지 않다. 때로 이런 종류의 MVP를 '오즈의 마법사' 테스트라고 부르기도 한다. 이 영화에 이런 대사가 나오기 때문이다. "무대 뒤에서 일하는

사람은 신경 쓰지 않아도 돼."

· **프론트엔드 및 백엔드 기능 한정 제품:** 시제품 개발자가 프론트엔드 및 백엔드의 모든 기능을 구현해서 만들어 낸 MVP를 의미한다. 이렇게 수작업으로 MVP를 제작하는 일은 MVP 테스트 대상자가 소수인 경우에 한해 가능하다. 조사 대상자의 숫자가 적을수록 고객들과 직접적이고 집중적인 상호 작용을 통해 더욱 많은 정보를 얻을 수 있다.

· **스모크 테스트:** 프론트엔드나 백엔드 기능을 극단적으로 간소화한 일부 MVP는 아직 개발이 시작되지 않은 제품의 시장 수요를 사전 검증하기 위한 용도로 사용된다. 이를 스모크 테스트smoke test 라 부른다. 효과적으로 구성된 스모크 테스트는 회사가 개발 예정인 제품에 대해 상세한 정보를 제공함으로써 고객으로부터 해당 제품이 완성되면 이를 구매하겠다는 약속을 이끌어 낼 수 있다. 예를 들어 랜딩 페이지 테스트, 지보의 크라우드 펀딩 캠페인 그리고 기업 고객들의 구매 의향서letters of intent 등이 여기에 포함된다.

MVP 테스트의 가장 큰 실수는 테스트 자체를 아예 실시하지 않는 일이겠지만, 다음으로 치명적인 실수는 테스트 성공의 기준을 구체적으로 명시하지 않는 것이다. 특정 가설이 참 또는 거짓으로 판명되기 위해서는 실험 결과가 측정 가능한 수치로 도출돼야 한다. "우리 제품에 만족한 고객들의 긍정적인 입소문이 널리 퍼져 나가리라 믿습니다." 이런 말은 애매하기 짝이 없는 결론이다. 그 논리대로라면 단 한 명의 만족한 고객만으로도 이 테스트를 통과할 수 있기 때문이다. 가령 신규 고객 10명이 다른 고객 8명을 유인하도록 한다는 목표처럼 성공의 기준을 구체적으로 설정하는 편이 좋다.

MVP 테스트에서 흔히 발생하는 또 하나의 오류는 테스트 결과에 따라 기존의 예측을 수정하거나 회사의 전략 이동을 너무 일찍 또는 너무 늦게 실시하는 것이다. 창업가들은 사업의 방향을 전환하기 전에 그들이 얻어 낸 실험 결과가 '부정의 오류'나 '긍정의 오류'가 아닌지 스스로 질문해야 한다.

'부정의 오류'는 회사가 출시할 제품의 시장 수요를 실제보다 더 낮게 판단하는 것이다. 이런 결과가 나온 이유는 고객들이 스타트업의 가치 제안을 부정적으로 받아들였다기보다 회사가 실제 제품과의 일치도가 너무 낮은 MVP를 제작했거나 테스트 자체를 부실하게 진행했기 때문일 수 있다.

반대로 '긍정의 오류', 즉 실제적인 시장 수요가 적은데도 이를 반대로 평가하는 일이 일어나기도 한다. 이는 MVP 테스트 대상으로 선정한 피실험자들이 특정 제품 카테고리에 지나친 열정을 보이는 팬이거나 회사가 궁극적으로 목표로 하는 세그먼트를 대표하지 못하는 고객그룹일 경우에 주로 발생한다. '긍정의 오류'는 초기 단계 스타트업에서 반복적으로 발생하는 리스크이며, 다음 장에서 중점적으로 다뤄질 주제이기도 하다.

제5장

긍정의 오류

: 사업 초기의 성공이 왜 위험할 수 있는가?

▪ 바루의 성공과 확장 ▪

당신이 거대한 고래를 낚는 순간, 고래는 당신을 물속으로 끌고 들어간다.

_린제이 하이드(바루 설립자 겸 CEO)

린제이 하이드Lindsay Hyde는 2014년 중반에 반려동물 돌봄 서비스 업체 바루를 창업했다.[1] 이 스타트업의 이름은 개가 사람의 목소리를 듣고 머리를 한쪽으로 갸우뚱하는 동작을 묘사하는 영어 단어 바루baroo에서 따왔다. 원래 하이드가 '반려동물을 위한 밝은 미래'라는 기치를 내걸고 구상했던 바루의 사업 모델은 반려동물 보호자가 일하는 사무실 건물에서 데이케어day-care (도움이 필요한 사람이나 동물을 낮 동안 돌봐 주는 일—옮긴이) 서비스를 제공하는 방식이었다. 하지만 오피스 건물의 관리자들은 그 아이디어에 난색을 표했다. 건물에 세를 든 기업 임차인에게 데이케어를 위한 공간 비용을 추가로 부담시키기 곤란했기 때문이다. 뿐만 아니라 임차인들은 대개 장기 계약을 맺고 건물을 임대했으며 입주나 퇴거율도 낮았다. 또 사무실에서 일하는 직원들 역시 반려동물 데이케어 서비스에 대한 수요가 그리 높지 않았다.

하이드가 하버드대학교 졸업생 중 반려동물을 키우는 사람 25명을 대상으로 수행한 MVP 테스트에 따르면, 자기가 일하는 직장에서 반려동물 데이케어를 맡기는 데 매일 20달러를 지불하려는 사람은 거의 없었다. 언뜻 보기에는 낮 동안 틈틈이 본인의 반려동물을 볼 수 있다는 생각에 즐거워할 사람이 많을 것 같았지만, 응답자들은 동물을 데리고 출퇴근을 해야 하는 번거로움을 감수하려 들지 않았다. 그보다는 집에 개나 고양이를 놔두고 출근하면, 누군가 낮 시간에 자신의 집을 방문해서 동물들을 돌봐 주는 편이 훨씬 편하다고 생각했다.

마지막 대목에서 아이디어를 얻은 하이드는 아파트 건물의 유휴 공간을 임대해서 입주자들에게 반려동물 돌봄 서비스를 제공하는 사업을 시작하기로 전략을 바꿨다. 거주용 건물의 관리자들은 바루의 제안에 큰 흥미를 보였다. 전체 주민의 3분의 1이 매년 이사를 가고 오는 데다 아파트 내에 이런 시설이 있다면 반려동물을 키우는 고객들에게 장점으로 비춰질 수도 있기 때문이었다. 게다가 건물 관리 업체는 개나 고양이로 인해 주거 시설이 훼손되는 비용을 충당하기 위해 '반려동물 집세'pet rent 를 기존의 임대료에 추가로 청구하는 것도 가능했다.

하이드는 새로운 제품 콘셉트에 대한 시장 수요를 조사하기 위해 한 반려동물 축제의 참가자 250명을 대상으로 설문 조사를 실시했다. 그들 중 80퍼센트가 기존의 개 산책 서비스에 불만을 나타냈으며, 비슷한 비율의 응답자가 사신이 거주하는 아파트 건물에 반려동물 데이케어 시설이 있다면 기꺼이 이용하겠다고 답했다. 하이드는 이렇게 말했다. "조사 결과가 고무적이기는 했지만 나는 응답자들에게 현재의 서비스 제공자를 바꿀 의사가 있느냐고 물었어야 했다는 생각이 듭니다. 고객의 반려동물에 익숙하고 그 집의 일상을 잘 아는 사람을 대체하기 위해서는 높은 전환 비용을 들여야 하는 법이니까요."

하이드는 자신이 처음 창업했던 스타트업에서 COO로 일했던 멕 라이스Meg Reiss를 공동 설립자로 받아들였다. 2014년 2월, 두 사람은 몇몇 엔젤투자자로부터 120만 달러의 자금을 조달해서 보스턴시 사우스엔드 지역에 신축된 315세대의 호화 아파트 잉크 블록Ink Block에서 서비스를 시작했다. 우선 작은 규모로 사업을 시작하고 어느 정도 수익성을 확보한 다음 이를 바탕으로 비즈니스를 확장할 계획이었다. 벤처캐피털로부터 무리하게 투자를 유치해서 성장에 대한 압박에 시달리는 것보다는 나을 거라 생각했기 때문이다. 구체적으로는 3~5년의 투자액 상환 기간 동안 적당한 리스크를 감당하는 대가로 바루의 꾸준하고 탄탄한 수익에 만족할 엔젤투자자들을 찾는다면 벤처캐피털에서 투자를 받는 일보다 더 나은 선택이라고 생각했다.

바루는 고객들에게 개 산책, 털 손질, 먹이 주기, 집 안에서 돌봐 주기, 놀아 주기 등을 포함한 다양한 하이 터치 반려동물 서비스를 제공했다. 고객들은 문자, 이메일, 전화 그리고 하이드가 라이선스한 일정 관리 앱을 통해 서비스를 예약했다. 바루의 반려동물 돌보미들은 동물 주인과 직접 소통하며 서비스 보고서를 제출하고, 동물들의 사진을 전송하고, 고객의 요구 사항에 응답했다. 돌보미들은 고객의 아파트 문밖에 설치된 특별 상자에서 열쇠를 꺼내 직접 집 안으로 들어가 반려동물을 데리고 나왔다.

바루는 개나 고양이뿐만 아니라 모든 종류의 반려동물을 위해 서비스를 제공했다. 서비스 비용은 그 지역의 다른 서비스 업체들과 비슷한 수준이었다. 예를 들어 개 한 마리를 30분간 산책시키는 데 20달러를 받았다. 하이드는 반려동물 데이케어 서비스라는 최초의 제품 콘셉트를 완전히 포기하지는 않았지만 당분간은 이 계획을 보류하기로 했다. 그 이유는 창업 초기에 잉크 블록을 포함한 건물 관리자 파트너들에게 데이케어 서비스를 위한 공간이 부족했기 때문이다. 하지만 그녀는 언젠가 이 서비스 시설을 확보하겠다는 계획을 항상 염두에 두고 있었다.

반려동물 서비스 업체들은 주로 계약직 돌보미를 활용해서 서비스를 제공했지만 하이드는 서비스 직원을 파트타임 기반의 정규직으로 채용하기로 마음먹었다. 돌보미들을 정규직으로 뽑으면 이직률이 낮고, 신입 직원 훈련이 용이하고, 업무 프로세스를 일관적으로 구축할 수 있고, 기술 개발이 더 효과적이라고 판단했다. 바루의 인력은 모두 전문가였다. 철저한 경력 증명과 보험 가입은 필수였으며 근무 중에는 반드시 유니폼을 착용했다. 서비스 직원 한 명을 새로 뽑고 교육과 장비를 제공하는 데 500달러가 소요됐다. 그러나 직원을 정규직으로 채용하는 데는 문제가 있었다. 로버Rover 나 웩Wag! 같은 경쟁 업체는 계약직 돌보미들에게 서비스를 수행한 시간에 따라 보수를 주었지만, 바루는 교대 시간에 맞춰 출근한 직원들에게 일이 있든 없든 시간당 평균 13달러를 지불해야 했다.

바루는 페이스북 광고 같은 전통적 방식의 유료 마케팅 전략을 통해 고객들을 유치하지 않았다. 대신 아파트 건물 관리자에게 마케팅을 부탁하거나 기존 고객의 입소문을 활용했다. 건물 관리자들은 신규 입주자가 반려동물과 함께 이사 오면 반려동물용 장난감이나 목줄 등 바루의 환영선물을 대신 전달했다. 또한 바루는 분기별로 반려동물 보호자들을 위한 행사를 진행했고 반려동물 핼러윈 파티도 열었다. 건물의 경비원들도 입주자들에게 바루의 서비스를 추천했으며, 바루는 그 대가로 해당 건물에서 발생하는 매출의 6퍼센트를 건물 관리자들에게 떼어 줬다. 케이블TV를 포함한 각종 서비스 업체가 입주자들에게 접근하기 위한 방편으로 건물 관리자들과 매출의 일부를 공유하는 것은 일반적인 관행이었다.

바루가 사우스보스턴 지역의 잉크 블록 아파트에서 사업을 시작했을 때 반려동물을 키우는 입주자는 전체의 60퍼센트였다. 그중 70퍼센트가 바루의 고객이었다. 이렇게 높은 서비스 이용률에 고무된 하이드는 다른 아파트로 사업을 확장해도 분명히 높은 수요가 발생할 거라고 믿었다. 그리고 그런 과정에서 초기 단계 스타트업의 세 번째 실패 패턴인 '긍정의 오류'에 빠져 버렸다. 의학 분야에서 '긍정의 오류'는 '거짓양성'false positive 이라고도 불리며 환자가 실제 걸리지 않은 병에 걸렸다는 검사 결과의 오류를 의미한다. 그렇게 그릇된 정보를 접한 환자는 엄청난 우려 속에서 불필요하고 위험한 치료를 받게 된다. 반면 스타트업이 '긍정의 오류'에 빠지면, 즉 초기의 성공으로 인해 미래의 기회를 실제보다 긍정적으로 전망하면 확실치도 않은 기회를 노리고 사업 규모를 과도하게 확장하는 결과가 빚어진다. '긍정의 오류'든 거짓 양성이든 스타트업과 환자에게 큰 피해를 주는 것은 마찬가지다.

'긍정의 오류' 실패 패턴은 스타트업이 출시한 제품 및 서비스에 대한 고객들의 초기 반응이 일시적으로 부풀려짐으로써 비롯된다. 바루가 사업 초기에 성공을 거둔 이유는 서비스 출시 당시 다음 세 가지 특수 요인으로 인해 비정상적으로 높은 서비스 수요가 발생했기 때문이다.

첫째, 잉크 블록은 신축 아파트였기 때문에 주민의 100퍼센트가 비슷한 시기에 새로 이사 온 신규 입주자였다. 거주자 대부분은 이 동네에 생소했으며 반려동물 서비스 업체에 대한 정보도 부족했다. 그런 이유로 입주자들이 바루를 선택했을 때 그들에게는 아무런 전환 비용이 발생하지 않았다. 반면 기존의 건물에서 몇 년 이상 거주한 반려동물 보호자들은 대부분 다른 업체와 거래 중이었다. 만일 그들이 서비스 제공 업체를 바꾼다면 높은 전환 비용을 감수해야 했을 것이다.

둘째, 잉크 블록 입주자 중 상당수는 보스턴에서 영화를 촬영 중이던 할리우드 영화사의 제작진이었다. 그들은 반려동물과 함께 이곳으로 이주했지만 동물들을 직접 돌볼 만한 시간적 여유가 없었다. 경제적으로 풍족했던 이 고객들은 높은 비용에도 아랑곳하지 않고 바루의 서비스를 이용했다.

셋째, 바루가 서비스를 출시하자마자 보스턴에는 한 달 동안 2.5미터에 달하는 기록적인 폭설이 쏟아졌다. 하이드는 당시를 이렇게 회상했다. "그런 날씨에 직접 개를 산책시키려는 사람은 아무도 없었죠. 우리는 한 가구에 하루 여러 번 서비스를 제공하기도 했어요. 그런 과정에서 '긍정의 오류'라는 신호를 감지하는 데 실패한 겁니다. 그 겨울을 버텨 내면 앞으로 어떤 일이든 해낼 수 있다고 생각한 거죠."

■ 급격한 성공의 부작용 ■

바루의 비즈니스가 활기를 띠면서 보스턴에 새롭게 등장한 이 반려동물 서비스 업체의 소문이 퍼지기 시작했다. 잉크 블록의 건물 관리자들은 다른 아파트를 관리하는 동료들에게 바루를 소개해 줬고 아파트 입주자들도 지인들에게 이 서비스를 추천했다. 얼마 되지 않아 보스턴의 다른 아파트 건물에서도 서비스 요청이 밀려들면서 바루는 아파트 네 곳과 추가로 계약을 맺었다. 그런 과정을 거치며 하이드는 벤처캐피털에서 자금을 조달하지 않고 사업의 규모도 공격적으로 확장하지 않겠다는 원래의 계획을 변경하기에 이르렀다. 바루의 이사회 구성원이었던 하이드와 세 명의 엔젤투자자는 바루의 성공을 두 번째 도시로 확대하고 이를 위해 벤처캐피털에게서 투자를 유치하기로 결정했다. 하이드는 이렇게 말했다. "우리는 바루의 사업성에 대한 증거를 충분히 확보했다고 믿었습니다. 전국의 어느 파트너와도 협업이 가능하다고 생각한 거죠. 돌이켜 보면 저에게는 성장의 기회를 외면할 만한 자제력이 없었던 것 같아요."

2015년 여름, 시카고로 사업을 넓힌 바루는 보스턴에서 함께 일하던 파트너와 같은 대기업 소속이었던 건물 세 곳과 계약을 맺었다. 그리고 결국에는 시카고 도심의 건물 25곳에 서비스를 제공하게 됐다. 반려동물을 위한 돌봄 공간을 미리 마련해 뒀던 어느 건물 관리자는 그 공간을 바루에게 무상으로 임대해 줬다. 덕분에 이 스타트업은 처음 계획했던 반려동물 데이케어 콘셉트를 비로소 실천에 옮길 수 있게 됐으며, 고객들에게서도 긍정적인 반응을 얻었다.

하이드는 시카고 사업을 총괄할 관리자를 선임하는 문제를 두고 고심했다. 그녀가 처음 채용한 관리자는 부동산 관리업체에서 잔뼈가 굵은 노련한 인물이었으나 이 스타트업의 기업 문화와는 성향이 맞지 않았다. 하이드는 이렇게 회고했다. "기업에서 훈련받은 사람들은 모든 일을 매뉴얼대로 처리하는 데 익숙합니다. 그러나 우리에게는 매뉴얼이 없었어요."

바루는 시카고에서 사업을 시작한 지 1년 만에 새로운 엔젤투자자와 소규모 벤처캐피털에서 225만 달러를 추가로 투자받고 워싱턴 D. C.에서 서비스를 시작했다. 그리고 바루가 보스턴 및 시카고에서 함께 일하던 파트너이자 전국적인 영업망을 갖춘 부동산 기업 산하의 여러 건물과 계약을 체결했다. 그러나 워싱턴에서의 사업은 뜻밖에 도전에 직면했다. 2017년 1월 트럼프 행정부가 들어서면서 오바마 대통령이 임명했던 연방정부 직원 상당수가 도시를 떠났다. 이에 따라 바루의 고객도 눈에 띄게 줄었다. 게다가 워싱턴 D. C.는 보스턴이나 시카고와 달리 아파트가 넓은 지역에 흩어져 있었기 때문에, 바루의 서비스 직원들은 더 많은 시간을 이동에 할애해야 했다.

몇 명뿐인 바루의 팀은 세 도시의 고객들을 관리하기에도 힘이 부치는 것을 느꼈다. 하이드는 이렇게 말했다. "공동 설립자 맥은 회사의 운영을 그 정도 수준까지 끌어올리는 데 이미 놀라운 능력을 발휘했습니다. 하지만 워싱턴의 상황은 우리에게 새로운 도전을 안겨 줬어요." 그런 상황 속에서도 바루는 2017년 6월부터 네 번째 도시로 진출해서 뉴욕시 전역을 대상으로 서비스를 시작했다. 그들은 사업 확장에 필요한 자금을 마련하기 위해 기존의 투자자들과 어느 벤처캐피털에서 100만 달러의 자금을 추가로 조달했다. 이 벤처캐피털은 추후 바루의 시리즈 A 투자 라운드를 진행하는 데 관심을 보이기도 했다.

그러나 바루는 이 시점에서 심각한 성장통에 시달렸다. 특히 일부 부동산 관리 업체와 관계가 나빠진 것이 문제였다. 건물 관리자 대부분은 아파트의 경비원들을 통해 입주자들에게 바루의 서비스를 추천하는 데 적극적이지 않았다. 어떤 사람들은 융통성 없이 계약 조항만 따지고 들었다. 예를 들어 그들은 바루가 약속한 대로 거주자들을 위한 반려동물 행사를 진행하라고 요구했다. 그러나 바루의 사업 규모가 커지면서 이 행사의 실효성은 점점 감소할 수밖에 없었다. 하이드는 이렇게 회고했다. "고객 수가 적었을 때 강아지들을 위해서 핼러윈 파티를 개최하는 것은 쉽고도 재미있는 일이었어요. 그러나 이제 100개가 넘는 건물을 대상으로 서비스를 제공하고 있는 판에 돈도 되지 않은 행사를 여는 것은 완전히 낭비였죠. 파티에 참석한 어느 대학생에게 스낵을 좀 사 오라고 보냈더니 슈퍼마켓에서 버드와이저 맥주 여섯 캔과 치즈를 사왔더군요. 우리가 기대했던 고급 브랜드의 경험은 아니었어요."

회사 운영도 순조롭지 않았다. 사업 규모가 커지면서 초기 고객들을 만족시켰던 세심한 개인 맞춤형 서비스를 제공하기가 점점 어려워졌다. 가령 반려동물 보호자들은 자기가 원하는 돌보미를 선택하거나 예상치 못한 일이 생겼을 때 갑자기 서비스를 요청하기가 더 이상 불가능했다. 고객들은 바루의 서비스 예약 앱을 켤 때마다 모든 직원이 근무 중이라는 메시지를 받기 일쑤였다. 당시 바루가 사용했던 예약 애플리케이션은 여러모로 기능이 부족했기 때문에 고객들은 대부분 이메일이나 문자로 서비스를 신청했다. 이로 인해 바루의 일정 관리 업무는 항상 복잡하고 혼란스러웠다. 반려동물 돌보미들은 서비스의 시작과 끝을 체크하는 앱부터 당일의 예약 현황과 반려동물 보호자들의 요구 사항을 관리하는 데 필요한 모바일 프로그램을 여러 개 사용해야 했다.

일정 관리가 더욱 복잡해진 데는 일부 서비스 직원의 안일한 태도도 한몫을 했다. 하이드는 서비스를 수행한 만큼 보수를 받는 계약직 직원 대신 일이 없어도 시간당 급여를 받는 정규직을 채용하면 직원들이 회사의 프로세스를 잘 지키도록 훈련하기가 더 쉬울 거라고 믿었다. 하지만 꼭 그렇지는 않았다. 하이드는 바루의 보상 체계가 인센티브의 기본 취지를 왜곡하는 결과로 이어질 수 있다는 사실을 깨달았다. "어떤 직원은 귀여운 강아지와 함께 놀면서 즐겁고 수월하게 시간을 보낼 수 있었겠죠. 그러다가 다른 개를 서비스해야 할 시간에 늦거나, 그날의 마지막 업무인 말 안 듣는 개를 돌보는 일을 건너뛰는 경우도 다반사였어요. 어차피 일을 하든 하지 않든 시간제로 보수를 받으니 수입에는 아무런 지장이 없었던 거죠."

물론 직원 대부분은 양심적이고 성실했지만 모두가 그런 것은 아니었다. 언젠가 하이드가 친지의 결혼식에 참석하고 있을 때 어느 경찰관에게서 전화가 걸려 왔다. 바루의 직원 한 명이 고객의 아파트에서 떠들썩하게 파티를 열고 있다는 것이었다. 회사가 급속도로 성장하면서 직원들의 업무 의욕은 한계에 도달할 만큼 추락했다. 하이드는 당시를 이렇게 돌아봤다. "사업을 빠르게 확장하다 보니 서비스 직원을 연 120퍼센트 이상 새롭게 채용해야 하는 문제에 부딪혔습니다. 게다가 직원 이직률이 높아지면서 상황은 더욱 악화됐어요. 그러다 보니 능력이 우수한 일부 직원은 때로 하루에 12시간씩 일해야 하는 상황에 처했던 거죠. 우리는 그 직원들을 도시 전역으로 쉴 새 없이 이동시키고 시간당 보수를 지급했어요. 말하자면 훌륭한 직원과 소중한 현금을 함께 소진하고 있던 셈이죠."

▪ 소진된 자금과 분열된 조직 ▪

2017년 8월에 개최된 바루의 이사회에서 이 스타트업에 처음 자금을 지원한 엔젤투자자 한 사람은 하이드의 리더십과 회사의 재무적 건전성에 의문을 제기했다. 바루는 2017년 전반기에 60만 달러의 매출을 올렸지만 80만 달러의 운영상 손실을 입었다. 회사의 경영진은 향후 6개월간 50퍼센트의 매출 향상과 함께 70만 달러의 손실을 예상했다. 이 숫자에 우려를 나타낸 투자자는 바루가 과연 손익분기점에 도달할 수 있을지, 만일 그렇다면 그 시기가 언제일지를 두고 하이드와 격렬한 설전을 벌였다.

하이드는 바루의 서비스 보급률, 즉 건물 입주자 중 바루의 서비스를 이용하는 반려동물 보호자들의 비율이 바루가 건물을 상대로 영업한 기간에 좌우된다고 설명했다. 그녀는 바루의 고객 확보 비율이 이미 반려견 산책 서비스를 이용 중인 기존 거주자보다 신규 이주자 사이에서 훨씬 높다고 주장했다. 따라서 입주자들이 서서히 교체되면서 바루의 홍보 효과가 나타날 때까지 기다려야 한다는 것이었다. "만일 투자자들이 우리 논리를 받아들였다면 회사가 1~2년 안에 새로운 시장에서 자리를 잡을 것이며 그때부터 모든 일이 순조로울 거라고 생각했겠죠. 반대로 그 말을 믿지 않았다면 우리가 사업을 확장할수록 수익이 줄어드는 모습을 보고 회사의 전략에 문제가 있다고 판단했을 겁니다."

그 뒤 몇 개월 동안 이사회의 토론 주제는 심사가 단단히 뒤틀린 그 엔젤투자자의 희망대로 회사 매각을 타진할 것인가 또는 시리즈A 라운드를 추진할 것인가에 집중됐다. 앞선 투자 라운드에 참가했던 어느 벤처캐피털 투자자는 한때 바루에 대한 시리즈A 투자에 관심을 보였지만, 극심한 논란에 빠진 이사회의 모습에 질린 탓인지 그 이야기를 없던 일로 해버렸다. 하이드는 10여 개의 벤처캐피털을 찾아가 회사의 전략을 홍보했으나 아무도 투자에 관심을 보이지 않았다. 2018년 1월, 하이드는 3개월 치 운영비만 남은 상태에서 회사를 인수할 만한 몇몇 파트너를 접촉했다. 그중 세 업체가 관심을 보이면서 인수를 제안했지만 결국 모든 거래가 무산됐다. 그해 2월, 하이드는 바루의 문을 닫았다.

■ 과도한 자신감의 위험성 ■

바루의 경우에는 실패의 원인이 비교적 분명했다. 너무 이른 사업 확장으로 인해 몰락의 길을 걷게 된 것이다. 이 스타트업은 '긍정의 오류'에 이끌려 급속도로 사업을 확장했으나 네 개나 되는 도시에서 동시에 사업을 수행할 만큼 충분한 자원을 확보하지 못했다. 자본금도 부족한 데다 몇 명뿐인 운영 팀으로는 그 넓은 지역을 관리하기에 턱없이 부족했다. 게다가 복잡한 예약 및 일정 관리 시스템을 운영할 기술력도 갖추지 못했다.

그렇게 온갖 자원이 부족한 상황에도 불구하고 하이드가 잉크 블록에서 발견한 '긍정의 오류' 신호는 그녀에게 성장에 대한 자신감을 불어넣었다. 매섭게 추웠던 2015년의 겨울을 무사히 버텨 내며 고객들에게 성공적으로 서비스를 제공한 하이드는 단 몇 명에 불과한 바루의 팀이 앞으로 어떤 일이라도 해낼 수 있을 거라는 믿음을 갖게 됐다.

원래 하이드는 바루가 처음 진입한 시장에서 어느 정도 수익을 낸 뒤에 이 자금을 기반으로 서서히 사업을 확장하기로 마음먹었다. 오직 성장만을 몰아붙이는 벤처캐피털에서 투자받을 생각은 애초에 없었다. 하지만 하이드가 보스턴에서 발견한 성공의 신호는 그녀의 행보를 달라지게 했다. 이 전략 이동은 전적으로 하이드와 초기 투자자들의 선택이었다. 하지만 우리가 제2부에서 살펴볼 몇몇 사례와 달리 그녀가 원래 계획보다 일찍 확장을 서두른 것은 경쟁자들의 압박에 대응하기 위해서가 아니었다. 물론 여러 벤처캐피털이 바루의 경쟁자들에게 수천만 달러를 투자한 것은 사실이었다. 하이드는 이렇게 말했다. "저는 로버와 왝을 위협적인 경쟁사로 바라보지 않았습니다. 오히려 그들의 사례가 우리도 고객의 강력한 욕구를 발견할 수 있는 증거라고 생각했어요. 같은 고객이나 서비스 제공자를 두고 그 회사들과 대결한다는 느낌은 별로 없었죠."

바루가 복수의 시장으로 사업을 확장하면서 그들이 추구하던 기회,

즉 '다이아몬드'의 네 가지 요소가 다각도로 결함을 드러냈다. 애초에 이 문제들은 그 자체로 그렇게 치명적이라고 할 수 없었다. 만일 바루가 사업을 확장하기 전에 보스턴의 사업 모델을 좀 더 정교하게 다듬는 데 집중했다면 충분히 피할 수 있었거나 해결이 가능했을 것이다. 하이드의 '긍정의 오류'가 이 기회 요소들에 어떤 영향을 미쳤고 그로 인해 그녀가 기대치를 어떻게 재설정해야 했는지 살펴보자.

• **고객 가치 제안:** 잉크 블록 고객들이 보여 준 높은 가입률과 반복적인 서비스 이용률은 당시 바루의 고객 가치 제안이 꽤 매력적이었다는 사실을 입증했다. 바루가 다른 지역으로 사업을 확장했을 때도 이 회사의 가치 제안은 확고했으며 고객 수요도 높았다. 하지만 반려동물 돌봄 서비스를 차별화할 수 있는 방법은 사실 그렇게 다양하지 않았다. 고객이 바라는 서비스 제공자의 유형은 크게 다섯 가지로 나뉘었다.

1. 집에 들어오게 해도 안심이 되는 사람
2. 가족 구성원들의 생활 방식이나 반려동물에 대한 요구 사항을 잘 이해하는 사람
3. 믿을 만한 사람
4. 일정 잡기가 쉬운 사람
5. 특별한 요청을 수락할 수 있는 사람

하지만 바루의 서비스 직원들이 이 조건을 모두 만족시키기는 불가능했다. 예를 들어 한 돌보미가 특정 고객의 개를 매일 산책시키다 보면

당연히 그 집의 가족 구성원이나 개에 익숙해진다. 그렇다고 해서 자신의 일정이 빡빡할 때도 "우리가 지금 여행 중이니 저녁 식사 전에 개를 한 번 더 산책시켜 줄 수 있나요?" 같은 고객의 특별 요구를 무작정 들어줄 수는 없는 노릇이었다. 반면 비정규직 직원들을 채용한 왝이나 로버 같은 회사는 고객의 요구를 수용할 수 있는 능력이 있었지만 한 집에 같은 돌보미를 반복적으로 보내지는 않았다. 따라서 이 회사의 직원들은 고객에 대한 정보를 얻거나 그 집의 개와 친밀한 관계를 형성하는 데 어려움을 겪었다.

바루는 회사 문을 닫기 얼마 전에야 이 문제를 해결하기 위한 대책을 내놓았다. 첫째, 한 팀에 속한 직원이 번갈아 가며 특정 고객에게 서비스를 제공한다. 둘째, 직원들은 해당 가족 및 반려동물에 대한 정보를 팀원들과 공유한다. 그러나 이 해결책이 효과를 거두기 위해서는 자기 관리가 철저하고, 경험이 풍부하고, 숙련도가 높은 인력으로 팀을 구성해야 했다. 하지만 이 스타트업에 거센 성장통이 닥치면서 계획은 모두 수포로 돌아갔다. 또 사업 규모가 커짐에 따라 고객의 촉박한 서비스 요청에 대응할 수 있는 능력을 포함한 하이 터치 서비스 제공 능력에도 제동이 걸렸다. 궁극적으로 바루는 고객에게 믿을 만한 서비스 직원, 즉 고객의 집과 반려동물에 대해 경험이 풍부한 돌보미를 쉽고 안정적으로 공급한다는 차별화 전략을 내세웠다. 이 전략은 고객들에게 높은 평가를 받았지만, 그 평가가 높은 가격 프리미엄과 수익성으로 이어지지는 못했다.

• **기술 및 운영:** 바루는 창업 초기에 별다른 기술 및 운영 역량이 필요치 않을 정도로 규모가 작았다. 그러나 얼마 지나지 않아 이 회사의

엉성한 기술적 기반으로는 회사를 키우기에 역부족이라는 사실이 분명해졌다. 바루가 사업 규모를 확장하면서 이 회사의 소규모 운영진은 예상치 못한 상황이 발생할 때마다 그야말로 온몸을 던져서 임기응변으로 대응했다. 특히 직원을 채용하고, 훈련시키고, 동기를 부여하고, 업무 일정을 잡고, 직원들이 회사를 떠나지 않도록 설득하는 과정을 거치며 운영상의 문제는 더욱 크게 불거졌다.

• **마케팅:** 바루는 설립 초기에 계약을 맺은 건물 관리자들을 통해 이 회사의 서비스를 다른 곳에 소개했듯이 각 지역의 파트너들을 활용해서 입주자들에게 바루를 홍보하는 마케팅 전략을 실행했다. 그러나 고객들을 통한 입소문 전략은 어느 정도 효과를 거뒀지만, 아파트에서 근무하는 수위나 경비원들은 하이드가 기대한 만큼 바루를 적극적으로 추천해 주지 않았다.

• **수익 공식:** 초창기에 상당한 액수의 매출이 창출됐음에도 불구하고 바루의 수익 공식에는 의문 부호가 찍혔다. 바루는 2017년까지도 손실에 시달렸다. 반려동물 서비스 사업은 워낙 진입 장벽이 낮은 분야였기 때문에 수많은 지역 경쟁자가 속속 시장에 몰려들었다. 그들의 수익성은 하나같이 낮았으며, 이로 인해 바루의 성장에도 큰 지장을 초래했다. 하지만 그런 상황 속에서도 바루의 LTV/CAC 비율은 5.9에 달했다. 만일 바루가 운영의 효율성을 개선했다면 장기적인 수익성을 확보했을지도 모른다.

'긍정의 오류'가 스타트업에 치명적인 문제를 초래하는 것은 창업가들에게 사업 확장에 대한 과도한 자신감을 심어주기 때문이다. 제2부에서는 회사의 규모를 너무 빠르고 무분별하게 키움으로써 파국을 맞았던 스타트업들의 사례를 다수 살펴볼 예정이다. 그러나 이들 회사는 바루와 달리 상대적으로 자원이 풍부했고 성장을 추진할 수 있는 여건도 어느 정도 성숙됐던 후기 단계 스타트업이었다.

'긍정의 오류' 패턴은 다음 두 가지 형태로 전개된다. 창업가들은 어느 경우든 얼리 어답터들의 소비 행위가 주력 고객들과 동일할 거라고 예측하는 실수를 저지른다.

첫 번째 패턴의 창업가는 얼리 어답터들이 원하는 제품을 개발하기 위해 집중적으로 자원을 투입한 뒤에 그 제품으로는 규모가 훨씬 큰 주력 시장의 욕구를 충족할 수 없다는 사실을 깨닫는다. 주력 고객들이 없다면 생존에 필요한 매출을 확보할 수 없다. 창업가가 비로소 전략을 이동해야 할 필요성을 느꼈을 때는 회사에 쓸모없는 자원만 잔뜩 축적된 상태다. 하지만 이미 현금이 고갈된 스타트업에는 그 자원들을 다른 것으로 대체할 만한 재무적 능력이 남아 있지 않다. 그 결과 '좋은 아이디어와 나쁜 동료'의 패턴에서 전형적으로 발생하는 각종 문제가 불거지게 된다.

두 번째 패턴의 창업가는 기회를 추구하는 데 필요한 자원을 어떻게든 끌어모은다. 그 과정에서 얼리 어답터로부터 기대 이상의 수요가 발생한다. 이에 고무된 창업가는 주력 고객들의 수요도 높을 거라고 예상하고 사업을 무리하게 확장한다. 그러나 첫 번째 패턴과 마찬가지로 이 스타트업이 처음 확보한 자원만으로는 새로운 전략을 추진하기에 부족하다.

바루의 사례는 두 번째 패턴에 해당한다. 잉크 블록의 성공으로 '긍정의 오류'에 빠진 하이드는 새로운 시장에 진출하는 일을 지나치게 서둘렀으며, 그 과정에서 다음 네 가지 자원 요소를 모두 악화시켰다.

• **설립자:** 바루의 실패가 부실한 기수의 탓이었을까? 물론 하이드는 CEO로서 다양한 실수를 저질렀다. 그녀는 자기가 여러 차례 잘못된 의사 결정을 했으며 그 모두가 본인의 책임이라고 인정했다. 특히 자신이 '긍정의 오류'에 빠졌다는 점도 솔직히 시인했다. 그러나 하이드는 그런 실수에도 불구하고 비전, 열정, 결단력, 실패를 통한 학습 등의 측면에서 이 책에 등장하는 여러 설립자에 비해 훨씬 나은 모습을 보여 줬다.

하이드는 사업 확장을 너무 서두르는 자신의 행보에 우려를 나타낸 공동 설립자에게도 너무 완고하게 대한 것 같다고 반성했다. 그녀는 이렇게 털어놨다. "저는 동료들과 효과적으로 소통하지 못했고 제 의견에 반대하는 목소리도 귀담아듣지 않았습니다. 멕은 저에게 이렇게 말하곤 했어요. '다른 도시로 진출하는 일이 정말 옳을까? 기술적 기반도 제대로 갖추지 않은 상태에서 그 계획을 실행에 옮겨야 할까?' 이는 합리적인 반론이었지만 저는 그 말을 듣고 화를 냈습니다."

하이드는 이렇게 덧붙였다. "저와 멕은 그동안 너무 많은 일을 함께 겪었습니다. 제가 첫 번째 스타트업을 설립했을 때부터 10년 동안 함께 일했으니까요. 당시에는 둘 사이의 관계가 원만했습니다. 하지만 제가 바루를 창업하기까지 떨어져 있던 3년 동안 우리는 여러모로 많이 성장한 것 같아요." 다시 말해 두 사람 사이에 충돌은 필연적일 수밖에 없었다.

• **조직 구성원 :** 하이드는 돌보미들을 정식 직원으로 채용하고 그들

에게 시간당 급여를 지급하면 조직에 대한 충성도를 높이고 생산성도 끌어올릴 수 있으리라 생각했다. 하지만 이런 기대는 결국 잘못된 것으로 판명됐다. 그녀는 조직에 오래 머물지도 않을 직원들에게 너무 많은 투자를 했다.

바루는 퀸시 어패럴과 달리 전문가 부족 사태에 시달리지 않았다. 하이드는 시카고에서 숙련된 직원들을 채용했고 부동산 업계 출신의 노련한 인물을 총괄 관리자로 영입했다. 그러나 바루에게 닥친 도전을 해결하는 데는 하이드와 그녀의 공동 설립자처럼 다방면에 지식과 경험을 갖춘 팔방미인 같은 관리자가 오히려 유리했다.

• **투자자:** 바루에 자금을 지원한 엔젤투자자들은 하이드처럼 '긍정의 오류'에 빠진 나머지 스타트업의 성장을 압박하지 않겠다는 최초의 계획을 포기했다. 그들은 창업 초기에 바루가 향후 3년에서 5년간 적당한 리스크를 바탕으로 적당한 수익을 돌려줄 거라고 기대했다. 그러나 사업이 급속도로 성장하자 생각이 달라졌다. 하이드는 이렇게 말했다. "여러 도시의 건물이 너도나도 바루의 서비스를 원하자 모두가 흥분을 감추지 못했습니다. 하지만 사업을 성공적으로 확장하기 위해서 적어도 3,000만~4,000만 달러가 필요하다는 사실은 아무도 몰랐어요. 결국 일부 투자자는 약간 정신분열증 같은 모습을 보이기도 했죠. 처음에 계획한 대로 안정적 수익을 추구하는 동시에 벤처캐피털처럼 큰 보상을 얻어 내고자 하는 유혹에도 빠진 겁니다."

어떤 엔젤투자자는 하이드의 능력과 리더십에 지속적으로 의문을 제기하면서 오히려 회사 운영을 방해했다. 그뿐만 아니라 신규 투자자의 접근을 막음으로써 바루의 몰락을 재촉했다. 하이드는 전부터 그 투자자를 조심하라는 경고를 여러 사람에게서 받은 바 있었다. "하지만 자본에 목이 말랐던 우리는 어떻게든 그 사람을 다룰 수 있을 거라는 그릇된 자신감을 가졌어요. 그동안 제가 깨달은 사실은 투자자들과 함께 보낼 수 있는 가장 행복한 시간은 계약서에 사인을 할 때뿐이라는 겁니다. 만일 사업이 조금이라도 차질을 빚는다면 바로 회사를 떠날 각오를 해야 합니다."

하이드는 같은 회사를 다시 시작한다면 어떤 일을 다르게 해보겠느냐는 질문에 "벤처캐피털에서 투자받지 않고 먼저 수익성을 확보한다."는 원래의 계획으로 돌아가지 않겠다고 대답했다. 반대로 온 힘을 다해 사업 규모를 확장하겠다는 것이다. "그동안 제 자신을 돌아본 결과, 제 취향에는 신속한 사업 확장이 더 잘 맞는다는 사실을 깨달았어요. 사업을 큰 규모로 넓혀 가는 데 따르는 갖가지 도전을 즐기게 된 거죠. 바루를 운영할 때 더 많은 벤처 자금과 시간이 주어졌더라면 분명히 성공했을 거라는 생각이 들어요. 애초에 우리는 회사의 고속 성장을 지원할 수 있는 벤처캐피털에서 투자받았어야 했어요."

• **파트너:** 바루가 서비스를 제공하던 건물의 관리자들은 하이드의 기대만큼 마케팅에 도움이 되지 않았다. 오히려 일부 관리자는 비합리적인 요구 사항만 늘어놨다. 만일 바루가 적당한 속도로 사업을 확장했다면 입주자의 전출입 비율이 높고 더 좋은 파트너가 관리하는 건물들을 선택할 수 있었을 것이다. 또한 새로운 건물과 계약을 맺기 전에 그곳이 바루가 서비스를 제공하기에 적합한 장소인지 세심하게 검토했을 것이다. 그러나 전속력으로 사업을 키우는 데만 정신이 팔린 그들은 이런 조사 과정을 포기하고 바루의 서비스에 관심을 보인 건물과 무차별

하게 계약을 체결했다. 하이드는 그때를 돌아보며 건물 관리자들이 오히려 자신에게 돈을 냈어야 했다고 말했다. 그들은 바루의 서비스를 입주자들에게 홍보하는 사소한 노력의 대가로 반려동물 한 마리당 월 50달러에서 150달러에 달하는 '반려동물 집세'를 거주자들에게 추가로 청구할 수 있었기 때문이다.

■ 긍정의 오류를 피하는 법 ■

내가 설문 조사한 초기 단계의 스타트업 설립자 중 많은 수가 '긍정의 오류'에 취약한 모습을 보였다. 특히 경영난을 겪고 있거나 이미 폐업한 스타트업의 설립자·CEO는 성공한 스타트업에 비해 얼리 어답터와 주력 고객의 욕구 차이가 훨씬 컸으며, 이 차이가 벌어질수록 '긍정의 오류' 패턴에 노출될 확률이 더 높았다.

만일 이 패턴이 발생한 근본 원인이 얼리 어답터들로부터 포착한 신호를 잘못 해석한 데 있다면, 창업가들은 다음 두 단계 과정을 통해 보다 신뢰할 만한 시장의 피드백을 얻어야 한다.[2] 첫째, 초기 고객들을 폭넓게 조사해서 얼리 어답터와 주력 고객 사이에 존재하는 욕구의 차이를 파악해야 한다. 둘째, 스타트업이 출시한 제품에 얼리 어답터들이 기대 이상의 뜨거운 반응을 보였더라도, 규모가 더 큰 시장에 존재하는 주력 고객은 얼리 어답터와 똑같이 반응하지 않을지도 모른다는 가능성을 항상 염두에 두어야 한다.

이런 가능성에 더욱 주의를 기울이기 위해서는 어떻게 해야 할까?

바루의 서비스에 열광적인 호응을 나타냈던 잉크 블록의 고객들처럼 특정 제품에 높은 수요를 보이는 초기 고객이 어떤 사람들이라고 일반화해서 표현하기는 불가능하다. 말하자면 그들은 예측 불가능한 속성을 지닌 '검은 백조'Black Swan (도저히 일어날 것 같지 않지만 만약 발생할 경우 시장에 엄청난 충격을 불러일으키는 사건—옮긴이)와 같다. 또한 스타트업 설립자 중에 자신이 혹시 '긍정의 오류'에 빠지지 않았는지 굳이 시간을 할애해서, 그것도 회사가 급속히 성장하는 시점에 고민하는 사람은 거의 없다. 그러나 회사가 처음 출시한 제품에 초기 고객들이 놀랄 만큼 뜨겁게 반응하는 경우 설립자는 잠시 숨을 돌리고 이렇게 자문해볼 필요가 있다. "이 얼리 어답터들은 다른 종류의 고객에 비해 무엇이 다를까?" 또는 앞 장에서 설명한 고객 페르소나를 활용해 주력 고객들과 얼리 어답터들의 욕구 차이를 비교하는 것도 한 가지 방법이다.

위에서 언급한 첫 번째 단계, 즉 초기 고객을 조사해서 얼리 어답터와 주력 고객의 욕구 차이를 파악하는 단계의 핵심은 올바른 표본을 고르는 일이다. 조사자의 편의에 따라 친구나 가족처럼 대상을 임의로 선정하면 종종 '긍정의 오류'를 낳는 원인이 된다. 조사자와 가까운 사람들은 어떤 질문이든 무조건 긍정적으로 응답하는 경향이 있기 때문이다. 지보가 인디고고에서 진행한 캠페인처럼 크라우드 펀딩 캠페인을 진행하는 일에도 이와 비슷한 위험이 따른다. 이 캠페인을 경제적으로 지원하는 사람은 대개 특정 제품 범주에 열정적이며 새롭고 독창적인 기술의 등장을 고대하는 팬들이다. 그들은 누구보다 먼저 새로운 제품을 구입하고 사용하는 데 거리낌이 없다. 크라우드 펀딩 캠페인이 일부 열성 고객의 호응을 이끌어 낼 기회일지는 모르지만 그들이 대규모 시장 수요를 보장해 주지는 않는다.

가장 이상적인 조사 방법은 단일한 제품 콘셉트를 바탕으로 얼리 어답터와 주력 고객들을 모두 테스트하는 것이다. 그런 의미에서 2012년 릿 모터스Lit Motors가 C-1이라는 암호명의 운송수단을 위해 채택한 고객 조사 방법을 참고할 필요가 있다.[3] 당시 릿 모터스는 전기로 구동되고 쉽게 넘어지지 않고 탑승자를 차체로 완전히 감싸서 보호하는 두 바퀴의 제품을 개발했다. 기본적으로 C-1은 안전하고 사용하기 쉽고 환경 친화적인 덮개형 모터사이클이므로 운전자는 빗속에서도 몸이 젖을 염려가 없다.

릿 모터스의 설립자인 대니얼 김Daniel Kim은 시드 머니로 투자받은 100만 달러에서 12만 달러를 떼어 실제 제품과 '모양이 유사한' 실물 크기의 C-1 시제품을 섬유 유리로 제작했다. 그의 팀은 이 시제품을 사용해서 먼저 주력 세그먼트 고객들의 피드백을 조사하기로 했다. 실험에 참여한 사람들은 시제품에 탑승한 채 20여 분간 질문을 받았다. 조사자들은 모든 질문을 마친 뒤 실험 참가자가 원하는 경우 50달러의 예치금을 받고 C-1이 출시됐을 때 우선적으로 이 제품을 구입할 수 있는 권리를 부여했다. 전체 피실험자 중 16퍼센트가 50달러를 지불하는 고무적인 반응을 보였다.

그들은 다음으로 얼리 어답터들의 관심도를 측정하기 위해 오리건에서 개최되는 전기 모터사이클 그랑프리e-Grand Prix 대회장으로 시제품을 가지고 갔다. 그 현장에 모인 팬들을 대상으로 똑같은 피드백 조사를 실시했다. 그들의 반응 역시 뜨거웠고 긍정적이었다. 대니얼 김은 이 제품 디자인이 얼리 어답터와 주력 고객 모두에게 매력적으로 비춰질 거라고 확신했다.

얼리 어답터와 주력 고객은 상황에 따라 비슷한 욕구를 드러내기도 한다. 그러나 이 경우에도 얼리 어답터는 항상 더 적극적이고 열정적이다. 우리가 제7장에서 만나게 될 온라인 실내 장식용품 기업 팹닷컴의 얼리 어답터들은 열정적인 홈인테리어 팬이었다. 그들은 이 사이트에서 반복적으로 제품을 구매했고 팹이 제공하는 제품과 서비스에 대해 지인들에게 입소문을 냈다. 반면 팹이 나중에 확보한 고객들은 가정용 인테리어에 관심을 보이기는 했지만 얼리 어답터만큼 욕구가 강하지 않았다. 그들은 제품을 구입하는 빈도수도 낮았으며 팹닷컴을 주위에 소개하는 일에도 소극적이었다. 그 결과 이 회사의 LTV/CAC 비율은 계속 낮아졌다. 팹이 성장하면서 신규 고객이 회사에 기여하는 가치는 줄곧 하락했으며, 입소문 마케팅이 자취를 감추면서 CAC는 눈덩이처럼 불어났다. 결론적으로 팹의 설립자들은 얼리 어답터의 폭발적인 수요가 다른 부류의 고객에게도 계속 이어질 거라고 예상하는 '긍정의 오류'에 빠진 것이다.

얼리 어답터들의 욕구가 주력 고객들의 욕구와 완전히 다른 경우도 존재한다. 일부 얼리 어답터는 오직 새롭고 앞선 기능만을 요구하는 '파워 유저'로서 아직 완벽히 다듬어지지 않은 제품의 설치나 오류 수정 같은 작업도 제조사의 도움 없이 스스로 해낸다. 반면 주력 고객들은 안정적이고 사용이 쉽고 필수적인 기능만을 갖춘 제품을 선호하며 제조사의 고객 서비스 직원들에게 많은 도움을 바란다. 만일 스타트업이 얼리 어답터들의 욕구에만 초점을 맞춘다면 주력 고객들에게 적합하지 않은 제품을 출시할 가능성이 크다.

이런 문제를 극복하는 방법은 몇 가지가 있다.

첫째, 일단 얼리 어답터의 욕구에 최적화된 제품을 출시하고 시간의 흐름에 따라 주력 고객들의 욕구를 점차적으로 수용한다. 둘째, 주력 고객을 위한 제품과 얼리 어답터를 위한 제품, 즉 '프로'pro 버전을 동시에 내놓는다. 셋째, 먼저 주력 고객들의 욕구에 맞는 제품을 개발하고, 이를 꾸준히 개선해서 얼리 어답터들을 완벽하게 만족시키지는 못하더라도 점차 유혹하는 전략을 구사할 수도 있다. 어떤 방법이든 제품 개발에 돌입하기 전에 먼저 얼리 어답터와 주력 고객의 욕구 차이를 파악하는 일이 중요하다.[4]

드롭박스는 세 번째 접근 방식을 택한 경우다.[5] 설립자 드루 휴스턴은 제품 개발 과정에서 소프트웨어 개발자나 수준 높은 컴퓨터 사용자들과 같은 얼리 어답터와 주력 고객의 욕구를 모두 조사한 뒤에 얼리 어답터에게만 해당하는 고급 기능들을 제품에 포함시키지 않기로 결정했다. 휴스턴은 사용 편의성이 극대화된 이 제품을 디자인하면서 유명 액셀러레이터인 와이 콤비네이터의 조언에 따라 "개발자 커뮤니티에서 최고라고 인정받은 콘셉트(소프트웨어 버전 관리, 변경 기록, 알싱크rsync 등)만을 내 여동생도 이해할 만큼 단순한 형태로 제품에 녹여 넣었다."고 밝혔다. 드롭박스가 기존의 파일 관리 제품들보다 훨씬 우수하다는 사실을 알고 있던 휴스턴은 이 제품에 굳이 복잡한 고급 기능들을 끼워 넣지 않아도 얼리 어답터들에게 높은 평가를 받을 수 있으리라는 데 현명하게 베팅한 것이다.

하지만 효과적인 고객 조사를 통해 얼리 어답터들의 욕구를 파악했음에도 자신이 '긍정의 오류'에 빠졌다는 사실을 깨닫지 못하는 창업가가 많다. 왜 그럴까? 모든 사람에게는 자신이 보고 싶은 것만 보려는 심리가 있기 때문이다. 이런 성향이 남보다 강한 설립자는 시장 조사의 결과나 창업 초기의 실적을 잘못 해석하기 쉽다.

착각에 빠진 설립자가 투자자들에게 회사의 밝은 미래를 과장해서 제시하는 순간 이 리스크는 절정에 달한다. 수닐 나가라지는 자신의 온라인 데이트 사이트 윙스의 입소문이 엄청난 속도로 퍼져 나가는 중이라고 투자자들에게 자랑했다. 하지만 이 사이트에 대한 시장 반응이 뜨거워 보인 배경에는 인센티브를 얻기 위해 가입한 고객들, 가령 윙스에서 더 많은 코인을 얻어 낼 목적으로 여러 친구를 회원으로 가입시킨 고객들이 있었다.

우리는 바루의 경험을 통해 스타트업 설립자들을 '긍정의 오류'로 인도하는 또 다른 두 갈래 길을 발견했다. 먼저 예상치 못한 성공이 그들을 유혹한다. 하이드가 바루를 창업했을 때 그녀의 목표는 매우 평범했다. 그러나 회사가 처음부터 이를 초과 달성하자 그녀는 더욱 야심 찬 목표를 추구하고자 하는 욕망을 억제하지 못했다. 하이드 역시 고래에게 붙잡혀 바다 속으로 끌려들어 가기는 했지만, 모비딕에 집착했던 에이햅 선장과는 달리 처음부터 적극적으로 고래를 찾아 나선 것은 아니었다. 우연히 성공이라는 고래와 마주쳤으며 이를 계기로 야심 찬 사업 확장을 원하는 자신의 취향을 깨달았을 뿐이다. 그녀가 걸었던 길은 영화 〈대부〉The God Father에 등장하는 마이클 코를레오네의 인생 역정과 비슷하다. 마이클은 원래 야심가가 아니었다. 그는 범죄 조직을 운영하는 패밀리 사업에서 벗어나 조용하고 도덕적인 일상을 보내는 삶을 원했다. 하지만 그의 아버지가 다른 조직의 암살 시도에서 겨우 목숨을 건지는 사건이 발생하자, 마이클은 놀랍게도 아버지의 복수에 앞장선다. 그는 어느 식당의 화장실에 미리 총을 숨겨 놓는 방법으로 영리하게 복수를 해치운다. 패밀리의 우두머리가 된 마이클은 여러 적대 세력을 물리치는 데 탁월한 능력을 발휘하며 결국 뉴욕시의 마피아 보스 자리에 오른다. 하지만 그 대가로 자신의 도덕성과 사랑하는 가족을 포기해야 했다.

설립자를 '긍정의 오류'로 인도하는 두 번째 길은 자신의 진정한 목표를 이해하지 못하는 문제와 관련이 깊다. 우리는 하이드가 창업 초기에 성장이나 리스크에 관한 본인의 취향을 정말 확실히 파악하고 있었는지 생각해 볼 필요가 있다. 하이드는 처음에 보수적 전략을 선택했지만, 그것은 자신이 진정으로 원한 것이 아니었다. 그녀는 내심 벤처캐피털로부터 큰 규모의 투자를 유치해서 회사의 고속 성장을 원했다. 잉크 블록의 성공이야말로 하이드가 못내 기다리던 성장의 신호였던 것이다. 마이클 코를레오네가 부친의 복수에 성공한 일을 자신도 결국 마피아 패밀리의 일원일 수밖에 없다는 신호로 받아들였듯이 말이다.

**WHY
STARTUPS
FAIL**

제2부

확장 : 스타트업 고개를 넘다

제6장

성장의 리스크

: 어떻게 성공과 실패의 확률을 가늠할 수 있는가?

■ 후기 단계 스타트업의 생존 전략 ■

후기 단계 스타트업의 생존율은 초기 단계 스타트업에 비해 당연히 높다. 어쨌든 이들 스타트업은 그동안 매력적인 시장 기회를 포착했고 이를 현실화하기 위해 각종 자원을 축적했기 때문이다. 이 책에서 정의하는 후기 단계 스타트업이란 창업 후 5년 이상이 경과됐으며, 벤처캐피털에서 투자를 유치했을 경우 시리즈C 이상의 투자 라운드를 거친 회사를 의미한다. 하지만 그런 회사 중에서도 투자자들에게 긍정적인 수익을 돌려주지 못하는 곳이 전체의 3분의 1에 달한다는 사실은 놀랍기만 하다.[1]

이 통계를 접한 사람이라면 누구나 이런 의문이 들 것이다. 규모가 어느 정도 성장한 스타트업도 왜 그토록 성공하기가 어려운 걸까? 그 원인을 자세히 조사한 뒤에 깨달은 점은 초기 단계를 통과한 스타트업 앞에도 산 넘어 산처럼 수많은 문제가 쉴 새 없이 등장한다는 사실이었다. 초기 단계 스타트업이 실패하는 주된 이유는 설립자가 좋은 기회를 발견하지 못했거나, 이를 추구하는 데 필요한 자원을 적절하게 확보하지 못했기 때문이다. 후기 단계 스타트업의 실패도 기회 및 자원과 관련이 있지만 몰락으로 접어드는 방식은 조금 다르다.

기회의 문제. 후기 단계 스타트업을 이끄는 창업가는 기회를 추구하는 과정에서 '속도'와 '범위'의 목표를 균형 있게, 즉 도전적이면서도 달성 가능하게 설정할 필요가 있다. 여기서 속도란 스타트업이 핵심 비즈니스, 가령 자국 시장에 출시한 자체적인 제품 및 서비스 등을 확장하는 빠르기를 의미한다.

범위는 다음 네 가지 측면을 아우르는 다소 포괄적인 개념이다. 먼저 지리적 반경, 제품 라인의 폭, 혁신이라는 세 가지 요소는 모두 스타트업의 제품 시장을 정의하는 요소다. 가령 몇 개의 고객 세그먼트를 목표로 할 것인가? 그 고객들의 어떤 욕구를 충족해야 할까? 그리고 마지막 네 번째 측면인 수직적 통합은 스타트업이 외부인에게 업무를 위탁하는 대신 기업 내부로 이 과업들을 통합하는 작업을 의미한다.

• **지리적 반경**: 바루는 보스턴을 넘어 시카고를 포함한 여러 도시로 진출함으로써 제품 시장의 범위를 확장했다. 일부 스타트업은 저 멀리

해외까지 지리적 반경을 넓히기도 한다.

• **제품 라인의 폭:** 스타트업은 더 많은 제품을 출시하며 제품 시장의 범위를 확대한다. 구글이 원래의 검색 서비스에 지메일, 유튜브, 맵스, 드라이브 등을 포함한 여러 제품을 추가한 것이 대표적인 사례다.

• **혁신:** 일부 스타트업은 비범한 혁신을 통해 새로운 기능이나 우월한 성능을 갖춘 제품을 개발한다. 이런 종류의 혁신은 제품 시장의 범위를 확장함으로써 과거에는 접근이 불가능했던 소비자들을 목표 고객으로 만들어 준다. 또 고객에게 의상을 스타일링해주는 구독 서비스를 출시한 스티치 픽스는 비스니스 모델을 혁신한 사례다. 아예 새로운 기술 자체를 창조해 내는 스타트업도 있다. 솔리디아 테크놀로지Solidia Technology는 화학 공학 분야에서 이룩한 혁신 덕분에 시멘트 제조 과정에서 배출되는 이산화탄소를 70퍼센트 이상 줄일 수 있었다.[2]

• **수직적 통합:** 스타트업이 수직적 통합을 실시한다는 말은 외부 업체에게 위탁했던 기능 업무들을 회사 내로 가지고 들어와 기업 활동의 범위를 넓힌다는 뜻이다. 그중 '후방 통합'upstream/backward integration은 제품 개발이나 제조 과정에 관련된 통합을 의미하며, '전방 통합'downstream/forward integration은 제품의 마케팅, 영업, 유통 등의 활동을 통합하는 일을 뜻한다. 애플은 더 이상 반도체 디자인을 인텔 같은 외부 제조업체에 맡기지 않고 이 업무를 자체적으로 수행하는 후방 통합 전략을 수립했다. 동시에 베스트 바이Best Buy 같은 기존의 소매업체들과 거래를 유지하면서도 자사의 애플 스토어를 통해 직접 제품을 판매하는 전방 통합을 달성했다.

'속도'와 '범위'의 문제는 우리가 제2장에서 살펴본 것과 비슷한 딜레마를 창업가에게 안겨 준다. 다시 말해 후기 단계 스타트업이 이 목표를 너무 높거나 낮게 잡으면 조직에 치명적인 문제를 야기할 수 있다.

자원의 문제. 후기 단계 스타트업이 속도와 범위의 목표를 균형 있게 설정했다 하더라도 목표를 추구하는 데 필요한 자원을 관리하는 과정에서 심각한 도전에 직면할 수 있다. 일례로 스타트업이 사업을 확장하기 위해서는 막대한 자본금이 필요하지만 예측 불허의 금융 시장으로 인해 자금 조달 계획이 수포로 돌아가는 경우도 많다. 때로는 특정 산업 분야 전체가 투자 기피 대상으로 전락하면서 투자자들이 건실한 스타트업들에게 자금을 지원하는 일을 피하기도 한다. 만일 어느 스타트업이 공격적 성장이나 첨단의 혁신을 위해 다음 투자 라운드가 절실하게 요구되는 상황에서 이런 일이 생긴다면 그 회사는 속절없이 몰락할 수밖에 없다. 말하자면 경영진의 실수가 아닌 불행한 시대의 희생물이 돼 버리는 것이다.

성장세에 놓인 스타트업은 대개 다음 두 가지의 조직적 변화를 겪는다. 첫째, 창업 초기에는 직원들이 여러 기능 부서를 오가며 팔방미인 같은 역할을 수행했지만 이제는 각 분야, 가령 마케팅이나 운영에 전문 역량을 갖춘 스페셜리스트를 충분히 확보해야 한다. 둘째, 자유롭고 유연한 기존의 직원 관리 방식을 공식적인 조직 체계 및 시스템으로 서서히 교체해야 한다. 즉 조직도와 직무 기술서를 작성하고, 인사 고과 체계를 도입하고, 예산 및 기획 프로세스를 개선하는 등 체계적인 인사 관리 시스템을 구축해야 한다. 창업가들은 이런 변화 속에서 급속도로 증가하는 인적 자원을 적절히 관리할 필요가 있다.

후기 단계 스타트업의 조직 이행 과정에서는 더 많은 딜레마가 발생할 소지가 있는 만큼 더욱 균형 잡힌 인사 정책이 필요하다. 전문적 역량을 갖춘 인력들을 너무 일찍 또는 너무 늦게 채용하는 일은 모두 회사에 심각한 문제를 안겨 줄 수 있다. 이는 공식적인 조직 체계 및 시스템을 도입하는 데 있어서도 마찬가지다. 물론 조직 관련 문제가 후기 단계 스타트업 실패의 주된 요인으로 작용하는 경우는 드물다. 대부분 그들이 설정한 목표의 속도와 범위에 차질이 생겼기 때문에 실패한다. 그러나 내부 조직의 문제는 전력을 다해 시장의 도전에 맞서야 하는 경영진의 에너지를 분산시키고 스타트업의 실패 가능성을 끌어올리기도 하기에 결코 무시할 수 없다.

▪ 6S 프레임워크 ▪

창업가들은 스타트업의 성공 확률을 측정하거나 회사를 실패로 이끌 만한 요인을 분석하기 위해 6S 프레임워크를 사용할 수 있다.[3] 이 프레임워크 내부의 삼각형에 표시된 세 가지 요소, 즉 스타트업의 '직원'Staff, 조직 구성원 간의 보고 체계나 경영관리 시스템을 의미하는 '구조'Structure 그리고 조직의 기업 문화를 뜻하는 '공유 가치'Shared Value 등은 모두 스타트업의 내부 조직에 관련된 요소다.

삼각형을 둘러싼 원에 표시된 세 가지 요소는 스타트업의 외부적 관계를 나타낸다. '속도'Speed(스타트업의 핵심 비즈니스를 확장하는 빠르기)와 '범위'Scope(지리적 반경, 제품 라인의 폭, 혁신, 수직적 통합)는 스타트

6S 프레임워크

공유 가치
(Share Value)

속도(Speed)

범위(Scope)

직원(Staff)　　구조(Structure)

시리즈 X (Series X)

업의 제품-시장 전략과 이를 수행하기 위해 회사가 고객, 경쟁자, 공급자들과 형성하는 관계를 나타낸다. 세 번째 요소인 '시리즈X'Series X는 자본 시장과 관련된 스타트업의 전략을 의미한다. 일반적으로 벤처캐피털은 스타트업에 투자할 때 '시리즈'라는 이름이 붙은 자금 조달 단계를 알파벳 순서대로 밟아 나간다. 따라서 시리즈X는 스타트업이 현재 및 미래의 투자자들과 어떤 관계에 놓여 있는지 알려 주는 지표라고 할 수 있다.

앞으로 이 장의 후반부에서는 이 요소들을 하나씩 살펴보고 스타트업이 성장하면서 각 요소가 어떻게 진화하는지, 그리고 이 요소들이 어떤 식으로 상호 작용하면서 서로에게 영향을 미치는지 탐구한다. 또 성장세에 놓인 스타트업이 이들 요소 사이의 균형을 유지하기 위해 해결해야 할 문제에 대해서도 논의해 볼 예정이다.

6S 프레임 워크: 속도

회사의 핵심 비즈니스를 얼마나 빠른 속도로 확장할 것인가 하는 문제는 아마 후기 단계 스타트업의 CEO 앞에 놓인 가장 중요한 의사 결정의 주제일지도 모른다. 창업가들과 그들을 재무적으로 지원하는 투자자들은 당연히 빠른 성장을 열망한다. 투자자들은 스타트업의 규모가 클수록 수익이 높을 거라고 생각하기 때문에 회사가 성장하면 기업 가치가 상승할 수밖에 없다. 또 기업 가치가 오르면 스톡옵션의 혜택을 노리는 훌륭한 인재들을 영입하기가 유리해진다. 게다가 조직 규모가 확대되고 있는 회사에는 승진의 기회가 많다는 사실도 인재들을 유인하는 요인이 될 수 있다.

스타트업이 성장하면 비즈니스 모델의 강화를 통해 더욱 효율적으로 고객을 확보하고, 제품의 가격을 인상하고, 운영 비용을 절감할 수 있다.[4] 성장에 따르는 대표적 혜택을 세 가지만 정리해 보면 다음과 같다.

- **브랜드 인지도:** 고객들이 스타트업의 제품에 만족하면 브랜드 인지도가 상승하고 기존 고객들의 입소문이 확산되며 광고에 대한 신규 고객들의 호응도도 높아진다. 그 결과 CAC가 감소한다.
- **네트워크 효과:** 만약 스타트업의 사업 영역이 네트워크 효과를 활용할 수 있는 분야라면, 고객 기반이 확대될수록 더 많은 고객이 유입되면서 유치 비용 절감의 효과를 거둘 수 있다. 또 대규모 네트워크에 참여하면 수많은 잠재적 파트너와 상호 작용할 수 있기 때문에 고객들이 대형 네트워크의 가치를 인정하는 만큼 서비스 가격을 인상할 수 있다.
- **규모의 경제:** 거래의 양과 횟수가 증가하면서 규모의 경제 효과

가 발생한다. 이에 따라 단위 원가, 즉 제품을 생산하고 고객의 주문을 처리하는 비용이 절감된다. 규모의 경제는 다음 세 가지 방향으로 달성된다. 첫째, 공장 관리자의 급여를 포함한 고정 간접비가 더 많은 생산 단위에 분산되면서 단위 원가가 하락한다. 둘째, 직원들이 더 많은 양의 제품과 서비스 운영 경험을 축적하면서 조직 구성원들의 학습 곡선learning curve이 개선된다. 직원들은 이런 과정을 통해 생산성을 높이고 비용을 절감하는 방법을 찾는다. 셋째, 소량의 제품 생산 과정에서는 비용 때문에 도입이 어려웠던 원가 절감을 위한 자동화 전략, 가령 조립 라인에 로봇을 투입하는 일과 같은 전략이 대량 생산 체제하에서는 경제적 타당성을 확보할 수 있다.

급속한 성장에 따르는 긍정적 효과는 이 정도다. 하지만 여기에는 꼭 좋은 소식만 있는 것이 아니다. 다음의 네 가지 요소가 스타트업의 성장 속도에 제동을 걸기 때문이다. 말하자면 이들은 스타트업이 장기적 수익성의 훼손 없이 성장할 수 있는 최대 속도의 내·외부적 결정 요인인 셈이다.

시장 포화. 모든 스타트업은 하나 또는 그 이상의 고객 세그먼트의 욕구에 맞춰 제품을 개발한다. 그 스타트업이 해당 시장을 대상으로 집중적으로 영업을 수행하면 대부분의 잠재 고객은 그 제품에 대한 정보를 취득하거나 이를 구매할 기회를 얻는다. 이런 과정을 거치며 이 스타트업의 목표 시장은 어느덧 포화 상태에 이른다. 회사가 더 크게 성장하기 위해서는 다른 세그먼트의 소비자들을 유인해야 한다. 하지만 제품에 대대적인 수정을 가하지 않는 한 신규 세그먼트에 속한 잠재 고객들의 욕구를 충족하기는 불가능하다. 그들에게서 구매 결정을 이끌어 내기 위해서는 가격을 낮추거나 더욱 적극적인 방식으로 제품을 판매해야 한다. 하지만 이 전략은 수익의 감소를 초래한다. 게다가 새로운 고객들의 욕구에 맞춰 제품을 수정하면 기존 고객들이 소외될 수 있다. 이 문제를 극복하기 위한 대안 중 하나는 새로운 고객 세그먼트의 욕구를 충족하는 새로운 제품을 별도로 출시함으로써 시장 포화를 피하는 것이다. 범위에 대한 논의에서 이 선택지들을 탐구해 볼 예정이다.

대부분의 초기 단계 스타트업은 목표 시장이 포화 상태에 도달하기까지 아직 갈 길이 멀다. 가령 바루는 자신들이 진출한 여러 도시에서 더 많은 고급 아파트들과 계약을 맺을 수 있었을 것이다. 이렇게 몇 년에 걸쳐 고속 성장이 이어지면 시장은 포화 상태에 돌입한다. 대표적인 사례가 페이스북이다.[5] 그들은 미국 내 주력 고객이 대학생, 고등학생 그리고 성인의 순서로 바뀔 때마다 성장 속도가 하락하는 경험을 했다.

경쟁자. 퀸시나 트라이앵귤레이트 같은 초기 단계 스타트업은 대개 모방 대상이 아니다. 회사의 규모가 너무 작다 보니 사람들의 눈에 잘 띄지 않는 데다 제품 콘셉트도 검증되지 않았기 때문이다. 그러나 급속한 성장으로 경쟁자들을 유혹하는 후기 단계 스타트업이라면 얘기가 다르다. 이들의 기술이나 제품을 모방하는 회사는 대개 다른 스타트업일 테지만, 경우에 따라서는 '잠자는 용'처럼 침묵하던 대기업들도 스타트업의 성공에 자극을 받아 경쟁에 뛰어들 수 있다. 다음 장에서는 온라인 홈 인테리어 기업 팹닷컴을 흉내 냈던 어느 모방꾼의 이야기가 등장한다. 팹닷컴을 모방한 경쟁자는 베를린에 소재한 로켓 인터넷Rocket Internet이라는 스타트업 인큐베이터로 미국의 성공적인 스타트업을 전문적으로 모방한 악명 높은 회사였다.

경쟁이 치열해지면 수익성이 훼손될 수밖에 없다. 시장에 새로 진입한 회사는 고객을 확보하기 위해 제품 가격을 내리고 기존에 활동하던 기업들 역시 시장 점유율을 지키기 위해 가격을 인하하며 맞대응한다. 가령 우버Uber와 리프트Lyft가 운전자들을 확보하기 위해 경쟁하는 상황처럼 여러 기업이 같은 자원을 두고 경쟁하는 경우에는 비용이 상승하는 결과가 빚어진다.

품질 및 고객 서비스 문제. 회사의 급속한 성장은 스타트업의 운영에 과부하를 줌으로써 제품의 품질 문제를 야기할 수 있다. 특히 회사에 제조 및 고객 서비스를 담당하는 직원의 수가 증가하면서 그런 문제가 불거지기 시작한다. 이 기능을 담당할 직원들을 제때 채용하기도 어렵고, 그들이 업무를 제대로 처리하도록 훈련하기도 만만치 않다. 제8장에서 살펴볼 온라인 가구 및 홈 인테리어 업체 닷 앤 보Dot & Bo는 주문이 폭주하는 상황 속에서 주문 처리 현황을 문의하는 고객들에게 대응할 서비스 담당자를 충분히 확보하지 못해 애를 먹었다.

직원 사기와 기업 문화. 회사의 급속한 성장은 물론 고무적인 현상이다. 하지만 직원들이 그 목표를 달성하기 위해 수개월간 체력의 한계에 도달할 때까지 쉬지 않고 일해야 한다면 오히려 사기가 저하될 수 있다. 바루가 경험했던 문제를 생각해 보라. 그들은 반려동물 돌보미를 충분히 확보하지 못하자 일부 숙련된 직원에게 하루 12시간씩 일하라고 요구했다. 직원 수의 급격한 증가는 종종 기업 문화의 훼손을 초래한다. 초기 단계 스타트업이 처음 채용한 직원들은 회사의 원대한 사명과 비전, 설립자 가까이에서 일할 수 있는 기회 그리고 소규모 조직 특유의 끈끈한 동지애 등을 통해 동기를 부여받는다. 반면 후기 단계 스타트업에 합류한 직원들에게 이 회사는 '그저 하나의 일자리'일 뿐이다.

뒤에서 다시 이야기하겠지만 후기 단계 스타트업이 제한 속도를 초과해 너무 빠르게 규모를 키우면 몰락의 길로 접어들 수 있다.

6S 프레임 워크: 범위

창업가들은 회사의 성장 범위를 설정할 때 대체로 다음 두 가지 방향으로 전략적 의사 결정을 내린다. 첫 번째는 회사가 성숙하면서 점차적으로 사업을 확대하는 방식이다. 다시 말해 처음에는 작게 사업을 시작해서 시간의 흐름에 따라 규모를 넓혀가는 것이다. 두 번째는 창업가가 개업 초기부터 야심 찬 사업 범위를 설정하고 과감한 수직적 통합과 지역적 팽창을 계획하는 전략이다. 대체로 회사의 제품이 획기적인 기술 혁신과 관련이 있는 경우가 여기에 해당한다. 하지만 그 대담한 약속이 너무 요원한 목표로 판명되는 경우 부실한 사업적 결과가 금방 드러나면서 결국 어느 곳에서도 자금을 투자받지 못하고 1~2년 안에 세상에서 사라지는 초기 단계 스타트업의 전형적인 재난을 맞게 된다. 두 가지 방향 중 첫 번째의 비중이 더 높다.

그러나 제9장에 등장하는 몇몇 사례처럼 사업 초기부터 원대하고 야심 찬 사업 범위를 설정한 일부 스타트업은 여러 해에 걸쳐 회사를 성장시키기에 충분한 자원을 끌어들인다. 이 '빅뱅'big bang 스타트업의 설립자들은 대개 경력이 화려하고 카리스마가 넘치는 창업가들이다. 그들은 스스로 창조한 현실 왜곡장을 통해 투자자, 인재 그리고 기타 여러 조력자를 설득해서 세상을 바꿀 자신의 비전을 추종하게 만든다.

대표적인 사례가 의료 스타트업 테라노스Theranos(실리콘밸리의 바이오 벤처기업. 피 한 방울로 수백 가지의 질병을 진단하는 기술을 개발했다고 주장했으나 결국 거짓으로 판명됨—옮긴이)의 설립자다.

점진적인 사업 확장을 꾀하든 빅뱅을 선택하든 스타트업이 사업의 범위를 확장하는 네 가지 방식에는 각각 장단점이 존재한다.

지리적 반경.[6] 스타트업은 대부분 새로운 지역으로 사업을 확장하고자 하는 유혹에 빠진다. 우버는 미국 내 여러 도시에서 연이어 서비스를 출시한 뒤에 똑같은 각본을 들고 해외로 진출했다.[7] 한몫 잡을 기회만 호시탐탐 노리는 투자자들 역시 설립자를 압박해서 이런 전략을 밀어붙인다. 회사가 다른 지역으로 진출하면 우버의 경우처럼 이전 시장에서 축적된 노하우를 바탕으로 새로운 시장에 훨씬 쉽게 자리잡을 수 있다. 게다가 다른 지역에 이미 경쟁자가 존재한다는 사실은 스타트업이 하루빨리 그 시장에 진출해야 할 동기로 작용하기도 한다. 경쟁자들이 그곳에서 세력을 굳힐수록 성공 기회가 그만큼 줄어드는 셈이기 때문이다.

미국의 온라인 중고 의류 유통업체 스레드업thredUP 역시 그런 압박에 직면했다.[8] 유럽은 미국에 비해 중고 의류 시장이 활성화되는 시기가 몇 년 정도 늦었다. 그러나 2016년이 되면서 스레드업의 비즈니스 모델을 흉내 낸 몇몇 업체가 현지에서 인기를 끌기 시작했다. 투자자들은 미국과 잠재 시장 규모가 비슷한 유럽 시장을 이 모방꾼들에게 통째로 넘겨줄 작정이냐고 스레드업을 압박했다. 이 회사의 공동 설립자 겸 CEO 제임스 라인하트James Reinhart는 유럽 지역의 경쟁자를 인수하는 전략 같은 다양한 선택지를 검토한 뒤에 처음에는 유럽의 고객들과 매우 제한적인 방식으로 거래하기로 결정했다. 즉 유럽에 지사를 세우거나 현지 영업망과 물류 체계를 갖춘 지역 업체를 인수하기보다 미국에서 고객들에게 물건을 직접 배송해 주는 전략을 선택한 것이다. 라인하트는 미국 시장에서 해결해야 할 문제도 산적해 있고 이곳에서 취할 수 있는 기회도 많은 상태에서 유럽 시장에 공격적으로 진출한다면 조직 구성원을 혹사시킬 수 있을 뿐만 아니라 만일의 경우에 대비해 비축 중인 자본금을 고갈시킬지도 모른다고 우려했다.

지리적 반경을 확대하는 전략에도 적지 않은 리스크가 따른다. 새로운 시장에 진출하면 많은 돈이 들 뿐만 아니라 바루의 경우처럼 경영진의 역량이 분산될 수 있다. 또한 모든 시장에는 새로운 경쟁자, 새로운 규정 그리고 고객 욕구의 바탕이 되는 문화적 차이가 존재한다. 만일 창업가들이 이런 차이점을 이해하지 못하거나 지역적 요건을 제품에 반영하는 데 실패한다면 회사는 커다란 위기에 직면할 수 있다. 디즈니가 파리에서 테마파크를 세운 뒤에 수업료를 톡톡히 치른 이야기는 유명하다.[9] 유럽인은 미국인과 달리 며칠씩 시간을 들여 디즈니랜드를 구경하려 들지 않았다. 그리고 그들의 식사에는 반드시 와인이 함께 제공돼야 했다.

제품 라인의 폭. 회사가 더 많은 제품을 출시하면 성장에 도움이 된다. 그런 의미에서 후기 단계 스타트업은 제품 라인을 다각화하기에 여러모로 유리하다. 경영진은 고객의 욕구를 분명히 이해하고 있으며 시장의 어떤 공백을 메워야 할지 잘 알고 있다. 그동안 쌓아둔 인지도 덕분에 제품을 마케팅할 때도 고객들에게 신뢰감을 줄 수 있다. 특히 기존 제품을 구매한 고객들을 목표로 했을 때는 영업하기가 더 수월하다. 이에 따라 CAC도 신생 스타트업에 비해 한결 낮다. 게다가 성장세에 놓인 스타트업은 엔지니어를 충분히 확보하고 있으므로 이미 보유 중인 기술이나 부품을 이용해 빠르게 제품을 개발할 수 있다. 또 창고나 콜센터 같은 기존의 유휴 설비를 바탕으로 운영의 효율성을 확보하기도 쉽다.

제품 라인을 확대하면 이와 같은 혜택을 기대할 수 있는 반면, 그에 따르는 리스크도 만만치 않다. 스타트업이 새로운 제품을 개발하기 위해서는 제1부에서 살펴본 여러 문제를 해결하는 과정이 필요하다. 다시 말해 시장 수요가 생각보다 약할 수 있고, 경쟁자들이 더 나은 '쥐덫'을 내놓을 가능성이 있으며, 제품 개발의 지연이 초래될지 모른다. 또 회사의 기존 제품 담당자들과 신규 제품 담당자들 사이에 부족한 자원을 두고 내부적 갈등이 발생할 리스크도 존재한다. '구조'에 대해 논의할 때 이런 갈등을 관리하는 방법을 알아볼 예정이다.

혁신. 제2장에서는 초기 단계 스타트업이 "얼마나 많이 혁신해야 할까?"라는 질문에 대답하기 위해 고려해야 할 트레이드오프들을 살펴봤다. 이 문제는 후기 단계 스타트업에도 그대로 적용된다. 회사를 급진적으로 혁신하면 고객의 미충족 욕구를 해결하는 제품을 개발할 수 있는 반면 다음과 같은 리스크가 따른다.

첫째, 고객이 기존 제품을 교체하는 데 높은 전환 비용이 발생한다. 만일 새로운 제품이 고객들의 소비 행위에 중대한 변화를 요구한다면 그들은 구입을 꺼릴 것이다. 둘째, 고객이 혁신적인 제품을 도입하는 과정에 교육 및 훈련이 필요한 경우 이를 위한 마케팅 비용이 증가할 수 있다. 셋째, 혁신이 과학 및 엔지니어링 분야의 중대한 발전과 연관된다면 제품 개발의 지연이 초래될 가능성이 크다.

창업가들이 혁신의 압박을 느끼는 주된 이유는 (변화가 빠른 기술 시장에서) 제품이 시대에 뒤떨어지면 이를 단종하거나 차세대 제품으로 교체해야 할 필요성이 대두되기 때문이다. 그런 의미에서 후기 단계 스타트업은 어려운 선택을 해야 한다.[10]

기존 제품을 개선하는 작업을 전면적으로 중단하고 차세대 제품으로 교체할 최적의 시기는 언제일까? 기존 제품의 혁신을 통해서는 예전만큼 높은 수익을 거둘 수 없다. 특히 엔지니어링에 투입되는 막대한 비용으로 인해 수익성은 더욱 낮아진다. 무엇보다 제품 수명 주기 전체를 놓고 볼 때 차후에 추가된 기능들의 가치는 고객들에게 훨씬 덜하게 느껴지기 때문이다.

어느 제품이든 가장 대표적이고 중요한 기능은 거의 출시 초기에 구현이 완료되며 나중에 추가된 기능들은 없어도 그만인 부가적 요소가 대부분이다. 또한 성숙기에 접어든 제품에 새로운 기능들을 추가하기 위해서는 기존의 기능들과 기술적 호환성을 확보해야 한다. 이 때문에 엔지니어들 입장에서는 더욱 개발이 어렵고 비용과 시간도 많이 든다. 기존에 존재하는 기능이 많을수록 새롭게 추가될 기능과의 충돌 가능성 여부를 검토하는 데 많은 시간이 소요된다.

그러므로 회사가 어느 시점에 도달하면 기존 제품의 혁신을 통해 얻는 수익이 줄어들면서 새로운 제품 개발을 고려해야 하는 순간이 찾아온다. 그러나 창업가들은 기존 제품을 언제 어떻게 차세대 버전으로 교체해야 하는지를 두고 종종 판단 착오를 겪는다. 특히 차세대 제품을 처음 출시하고 경험도 부족한 경영자들에게 그런 경우가 많다. 만일 차세대 제품 출시가 너무 늦어진다면 고객들은 기능이 우수한 경쟁 제품으로 갈아탈 가능성이 크다. 또한 차세대 제품에 너무 많은 혁신을 반영하느라 엔지니어링 작업에 과도한 투자가 집중되고 개발이 지연될 리스크가 따른다.

수직적 통합. 스타트업이 어느 정도 사업 규모를 확장했다면 기존의 외부 업체들에게 아웃소싱했던 업무를 회사 내부로 도입하는 문제를 고려해 볼 수 있다. 물론 대부분의 초기 단계 스타트업은 그 일을 할 수 있을 만큼 자본이나 노하우 그리고 매출액이 충분치 않다. 예를 들어 시드 머니를 투자받는 데 그쳤던 퀸시는 회사 자체적으로 의류 공장을 설립할 여력이 없었다. 만일 이 회사의 연 매출이 5,000만 달러쯤 됐다면 그들은 공장을 직접 세웠을지도 모른다.

수직적 통합이라는 행위 자체만으로 스타트업의 시장을 확장시킬 수 있는 것은 아니다. 회사가 이를 고려하는 이유는 우선 외부 업체에게 지불해야 하는 비용을 절감해서 수익성을 높일 수 있으며, 또 조직의 '핵심 기능'mission-critical 업무들에 관한 품질 관리를 일관성 있게 수행할 수 있기 때문이다. 반면 외부 파트너들에게 이를 맡기면 신뢰성이나 책임에 관한 문제가 발생할 소지가 크다.

수직적 통합에는 큰 위험도 따른다. 많은 투자가 필요한 데다 조직 내부적으로 새로운 기술이나 역량을 개발하는 절차가 요구되기 때문이다. 이 모두가 회사의 고정 비용을 증가시키는 요인이다. 만약 회사의 성장이 마이너스로 돌아서기라도 한다면 큰 문제로 이어질 수 있다. 그렇더라도 수직적 통합은 사업의 '범위'를 넓히는 데 있어 다른 방법에 비해 위험도가 덜한 편에 속한다. 물론 원대한 야망과 까다로운 요구 사항을 지닌 '빅뱅' 스타트업의 설립자들이 창업 초기부터 모든 일을 회사

내부적으로 처리하기를 원하는 경우는 예외다. 제9장에 소개할 베터 플레이스의 설립자 샤이 아가시Shai Agassi는 외부에 충분히 아웃소싱이 가능했던 전기자동차 충전 시설을 포함한 수많은 기술 개발을 자체적으로 추진하기도 했다.

만약 후기 단계 스타트업이 대다수 기업들처럼 사업 확장의 범위를 서서히 넓히는 전략을 채택한다면 외부 업체에 아웃소싱했던 업무 역시 점진적인 수직적 통합의 대상에 포함될 것이다. 경영진이 이 시나리오를 따를 경우 해당 업무의 양, 비용, 투자의 수준 등을 면밀히 검토해서 '자체개발' 대 '아웃소싱' 중 결정을 내려야 한다. 다음 장에서 살펴볼 온라인 소매업체 팹닷컴은 유럽의 몇몇 가구 제조업체를 인수함으로써 후방 업무를 수직적으로 통합했다. 그 덕분에 팹은 자사 브랜드를 부착한 상품을 직접 제작해서 수익성 높은 가격으로 시장에 제공할 수 있게 됐다. 스타트업이 다른 스타트업을 인수함으로써 사업 확장의 '속도'와 '범위'를 증가시키는 전략의 장단점에 대해서는 다음의 '인수를 통한 확장' 기사를 참고하면 좋을 것이다.

인수를 통한 확장

후기 단계 스타트업은 사업의 '속도'와 '범위'에 관한 목표를 달성하기 위해 다른 스타트업을 인수하는 방안을 고려해봄 직하다. 특히 직접적인 경쟁사와 회사를 합치는 경우 핵심 사업 분야의 성장을 가속화하고 경쟁의 위협에서 벗어날 수 있다. 동남아시아에서 차량 공유 시장을 주도했던 그랩Grab이 우버의 동남아 사업 부문을 인수한 사례가 대표적이다. 후기 단계 스타트업이 인수합병을 통해 사업의 범위를 확장하는 전략은 다음 몇 가지 종류로 나뉜다. 첫째, 새로운 시장 진입 전략이다. 우버는 중동 지역의 차량 공유 기업 카림Careem을 인수하면서 중동이라는 새로운 시장에 진출했다. 둘째, 새로운 제품을 기존 제품 라인업에 추가하는 전략이다. 구글은 유튜브를 사들여 제품 라인을 보강했다. 셋째, 수직적 통합 전략이다. 이베이는 페이팔PayPal을 인수함으로써 결제 업무를 수직적으로 통합했다.

학자들의 연구에 따르면 그동안 대기업들이 인수합병을 통해 달성한 재무적 이익은 평균적으로 적자라고 한다.[11] 구매자들은 다른 기업을 인수함으로써 얻을 수 있는 시너지를 과대평가하는 경향이 있다. 그에 따라 실제 가치보다 비싼 가격으로 회사를 사들인다. 인수를 통해 높은 수익을 올리는 기업은 대체로 회사를 거래해본 경험이 풍부하고 기업 실사를 수행하거나 피인수 기업의 업무를 통합하는 프로세스를 체계적으로 갖춘 회사다. 인수합병이라는 게임에 처음 뛰어든 초보 스타트업은 이런 경험이 부족하기 때문에 여러모로 불리할 수밖에 없다.

그럼에도 불구하고 인수합병에 따르는 경제적 이득이 '평균적으로' 적자라는 대목에서 짐작할 수 있듯이 시장 한 구석에서는 성공적인 인수합병이 드물지 않게 이뤄지고 있는 것도 사실이다. 오늘날 기술 업계의 거인으로 추앙받는 회사들이 아직 성장 중인 스타트업에 불과했을 때, 그들은 당시 상황에서 과도한 가격 논란을 불러일으킬 만큼 엄청난 돈을 들여 여러 기업을 성공적으로 인수했다. 구글이 유튜브를, 이베이가 페이팔을, 페이스북이 인스타그램을 사들인 것이 대표적인 예다.

회사가 모든 일을 직접 처리하는 전략에 비해 인수를 통한 확장 전략의 주된 장점은 다음과 같다. 첫째, 시간을 절약할 수 있다. 특히 변화의 속도가 빠른 산업 분야의 기업들에게 이 전략의 가치는 매우 크다. 둘째, 비용 절감이 가능하다. 인수합병을 통해 법률 팀이나 영업 조직 같은 중복적 기능을 제거할 수 있다면 그만큼 비용이 줄어든다. 셋째, 초기 단계 스타트업의 대표적 리스크인 '기회 발견' 및 '자원 확보'의 문제를 줄일 수 있다.

하지만 스타트업이 성장을 위해 다른 회사를 인수하는 데는 세 가지 주요 리스크가 따른다. 첫째는 과도한 가격 지불, 둘째는 인재 손실, 셋째는 인수 후의 통합 과정에서 조직 체계의 붕괴와 관리적 혼선의 가능성이다. 특히 인수합병으로 인해 인재들이 조직을 떠나는 일을 방지하기 위해서는 인수 작업 완료 후 일정 시간이 지난 뒤에 직원들에게 회사의 지분을 나눠 주겠다는 계약서를 작성함으로써 인재 이탈을 막는 것도 한 가지 방법이다. 물론 인센티브를 주고 회사에 출근하게 만든 다고 해서 그들이 꼭 조직에 충성할 거라고 장담할 수는 없다. 조직 통합에 따른 리스크는 주로 다음 세 가지 형태로 발생한다.

- **기술적 불일치:** 새롭게 합병한 두 스타트업 제품의 기술 기반이 서로 다를 경우(가령 한 회사의 제품은 C++ 기반이고, 다른 제품은 자바 기반) 양사의 엔지니어 팀은 곤란한 선택 앞에 놓인다. 그중 하나를 재구축함으로써 기술을 일치시킬 것인가, 아니면 그대로 둘 것인가? 양쪽 제품에 공통적인 기술을 사용하면 새로운 기능을 출시할 때 비용이 절약되겠지만 이를 바꾸는 것은 보통 일이 아니다. 주문 및 재고 관리, 회계 업무, 급여 등에 관련된 사내 정보 시스템에 있어서도 비슷한 선택이 필요하다.

- **조직 설계:** 회사의 경영진은 인수 절차 완료 후 조직의 보고 체계를 구축할 때 종종 정치적 입장이 관여된 어려운 결정을 내려야 한다. 예를 들어 미국의 온라인 소매업체가 스페인의 동종 업계 기업을 인수했다면, 스페인의 마케팅 책임자는 스페인 지사장에게 보고해야 할까, 또는 미국에서 근무하는 본사 마케팅 총괄 책임자의 지휘를 받아야 할까? 아니면 두 사람 모두에게 보

고해야 할까?

- **문화적 적합성:** 만일 두 회사의 기업 문화에 큰 차이가 존재한다면 일하는 방식의 옳고 그름을 두고 임직원들 사이에 지속적으로 오해가 발생하면서 양사의 통합 작업이 난관에 빠질 가능성이 크다. 또 인수된 기업의 직원들이 새로운 문화를 강요받는다고 느끼거나 남들에게 부적응자로 비춰지는 일을 우려한다면 직원들의 사기도 크게 훼손될 수 있다.

6S 프레임 워크: 시리즈X

후기 단계 스타트업들이 투자를 유치할 때 고려해야 할 의사 결정의 주제는 제2장에서 논의한 초기 단계 스타트업들의 고려사항과 크게 다를 바가 없다. 언제, 얼마나 그리고 어떤 투자자에게서 자금을 조달할 것인가? 그러나 성장기에 접어든 후기 단계 스타트업은 이런 기본적인 사항 이외에도 투자 유치 과정에서 다음과 같은 추가적인 리스크의 발생 가능성을 염두에 둬야 한다.

성장 압박. 우리는 제1부에서 벤처캐피털이 스타트업에게 공격적인 성장을 요구하는 이유를 논의한 바 있다. 벤처캐피털의 비즈니스 모델은 전체 투자 포트폴리오의 작은 일부에서 막대한 수익을 챙긴 뒤에 이 이익금으로 다른 투자처의 손실을 만회하는 구조로 이뤄져 있다. 벤처 투자자들은 후기 단계 스타트업의 성장을 특히 강하게 압박한다. 시장 경쟁력이 입증됐다는 회사에 투자할 권리를 얻는 대가로 높은 가격의 주식을 사들였기 때문이다. 세간에서는 이런 현상을 소위 '승자의 저

주'winner's curse 라고 부른다.[12] 경매에서는 최종 승리자가 실제 가치보다 더 높은 가격을 부르고 물건을 낙찰 받는 일이 빈번하게 벌어진다. 그것은 경매에 나온 물건의 가치가 불확실해서 입찰자들의 추정 금액이 천차만별이거나 입찰자들의 '동물적 감각'을 부추기는 능숙한 경매 진행 방식이 광란의 경쟁을 유발하기 때문이다.

따라서 벤처캐피털들이 급격한 성장세에 놓인 스타트업에게 투자할 권리를 얻기 위해 입찰에 뛰어드는 상황도 승자의 저주가 벌어지기에는 안성맞춤의 환경이다. 스타트업의 기업 가치는 매우 불확실하고, 벤처캐피털 투자자들은 대부분 자신이 탁월한 동물적 감각을 소유하고 있다고 믿는다. 이런 광란의 투자 경쟁에서 승리한 벤처캐피털은 그만큼 보상에 대한 기대치가 높기 때문에 해당 스타트업의 성장을 거세게 밀어붙일 수밖에 없다.

유명 벤처 투자자 프레드 윌슨Fred Wilson에 따르면, 그동안 자신이 목격한 스타트업의 실패 사례 중 3분의 2는 아직 아이디어가 완전히 다듬어지지 않은 스타트업에게 투자자들이 과도한 자금을 쏟아부은 데서 비롯됐다고 한다.[13] "투자자나 스타트업의 이사회 구성원, 즉 나 같은 사람들이 결국 스타트업의 몰락을 초래한 겁니다. … 벤처캐피털의 투자가 실패로 이어지는 이유는 스타트업들이 제대로 된 사업 계획을 수립하기도 전에 회사를 확장하는 데 투자받은 자금을 다 써 버리기 때문입니다."

다운 라운드. 제2장에서는 스타트업들이 추가 자금을 조달할 때 이전 투자 라운드에 비해 주가를 더 낮게 평가받는 '다운 라운드'의 리스크에 노출되는 경우가 많다고 언급했다. 스타트업에게 다운 라운드는 치명적일 수밖에 없다. 회사가 위기에 빠졌다고 세상에 신호를 보내는 일과 다름없기 때문이다. 일단 다운 라운드가 발생하면 회사의 지분을 통해 이익을 얻고자 하는 인재들을 채용하거나 자신이 타고 있는 배가 침몰하는 게 아닌지 우려하는 직원들을 안심시키기가 어려워진다.

벤처캐피털들이 스타트업에 투자하기 위해 광란의 경쟁을 벌인다는 말은 그 회사의 사업적 매력 덕분에 기업 가치가 하늘로 치솟고 투자액도 증가할 거라는 뜻이다. 그러나 창업가들은 막대한 투자 제안을 수락하기 전에, 이토록 높은 주가를 이끌어 낸 조직의 동력이 앞으로도 계속 유지될지 현실적으로 평가해 볼 필요가 있다.

물론 그렇게 엄청난 금전적 제안을 거부하기가 쉽지는 않다. 하지만 만일 향후 스타트업의 성장에 제동이 걸린다면 다음 번 자금 조달은 결국 다운 라운드로 이어질 가능성이 크고, 회사는 몰락의 길을 걸을 수 있다. 프레드 윌슨은 이렇게 조언한다. "투자자들이 당신 회사에 큰돈을 던져 준다고 해서, 그 돈을 넙죽 받아들이는 일이 반드시 현명한 행동은 아닐 수도 있다."[14]

자금 조달 리스크.[15] 제8장에서는 특정 산업 전체가 투자자들의 기피 대상이 된 사례가 소개된다. 이런 일이 벌어진다면 경영 상태가 건실한 기업조차 수개월 또는 수년간 자금 조달에 어려움을 겪을 수 있다. 그러므로 후기 단계 스타트업 설립자는 야심 찬 확장 계획을 수립하기에 앞서 시중에 자금 고갈 상태가 닥쳤을 때를 대비해 특단의 대책을 마련해 둬야 한다. 자본금 일부를 저축해야 할지 회사 내부적으로 창출한 현금만으로도 생존이 가능하도록 비용을 신속히 줄일 수 있을지를 따져 봐야 한다.

CEO 교체.[16] 초기 단계 스타트업 설립자들은 대부분 이사회 의결권의 대다수를 차지한다. 그러나 투자 라운드가 진행될 때마다 새로운 벤처캐피털이 이사회에 합류하면서 의결권을 속속 취득한다. 투자 라운드가 몇 차례 이어진 뒤에는 투자자들이 보유한 의결권이 설립자의 의결권을 넘어서고, 급기야 실적이 부진한 CEO를 교체하기에 충분한 표를 확보하는 상황에 이른다. 회사가 빠른 속도로 성장할수록 필요한 자본금도 늘어나고 이런 역학관계도 가속화된다.

설립자가 CEO 자리를 내놓고 싶지 않다면, 그리고 이사회의 규모를 작게 유지함으로써 전략적 우선순위에 대한 개인적 통제력을 유지하고 싶다면 성급히 여러 차례 투자 라운드를 거치며 자금을 조달하기 전에 이 점을 신중하게 고려해 볼 필요가 있다. 물론 설립자가 CEO 자리를 지키기 위해 투자를 고사한다는 말은 회사의 성장 속도를 늦추겠다는 의미일 뿐만 아니라 더 크고 효과적으로 운영되는 이사회를 통해 훌륭한 조언과 네트워크의 혜택을 얻을 기회를 포기한다는 뜻이기도 하다.

이사회의 우선순위.[17] 투자 라운드가 계속되고 새로운 투자자들이 이사회에 합류하면서 창업가들은 또 다른 문제에 부딪힌다. 가장 최근에 자금을 지원한 사람들은 이전 단계의 투자자들과 우선순위가 다르다. 후기 투자자들이 매력적인 보상을 받기 위해서는 스타트업이 공격적으로 사업을 확장해야 한다. 예를 들어 그 스타트업의 주력 시장이 포화 상태에 빠졌다면 회사는 해외로 진출하거나 새로운 제품을 출시하는 방안을 고려해야 한다. 그러나 앞서 살펴본 대로 이 전략들은 모두 심각한 위험을 내포하고 있다.

이에 반해 스타트업의 창업 초기에 훨씬 낮은 가격으로 지분을 매입한 초기 투자자들은 회사가 기존의 전략을 유지하며 견실한 수익을 돌려주기를 기대하며, 제품 라인을 다각화하거나 해외로 진출하는 위험한 전략을 그다지 선호하지 않는다. 이런 이유로 초기 투자자들은 후기투자자들에 비해 스타트업의 공격적인 사업 확장 계획을 열정적으로 지지하지 않는 경향이 있다. 이런 상황 속에서 CEO가 해결해야 할 문제는 이사회가 전략적 의사 결정 앞에 교착 상태에 빠지는 일을 방지하는 것이다.

6S 프레임 워크: 직원

앞서 논의한 세 개의 'S'는 모두 스타트업의 외부 세력들, 즉 고객, 경쟁자, 공급자(속도 및 범위) 그리고 투자자(시리즈X)와의 관계를 규정하는 요소다.[18] 지금부터 살펴볼 나머지 세 가지 'S'는 스타트업의 직원, 보고 체계나 관리 프로세스를 의미하는 구조 그리고 조직 구성원들의 공유 가치 등 회사의 내부 조직에 초점이 맞춰져 있다. 스타트업이 성숙 단계에 접어들면서 회사의 '직원', '구조', '공유 가치'는 중대한 이행기를 겪게 된다. 그리고 이행의 본질과 속도를 좌우하는 것은 사업의 '속도' 및 '범위'에 관한 전략이다. 내부 조직과 관련된 'S'에서 발생하는 실수는 '속도', '범위', '시리즈X'에 관한 문제만큼 회사에 치명적이지는 않을지 모르지만, 조직적인 문제 역시 경영진의 에너지를 분산시킴으로써 시장에서 경쟁력을 확보하고 재무적인 성과를 거두는 일을 어렵게 만들 수 있다.

제너럴리스트에서 스페셜리스트로. 성장세에 놓인 스타트업의 조직 구성원은 시간이 지날수록 속속 전문 인력으로 채워지고 처음에 입사했던 리더들은 회사를 떠난다. 창업 초기에 여러 역할을 넘나들며 수많은 일을 처리했던 소수의 제너럴리스트generalist 는 이제 엔지니어링이나 마케팅 업무에 노하우를 지닌 전문가, 즉 스페셜리스트specialist 들에게 자리를 내주게 된다. 예를 들어 디지털 광고 캠페인, 신규 고객 대상 사후 기술 지원, 제품 품질 모니터링 등의 영역에도 해당 분야의 전문 인력이 추가될 수 있다.

스타트업의 규모가 커지면 본부 업무를 수행하는 데도 전문가의 역할이 필요해진다. 가령 재무 분야의 스페셜리스트들은 회사의 자금 지출을 통제하고 인사부의 전문가들은 채용 프로세스, 직원 승진 검토, 보상 및 복지, 직원 교육 등의 업무를 담당해야 한다.

경영진 교체. 조직에 스페셜리스트가 늘어나면서 설립자·CEO를 포함한 스타트업의 초기 경영진은 각 기능 부서를 직접 이끌 만한 지식과 기술이 부족하다는 사실이 점점 분명해진다. 유명 벤처캐피털 앤드리슨 호로위츠Andreessen Horowitz 의 공동 설립자 벤 호로위츠Ben Horowitz 는 이렇게 말한다. "큰 기업을 관리하는 능력은 타고나는 것이 아니라 배워서 익히는 기술이다. 누구도 어머니 배 속에서부터 수천 명의 직원을 관리하는 방법을 터득해서 태어나지 않는다."[19] 스타트업의 임원 가운데는 본인이 담당하는 기능 부서의 경험이 부족하기 때문에 전문가들을 채용하거나 관리하는 데 어려움을 겪는 사람이 많다. 예를 들어 디지털 광고비를 최적화해 본 적이 없는 마케팅 부서장이 페이스북이나 구글 광고에 수백만 달러를 집행하는 부서를 관리하는 것은 능력 밖의 일일 것이다.

창업가의 능력과 사고방식이 초기 단계 스타트업을 운영하기에는 훌륭했다 하더라도 체계화된 조직 구조, 경영관리 시스템, 의사소통 방식 등을 갖춘 대규모 조직에는 적합하지 않을 수 있다. 예를 들어 초기 단계 스타트업 설립자들에게는 개인적 직감에 따라 신속한 의사 결정을 함으로써 조직의 행보를 빠르게 가져간다는 공통점이 있다. 사업 연혁이 짧고 데이터가 부족한 초기 단계 스타트업들은 세심하고 정밀한 수량적 분석을 수행할 여력이 없다. 반면 각종 데이터를 충분히 확보한 후기 단계 스타트업의 경영진이 오직 '직감'에 의지해서 의사 결정을 한다면 값비싼 실수로 이어질 가능성이 크다.

그런 이유로 스타트업이 성장기로 접어들면서 경영진은 점차 교체되기 마련이다. 벤처 투자자 프레드 윌슨에 따르면 대부분의 스타트업은 창업 이후부터 상당한 규모로 성장할 때까지 평균 세 차례의 경영진 물갈이를 거친다고 한다.[20] 윌슨은 부진한 실적을 거둔 직원을 해고하는 일과 경영진을 교체하는 일은 그 동기가 전혀 다르다고 강조한다. 날로 진화하는 업무적 요구 사항을 버거워하는 임원들에게 조직 내에서 새로운 자리를 마련해 주는 일도 쉽지는 않다. 그렇다고 섣불리 임원들을 해고하면 창업 초기부터 그들과 함께 일해 온 동료들, 특히 이 스타트업의 사명과 가치를 열렬히 지지해 온 직원들의 사기를 떨어뜨릴 수 있다. 윌슨에 따르면 이미 여러 회사를 설립해 본 창업가들은 이런 경험이 많기 때문에 임원 교체라는 상황에 비교적 준비가 잘돼 있다고 한다. 그는 스타트업 설립자들이 회사에 새로운 경영자가 영입될 수 있다는 현실을 열린 마음으로 받아들여야 한다고 조언한다. "자기가 설립한 회사와 끝까지 함께하지는 못하겠지만 본인의 지분을 넘기는 대가로 훌류한 보상을 받을 수 있을 테니까요."

물론 기존 경영진에 대한 인사 조치는 경영진 교체라는 전체 과정의 절반에 불과하다. 나머지 절반은 그를 대신할 사람을 어디서 어떻게 찾아내느냐의 문제다. 제8장에서 살펴볼 후기 단계 스타트업 닷 앤 보는 고객 주문의 지연을 줄이고 배송 비용을 통제할 역량을 갖춘 운영 담당 부사장을 선임하는 데 실패함으로써 '좋은 아이디어와 나쁜 동료'의 패턴을 되풀이했다. 특히 닷 앤 보의 운영 부문처럼 '핵심 기능 분야'에서 인재 부족 현상이 발생했을 때 '관리자 부재'의 문제는 조직에 심각한 영향을 미친다. 또한 해당 분야에 경험이 부족한 CEO는 어떤 자격을 갖춘 후보자를 선택해야 할지 잘 모르는 데다 인재들이 속해 있는 전문가들의 네트워크에 접근이 어렵기 때문에 부적절한 인물을 기용할 가능성이 크다.

CEO 승계. 후기 단계 스타트업의 일부 설립자·CEO는 스티브 블랭크의 표현대로 소위 '피터팬 증후군'에 빠져 성장을 거부하는 듯한 모습을 보인다.[21] 그들은 창업 초기의 자유분방한 분위기나 끈끈한 동지애에 향수를 느끼며 예전처럼 새로운 제품이나 서비스를 처음부터 개발하는 데 모든 에너지를 쏟아붓고 싶어 한다. 게다가 그들은 기존의 비즈니스를 개선하고 확장하는 데 역량을 집중해야 할 시기에도 이런 태도를 취한다.

벤처 투자자 존 햄John Hamm은 초기 단계 스타트업에게는 도움이 됐지만 회사의 성장에는 오히려 해로운 유아기적 습관을 극복하려면 창업가들이 이사회 구성원들이나 멘토에게 조언을 받아야 한다고 말한다.[22] 햄에 따르면 창업가들에게는 다음과 같은 경향이 있다고 한다. 첫째, 리더 역할을 수행할 능력이 부족한 동료들을 오직 의리로 감싸 안는다. 둘째, 전략적인 사고보다 그날그날의 '해야 할 일' 목록에 집중한다. 셋째, 경영진이나 파트너와 함께 협력하기보다 고립적인 환경에서 독불장군처럼 일하기를 좋아한다. 특히 제품 개발에 뛰어난 능력을 지닌 설립자 중에 이런 성향을 보이는 사람이 많다.

빌 게이츠, 제프 베이조스, 마크 저커버그, 일론 머스크 등은 자신이 설립한 스타트업의 성장을 성공적으로 이끌었던 인물들이다. 그러나 이들은 대단히 예외적인 경우다. 대부분의 스타트업 설립자·CEO는 주위 사람들의 조언과 지도에도 불구하고 한층 크고 복잡해진 회사를 이끌 만한 역량이 부족하다. 예시바대학교의 놈 와서먼에 따르면 창업 초기에 CEO를 겸임한 설립자 중 61퍼센트는 시리즈D 투자 라운드를 거친 뒤에 자리를 내놓는다고 한다.[23] 그중 4분의 3은 이사회에 의해 교체되고 나머지는 스스로 사임한다. 자발적이든 아니든 CEO를 그만둔 사람들 중에 3분의 1은 아예 회사를 떠나고 나머지는 조직 내에서 다른 역할을 맡는다.

우리가 우버나 위워크WeWork 같은 유명한 회사의 사례를 통해 목격한 바와 같이, 이사회 주도로 설립자 출신의 CEO를 교체하는 과정에서 격렬한 논쟁과 분열이 초래되고 이사회장이 욕설과 비난이 난무하는 아수라장이 되는 경우가 적지 않다. 이로 인해 경영진의 역량이 분산되고 의사 결정 체계가 마비돼 결국 경쟁자들에게 시장을 빼앗기는 상황도 자주 벌어진다. 하지만 CEO를 교체한 스타트업의 경영 실적을 평가할 때, 리더를 바꾼 일의 인과관계를 바탕으로 조직의 성과에 대한 결론을 이끌어 내기는 쉽지 않다. 만일 회사의 실적이 부진하면(원인)

이사회는 새로운 리더가 필요하다는 결정을 내릴 수 있다(결과). 반면 CEO가 교체되는 과정에서 조직적 분란이 발생하는 경우(원인) 회사의 성과에 차질이 빚어지기도 한다(결과).

6S 프레임워크: 구조

스타트업의 발전 단계가 후기로 접어들면 과거 몇몇 직원이 작은 사무실에서 어깨를 맞대거나 SNS의 단체방을 통해 함께 일하던 시절의 비공식적 소통 체계나 의사 결정 프로세스는 더 이상 통하지 않는다. 조직이 크고 성숙해질수록 보고 체계를 공식화하고 효과적인 경영관리 시스템을 도입함으로써 회사의 정보를 적재적소에 전달하고, 복잡한 업무를 조직화하며, 부서 간 갈등을 신속하고 효율적으로 해결해야 한다.

따라서 회사가 언제쯤 체계적 조직 구조나 경영관리 시스템을 도입할 것인가의 문제는 성장하는 스타트업이 내려야 할 핵심적 의사 결정 중 하나다. 대부분의 창업가는 관료주의를 그리 좋아하지 않기 때문에 가급적 이 과정을 늦추려 한다. 물론 그들의 생각도 아주 틀린 것은 아니다. 특히 이 작업을 너무 서두를 경우 회사가 다음 단계로 성장하는 데 적합하지 않은 체계나 시스템을 도입하게 될 우려가 있다.

보고 체계 공식화. 스타트업의 성장에 따라 더 많은 직원이 회사에 합류하면 경영진은 공식적인 조직 체계를 구축해야 한다. 특히 기능 부서별로 중간 관리자들을 추가하는 것이 그 작업의 핵심이다. 일선 업무를 담당하는 스페셜리스트들에게는 업무 지침을 제공할 상사가 필요하고, 최고 경영진은 부서의 실적에 책임을 지는 누군가가 임원들의 지침을 아래로 전달하는 동시에 일선 직원들에 관한 정보를 위로 보고해 주기를 원하기 때문이다.

스타트업의 직원들은 공식적인 관리 체계를 싫어할 거라고 생각하는 사람이 많다. 하지만 꼭 그렇지는 않다. 실리콘밸리의 유명 기업가로서 기술 산업의 CEO들에게 많은 조언을 제공했던 고故 빌 캠벨Bill Campbell은 이렇게 말했다. "기술적 배경을 지닌 설립자 중에는 엔지니어들이 남에게 관리받기를 싫어할 거라고 지레 짐작하는 사람이 많다. 하지만 이는 사실이 아니다. 언젠가 나는 어느 회사의 설립자에게 엔지니어들이 일하는 곳으로 찾아가서 그들에게 관리자가 필요한지 직접 물어보라고 했다. 놀랍게도 그들 모두가 이렇게 대답했다고 한다. '네, 우리에게 무언가를 가르쳐 줄 수 있고 업무적인 결정을 내려 줄 사람이 있으면 좋겠습니다.'"[24]

신속한 업무적 결정은 기능 부서 내부를 비롯해 부서 간 소통에 있어서도 매우 중요한 요소다. 스타트업이 스페셜리스트들을 채용하기 시작하면 조직의 목표와 우선순위가 서로 다른 부서 사이에 갈등이 발생할 수밖에 없다. 예를 들어 영업 조직은 고객들의 요구에 대응하기 위해 새로운 기능이 추가된 고객 맞춤형 제품을 만들어야 한다고 기술 팀에게 압력을 가한다. 반면 제조 담당자들은 규모의 경제와 품질의 우수성을 달성하기 위해 제품을 표준화해야 한다고 주장한다. 이런 종류의 문제를 처음 접한 설립자 입장에서는 난감한 트레이드오프일 수밖에 없다. 부서 간 갈등을 관리하기 위해서는 조직 설계의 적절한 개선이 필요하다. 몇 가지 예를 들면 다음과 같다.

- **프로덕트 매니저:** 제품 관리자, 즉 '프로덕트 매니저'product manager

를 채용한다. 이 관리자는 기술 팀, 마케팅 조직, 고객 서비스 부서 그리고 고객으로부터 수집한 조언과 정보를 바탕으로 제품에 포함될 기능을 구체적으로 계획하고, 새로운 기능을 언제 어떻게 도입할지에 대한 '로드맵'road map 을 구축하는 역할을 한다.[25]

- **최고운영책임자:** 엔지니어, 제품 관리, 마케팅, 영업, 제조, 고객 지원 등을 포함한 모든 부서(재무와 인사는 예외)를 총괄하는 COO 를 선임한다.[26] 만일 부서 간에 자체적으로 해결이 어려운 업무적 갈등이 발생하면 COO가 최종적으로 의사 결정을 한다.
- **이윤창출센터:** 스타트업의 사업 범위가 복수의 제품 라인이나 다양한 지리적 영역으로 확장된 경우 여러 개의 '이윤창출센터'profit center를 만들어 각 센터별로 총괄 책임자를 두고 제품 개발, 마케팅, 운영 등의 핵심 기능 업무를 자체적으로 수행하도록 한다.

경영관리 시스템 도입.[27] 스타트업은 조직 규모가 커지면서 보고 체계를 공식화해야 할 뿐만 아니라 전략 및 운영 기획, 예산 수립, 성과 측정, 직원 채용 및 개발 등의 업무를 지원하는 다양한 경영관리 시스템과 프로세스를 도입해야 한다. 이 과정의 필요성을 도외시하거나 잘못된 프로세스를 채택하면 업무적 기한을 놓치거나, 비용과 품질 관리에 대한 통제력을 상실하거나, 충분히 자동화 가능한 업무를 단순 반복적인 수작업으로 대신함으로써 시간과 노력을 낭비할 수 있다.

경영관리 시스템은 언뜻 평범하고 따분한 관리 방식처럼 생각될 수 있다. 이는 어느 정도 사실이기도 하다. 또 이 시스템이 없거나 부족하다고 해서 후기 단계 스타트업이 망하는 경우는 거의 없다. 하지만 핵심 업무 시스템에서 발생한 문제가 다른 분야의 어려움을 가중시켜 스타트업의 실패 확률을 높이는 일은 종종 발생한다. 제8장에서 살펴볼 닷앤 보는 주문 및 재고 현황을 추적하는 시스템의 한계로 인해 배송 지연이 발생하고 고객들의 빗발치는 항의 사태를 겪었다. 그리고 이 문제를 해결하는 과정에서 수익성이 훼손되고 회사의 자본금이 예상보다 일찍 고갈되는 결과를 맞이했다.

6S 프레임워크: 공유 가치

벤처 투자자 벤 호로위츠가 정의하는 기업 문화는 '상사가 옆에 없을 때 직원들이 어떻게 의사 결정을 하는지'를 의미한다고 한다.[28] 강력한 기업 문화를 보유한 회사의 직원들은 일상적이지 않은 상황이 닥쳤을 때도 어떻게 행동해야 할지 그냥 알고 있다는 것이다. 예를 들어 어느 중요한 고객으로부터 주문을 빨리 처리해 달라고 특별 부탁을 받은 직원은 상사와 상의하지 않고도 다른 고객의 주문을 늦게 처리하는 식의 대응 방법을 이미 알고 있는 경우다.

급속한 성장세에 놓인 스타트업에 신입 직원들이 속속 합류하면 그동안 회사가 일관성 있게 지켜 온 기업 문화를 유지하기가 점점 어려워진다. 새로 입사한 직원들은 회사의 가치에 동화될 만큼 오래 근무한 사람들이 아니다. 아직 기업 문화에 적응하지 못한 이 직원들은 무엇을 어떻게 해야 할지 그냥 알고 있는 상태가 아니기 때문에 일상적이지 않은 문제나 기회가 닥쳤을 때 혼자서는 아무 일도 해내지 못한다. 또 해당 스타트업의 가치를 전폭적으로 수용한 초창기 구성원들과 달리, 새로 입사한 직원들은 자신의 직무를 단지 하나의 일자리로 여기며 책임감이나 주인의식이 결여된 모습을 보인다. 경영자 코치 제리 콜로나Jerry Colonna는 이렇게 말한다. "일부 회사의 기업 문화는 마치 록 텀블러rock tumbler (돌을 부드럽게 다듬고 윤내는 장비—옮긴이)와 같다. … 더럽고 거친 먼지투성이 돌멩이들을 텀블러 안에 넣고 몇 시간을 돌리면 반짝반짝 빛이 나는 보석이 돼 나온다. 그 속에서 서로 부딪히고 마찰하면서 긍정적인 변화가 이뤄지는 것이다. … 하지만 모든 사람이 록 텀블러 안에서 일하고 싶어 하지는 않는다."[29]

후기 단계 스타트업의 기업 문화에 균열이 가는 방식은 대체로 두 가지다. 첫째, 새로 입사한 전문 인력의 영향력이 점차 강화된다는 사실과 일부 신입 직원의 소극적이고 불성실한 업무 태도에 초기 구성원들이 불만을 표출하는 소위 '굴러온 돌'과 '박힌 돌' 간의 갈등이 발생한다.[30] 반면 신입 직원들은 선배 직원들이 보유한 엄청난 스톡옵션에 질투심을 느끼기 쉽다("내 옆자리의 엔지니어는 나와 똑같은 일을 하면서 500만 달러를 벌었어."). 둘째, 스페셜리스트들이 입사하고 부서 규모가 확대되면서 부서별로 하위 기업 문화가 형성되기 시작한다. 직원들은 회사 전체보다는 마케팅이나 물류 부서처럼 자신이 속한 조직 단위에 더 애착을 느끼는 경향이 있다.

성장하는 스타트업의 경영진은 이런 역학관계하에서 어떻게 강력한 기업 문화를 유지할 수 있을까? 이는 간단한 문제가 아니다. 창업가들은 각종 서적이나 블로그 등을 통해서 더 다양한 지침을 얻을 수도 있겠지만, 여기서는 강력한 기업 문화를 촉진하는 데 필요한 몇 가지 요소만 간략히 소개하고 넘어간다.

· **사명 및 가치 선언문:** 대부분의 스타트업은 사명 선언문mission statement(구글의 사명은 "세상의 모든 정보를 체계화해 누구에게나 접근 가능하고 유용하게 만든다."는 것이다)과 가치 선언문value statement(구글의 가치는 "사악해지지 말자."와 "빠른 것은 느린 것보다 낫다."는 것이다)을 채택하고 있다. 선언문이 진정으로 의미를 갖을지 형식적이고 따분한 것으로 전락할지는 그것이 어떻게 작성되고 직원들에게 어떤 식으로 전달되고 강조되는지에 달려 있다. 스타트업 중에는 전 직원이 함께 사명 및 가치 선언문을 작성해서 회의실마다 게시하는 회사가 많다.

· **소통:** 강력한 기업 문화를 구축하기 원하는 창업가들은 회사가 추구하는 사명과 가치에 대해 직원들과 지속적으로 소통한다. 예를 들어 전 직원 회의가 열릴 때마다 회사의 사명을 참석자들에게 상기시키고 조직의 가치를 실천한 영웅들의 이야기를 들려주기도 한다.

· **운영상의 의사 결정:** 말로만 사명이나 가치를 앞세우는 행위는 아무런 쓸모가 없다. 직원들은 조직의 리더가 위선자인지 아닌지를 순식간에 감별해 내는 고성능 레이더를 장착하고 있다. 스타트업의 공유 가치를 강화하는 유일한 길은 행동으로 입증하는 것이다. 그러므로 경영진은 회사가 선언한 사명과 가치에 부응하는 전략적·조직적 의사 결정을 내려야 한다("이 결정은 사악함으로 향하는 길이 아닐까?").

· **인적 자원 관리:** 다양한 인사 관행을 통해 기업 문화를 강화할 수도 있다. 직원들을 채용할 때 문화적 적합성을 우선적으로 고려하거나 최고 경영진이 신입 직원들에게 회사의 연혁, 사명, 가치 등을 설명하는 교육 과정을 진행하는 것도 한 가지 방법이다. 업무적 성과는 훌륭하지만 회사의 가치를 빈번하게 무시 또는 위반한 직원을 단호히 해고하

는 것도 경영진의 의지를 보여 주는 강력한 신호가 될 수 있다.

• **측정:** 훌륭한 기업은 직원들을 대상으로 주기적으로 의견 조사를 실시해서 그들이 스타트업의 사명을 제대로 이해했는지, 그리고 회사가 추구하는 가치에 동의하고 있는지 여부를 파악한다.

물론 강력한 기업 문화가 스타트업의 성공을 직접적으로 보장하지는 못한다. 회사는 여전히 좋은 제품, 안정적인 전략, 철저한 실행 등을 갖춰야 한다. 그러나 급변하는 기업 환경하에서 직원들이 업무에 솔선수범하는 자세로 임하면 의사 결정에 속도를 불어 넣고 경영진에게 자유로운 시간을 선사할 수 있다. 또한 훌륭한 인재들은 강력한 기업 문화를 소유한 회사에 끌리는 법이다.

그러나 고속 성장을 추구하는 스타트업에게는 때로 강력한 기업 문화가 장애물로 작용할 수 있다. 드롭박스의 경우가 대표적인 사례다.[31] 이 스타트업은 창업 후 오랜 시간이 흐른 시점에도 여전히 엔지니어 위주의 기업 문화가 지배적이었다. 그들의 제품은 뛰어난 기술력의 산물이었으며 최고의 인터넷 기반 기술을 구축하겠다는 도전 정신에 매료된 우수 개발자들이 계속 조직에 합류했다. 기술력을 중시하는 분위기가 회사 전체에 팽배한 반면, 경쟁사에 비해 조직 규모가 훨씬 작았던 다른 기능 부서들은 오직 보조적인 역할만을 수행했다. 예를 들어 드롭박스는 별다른 마케팅 활동 없이도 사용자들의 입소문이나 네트워크 효과에 힘입어 급속도로 성장했다. 게다가 워낙 잘 만들어진 제품 덕분에 사용자들이 문제를 겪는 일도 거의 없었기 때문에 고객 지원 담당자도 필요 없었다.

그러나 드롭박스 제품의 대기업용 버전을 만드는 문제를 두고 경영
진이 논의를 거듭하는 과정에서 기업 문화의 문제가 대두되기 시작했
다. 대기업들을 상대로 제품을 판매하기 위해서는 영업 팀이 꼭 필요했
으나 이는 드롭박스에게 너무도 낯선 조직이었다. 소음 제거용 헤드폰
을 착용하고 자리에 틀어박혀 코딩에 열중하는 소프트웨어 엔지니어들
에게 외향적이고 떠들썩한 영업 직원들은 마치 딴 세상 사람들 같았다.
드롭박스는 기업용 제품이라는 사업 기회를 성공으로 이끌었지만 경영
진은 그 과정에서 많은 시간을 할애해 조직 구성원의 다양성과 회사의
문화를 조율하는 작업을 수행해야 했다.

■ 스타트업 확장의 두 가지 경로 ■

6S 프레임워크의 여섯 가지 요소는 서로 상호 작용하고 영향을 주고받
는다. 성장세에 놓인 후기 단계 스타트업들을 분석한 결과에 따르면 이
러한 상호 작용은 대개 두 가지 경로를 통해 이뤄지고 각 경로를 촉진
하는 요소도 서로 다르다. 첫 번째 경로는 사업 확장의 '속도', 즉 스타
트업의 핵심 비즈니스를 빠르게 성장시키는 전략으로부터 출발한다.
두 번째 경로를 촉진하는 요소는 스타트업이 사업 확장의 '범위'를 야심
차게 설정하는 일과 관련이 있다. 이어지는 장에서 다시 살펴보겠지만
스타트업은 이러한 두 갈래 길을 걷는 과정에서 경로별로 고유한 리스
크와 실패 패턴에 맞닥뜨릴 수 있다.

속도 위주의 확장

속도 위주의 사업 확장은 창업 초기에 회사의 성장을 가속화하는 일에서부터 시작된다. 그 뒤에 다음과 같은 이행 과정을 순서대로 거친다.

속도↑ → 시리즈X↑ 열정에 가득한 얼리 어답터들이 회사의 급속한 성장에 불을 지피면서 투자자들을 유혹한다.

시리즈X↑ → 속도↑ 자본금이 늘어난 스타트업은 빠른 속도로 성장한다. 그 과정에서 비싼 가격을 지불하고 지분을 사들인 신규 투자자들은 더욱 거세게 성장을 밀어붙인다.

속도↑ → 직원↑ → 구조↑ 스타트업은 성장하는 조직을 관리하기 위해 마케팅, 운영, 기타 여러 기능 부서에 스페셜리스트들을 채용한다. 또 이 전문 인력을 통솔할 중간 관리자들도 합류하면서 조직 구조에 위계가 형성되고 직책 및 직무가 공식화된다. 전문가들의 업무를 관리하고 효율성을 증진하기 위해 경영관리 시스템도 도입된다. 여러 기능 부서의 업무를 총괄적으로 조율할 제품 관리자, COO 등의 관리자 및 관련 프로세스 역시 조직 체계에 추가된다.

속도↑ + 직원↑ + 구조↑ → 공유 가치↓ 회사가 빠르게 성장하는 일은 고무적인 일이지만 동시에 직원들의 에너지를 고갈시킴으로써 사기를 떨어뜨리는 결과를 낳기도 한다. 부서들의 규모가 커지면서 기업 문화와 배치되는 하위 문화가 등장하고 부서 간의 갈등이 첨예해진다. 직원 수가 늘어남에 따라 굴러온 돌과 박힌 돌 사이의 대립도 심화된다. 스타트업의 초기 비전을 옹호했던 초창기 구성원들은 더 이상 팔방미인 같은 제너럴리스트가 필요하지 않은 회사를 떠나거나 직급이 낮은 자리로 이동한다. 이에 따라 기업 문화는 붕괴의 위험에 처한다.

속도↓ → 범위↑ 만일 시장의 포화 상태나 경쟁자들의 압박으로 인해 성장이 지체된다면 스타트업은 해외 시장에 진출하거나 새로운 제품을 출시하거나 급진적이고 혁신적인 차세대 기술 개발을 통해 회사의 핵심 비즈니스를 재창조하는 등 사업의 '범위'를 넓히는 전략을 통해 성장세를 유지해야 한다. 또한 고속 성장에 따르는 운영상의 문제나 극심한 경쟁으로 인해 수익성이 훼손될 경우 예전에 아웃소싱했던 업무들을 회사 내부적으로 해결하는 수직적 통합을 통해 수익성 향상을 꾀할 수 있다.

범위↑ → 직원↑ → 구조↑ 스타트업은 사업 범위 확장에 따르는 조직 개편 작업을 통해 스페셜리스트들을 대대적으로 영입하는 채용 단계를 반복해야 한다.

후기 단계 스타트업들이 거쳐야 하는 수많은 과정을 고려하면 그들 중 많은 수가 실패에 나락에 빠지는 이유를 쉽게 이해할 수 있다. 그러나 일부 스타트업은 '속도 위주의 확장'이라는 어려운 시기를 무사히 빠져나와 업계의 선두주자로 떠올랐다. 구글, 아마존, 세일즈포스닷컴, 페이스북, 스팽스, 링크드인, 자포스, 드롭박스, 넷플릭스 등이 대표적인 사례다. 반면 이행 과정에서 실수나 불운으로 인해 몰락하는 스타트업도 수없이 많다. 다음 두 장에서는 그 사례들을 중점적으로 다룰 예정이다. 제7장에서는 열광적인 얼리 어답터들로부터 발생한 수요가 스타트업의 성장에 불을 지폈으나 그 성장이 주력 시장에서의 수익으로 이어지지 못한 '속도의 함정' 패턴 사례를 조명해 본다. 제8장에서는 스타트업이 주력 고객의 욕구를 충족하기 위해 자원을 확보하는 과정에서 실패하는 '자원의 고갈' 패턴을 살펴본다.

범위 위주의 확장

범위 위주의 확장을 이끄는 요인은 무엇보다 스타트업의 대담하고 혁신적인 비전이다. 그 비전에 사로잡힌 투자자들은 장기간의 제품 개발에 필요한 자금을 제공한다. 그 시점부터 이 스타트업이 경험하는 조직적 변화는 '속도 위주의 확장'에 나선 회사의 그것과 비슷하다.

범위↑ → 시리즈X↑ 스타트업의 대담하고 혁신적인 비전에 이끌린 투자자들이 몇 년에 걸친 제품 개발 과정에 기꺼이 자금을 지원한다.

범위↑ → 직원↑ → 구조↑ 제품 개발을 위해서는 엔지니어나 기타 스페셜리스트들을 채용하고, 그들을 관리할 중간 관리자도 영입해야 한다.

범위↑ + 직원↑ + 구조↑ → 공유 가치↓ 제품 개발의 시한을 맞춰야 한다는 압박이 강해질수록 직원들의 사기는 추락한다. 기능 부서의 규모가 확대되면서 부서별 하위 문화가 등장하고 부서 간 갈등도 증폭된다. 직원 수가 늘어남에 따라 굴러온 돌과 박힌 돌 사이의 대립이 발생한다. 이에 따라 초창기 구성원들이 점차 회사를 떠나고 조직의 사명을 대수롭지 않게 여기는 신규 직원들이 자리를 대신하면서 기업 문화는 유명무실해진다.

범위↑ → 범위↑ 직원들의 사기를 진작하고, 제품 콘셉트를 기술적으로 검증하고, 기나긴 제품 개발 과정에 필요한 자금을 조달하는 방법 중 하나는 이른바 '베이스캠프'base camp 제품, 다시 말해 스타트업이 개발 중인 기술과 역량의 '일부'만을 활용한 보조 제품을 먼저 출시하는 것이다. 이 전략을 통해 이미 야심 차게 설정한 사업 범위를 더 크게 확장할 수 있다. '베이스캠프'라는 제목의 관련 기사를 통해 이 전략을 채택한 기업들의 사례를 자세히 살펴본다.

범위↑ → 속도↑ → 시리즈X ↑ 범위 위주의 확장 전략을 택한 스타트업은 일단 핵심 제품을 출시한 뒤에 고객 기반을 신속하게 확대해야 한다. 그들의 비즈니스 모델이 대규모 고객 기반의 네트워크 효과를 요구하는 데다 파트너들에게 자원 공급의 정당성을 제시하기 위해서는 일단 많은 고객이 필요하기 때문이다. 고객이 늘어나면 추가적인 투자 유치의 필요성도 함께 증가한다.

속도↑ → 직원↑ → 구조↑ 고객 기반을 급격히 늘리고자 하는 스타트업은 더 많은 스페셜리스트를 채용해야 하며, 조직 구조도 적절히 조율해야 한다.

두 가지 형태의 확장 경로는 결국 하나로 통합된다. 처음에 '속도' 위주의 확장 전략을 택한 스타트업들은 언젠가 '범위'를 넓혀야 하는 상황에 처하며, 마찬가지로 야심 찬 '범위'를 채택한 스타트업들도 결국에는 확장의 '속도'를 추구하게 된다.

범위 위주의 확장 전략을 추구한 스타트업들 역시 속도 위주의 전략을 채택했던 회사 못지않게 많은 실패를 겪었다. 제9장에서는 '범위 위주의 확장'에 나선 후기 단계 스타트업들이 세상의 모든 일이 순조롭게 진행될 거라는 데 회사의 성공을 베팅하며 '기적의 연속 실패' 패턴에 노출됐던 사례를 살펴본다.

최첨단의 과학 및 엔지니어링 기술을 기반으로 제품을 개발하는 이른바 '고난도 기술' 기업의 설립자들은 종종 주력 비즈니스를 시작하기 전에 보조적 형태의 제품이나 서비스를 먼저 출시한다. 제품의 간소화 버전은 회사가 개발 중인 기술을 시장에 처음 선보이는 역할을 한다. 실리콘밸리의 유명 벤처캐피털 코슬라 벤처스Khosla Ventures의 파트너 사미르 카울Samir Kaul은 이러한 보조적 비즈니스를 산악인들의 '베이스캠프'에 비유했다.[32] 높은 산에 오르는 등산가들은 정상을 향한 최후의 등반을 감행하기 전에 보급품을 정비하고 저농도의 산소에 몸을 적응시킬 목적으로 먼저 베이스캠프를 구축한다. 이 베이스캠프 비즈니스의 사례를 몇 가지 알아 보자.

- 제4장에서 소개한 릿 모터스의 주력 사업은 전기로 구동되고 운전자를 차체로 완전히 감싸서 보호하고 두 바퀴로 달리고 잘 넘어지지 않는 모터사이클 C-1을 개발하는 것이었다. 하지만 이 회사는 그에 앞서 전기로 구동되는 접이식의 저가형 스쿠터를 출시해서 인도를 포함한 개발도상국의 사용자들이 짐을 나르는 용도로 사용할 수 있게 했다.[33] 릿 모터스의 설립자 대니얼 김은 릿 모터스가 C-1보다 훨씬 단순한 스쿠터를 먼저 시장에 내놓음으로써 제조상의 값진 경험을 얻을 수 있고, 스쿠터 사업에서 창출된 이익을 C-1 개발에 투입할 수 있을 거라고 전략의 배경을 설명했다.
- 이잉크E Ink의 주력 비즈니스는 아마존의 킨들이나 그와 비슷한 장비들에서 사용되는 전자 종이 디스플레이 기술, 즉 전자잉크를 개발하는 것이었다. 이 회사는 전자잉크의 초기 버전을 테스트하기 위해 백화점들을 대상으로 상품

홍보용 대형 간판 공급 사업을 시작했다.[34] 고객은 무선으로 내용 교체가 가능한 이 간판들을 사용해서 인건비를 절약할 수 있었다.

스타트업은 단지 경험을 쌓고 자금을 확보하기 위해 베이스캠프 제품을 출시하지 않는다. 창업가들은 새로운 기회를 통해 다음과 같은 혜택을 추가로 얻는다. 첫째, 기술을 단계적으로 개선할 수 있다. 이잉크가 공급한 백화점 간판들은 휴대용 장비의 디스플레이보다 화면 해상도가 훨씬 낮아도 별다른 문제가 없었다. 둘째, 주력 제품의 개발이 완료되기까지 아직 몇 년이 남아 있는 상황에서 베이스캠프 제품은 조직 구성원들의 사기를 끌어올리는 역할을 할 수 있다.

그러나 베이스캠프 전략에도 몇 가지 잠재적 문제가 존재한다. 만일 보조적으로 개발한 제품의 출시 및 관리가 생각보다 어렵다면 이는 경영진의 에너지를 분산시키고 소중한 자본금을 낭비하는 요인으로 작용할 수 있다. 이잉크는 백화점 간판을 제대로 가동하지 못해 악전고투하는 과정에서 이런 교훈을 얻었다. 그들은 무선 호출기 네트워크를 이용해서 간판의 내용을 변경하려 했으나 호출기의 신호가 백화점의 동판銅板 천장을 통과하지 못하면서 문제를 일으켰다. 스타트업들이 베이스캠프에 주저앉는 일을 피하려면 보조 제품과 관련된 기술을 다른 스타트업에 라이선스해야 한다. 그러기 위해서는 자체적인 팀을 활용해 회사의 모든 힘을 이 기술에 100퍼센트 투입할 수 있고, 나아가 이 베이스캠프 제품을 실행 가능한 비즈니스로 바꿀 능력을 갖춘 스타트업을 선택해야 한다.

제7장

속도의 함정

: 사업을 확장하기에 안전한 속도는 어떻게 결정하는가?

▪ 팹닷컴의 성장과 매각 ▪

사업을 확장하기에 가장 적절한 속도는 어느 정도일까? 제이슨 골드버그 Jason Goldberg 는 두 개의 스타트업을 연이어 설립한 뒤에 그 질문에 어느 정도 대답이 될 만한 통찰을 얻었다. 두 회사의 사업적 성과는 매우 달랐다. 첫 번째 회사는 기업의 채용 담당자들을 대상으로 내부 직원 추천 서비스를 제공하는 스타트업이었지만 너무 일찍 사업을 키운 탓에 투자자들에게 큰 손실을 안겨 주고 문을 닫았다.[1] 두 번째 스타트업은 사용자의 페이스북 친구나 트위터 팔로워들이 많이 읽은 뉴스를 검색해서 관련 뉴스를 추천하는 서비스를 제공했다. 이 회사는 비슷한 사업을 하는 더 큰 기업에게 매각됐으며, 골드버그와 투자자들은 이 거래에서 최초 투자액의 13배에 달하는 수익을 올렸다.[2]

골드버그는 이 성공을 거둔 직후인 2009년, 절친한 친구 브래드퍼드 셸해머Bradford Shellhammer와 함께 패뷸리스Fabulis를 창업했다. 페이스북, 옐프, 포스퀘어, 그루폰 같은 기업들의 특징을 적당히 섞어 놓은 것처럼 보였던 이 회사의 목표 고객은 다름 아닌 남성 동성애자들이었다. 이 소셜 네트워크의 가입자 증가세는 1년이 되기 전에 한풀 꺾였지만 패뷸리스의 주요 서비스 중 하나는 계속 인기를 끌었다.

바로 '게이를 위한 오늘의 세일'Gay Deal of the Day이라는 반짝 세일 코너로, 셸해머가 뛰어난 안목을 발휘해서 매일 새롭게 엄선한 초콜릿이나 햄버거부터 속옷에 이르기까지 다양한 제품들을 파격적인 가격에 판매하는 특별 할인 프로그램이었다. 이 코너의 매출액은 상당히 높았다. 게다가 두 공동 설립자는 고객 중 절반이 여성이라는 사실에 놀라움을 감추지 못했다.

패뷸리스에 총 300만 달러의 투자를 유치한 골드버그와 셸해머는 2011년 초 이 회사를 접고 팹닷컴이라는 일반인 대상의 반짝 세일 사이트를 설립하기로 했다. 두 공동 설립자가 투자자들에게 그동안 조달한 자금을 돌려주겠다고 제안하자 오히려 모든 투자자가 그들의 전략 이동을 지원하겠다는 의사를 밝혔다. 두 공동 설립자가 3개월에 걸쳐 10명의 친구를 가입시키면 30달러 상당의 상품 구매권을 증정하는 입소문 마케팅 캠페인을 진행한 결과, 그해 6월 팹의 웹사이트가 공식 오픈하기도 전에 이미 16만 5,000명의 회원이 가입했다.

두 사람은 셸해머가 미적 측면이나 기능적 우수성을 꼼꼼히 따져 선택한 상품들을 대폭 할인된 가격에 판매했다. 가장 많이 팔려 나간 제품은 미국의 디자이너 임스Eames가 제작한 의자, 우산, 골동품 타자기, 바이브레이터 등이었다.[3] 고객들은 팝닷컴이 판매하고 있는 독특하고 도발적인 제품들, 예를 들어 마티니 잔으로 만든 샹들리에나 모조 다이아몬드로 뒤덮인 오토바이 헬멧 등에 열광했다. 순식간에 큰 인기를 끌어모은 팝닷컴은 사이트 오픈 후 단지 12일 만에 60만 달러의 매출을 올렸다.

이들은 제조업체가 고객에게 상품을 직접 배송하는 방법을 택했기 때문에 자체적으로 재고를 보유하지 않아도 무방했다. 또 팝닷컴의 특이한 제품들에 대한 소문이 소셜 네트워크를 타고 퍼지면서 두 공동 설립자는 광고에 돈을 지출할 필요도 거의 없었다. 이런 비용 절감 효과로 인해 창업 초기 팝의 현금 흐름은 플러스를 기록했다. 그해 연말이 되자 이 스타트업의 회원은 100만 명으로 늘었으며, 덕분에 두 사람은 벤처 캐피털에서 4,800만 달러를 추가로 조달할 수 있었다.

2012년, 팝닷컴은 회사의 규모를 더욱 확장하기 위해 1억 2,000만 달러의 벤처 자금을 추가로 끌어들였다.[4] 그해 이 스타트업의 상품 매출은 1억 1,500만 달러까지 증가했다. 2011년의 1,800만 달러에 비하면 엄청난 성장이었다.[5]

그러나 팝의 비즈니스 모델은 서서히 균열의 조짐을 드러냈다. 언론 보도에 따르면 이 회사는 급격한 매출 확대에도 불구하고 2012년 9,000만 달러의 손실을 입었다고 한다.[6] 왜 그랬을까? 팝은 사이트의 성장을 위해 그해 4,000만 달러를 마케팅에 쏟아부었다.[7] 그러나 광고를 통해 사이트에 가입한 고객들은 팝의 초기 고객들만큼 제품의 디자인에 집착하지 않았고 반복 구매율도 낮았으며 주위 사람들에게 입소문을 내는 비율도 떨어졌다. 골드버그는 이렇게 회고했다.

"2012년 여름으로 접어들면서 신규 고객들은 예전처럼 훌륭한 실적을 가져다주지 못했습니다. 물론 사이트를 정식으로 열기도 전에 회원으로 등록했던 수십만 명의 '황금 코호트'cohort(통계적으로 동일한 특색이나 행동 양식을 공유하는 집단—옮긴이)는 언제나 환상적인 매출원이었어요. 2011년 하반기까지 사이트에 가입한 고객들의 실적도 나름 훌륭했죠. 우리는 온라인 마케팅을 대대적으로 진행하며 사이트 성장에 박차를 가했습니다. 하지만 초기에 성과가 좋았던 온라인 마케팅 전략이 점차 한계를 드러내면서 우리는 TV와 우편물 광고 같은 값비싼 마케팅 방식을 추가할 수밖에 없었어요."[8]

게다가 팹닷컴이 유럽 시장으로 급속히 사업을 확장하며 막대한 비용을 지출한 것도 자금 고갈을 부추긴 결정적인 요인이었다. 팹이 유럽에 진출하자마자 이들의 사업 모델을 흉내 낸 몇몇 스타트업이 등장했다. 기업 모방꾼으로 악명 높은 잠버Samwer 형제가 2012년 1월 문을 연 바마랑Bamarang도 그중 하나였다.[9] 이 형제가 설립한 로켓 인터넷 Rocket Internet이라는 스타트업 인큐베이터는 핀터레스트, 에어비앤비, 이베이, 그루폰 등 성공적인 미국의 스타트업을 그대로 모방해서 회사를 설립한 뒤, 미국 기업들에게 유럽 시장에서 전면전을 피하려면 자기 회사를 인수하라고 공공연히 협박하곤 했다. 골드버그는 그 제안을 거부하며 분노에 찬 글을 블로그에 올렸다. "바마랑을 포함한 가짜 기업들에게 경고한다. 이 업계에서는 다른 사람의 아이디어를 훔치는 일이 통하지 않는다. 짝퉁 상품은 디자인이 조잡할 수밖에 없으며 현명한 고객은 훌륭한 디자인의 진정한 가치를 인정할 것이다. 당신들만의 독창적인 것이 아니라면 다른 어떤 일도 벌이지 말라."

골드버그는 또 이렇게 회고했다. "잠버 형제는 머리부터 발끝까지 우리의 모든 것을 흉내 냈어요. 우리는 세계 어느 곳에서도 디자이너를 구할 수 있고, 우리 회사는 이미 해외로 진출하기에 충분한 자격을 갖춘 경쟁자이기 때문에 그들의 손에 유럽 시장을 넘겨줄 수는 없다고 판단했습니다."[10] 투자자들 역시 팹이 해외로 진출하는 전략을 강력하게 지지했다. "우리 회사에 자금을 지원한 투자자 중에는 에어비앤비의 투자자도 있었습니다. 그들은 이렇게 물었죠. '누가 그들을 막아야 할까요? 이 침략자들을 응징할 사람은 없을까요?'"

2012년 팹은 유럽 시장 진출을 가속화하기 위해 해외에 있는 반짝세일 스타트업을 세 군데 인수했다. 현지 물류업체와 10년간 1,200만 달러를 지불하는 창고 임대 계약도 맺었다. 그리고 베를린에 유럽 본사를 설립하고 150명의 직원을 채용했다.[11] 그해 8월이 되자 팹이 확보한 유럽 고객은 140만 명을 돌파했고 회사 전체 매출의 20퍼센트가 유럽 시장에서 나왔다.[12]

같은 해 여름 잠버 형제는 바마랑의 문을 닫았지만 남은 직원들을 수습해서 웨스트윙Westwing 이라는 또 다른 스타트업을 설립했다. 가정용 고급 가구를 판매하던 웨스트윙은 결국 큰 성공을 거둬 2018년 주식시장에 상장하기에 이르렀다. 반면 팹은 싸움에서 이겼지만 너무 큰 대가를 치러야만 했다. 유럽 시장에는 마치 밑 빠진 독처럼 돈이 들어갔다. 보도에 따르면 팹이 유럽에서 철수를 결정할 때까지 이 시장에 투자한 자금은 무려 6,000만 달러에서 1억 달러 사이였다고 한다.

2013년 4월 반짝 세일 모델이 동력을 상실했다고 우려한 골드버그는 회사의 전략을 이동해 수많은 강자가 즐비한 전자상거래 시장에 본격적으로 진입하겠다는 계획을 발표했다.[13] 골드버그는 이렇게 말했다. "매일 새로운 제품으로 반짝 세일을 진행하는 모델은 창업 초기에 시장의 관심을 이끌어 낼 만한 좋은 방법이었습니다. 하지만 소비자들도 날마다 비슷한 이메일을 받다 보니 관심이 시들해진 거죠. 우리에게는 '오늘의 상품' 이외에 고객들에게 제공할 만한 또 다른 무언가가 필요했습니다."[14]

골드버그가 이 결정을 내린 시점에서 '오늘의 상품' 반짝 세일을 통해 창출된 매출액은 팹닷컴 전체 매출의 3분의 1에 불과했다. 나머지는 이 사이트에 수록된 11만여 개의 제품에서 나왔다. 상품의 대다수는 가구와 가정용 실내 장식용품이었으며 그 밖에 보석, 식품, 애완동물 관련 용품 등도 있었다.[15] 이렇게 품목이 다양해지자 팹은 사이트를 대대적으로 개편해서 1,200만 명에 달하는 회원들에게 더 나은 검색 서비스를 제공하기로 했다.

또 제조업체가 고객에게 물건을 보내는 과정에서 배송 시간에 대한 불만 사례가 늘어나자, 팹은 제조사로부터 직접 제품을 구입해 재고로 보유하고 자사의 물류창고에서 고객에게 물건을 배송하는 방식으로 정책을 바꿨다. 또 그들은 자사 브랜드를 직접 디자인하고 자체 상표를 부착한 뒤 판매함으로써 수익성을 높이는 전략을 세웠다. 이 전략을 더욱 강화하기 위해 독일에 본사를 둔 맞춤형 목재가구 제조 및 판매업체 마시프콘세프Massivkonzept를 2,500만 달러에 인수했다.

팝이 이런 행보를 거치며 자본금을 상당 부분 소진하자 여기저기 큰 논란이 불거졌다. 어떤 사람들은 반짝 세일 모델이 아직 추진력을 상실하지 않았다고 주장했으며, 일부는 골드버그의 사업적 직감을 믿어야 한다고 말했다. 온라인 반짝 세일은 지난 2008년의 금융 위기 속에서 인기를 끌기 시작했다. 그루폰과 길트 그룹Gilt Groupe은 당시 깊은 침체에 빠져 있던 고가 제품 제조업체들이 제품 가격을 대폭 할인해서 판매 활성화를 꾀하는 전략에 동의한다는 사실을 알아냈다. 하지만 2013년에 접어들며 경기가 회복세를 보이자 제조업체들은 더 이상 할인의 필요성을 느끼지 못했다. 그 사이 이 시장에 뛰어든 팝닷컴, 주릴리Zulily, 루라라Rue La La, 원 킹스 레인One Kings Lane 등의 업체들은 제품의 구입 원가를 낮추기 위해 서로 치열하게 경쟁해야 하는 처지에 놓였다.

더 심각한 문제는 아마존까지 이 게임에 뛰어들었다는 사실이었다. "경쟁이 훨씬 치열해진 거죠." 골드버그는 이렇게 말했다. "처음에는 아마존이 우리의 반짝 세일 상품을 흉내 내는 데 30일에서 40일 정도가 걸렸습니다. 2013년이 되자 그들은 24시간 만에 똑같은 제품을 만들어 내더군요. 아마존은 우리 제품의 디자이너들에게 말했습니다. '당신의 디자인을 우리 회사에 도입하고 싶어요.' 우리가 아마존의 저렴한 가격을 따라잡기는 무리였어요. 게다가 그들처럼 빠른 속도로 물건을 배송하지도 못했습니다. 그러다 보니 고객 만족 점수도 하락할 수밖에 없었죠. 같은 디자이너가 만든 제품을 더 저렴한 가격에 더 빠른 속도로 공짜로 배송해 주는 회사를 당할 수가 있을까요?"

골드버그는 회사의 전략을 이동한 자신의 행보가 결국 리스크를 불러왔다는 사실을 인정했다. "그건 엄청난 자본이 필요한 전략이었어요. 회사가 재고를 직접 보유하면 잘못된 제품을 사들일 리스크도 높아지죠. 2012년 연말 휴가 기간의 매출은 제품별로 들쭉날쭉했습니다. 물론 과도한 자신감이나 오만함이었겠지만 우리는 좋은 제품을 고르는 데 누구보다 강점이 있다고 믿었습니다. 결국 그해 연휴 기간에 우리가 선택한 많은 제품의 판매가 부진을 면치 못했습니다."[16] 그는 이렇게 덧붙였다. "결국 우리의 큐레이션curation (상품을 선별하고, 분류하고, 배포하는 작업—옮긴이) 능력이 한계를 보이기 시작한 거죠."[17]

2013년 4월, 팹닷컴의 이사회는 회사의 전략 이동을 위한 두 가지 성장 계획을 수립하고 토론에 돌입했다.[18] 플랜 A는 회사의 전열을 정비하고 미국 시장에 집중해서 연간 1억 5,000만 달러의 플러스 현금 흐름을 달성한다는 계획이었다. 반면 플랜 B는 매년 100퍼센트의 매출 성장을 지속적으로 달성해서 세계 시장을 석권하는 야심 찬 목표를 지향했다.

"논의라고 할 것도 없었습니다. 이사회 참석자 중에 플랜 A를 지지한 사람은 오직 한 명뿐이었어요. 그 사람은 우리가 최근 확보한 고객들로부터 별다른 실적이 발생하지 않았고, 지난해 연말 휴가 기간 동안 마케팅에 큰돈을 쏟아부었음에도 성과가 좋지 않았다는 사실을 우려했습니다. 하지만 그를 제외하고, 저를 포함한 모든 사람이 고속 성장의 로켓에 탑승하기로 결정한 겁니다."

2013년 6월, 팹은 1억 6,500만 달러의 벤처 자금을 추가로 투자받았다. 이 회사의 투자 후 기업 가치는 10억 달러를 기록했다. 골드버그는 그때를 이렇게 회상했다. "사실 그 시점에서 우리는 이미 실패한 겁니다. 우리가 세운 사업 확장 계획에 따라 이미 추진 중인 대규모의 투자 건들을 집행하기 위해서는 3억 달러가 필요했어요. 주변 사람들은 유니콘 기업이 된 것을 축하한다고 수없이 전화를 했지만 마음은 전혀 편치 않았습니다. 곧 수렁으로 빠져들 거라는 사실을 알면서 10억 달러 기업 가치로 1억 6,500만 달러를 투자받는 게 어떤 느낌인지 아는 사람은 많지 않을 겁니다."

당시 팹의 현금 소진 속도는 매달 1,400만 달러로 최고치를 찍고 있었다.[19] 2013년 10월, 골드버그는 상황을 통제하기 위해 결국 급브레이크를 밟았다. 팹은 미국 직원 80퍼센트를 감원하고 임원들도 대부분 내보냈다. 그리고 상품 가짓수도 대폭 축소했다.[20] 골드버그의 공동 설립자 셀해머 역시 회사를 떠났다. 유럽 사업은 수익성이 좋은 맞춤형 가구 분야만 남기고 모두 폐쇄하기로 결정했다.

2014년 중반이 되자 팹은 창업 초기와 비슷한 모습으로 돌아와 있었다. 골드버그는 유럽의 자사 브랜드 가구 사업을 분리해서 헴Hem이라는 별도 법인을 설립했다. 이 회사는 다른 가구 업체 두 개를 사들이며 어느 정도 성장했다. 이 사업에 모든 에너지를 쏟기로 마음먹은 골드버그는 팹의 미국 사업부를 시장에 내놨다. 2014년 10월 어느 유명 맞춤형 가구 제조업체가 팹의 미국 자산을 3,000만 달러 상당의 자사 주식으로 인수했다.[21] 뒤이어 헴 역시 스위스의 가구 회사에 2,000만 달러에 팔렸다.[22]

▪ 속도의 함정 전개도 ▪

빠르게 올라간 것은 빠르게 내려가는 법이다. 지속 가능한 속도를 넘어 너무 급하게 사업을 확장한 팹은 다른 많은 후기 단계 스타트업처럼 '속도의 함정'이라는 실패 패턴의 제물이 됐다. 이 패턴이 어떤 과정을 거치며 전개되는지 함께 알아보자.

단계 1: 기회 포착. 창업가가 특정 세그먼트에 속한 고객들의 강력한 미충족 욕구를 만족시킬 수 있는 해결책을 찾아낸다. 팹이 고안한 '오늘의 상품' 반짝 세일은 셸해머와 취향이 비슷하면서 뭔가 특별한 제품을 찾고 있던 쇼핑객들의 욕구를 충족해 줬다.

단계 2: 급속한 초기 성장. 목표 고객 세그먼트에 속한 얼리 어답터들이 입소문을 내거나 때로 강력한 네트워크 효과가 작용하면서 회사는 급속한 초기 성장을 달성한다. 팹 역시 초기 성장 단계에서 어느 정도의 네트워크 효과를 거뒀지만 시간이 갈수록 효과가 약해졌다.

단계 3: 자금 조달 성공. 스타트업의 초기 성장은 투자자들을 유혹한다. 급속한 성장이 계속 이어질 거라고 기대하는 투자자들은 높은 가격을 치르고 지분을 사들인다. 특히 골드버그처럼 카리스마를 갖춘 설립자가 화려한 비전을 제시한다면 스타트업의 기업 가치는 하늘을 찌르고 투자자들은 고속 성장의 기대에 흥분을 감추지 못한다.

단계 4: 경쟁자의 등장. 경쟁자들 역시 스타트업의 성장에 자극받아 게임에 참가한다. 대부분은 바마랑처럼 이 회사를 흉내 낸 다른 스타트업이지만 경우에 따라 아마존 같은 기술 대기업이 될 수도 있다. 아니면 '잠자는 용'이라고 불리는 업계의 기존 참가자들도 누군가 자신의 영역을 침범해서 기회를 추구한다는 소식을 듣고 잠에서 깨어나 경쟁에 뛰어들지 모른다.

단계 5: 시장 포화. 팹의 가치 제안에 강하게 이끌렸던 기존의 고객들은 2012년에 접어들면서 포화 상태에 빠졌다. 스타트업이 차세대 잠재 고객들을 유인하기 위해서는 광고에 돈을 쏟아붓고 파격적인 할인 정책도 펼쳐야 한다. 이처럼 CAC가 상승함에 따라 LTV는 감소한다. 새로운 구매자들은 충성도가 낮고 재구매 비율도 떨어지기 때문에 신규 고객이 회사에 기여하는 가치는 고객 확보를 위한 마케팅 비용보다 낮아진다. 물론 수익보다 성장을 중요시하는 투자자들은 그런 상황에도 회사에 계속 자금을 지원하겠지만 언제까지나 돈을 쏟아부을 수는 없는 노릇이다.

단계 6: 직원 채용 정체. 스타트업이 규모를 확장하면 많은 신규 직원이 필요하다. 하지만 회사가 요구하는 자격을 고루 갖춘 후보자들을 찾아내기는 쉽지 않다. 설사 충분한 수의 직원을 채용한다 하더라도 그들을 빠른 시간 내에 훈련시키기도 만만치 않다. 어느 경우든 회사에 적절한 능력을 지닌 직원이 부족해지는 상황이 발생한다. 그 결과 고객에게 판매되는 제품의 사전 검수가 이뤄지지 않고, 엉뚱한 물건이 배송되고, 고객들이 보낸 이메일이 무시되는 일이 벌어진다. 제대로 된 인력을 확보하지 못한 스타트업은 제품의 품질 저하와 고객 서비스 부족 사태에 시달리게 된다. 다행히 팹은 이 대목에서 심각한 문제를 겪지는 않았다.

단계 7: 조직 구조의 등장. 기능적으로 전문화된 인력들을 조화롭게 이끌기 위해서는 다음 두 가지가 필요하다. 첫째, 관련 분야에 전문성을 갖춘 임원. 둘째, 직원들의 업무를 계획하고 성과를 추적 관찰할 수 있는 정보 시스템 및 공식 프로세스. 팹닷컴의 경우 회사가 상품을 사들여 직접 재고를 관리하고 자체적으로 가구를 생산하면서 운영의 복잡성이 가중되기 시작했다. 스타트업은 규모가 성장할수록 더 뛰어난 능력을 갖춘 인재를 영입하고, 과거에 비해 훨씬 복잡해진 기업 활동을 효과적으로 조율할 수 있는 조직 체계와 정보 시스템을 구축해야 한다.

단계 8: 내부적 부조화. 직원 수가 급격히 늘어나고 전문가들로 구성된 부서 단위가 확장되면 직원 사이에 갈등이 생겨나고 사기가 저하되고 기업 문화가 훼손될 수 있다. 예를 들어 영업 부서 직원들은 마케팅 부서가 전달해 준 영업 기회의 가치에 불만을 제기하고, 마케팅 부서는 엔지니어링 부서에서 새로운 기능을 개발하는 작업이 너무 더디다고 불평한다. 골드버그는 팹이 적대적인 하위 문화에 시달렸다는 점을 인정했다. "제가 조직 구성원들의 폐쇄적인 문화와 사고방식을 방치한 겁니다. 이 때문에 회사에는 서로 불신하는 분위기가 걷잡을 수 없이 번져나갔어요."[23]

직원들이 다른 사람에게 손가락질하며 책임을 전가하면 상대방은 "그건 내 잘못이 아니야."라는 분노의 반응으로 맞선다. 회사에서 오래 근무한 직원들이 신입 직원들의 소극적인 근무 자세를 비난하며 갈등은 더욱 악화된다. 반면 새로 입사한 스페셜리스트들은 고참 직원들이 회사에 거의 기여하지 못한다는 사실에 좌절한다. 고위 임원들은 이런 조직적 불화를 진화하고 직원들을 결속하기 위해 안간힘을 쓴다. 그러나 중간 관리자들은 회사의 경영진과 근무 시간 대부분을 사무실 밖에서 자금을 조달하느라 바쁜 CEO가 일선 업무 현장에서 어떤 일이 벌어지고 있으며 직원들에게 무엇이 필요한지에 대해 제대로 파악하고 있는지 의문을 제기하기 시작한다.

단계 9: 도덕적 해이. 성장을 지속해야 한다는 압박을 받는 창업가들은 때로 법적, 제도적, 윤리적 의무를 위반하고자 하는 유혹에 빠진다. 예를 들어 우버는 자사의 직원들에게 경쟁사인 리프트의 차량 공유 서비스를 신청하고 취소하는 일을 반복해서 업무를 방해하라고 지시했다.[24] 기업의 인사부를 위해 직원 의료보험을 관리해 주는 의료 스타트업 제네피츠Zenefits는 새로 입사한 영업 직원들이 주州에서 시행하는 자격 시험에 붙을 수 있도록 부정행위를 조장하는 소프트웨어를 개발해서 회사의 성장을 유지하려 했다.[25] 다행히 골드버그는 이런 윤리적 문제를 일으키지는 않았다.

단계 10: 투자자의 경고. 스타트업의 현금 보유고가 바닥을 드러내면 주가 역시 추락한다. 스톡옵션이 휴지 조각이 되고 직원들은 회사를 떠나며 투자자들은 더 많은 자본금을 지원하길 거부한다. 만일 어떤 투자자가 이 스타트업을 위해 기꺼이 구명줄을 던져 준다 하더라도 그는 그 대가로 엄청난 양의 주식을 요구하기 마련이다. 그 결과 회사의 임원들이나 기존 투자자들이 보유한 지분 비율은 대폭 감소한다. 투자 유치의 결정권을 쥔 이사회에서는 추가 자금 조달 여부와 그 방법을 두고 사생결단의 싸움이 벌어진다.

단계 11: 엔드게임. 이쯤 되면 사안의 본질이 분명해진다. 회사가 지속 가능한 페이스를 넘어 급속도로 사업을 확장하고 있으니 이제 속도를 줄여야 한다. 그럼 브레이크를 얼마나 강하게 밟아야 할까? 마케팅 비용을 줄이는 것으로 충분할까? 직원들을 내보내야 스타트업이 살아날 수 있을까? 회사를 매각하는 것은 타당한 방법일까? 만일 투자자들이 회사를 정상화하는 데 필요한 자금을 지원하지 않는다면 그 대안으로 자금이 넉넉한 대기업을 알아보면 어떨까? 제10장에서는 자기가 실패를 향하고 있다고 생각하는 창업가들이 어떤 행보를 취해야 할지, 그리고 그들이 위의 질문에 어떻게 답해야 할지 논의해 볼 예정이다.

이 주제들은 너무 일찍 사업을 확장한 스타트업들 중에서 그때그때 형태를 바꿔 가며 지속적으로 연출된다. 일부 생존자는 직원을 줄이고, 마케팅 비용을 절감하고, 보다 충성심과 수익성이 높은 고객 세그먼트에 역량을 재집중하는 전략으로 위기를 벗어났다. 대표적인 사례가 버치박스, 블루 에이프런Blue Apron, 그루폰, 제네피츠, 징가 같은 회사들이다. 반면 팹, 비피Beepi, 먼처리Munchery, 내스티 갈 등을 포함한 많은 스타트업은 '속도의 함정'에 빠져 돌이킬 수 없는 결과를 맞았다.

■ 자가진단 RAWI 테스트 ■

어떻게 하면 '속도의 함정'을 피하거나 안전하게 벗어날 수 있을까? 이를 위해서는 함정을 감지해 내는 레이더 탐지기가 필요하다. 그런 의미에서 창업가들이 효과적으로 활용할 수 있는 탐지기 중 하나가 RAWI 테스트다.[26] 이 테스트는 스타트업이 사업 확장에 성공할 수 있는지 여부를 판단하기 위한 네 가지 범주들로 구성돼 있다.

준비 여부 확인 Ready? 검증된 비즈니스 모델을 채택하고 있나? 목표 시장은 회사의 성장을 견인할 만큼 규모가 큰가? 회사가 성장하면서 새로운 고객을 유인하기가 점점 어려워진다면, 회사가 거둘 수익만으로 가격 대 비용의 압박을 견뎌 내기에 충분한가?

능력 여부 확인 Able? 급속한 확장에 필요한 인력이나 자본금 등의 자원을 확보할 능력이 있나? 다수의 직원을 새로 채용하고, 훈련하고 그들의 업무를 조율할 조직적 체계를 구축할 수 있나?

의지 여부 확인 Willing? 설립자들은 사업을 확장하는 데 열의를 보이는가? 사업 확장 전략이 그들의 최초 비전을 이루는 데 도움을 주고 있나? 그들은 벤처 자금 유치에 따라 본인의 지분이 희석될 것이며, 투자자들이 이사회를 장악하면서 자기가 CEO 자리에서 해임될 수 있다는 사실을 알고 있나? 사업 확장에 따라 업무가 늘어나면서 회사에서 장시간 근무해야 하고 인간관계도 훼손되는 현실을 받아들일 수 있나?

동기 여부 확인 Impelled? 이 스타트업에게는 공격적인 경쟁자들이 많은가? 회사의 확장 전략이 '잠자는 용'들을 깨우는 역할을 하지 않을까? 강력한 네트워크 효과, 높은 전환 비용, 규모의 경제 등에 이끌린 경쟁자들이 '땅따먹기' 전쟁에 뛰어들 가능성은 없나?

RAWI 테스트는 일회성의 시험이 아니다. 창업가들은 시장의 역동성과 회사의 실적 변동을 감안해서 분기별 또는 상황에 맞게 주기적으로 RAWI 테스트를 실시해야 한다.

RAWI 테스트: 준비 여부 확인

스타트업이 사업을 확장할 준비가 돼 있다는 말은 회사가 일정 속도로 성장함에 따라 자사의 제품-시장 적합성을 유지할 자신이 있다는 뜻이다. 즉 고객의 욕구를 충족하고 이를 바탕으로 건실한 수익을 지속적으로 창출할 준비를 갖췄다는 의미다.[27] 수익이 상승하면 사업 확장에 필요한 투자자들을 새롭게 유인할 수 있다.

스타트업이 장기적인 수익성을 달성하기 위해서는 LTV/CAC 비율을 한계 수준 이상으로 유지해야 한다.[28] 이 한계 수준은 스타트업의 비즈니스 모델, 특히 회사가 네트워크 효과를 활용할 능력이 있는지, 1달러의 매출을 올릴 때 고정 비용을 얼마나 지출하는지에 따라 달라진다. '동기 여부 확인'에서 네트워크 효과가 LTV/CAC 비율에 미치는 영향을 논의하겠지만 여기서는 먼저 고정 비용 이야기를 해보자. 앞에서 언급한 바와 같이 LTV는 고객 한 사람으로부터 회사가 벌어들이는 매출 이익, 즉 매출에서 변동 비용을 뺀 금액을 뜻한다. 그러나 스타트업이 수익을 창출하기 위해서는 고정 비용뿐만 아니라 고객 유치에 투입한 모든 비용의 총합보다 높은 매출 이익을 거둬야 한다. 일례로 '서비스형 소프트웨어'Software as a Service, SaaS(사용자가 필요한 소프트웨어 기능만 임대해서 사용하는 서비스—옮긴이) 스타트업처럼 고정 비용이 높은 회사는 LTV/CAC의 한계 수준이 대개 3.0 이상이다.[29]

그렇다면 스타트업은 LTV/CAC 비율을 한계 수준 이상으로 유지하면서 얼마나 빠른 속도로 성장을 달성할 수 있을까? 여기에 영향을 미치는 것이 앞 장에서 살펴본 스타트업 성장의 속도 제한 요인들이다. 첫째, '시장 포화의 리스크'. 스타트업이 출시한 제품이 목표 고객 세그먼트에 속한 대부분의 잠재 고객에게 노출 및 제공이 완료되는 시점을 의미한다. 둘째, '품질 및 고객 서비스 문제'. 스타트업이 제품의 결함이나 고객 서비스의 오류 없이 얼마나 빠르게 성장할 수 있는지를 나타낸다. 셋째, '경쟁자'. 스타트업의 급속한 확장에 따른 경쟁자들의 반응을 뜻한다. 이 세 가지 요인 모두가 스타트업의 LTV/CAC 비율에 중대한 영향을 미친다. 여기서는 먼저 시장 포화의 리스크를 살펴보고, 품질 및 고객 서비스 문제는 '능력 여부 확인'에서, 그리고 경쟁자에 대해서는 '동기 여부 확인'에서 논의한다.

다시 팹닷컴을 살펴보자. 팹닷컴이 성장하면서 회사의 초기 목표 시장은 포화 상태에 빠졌다. 셸해머가 선택한 독특한 제품들에 열광했던 얼리 어답터들을 따라 사이트에 가입한 고객들은 제품을 구매하는 빈도수도 낮았고 요구하는 할인율도 컸다. 그들은 입소문보다 주로 유료 마케팅을 통해 사이트에 가입한 회원들이었다. 저렴한 상품을 어쩌다 한 번씩 소규모로 주문하는 신규 고객들의 LTV는 얼리 어답터들에 비해 훨씬 낮았다. 또한 회사가 그들을 유인하기 위해 유료 마케팅에 많은 돈을 쓰면서 CAC는 더욱 높아졌다. 결과적으로 팹이 성장하면서 LTV/CAC 비율은 갈수록 위축됐다. 이는 '속도의 함정'에 빠진 스타트업들에게서 반복적으로 관찰되는 문제다.

시장 포화에 대한 스타트업의 취약성 여부를 판단하기 위해서는 전체 시장에서 각 세그먼트별로 시장 규모가 얼마나 큰지, 그리고 그 세그먼트가 얼마나 빠른 속도로 성장할 가능성이 있는지를 파악해야 한다. 그러나 서로의 경계가 모호한 세그먼트들의 규모를 정확히 측정하기는 쉽지 않다. 가령 얼리 어답터들과 주력 고객들 사이의 경계가 명확하지 않은 이유는 한 세그먼트가 다른 쪽으로 흡수되는 경우가 많기 때문이다.

이런 이유로 일부 스타트업은 시장의 포화 상태를 추적하기 위해 특정 기간 동안 새로 고객이 된 그룹, 즉 동일 코호트의 실적을 연속적으로 분석하는 방법을 사용한다.[30] 각 코호트는 회사가 같은 달 또는 같은 분기에 새롭게 확보한 고객들로 구성된다. 또한 그들은 같은 세그먼트의 구성원이면서 동일한 마케팅 방법론에 의해 유치된 고객들이어야 한다. 여러 세그먼트의 고객을 하나의 코호트로 묶으면 각 세그먼트 특유의 트렌드가 모호해진다. 서로 다른 마케팅 방법을 통해 확보한 고객들을 단일 코호트로 분류해도 분석 결과가 왜곡될 수 있다. 잠재 고객이 해당 스타트업의 제품에 대해 보이는 관심도의 수준에 따라 마케팅 방법이 달라지기 때문이다. 예를 들어 본인이 필요한 제품을 구글에서 직접 검색한 사람은 페이스북 광고에 응답한 사람에 비해 해당 제품에 대한 욕구가 훨씬 강하기 때문에 충성도 높은 고객이 될 확률도 높다.

각 코호트를 분석하기 위해서는 일정 기간의 평균 소비액, 제품 유지 및 재구매 비율, 신규 고객 소개 횟수 같은 고객 만족도 및 제품 참여도 등의 핵심 지표를 모두 측정해야 한다. 측정 지표는 스타트업의 비즈니스 모델에 따라 달라진다. 예를 들어 드롭박스처럼 '프리미엄'freemium (기본적인 기능은 무료로 제공하면서 고급 서비스는 유료화한 전략—옮긴이) 제품을 출시한 회사는 무료 버전 사용자들이 유료 상품인 프리미엄premium 버전으로 전환한 비율을 측정해야 할 것이다. 다음의 도표는 '프리미엄' 제품에 대한 코호트 분석의 사례를 보여 준다.[31]

코호트 분석표의 세로줄은 코호트에 따라 실적이 개선 또는 악화되는 모습을 나타낸다. 맨 위의 가로줄은 연속적인 시간의 간격, 즉 회사가 고객 코호트를 유치한 이후의 첫 번째 달, 두 번째 달 등을 보여 준다. 두 번째 가로줄에는 가장 오래된 코호트인 2월 15일자 코호트의 실적이 왼쪽에서 오른쪽 방향으로, 즉 첫 번째 달, 두 번째 달의 순으로 시

구글 애드워즈 광고를 통해 유치한 코호트의 유료상품 전환 비율

월	1개월	2개월	3개월	4개월	5개월	6개월	7개월	8개월	9개월	10개월
2/15	0.1%	5.0%	6.8%	7.8%	8.2%	8.8%	8.9%	8.9%	9.0%	9.0%
3/15	0.8%	5.3%	7.1%	8.0%	8.7%	9.6%	9.7%	10.2%	10.4%	
4/15	0.9%	5.0%	5.7%	7.4%	8.6%	8.9%	9.7%	9.9%		
5/15	1.1%	3.2%	4.2%	4.9%	5.1%	5.6%	5.9%			
6/15	1.4%	3.9%	5.1%	5.7%	6.1%	6.3%				
7/15	0.9%	3.5%	4.7%	5.9%	6.0%					
8/15	0.7%	3.7%	4.7%	5.0%						
9/15	0.2%	2.5%	3.1%							
10/15	0.1%	2.0%								
11/15	0.0%									

간의 흐름에 따라 표시된다. 반면 각 세로줄을 살펴보면 새로운 코호트와 이전 코호트가 특정 기간 동안 창출한 성과를 비교할 수 있다. 만일 이 표의 경우처럼 최근에 유치한 고객 코호트의 유료상품 전환 비율이 감소하는 추세라면, 이는 스타트업의 목표 시장이 포화 상태에 빠졌다는 뜻이다. 예를 들어 가장 오래된 그룹인 2월 15일자 코호트는 고객 등록 후 4개월 뒤에 유료상품에 가입한 비율이 7.8퍼센트였다. 반면 8월 15일자 코호트는 가입 4개월 뒤의 프리미엄 전환 비율이 5.0퍼센트에 그쳤다.

코호트의 실적이 감소한 데는 시장 포화 이외에도 고객 서비스의 결함이나 경쟁 등의 요인이 작용했을 수 있다. 그러나 그런 문제들은 특정 코호트뿐만 아니라 고객 확보 시점에 관계없이 모든 코호트에 영향을 미치는 요소다. 따라서 스타트업 설립자는 이렇게 모든 코호트에 작용하는 요인을 먼저 검토한 뒤에, 시장 포화 현상이 최근의 코호트에게 예상보다 큰 실적 감소를 초래하고 있는지의 여부를 판단해야 한다.

시장 포화의 리스크를 측정하기 위한 방편으로 코호트 분석을 활용하는 데는 한 가지 문제가 있다. 당신이 이 방법으로 특정 트렌드를 포착했을 때는 이미 시장이 포화 상태에 빠진 뒤라는 것이다. HBS의 내 동료 마크 로버지Mark Roberge는 코호트의 실적을 측정한 지표, 예를 들어 구독자 유지율, 유료회원 전환 비율 등이 대부분 고객 만족도 및 제품 참여도의 '지행지표'lagging indicator(경제가 특정한 추세에 이미 접어든 이후에 변화하는 지표—옮긴이)에 해당한다고 지적했다.[32] 예를 들어 당신이 코호트 분석을 통해 고객 유지율을 측정한다면, 당신 회사의 서비스에 불만족한 고객들이 모두 등을 돌리고 난 뒤에야 비로소 그 사실을 알게 되는 셈이다.

이 문제를 해결할 수 있는 방법 중 하나가 바로 순 추천지수Net Promoter Score, NPS(이하 NPS)를 추적하는 것이다. NPS 설문 조사에 참여한 고객은 자신이 특정 제품을 친구나 동료에게 추천할 의지가 얼마나 강한지를 0부터 10까지의 범위로 표시한다. 조사자는 9 또는 10을 선택한 사람을 '추천 고객'promoter으로 판단하고, 0에서 6을 고른 응답자는 '비추천 고객'detractor으로 분류한다(7과 8에 표시한 응답자는 중립적 성향의 고객이라고 여겨 NPS 점수 계산에 반영하지 않음—옮긴이). 전체 응답자 중 추천 고객이 차지하는 비율에서 비추천 고객의 비율을 뺀 수치가 그 회사의 NPS 점수다. 이 수치가 플러스 50을 넘으면 매우 양호한 상태로 여겨진다. 만일 스타트업의 NPS 점수가 하락하는 추세라면 회사에 문제가 생겼다는 경고의 신호일 수 있으므로 임원들은 더 큰 충격이 닥치기 전에 적절한 조치를 취해야 한다.

로버지는 코호트 분석이 장기적 고객 만족도를 판단케 해주는 훌륭한 예상 지표라고 강조한다. 또한 고객을 확보한 직후부터 그들의 동향을 관찰할 수 있는 자료이기 때문에 성장세에 놓인 스타트업은 이를 회사의 문제에 대한 조기 경보 시스템으로 활용하라고 권한다. 예를 들어 예전에 로버지가 일했던 마케팅 서비스 스타트업 허브스팟HubSpot은 자사의 플랫폼에 가입한 지 60일 이내에 전체 25개의 기능 중 5개 이상을 사용해 본 신규 고객의 비율을 정기적으로 추적했다. 이 측정 지표는 고객의 장기 유지율 및 소비액과 강력한 상관관계를 나타냈다. 허브스팟의 경영진은 이 비율이 80퍼센트 이상이면 해당 코호트가 순조로운 성장의 궤도에 접어들었다고 판단했다.

고객의 제품 사용도에 관련된 지표는 스타트업에게 조기 경보로 작용할 뿐만 아니라, NPS 같은 포괄적인 만족도 조사에 비해 더욱 구체적으로 고객의 욕구를 파악할 수 있는 해결책을 제공한다. 스타트업의 모든 기능 부서는 NPS 점수에 어느 정도 영향을 미치기 때문에, 만일 이 점수가 하락하는 추세라면 회사는 어떤 조직 기능을 보강해야 할지 추가적으로 분석하는 작업을 해야 한다. 이에 반해 제품 기능별로 신규 고객들의 활용도를 조사한다면 관리자들이 더욱 신속하게 문제 해결을 위한 조치를 취할 수 있다.

코호트 분석은 창업가들에게 고객 유지율이나 평균 주문 액수를 낙관적으로 추정함으로써 LTV 수치를 부풀리고자 하는 유혹을 피할 수

구글 애드워즈 광고를 통해 가입한 무료 회원 코호트들의 고객 유치 비용

코호트	무료 회원 CAC
2월 15일	0.12달러
3월 15일	0.12달러
4월 15일	0.13달러
5월 15일	0.08달러
6월 15일	0.12달러
7월 15일	0.12달러
8월 15일	0.20달러
9월 15일	0.18달러
10월 15일	0.36달러

있도록 해준다.[33] 또 시간의 흐름에 따른 CAC의 변동 추이를 고객 세그
먼트 및 마케팅 방법 단위로 추적하는 데도 코호트 분석이 필요하다. 스
타트업은 이 방법론을 통해 LTV/CAC 비율에 늘 빈틈없는 주의를 기
울일 수 있을 것이다. 앞의 표는 앞서 살펴본 '프리미엄' 프로그램의 사
례에서 구글 애드워즈를 통해 가입한 무료 회원들의 유치 비용이 어떻
게 증가했는지 보여 주는 자료다. 최근 3개월 동안 유치한 코호트들의
CAC가 초기 코호트들에 비해 약 2배 증가했음을 알 수 있다.

 CAC가 증가하는 현상은 시장이 포화 상태에 빠졌다는 신호일 수
도 있지만 반드시 그렇지는 않다. 대부분의 마케팅 경로에는 회사가 일
정 기간 동안 목표로 할 수 있는 잠재 고객의 숫자에 한계가 있다. 벤처
투자자 제프 버스갱은 이를 석유 시추 작업에 비유한다. 어떤 시추공에

서는 적어도 잠깐 동안은 석유가 콸콸 쏟아져 나올 수도 있지만 시간이 지나면 결국 고갈돼 버린다.[34] 일례로 당신이 유료 검색 광고를 통해 접근할 수 있는 잠재 고객은 검색 엔진에 특정한 키워드를 입력한 사용자들뿐이다. 어떤 키워드는 다른 키워드에 비해 고객을 유인하는 생산성이 더 높다. 만일 회사가 유료 검색 광고에 과도한 투자를 집행한다면 결국 생산성이 낮은 키워드로 광고의 범위를 확대할 수밖에 없다. 이는 CAC를 끌어올리는 요인으로 작용한다.

하지만 이렇게 광고비를 늘린다고 해서 목표 시장의 모든 잠재 고객을 대상으로 메시지를 전달하지는 못한다. 게다가 회사가 유료 검색 광고에 쓸 수 있는 비용에는 한계가 있다. 결국 CAC를 수익성 있는 수준으로 유지하기 위해서는 비용 지출 속도를 늦추거나 다른 마케팅 경로를 확보해야 한다.

특정 마케팅 경로에서 CAC가 증가하는 또 다른 이유는 경쟁자들이 마케팅에 투자를 강화했기 때문일 수 있다. 이 경우에도 CAC의 증가가 반드시 시장 포화를 의미하지는 않는다. 스타트업과 경쟁자들이 단일 세그먼트 내에서 함께 성장을 지속할 수 있는 여지가 충분한 데도 치열한 마케팅 경쟁으로 인해 CAC가 치솟는 상황은 흔히 발생한다.

골드버그와 그의 경영진 역시 코호트 분석을 실시했다. 그들은 이 조사를 통해 회사의 LTV/CAC 비율이 악화되고 있다는 사실을 알았지만 신속하게 조치를 취하지 않았다. 2013년 10월, 팹이 벤처캐피털 투자를 추가로 유치해서 유니콘 기업의 반열에 올랐을 때 골드버그는 직원들에게 이런 메모를 보냈다. "그동안 우리는 2억 달러를 지출했지만 아직 비즈니스 모델을 제대로 검증하지 못했습니다. … 고객들이 어떤 물건을 사고 싶어 하는지 우리가 확실히 알고 있다는 보장도 없습니다."[35] 그리고 자신이 CEO로서 저지른 실수를 다음과 같이 나열했다.

- 너무 일찍 성장을 몰아붙였다.
- 목표 고객들에게 집중하는 전략을 끝까지 관철하지 않았다.
- 소비자 가치 제안을 제대로 구축하기도 전에 마케팅에 너무 많은 돈을 지출했다.
- 비용 및 사업 지표 등의 엄격한 관리 기준을 기업 문화에 녹여 넣지 못했다.
- 유럽 시장에 과도하게 투자했다.
- 회사의 행보를 발 빠르게 수정할 필요성을 느끼지 못했다.

골드버그는 실패 원인에 대한 사후 분석에서 자신이 '긍정의 오류'에 빠졌다는 사실을 인정했다. "우리의 원죄, 즉 실패의 근본 원인은 진정한 의미의 '제품-시장 적합성'을 달성하지 못한 것입니다. 우리는 회사가 그 조건을 갖췄다고 생각했습니다. 얼리 어답터들로부터 창출된 실적이 훌륭했기 때문입니다. 하지만 그게 문제였습니다. 얼리 어답터들은 우리가 판매한 제품이 마치 당시의 시대정신을 반영하는 것인 양 그 물건들에 열광적으로 반응했습니다. 그러나 초기 고객들이 보여 준 열정은 충분한 반복 구매로 이어지지 못했습니다. 다시 말해 우리의 초기 고객들은 다음 세대의 고객들과 달랐습니다. 우리는 얼리 어답터들의 데이터가 앞으로 회사가 확보할 모든 고객의 성향을 나타내는 자료라고 오해했으며, 그 결과 사업을 너무 빠른 속도로 확장했습니다."[36]

한마디로 팹이 사업 확장에 나섰을 때 그들은 준비가 돼 있지 않았다. 골드버그는 이렇게 말을 이었다. "벤처캐피털 투자자들은 팹의 초기 코호트들이 최고의 고객들이라고 말했습니다. 전자상거래 사업이 이렇게 빠른 속도로 성장하는 걸 처음 봤다는 겁니다. 우리 회사의 NPS 점수도 매우 높았습니다. 그러다 보니 사업을 빠르게 키우는 전략을 현명한 판단으로 여긴 겁니다. 물론 이 모든 일은 전적으로 저의 책임입니다. 그러나 투자자들도 옆에서 고속 성장을 부추겼습니다. 사업을 확장해야 한다고 먼저 주장하지는 않았지만, 그들은 우리가 수립한 야심 찬 성장 계획에 환호를 보냈습니다."

팹의 경험에서도 알 수 있듯이 코호트 분석을 실시하고 LTV/CAC 트렌드를 이해하는 것만으로는 사업의 확장을 성공적으로 이끌기에 부족하다. 창업가들은 그 트렌드를 정확히 해석하고, 동시에 이를 바탕으로 적절한 조치를 취해야 한다. 분석 결과가 기대 이하일 경우 회사가 택할 수 있는 길은 두 가지다. 우선 확장의 속도를 늦추는 방법을 생각해 볼 수 있다. 즉 혼란스런 성장이 일으킨 화재 진화에 여념이 없는 경영진에게 자유로운 시간을 선사하는 것이다. 임원들에게 가해지는 압박이 줄어들수록 문제를 정확히 진단할 능력이 강화되고 효과적인 해결책을 수립할 가능성도 커진다.

또는 다음과 같은 신념을 바탕으로 성장에 더욱 박차를 가하는 것이다. 첫째, 현재의 문제점을 정확히 이해하며 이를 어떻게 해결해야 할지 잘 안다. 둘째, 경쟁자들의 거센 공세 속에서 확장의 속도를 줄이면 예전의 가속도를 회복하기 어렵다. 셋째, 회사가 성장의 기세를 의도적으로 늦추면 투자자들의 우려를 초래할 수 있다.

골드버그의 의사 결정에 영향을 준 것은 바로 세 번째 믿음이었다. 2013년 초에 발표된 기사에 따르면 팹의 임원들이 유럽 사업부를 절반으로 줄이자고 제안했지만 골드버그는 2013년 6월의 대규모 투자 라운드가 완료될 때까지 그들의 권고를 따르지 않았다고 한다.[37] 창업가가 '속도 감축'과 '고속 운행' 사이에서 전략을 선택할 때는 과도한 자신감 그리고 자기가 보고 싶은 것만 보길 원하는 인간의 경향성이 종종 의사 결정에 영향을 준다.

RAWI 테스트: 능력 여부 확인

스타트업이 일정한 속도로 성장하는 데 필요한 자원을 확보할 수 있고 이를 효과적으로 관리할 자신이 있다면, 그 회사는 사업 확장에 필요한 능력을 갖췄다고 말할 수 있다. 리더들은 다음 세 가지 질문에 답해야 한다.

- 회사의 성장을 가속화하는 데 필요한 자금을 조달할 수 있나?
- 일선 기능 부서에서 근무할 역량 있는 직원들을 채용하고 그들이 제대로 업무를 수행하도록 훈련시킬 수 있나?
- 적절한 임원, 조직 체계, 경영관리 시스템 등을 갖춤으로써 일선 직원들의 업무를 효과적이고 효율적으로 관리할 수 있나?

만일 세 가지 질문의 답이 모두 '예스'라면 그 스타트업은 사업 확장을 추진할 만한 능력을 갖췄다고 볼 수 있다.

자본금. 팹은 2013년 6월에 1억 6,500만 달러의 투자를 유치했다.

하지만 이 금액은 해외 시장에서 공격적으로 사업을 확장한다는 골드버그의 '플랜B'를 추진하는 데 필요한 3억 달러를 한참 밑돌았다.

일선 직원. 급속하게 사업 확장을 추진했던 팹은 능력 있는 직원들을 신속하게 채용하는 데 차질을 빚었다. 이로 인해 운영상의 문제가 발생하고 고객 서비스에도 지장을 초래할 가능성이 있었다. 그러나 다행히 이 스타트업에는 능력 있는 직원들이 많았다. 물품 배송이 다소 지연되는 일도 있었지만, 팹은 전반적으로 심각한 고객 서비스 문제를 겪지는 않았다.[38] 일선 직원들이 성공적으로 업무를 수행했다는 말은 세 번째 질문에 대한 답이 '예스'라는 뜻이었다. 또한 팹에는 급속도로 늘어나는 직원들을 관리 감독할 임원들도 충분했다.

그러나 모든 스타트업이 팹처럼 운이 좋진 않다. 가령 2000년 전후로 닷컴 열풍이 불었을 때, 투자자들은 너도나도 온라인 주식 거래에 뛰어들었다. E-트레이드E-Trade 나 아메리트레이드Ameritrade 같은 인터넷 증권회사들은 폭증하는 거래량에 맞춰 고객 서비스 담당자를 신속히 확보하지 못했다. 콜센터 직원들이 손절매, 옵션거래, 마진 콜 같은 다양하고 복잡한 거래에 대한 고객들의 질문에 답하려면 집중적인 교육을 받아야 했다. 숫자도 모자라고 훈련도 부족한 직원들의 답변을 기다리다 거래 시기를 놓쳐 손해를 본 고객들은 증권사의 부실한 서비스에 분통을 터뜨렸다.

스타트업이 사업 확장의 속도만큼 능력 있는 직원들을 빠르게 채용하지 못했을 때 그들은 어떻게 해야 할까? 물론 속도를 줄이는 것은 언제나 가능한 선택이긴 하지만 그 옵션을 고려하는 창업가는 거의 없다. 그 대신 다음과 같은 길을 택한다. 첫째, '무능한 직원'들로 업무의 공백을 메운다. 둘째, 기존 직원들에게 더 빨리 일하라고 압력을 가한다. 셋째, 훈련을 적당히 생략하고 준비되지 않은 직원들을 실무에 투입한다. 이런 환경 속에서는 직원들의 실수가 지속적으로 발생하는 게 당연하다. 때로 어떤 스타트업은 인력을 아끼기 위해 고객들의 문의에 아무런 답을 하지 않고 방치하면서 그들을 실망시키기도 한다.

링크드인의 회장 리드 호프만Reid Hoffman 은 이렇게 말했다. "급속하게 사업을 확장하는 회사들이 세운 핵심 규칙 중 하나는 이렇다. '우리의 성장에 지장을 주지 않는다면 어떤 종류의 고객 서비스를 제공해도 상관없다. … 그 말은 아예 서비스를 하지 않을 수도 있다는 말이다!'"[39] 직원 부족으로 인한 문제는 부서를 가리지 않고 발생한다. 예를 들어 제품 라인의 최종 검수 작업이나 창고의 포장 지시 과정에서도 치명적인 실수가 일어날 수도 있다.

경영진과 관리자. 직원 부족 사태가 회사의 성장을 위협한다면 관련 부서를 책임지는 관리자들만큼은 반드시 해당 업무에 이해가 깊은 사람들로 구성해야 한다. 가장 이상적인 인재는 비슷한 규모의 스타트업에서 관련 분야의 경력을 쌓은 사람들이다. 다음 장에서 다시 이야기하겠지만 적합한 부서장을 채용하는 것은 정말로 어려운 일이다. 특히 CEO가 해당 분야의 경력이 부족하면 더욱 그럴 수밖에 없다. 일단 노련한 부서장들이 부임했을 때 CEO는 그들의 말에 세심히 주의를 기울여야 한다. 만일 부서장들이 회사의 확장 속도에 맞춰 일선 직원들을 빠르게 채용하고 훈련시키기가 어렵다고 말한다면 CEO는 그 이유를 정확히 파악할 필요가 있다.

창업가들은 고객 코호트의 성과를 추적하는 것만큼이나 핵심 사업

부의 동향을 면밀히 관찰해야 한다. 핵심 부서들의 인력 채용 경로는 시간이 흐르면서 어떻게 변화하는가? 후보자들이 채용 제안을 받고 수락한 비율은 얼마나 되나? 제조 및 고객 서비스 분야의 오류 발생률 추이는 어떤가? 이 비율은 직원의 해당 업무 경력과 얼마나 연관성이 있나? 코호트 실적 분석과 마찬가지로 이 분석의 목표 역시 심각한 문제의 발생 가능성을 조기에 탐지하는 것이다.

RAWI 테스트: 의지 여부 확인

창업가들에게 스타트업을 빠르게 확장하고자 하는 의지가 있는지 묻는다면 의아하게 받아들일지 모른다. 창업가정신의 핵심이 바로 성장에 대한 욕구일 테니 말이다. 와이 콤비네이터의 설립자 폴 그레이엄은 이렇게 말한다. "스타트업이란 급속한 성장을 전제로 설계된 회사다."[40] 그레이엄에 따르면 급성장 중인 스타트업을 이끄는 창업가들은 성장에 박차를 가하기 위해 더 많은 투자를 유치하라는 강력한 압박을 받는다고 한다.

"성공적인 스타트업에게는 더 많은 자금을 유치해서 빠른 성장을 달성하라는 압력이 가해지기 마련이다. 왜냐하면 스타트업에게 벤처캐피털이 필요하기보다 벤처캐피털에게 스타트업이 훨씬 더 많이 필요하기 때문이다. 수익성이 좋은 스타트업은 회사의 매출만으로 충분히 성장을 이어 갈 수 있다. … 반면 벤처캐피털들은 스타트업에게, 특히 성공적인 스타트업에게 투자를 집행해야 생존할 수 있으며 그렇지 못하면 문을 닫아야 한다. 따라서 충분한 사업적 전망을 갖춘 스타트업에게는 정신을 못 차릴 만큼 파격적인 조건으로 온갖 투자 제안이 밀려드는 법이다."

그레이엄의 말처럼 스타트업을 성공적으로 이끌고 있는 창업가는 벤처캐피털에서 투자를 유치하는 일을 피하고 내부의 수익만으로 회사를 천천히 키우는 방법을 택할 수 있다. 그러나 창업가들이 정신을 못차릴 정도로 파격적인 조건의 자금을 거절한다면 정말로 돈방석에 오를 수 있는 기회를 놓칠지도 모른다. 그렇다면 사업을 확장할 만한 역량을 충분히 갖춘 스타트업이 경쟁자들에게 성장의 압박을 받지 않는 상황에서 확장을 주저하는 이유는 무엇일까?

첫째, 창업가들이 생각하는 '리스크 대 보상'의 시나리오가 벤처캐피털 투자자의 그것과 완전히 다르기 때문이다. 일례로 '큰 것 한 방을 노리는' 급속한 사업 확장 전략이 성공할 확률을 20분의 1정도라고 가정해 보자. 벤처캐피털은 자사의 투자 포트폴리오에 포함된 수십 개의 스타트업, 즉 '타석에 들어선 타자들' 중에 한 개 회사가 홈런을 치고 몇몇은 1루타나 2루타를 날릴 거라고 합리적으로 기대한다. 평균적으로 이런 결과가 나온다면 나머지 타자가 전부 삼진을 당하더라도 이 벤처캐피털은 투자라는 게임에서 훌륭한 수익을 거둘 수 있다. 이에 반해 창업가들에게 평균 타율은 아무런 의미가 없다. 그들이 타석에 들어설 기회는 오직 한 번뿐이다. 펜스를 향해서 온 힘을 다해 방망이를 휘두른다면 홈런을 날릴 수도 있겠지만 삼진을 당할 확률도 그만큼 높아진다. 따라서 그들은 좀 더 안전한 전략을 선호한다.

예를 들어 보자. 어느 스타트업의 설립자 겸 CEO에게 단 한 차례 선택의 기회가 있다면 그는 다음 중 어느 쪽을 선택하는 게 좋을까? 먼저 10억 달러의 기업 가치를 평가받을 확률이 5퍼센트인 회사의 지분을 10퍼센트 보유한다. 다음으로 투자를 적게 받고 사업 확장 속도를 줄여서 2억 달러의 기업 가치를 평가받을 확률이 10퍼센트인 회사의 지분 25퍼센트를 보유한다. 설립자의 개인 자산을 창출한다는 측면에서 두 시나리오의 최종 기대 가치는 모두 500만 달러로 동일하다. 그러나 고속 성장 옵션을 선택한 설립자에게는 5퍼센트 대 10퍼센트라는 절반의 확률로 1억 달러 대 5,000만 달러라는 두 배의 금액을 벌어들일 기회가 있는 셈이다.

둘째, 회사를 고속으로 확장하는 길을 택한 CEO가 엄청난 강도의 개인적 압박에 시달려야 하기 때문이다. 그에게는 하루하루가 힘들고 고통으로 가득한 시간이다. 채용 실수, 직원 해고, 서비스 문제, 고객 이탈 등 수많은 일이 정신없이 벌어진다. 물론 그런 가운데서도 사업만 순조롭게 진행된다면 성과도 빠르게 달성될 것이다. 일부 리더는 혹독한 압박 속에서도 회사를 발전시키고 혼란을 수습하는 데 만족감을 얻는다. 하지만 그렇지 못한 사람은 아이의 발표회나 친구 결혼식에도 참석하지 못하고 일에 열중하다 문득 이런 의문을 갖는다. "이렇게까지 할 가치가 있는 걸까?"

셋째, 설립자가 CEO 자리를 유지하는 상태에서 회사를 빠른 속도로 확장하는 길을 택했을 때 언젠가 해임될 가능성이 크기 때문이다. 스타트업의 규모를 급속도로 키운다는 말은 더 많은 벤처캐피털 투자 라운드를 진행한다는 의미다. 매 라운드가 진행될 때마다 새로운 투자자들이 이사회 구성원으로 참여한다. 이사회 의결권의 다수를 확보한 투자자들은 CEO의 실적이 부진할 경우 그를 교체할 수 있다. 그러므로 CEO 역할에 따르는 권력을 포기하기 싫거나, 본인의 열정을 바친 회사를 떠나길 원치 않는 설립자는 이 리스크를 잘 따져 봐야 한다.

사실 세 번째 이유는 CEO에게 사업 확장의 의지가 있는지를 묻는 질문의 본질적인 문제점 중 하나다. 빠른 성장 또는 느린 성장에 대한 결정은 설립자 단독으로 내릴 수 있는 것이 아니라 이사회의 의결 사항이다. 예를 들어 두 사람의 공동 설립자가 창업한 초기 단계의 스타트업에 한 명의 투자자가 이사회에 합류한다면 이 회사의 이사회 구성원은 오직 세 사람뿐이다. 두 공동 설립자 사이에 의견이 일치한다면 투자자보다 의결권이 더 많기 때문에 회사의 전략을 자신들의 뜻대로 결정할 수 있다. 그러나 대부분의 후기 단계 스타트업 이사회에서는 투자자의 숫자가 설립자를 훨씬 초과한다. 만일 투자자들을 포함한 이사회 구성원들이 사업의 신속한 확장을 원한다면 설립자 겸 CEO가 이를 반대하더라도 그들은 현재의 CEO가 자신들의 전략을 수행하는 데 필수적인 존재인지, 또는 그를 다른 사람으로 교체하는 것이 맞는지 판단하려 들 것이다.

또 이사회 구성원으로 참여 중인 투자자들 사이에서 사업 확장 계획에 대해 합의가 이뤄지지 않으면 어떻게 될까? 앞에서도 이미 이야기했지만 초기 투자자들은 후기 투자자들에 비해 보수적인 전략을 선호하는 편이다. 스타트업의 창업 초기에 훨씬 낮은 가격으로 주식을 사들인 투자자들은 회사가 궤도를 탈선하지 않고 높은 수익을 꾸준히 돌려주기를 원한다. 이에 반해 후기 라운드의 투자자들이 수익을 얻기 위해서는 회사가 고속 성장의 기세를 늦추지 말아야 한다. 하지만 팹이 유럽 시장에 진출한 것처럼 이 전략은 극도로 위험할 수 있다. 팹의 이사회 구성원 중 미국 시장에서 점진적 성장을 꾀한다는 플랜 A에 찬성한 사람은 오직 한 명뿐이었다. 골드버그를 포함한 나머지 구성원은 모두 플랜 B에 표를 던지고 세계 시장 석권의 기치를 내걸었다. 물론 이사회의 결정은 다수결 원칙에 따라 이뤄지지만 이런 상황이 벌어진다면 이사회장은 격렬한 논란에 휩싸일 수밖에 없다.

RAWI 테스트: 동기 여부 확인

RAWI 테스트의 마지막 질문은 창업가가 회사의 현재 또는 미래의 경쟁자들로 인해 사업 확장의 동기를 느끼고 있느냐는 것이다. 그러나 이 질문은 앞서 논의한 다른 질문들과 성격이 조금 다르다. 사업 확장으로 향하는 길에 초록색 신호등을 켜기 위해서는 앞서 살펴본 나머지 질문에 대한 답이 반드시 '예스'라야 한다. 반면 '동기 여부 확인'의 답이 '노'라고 해도 다른 질문들에 대한 답이 모두 '예스'인 경우, 창업가는 확장을 시도해 볼 수 있다. 특히 '준비 여부 확인'에 대한 답은 반드시 '예스'여야 한다. 그 말은 회사의 시장 과열로 인해 LTV/CAC 비율이 감소하지 않을 거라는 사실을 창업가가 확신할 수 있다는 뜻이기 때문이다. 다시 말해 이 시나리오는 스타트업이 급속한 성장을 선택할 수 있는 여건을 갖췄지만 사업을 공격적으로 확장해야 한다는 동기를 느끼지 않는 상황을 의미한다.

물론 네 가지 질문의 답이 모두 '예스'라면 일은 훨씬 간단하다. 만약 그렇다면 지금 바로 확장을 시작하라! 그러나 '동기 여부 확인'의 답이 '예스'인 반면, 나머지 질문 중 하나의 답이 '노'일 때는 문제가 다소 복잡해진다. 그 말은 스타트업이 사업 확장에 대한 동기를 느끼지만, 이를 추진하는 데 일부 제한 요소가 존재한다는 뜻이기 때문이다. 그러나 '동기가 있다'는 말은 때로 회사의 존립을 위협할 정도로 극단적 경쟁이 닥쳤다는 사실을 의미할 수도 있다. 만일 회사가 이런 상황에 처했다면, 창업가는 나머지 세 질문에 모두 '예스'라고 답을 하지 못하더라도 최선을 다해 문제를 해결하고 확장을 추진해야 한다.

성장에 대한 동기를 부여하는 것은 경쟁자들뿐만이 아니다. 스타트업의 비즈니스 모델이 다음 세 가지의 구조적 특성을 나타낸다면 이것 역시 사업 확장에 중요한 동기로 작용할 수 있다.

네트워크 효과.[41] 어떤 제품에 네트워크 효과가 있다는 말은 사용자가 늘어날수록 잠재적 파트너들과의 상호작용이 더 많이 이뤄지고 이를 통해 모든 사용자가 더 많은 가치를 얻을 수 있다는 의미다. 예를 들어 스카이프에 최초로 가입한 회원은 두 번째 회원이 가입하기 전까지 할 수 있는 일이 전혀 없었을 것이다. 한 명의 사용자가 스카이프에 새로 가입하면 잠재적 대화 상대가 그만큼 늘어나면서 기존 사용자들은 이 제품을 통해 조금씩 더 많은 가치를 얻게 됐다. 또 스카이프의 고객 기반이 확대됨에 따라 이 제품이 비非사용자를 유혹하는 힘도 함께 커졌다. 그들이 대화하기를 원하는 누군가가 이미 스카이프를 사용하고 있을 확률이 높았기 때문이다. 네트워크 효과가 발생하면 사용자들이 다른 사용자들을 유인하는 현상이 벌어진다. 사용자가 더 많은 파트너와 상호 작용 하고자 하는 욕구가 강할수록 네트워크 효과도 커진다.

네트워크는 사용자 그룹의 수에 따라 단면 및 양면 네트워크로 나뉜다. 양면two-sided 네트워크에서는 성격이 다른 두 사용자 그룹이 별개의 역할을 수행하며 상호 작용 한다. 가령 신용카드 회사가 카드 사용자 및 가맹점에게 서비스를 제공하고, 인력 채용 웹사이트가 구직자와 구인 회사를 매치시키고, 비디오게임 콘솔이 게이머와 게임 회사를 연결시켜 주는 것이 대표적인 사례다. 이에 반해 단면one-sided 네트워크에서는 사용자 그룹이 오직 하나뿐이다. 스카이프에서 전화 통화가 이뤄지는 순간에는 발신자와 수신자가 존재하지만 이는 일시적인 역할에 불과하다. 대부분의 스카이프 사용자는 이 제품으로 전화를 걸기도 하고 받기도 한다.

양면 네트워크의 구성원들은 모두 상대편 그룹의 사용자들에게 더 많이 접근하기를 바라는데 이를 교차cross-side 네트워크의 긍정적 효과라고 부른다. 예를 들어 특정 카드회사가 더 많은 가맹점과 계약을 맺을수록 그 카드는 사용자들에게 더욱 매력적인 상품이 된다. 물론 반대의 경우도 마찬가지다. 카드 사용자가 늘어날수록 더 많은 가맹점이 해당 카드회사와 계약을 맺으려 할 것이다. 교차 네트워크 효과는 때로 소비자들에게 부정적으로 작용할 수도 있다. 즉 상대편 그룹에 더 많은 사람이 가입할수록 제품의 가치가 하락하기 때문이다. 예를 들어 어느 웹사이트가 너무 많은 광고업체와 계약을 맺고 사이트에 수많은 광고를 게시한다면 사용자들의 짜증을 유발할 수 있다. 양면 네트워크에서는 각 그룹의 구성원들이 자기 쪽 사용자의 수에 대해 서로 다른 취향을 드러내기도 한다. 예를 들어 온라인 게이머들은 같은 게임 콘솔에 더 많은 게이머가 접속해서 아이템을 교환하고 함께 게임을 즐기기를 원한다. 이는 긍정적 측면의 동일 그룹same-side 네트워크 효과다. 반면 이베이 경매에 참여하는 사용자는 해당 네트워크의 입찰자 수가 가능한 한 적기를 바랄 것이다.

강력한 네트워크 효과를 지닌 제품을 빠른 속도로 확산시킨 스타트업은 경제적으로 큰 보상을 얻을 수 있다. 네트워크의 규모가 클수록 기존 고객들에게 더욱 큰 가치가 돌아간다면, 소비자들은 제품의 가격이 오른다 해도 이를 기꺼이 구입할 것이다. 물론 스타트업들은 네트워크의 규모를 극대화하기 위해 종종 가격 인상을 미룬다. 또 잠재 사용자들도 더 큰 네트워크에 접근할수록 더 큰 가치를 얻기 마련이므로 네트워크 효과를 활용하면 CAC를 획기적으로 절감할 수 있다. 에어비앤비, 아메리칸 익스프레스, 익스피디아, 링크드인, 마이크로소프트 윈도우, 나스닥, 슬랙, 소니 플레이스테이션, 틴더, 질로우 등은 모두 네트워크 효과의 마법을 바탕으로 성공한 제품들이다.

따라서 창업가들에게는 자사 제품이 어느 정도 강력한 네트워크 효과를 발휘하는지 측정하는 일이 중요하다. 네트워크 효과가 강할수록 스타트업은 더욱 빠른 속도로 성장할 수 있다. 컨조인트 분석conjoint analysis은 스타트업의 네트워크 효과를 수량적으로 측정할 수 있도록 도와주는 시장 조사 기법이다.[42] 조사자들은 실험에 참가한 응답자들에게 두 가지 제품을 제시하고, 제품의 여러 속성을 계속 바꿔 가며 피실험자들의 선호도를 여러 차례에 걸쳐 질문한다. 일례로 신용카드 가입을 고려하는 소비자의 경우는 사용 한도, 긴급 지원 기능, 충성 고객 프로그램, 이자율, 연회비, 그리고 네트워크 효과(가맹점 수) 등의 속성 등에 대한 선호도 질문을 받는다. 그 뒤에 컴퓨터 알고리즘을 기반으로 응답자들이 어떤 속성에 가장 높은 선호도를 보였는지 분석한다.

컨조인트 분석을 사용하면 고객들이 네트워크 규모라는 속성을 얼마나 선호하는지, 특히 규모가 더 큰 네트워크에 가입하는 대가로 얼마를 지불할 의사가 있는지 측정할 수 있다. 그러나 컨조인트 분석을 실시하기 위해서는 조사자들을 훈련시키는 과정이 필요하고 응답자들에게도 긴 시간의 조사에 응한 만큼 금전적 보상을 해야 한다. 따라서 이 기법을 채택하는 스타트업은 그리 많지 않다. 이를 대체하려면 응답자들에게 자사 제품의 속성 및 고객 욕구 등을 경쟁사의 비슷한 제품들과 질적인 차원에서 우월·동일·열등한지 비교하도록 요청해서 네트워크 효과를 측정하면 된다.

그렇다면 어떤 종류의 제품이 네트워크 효과의 덕을 가장 크게 볼 수 있을까? 무엇보다 특정한 욕구를 지닌 사용자 그룹인 '수요자'와 특별한 제품 및 서비스를 제공하는 파트너인 '공급자'를 연결시켜 주는 온라인 장터, 즉 '마켓플레이스'marketplace 제품일 것이다. 온라인 데이트 사이트나 구직 사이트 그리고 이베이 같은 경매 사이트나 부동산 검색 사이트 등이 여기에 해당한다. 만일 특정 지역사회의 모든 부동산 구매자와 판매자가 단일 네트워크에 참여한다면 구매자는 꿈의 집을 찾을 수 있고 판매자는 더 높은 가격으로 물건을 판매할 가능성이 한결 높아진다.

한편 네트워크의 효과가 더욱 강력해지려면 다음과 같은 특성을 제공해야 한다. 첫째, 영화 스트리밍 서비스나 비디오 게임처럼 고객들에게 새롭고 특별한 경험을 지속적으로 선사하는 다양성variety, 둘째, 신용카드나 차량 공유 서비스처럼 언제 어디서나 제품을 사용하기 원하는 고객을 위한 이동성mobility, 셋째, 스카이프, 왓츠앱, 페이스북, 트위터처럼 친구들이나 사업 파트너들과 소통을 가능하게 해주는 연결성connectivity이다.

팝도 사업 초기에 네트워크 효과를 어느 정도 활용하기는 했지만 그 영향력은 앞서 예를 든 회사들처럼 강력하지 않았다. 오히려 사업이 성장하면서 효과가 감소했다. 이 사이트의 최초 사용자 코호트는 팝이 제공하는 독특한 제품들을 친구들과 즐겁게 공유했다. 이는 일종의 동일 그룹 네트워크 효과라고 할 만했다. 하지만 그들만큼 열정적이지 않은 고객이 점점 늘어나면서 그 효과는 사라지기 시작했다. 또 팝은 창업 초기에 교차 네트워크 효과를 톡톡히 누리기도 했다. 멋지고 독특한 제품을 공급하는 제조사들은 이 스타트업의 고객, 특히 디자인에 집착하는 고객 기반이 증가한다는 사실에 매력을 느꼈다. 고객들은 이 사이트가 제공하는 특별하고 도발적인 제품에 마음이 끌렸다. 그러나 팝의 큐레이션 능력이 발휘될 수 있었던 것은 그 매혹적인 제품들에 한해서였다. 초기 팬들은 수많은 제품을 잡다하게 올려 놓은 사이트에 더 이상 열광하지 않았다. 게다가 세상에 하나뿐인 물건에 집착하지 않는 고객들이 주류를 이루면서 교차 네트워크 효과도 거의 사라졌다.

팝이 반짝 세일 모델에서 전략을 바꿔 수많은 종류의 제품을 판매하기 시작했을 때도 이 회사는 교차 네트워크의 효과를 활용할 수 있었을까? 그렇지 못했다. 물론 어떤 고객들은 다양한 제품과 폭넓은 선택의 기회를 제공하는 사이트를 선호하기도 한다. 바로 그것이 "A부터 Z까지"라는 구호를 앞세운 아마존이나 "어떤 물건이든 집으로 가져다드립니다"라고 외쳤던 온라인 가구점 웨이페어Wayfair가 세상에 존재하는 이유일 것이다. 그러나 교차 네트워크 효과는 양쪽 그룹의 사용자 모두가 특정 네트워크를 활용하겠다는 적극적인 결정을 내릴 때 발생한다.

이는 반짝 세일 사이트에서는 가능한 시나리오일지 모르지만, 아마존이나 웨이페어 같은 만물상점식 소매업체에 해당되는 이야기는 아니다.

반짝 세일 사이트에서 판매되는 제품은 적어도 일정 기간 동안 소비자들이 오직 그 사이트에서만 구입할 수 있는 물건인 경우가 많다. 따라서 팹의 반짝 세일용 제품을 제조한 업체들은 다른 사이트를 선택하지 않고 팹의 네트워크에 가입하겠다고 적극적 결정을 내렸다. 이에 반해 만물상 개념의 온라인 소매업체들은 다른 사이트에서도 얼마든지 구매가 가능한 다양한 제품을 제공했으며 그 제품을 제조한 업체들은 어느 누구에게나 가리지 않고 물건을 팔았다. 다시 말해 그들은 특정 온라인 소매업체와 배타적 연대를 맺겠다는 적극적 결정을 내리지 않았다. 이 회사들에게 훨씬 중요한 것은 소매업체가 확보한 고객 기반이 얼마나 넓은지, 즉 교차 네트워크 효과가 얼마나 강한지가 아니라 해당 소매업체가 자신들에게 물건을 주문하고 돈을 지불할 의지가 있는지의 여부였다.

따라서 팹이 판매 상품의 종류를 대폭 확대하자 공급업체들에게는 이 사이트의 대규모 사용자 기반이 별다른 매력 포인트로 작용하지 않았다. 그들은 오직 팹이 자기 회사의 물건을 재고로 확보하고 수표를 발행해 주기만을 기다렸다. 그러나 팹이 이 분야에서 아마존이나 웨이페어 같은 대형 경쟁자들을 직접적으로 상대하기에는 역부족이었다.

스타트업이 강력한 네트워크 효과를 바탕으로 사업의 확장을 꾀하는 경우 그들은 성장의 최대 속도를 어떻게 설정해야 할까? 나는 앞에서 LTV/CAC 비율의 한계 수준을 정해서 이를 바탕으로 사업 확장의 페이스를 조절하라고 조언한 바 있다. 이 방법은 강력한 네트워크 효과를 보유한 회사에게도 똑같이 적용된다. 다만 여기에는 다음과 같은 두 가지 차이가 있다.

첫째, 스타트업의 LTV/CAC 비율 목표는 네트워크 가동 후 처음 몇 년간 1.0을 유지하는 것으로 설정해야 한다. 나는 앞의 '준비 여부 확인'에서 스타트업의 LTV/CAC 비율을 반드시 1.0을 초과하는 수준으로 유지해야 한다고 언급했다. 즉 회사가 벌어들인 돈으로 고객 유치에 필요한 고정 비용을 충당할 뿐만 아니라 얼마라도 수익을 남겨야 한다. 그러나 강력한 네트워크 효과를 기반으로 신속한 확장을 추진하는 스타트업은 고정 비용이나 수익성 문제를 잠시 미뤄도 무방하다. 네트워크 가입자 수가 임계점에 도달한 뒤에는 LTV/CAC 비율이 결국 1.0을 넘어설 것이기 때문이다.

둘째, 네트워크 효과에 따라 고객이 다른 고객을 불러들이는 현상이 발생한다. 그런 의미에서 특정 제품의 사용자 한 명이 다른 사용자 몇 명을 추가로 유인하는지를 의미하는 고객 확산 계수viral coefficient ('v')를 고려해서 LTV를 산출할 수 있다.[43] 구체적으로 말해 한 사람의 고객이 평생 창출할 가치에 (1+v)를 곱해서 LTV를 계산해야 한다는 것이다. 가령 회사가 고객 한 명에게서 얻어 낼 수 있는 누적 가치를 현재 가치로 할인한 금액이 100달러이고 한 명의 고객이 다른 고객 0.5명을 유인한다면, 그 제품의 LTV는 100달러×(1+v), 즉 100달러×1.5 또는 150달러다. 따라서 회사가 목표로 하는 LTV/CAC 비율이 1.0인 경우 이 스타트업은 고객 한 사람을 새로 유치하기 위해 150달러의 마케팅 비용을 지출할 수 있다. 그런데 네트워크 효과가 거의 없는 SaaS 스타트업이 고객 한 명으로부터 벌어들이는 돈 역시 100달러라고 가정해

보자. 앞서 말한 대로 SaaS 분야의 스타트업이 목표로 하는 LTV/CAC 비율이 3.0이라면, 이 스타트업이 새로운 고객 한 사람을 유치하기 위해 사용할 수 있는 돈은 33달러에 불과하다. 스타트업이 감당할 수 있는 최대 CAC에는 이처럼 엄청난 차이가 발생하기도 한다. 이는 네트워크 효과가 마케팅의 적극적 수행 여부에 얼마나 결정적인 동기를 부여하는 요소인지 잘 보여 주는 사례다.

단, 창업가가 특정 제품의 고객 확산 계수를 추산하는 시점에 회사의 네트워크 효과가 이미 시작됐다고 가정해야 한다. 어떤 제품이든 출시 초기에는 사용자가 거의 없기 때문에 고객 확산 계수 역시 낮을 수밖에 없다. 따라서 새로 사업에 뛰어든 스타트업은 어떻게든 네트워크의 씨앗을 여기저기 퍼뜨린다. 가령 유료 마케팅에 투자하는 방식으로 사용자들을 끌어들이고, 그들을 통해 더 많은 사용자를 유인해야 한다. 수닐 나가라지는 트라이앵귤레이트의 데이트 앱 윙스의 고객 확산 계수를 0.8로 예상했지만, 네트워크 효과를 지속적으로 가동할 만큼 마케팅 예산을 충분히 확보하지 못한 윙스의 실제 고객 확산 계수는 0.03에 불과했다.

스타트업이 네트워크 효과를 성공적으로 활용하기 시작하면 '예상' 고객 확산 계수를 '실제' 계수로 대체해서 LTV를 계산해야 한다. 창업가가 처음부터 예상 수치 대신 실제 고객 확산 계수를 사용하는 경우 성장에 대한 소극적 투자로 인해 회사의 발전을 저해할 수 있다. 비슷한 업종에 속한 스타트업들의 과거 수치를 참고하는 것도 예상 고객 확산 계수에 대한 창업가의 과도한 확신을 방지하는 방법 중 하나다.

전환 비용.[44] 높은 고객 전환 비용 역시 네트워크 효과만큼이나 사업 확장의 동기를 부여하는 요소 중 하나다. 앞에서 이야기한 대로 고객이 특정 공급자를 다른 공급자로 바꾸기 위해서는 시간, 돈, 리스크, 불편함, 심리적 부담 등의 각종 전환 비용을 치러야 한다. 이 비용은 다음 두 가지로 나뉜다.

• **선행 비용:** 새로운 공급자를 찾아내고, 검토하고, 그들과 새로운 관계를 형성하는 데는 적지 않은 시간이 필요하다. 기존 공급자와의 관계를 끊는 것도 성가신 일이다. 또 새로운 업체와 거래를 시작할 때 필요한 청구서 정보를 입력하고 환경이나 선호도를 설정하는 등의 작업도 여러모로 고객을 짜증스럽게 만든다. 예를 들어 어떤 사용자가 기존에 거래 중인 온라인 증권사를 변경하려면 본인 몫의 예금과 증권을 다른 계좌로 옮겨야 한다. 새로운 제품을 도입하기 위해서는 신규 장비나 소프트웨어에 돈을 투자하고 기존에 사용하던 물건들을 폐기하거나 중고로 처분해야 하는 일도 생긴다. 가령 구글 홈 사용자가 아마존 에코Amazon Echo로 갈아타기 위해서는 기존의 스마트 스피커를 사용하던 방마다 새로운 장비로 교체해야 한다. 두 종류의 장비가 서로 호환되지 않기 때문이다.

또 정보 시스템을 새롭게 도입한 기업은 신규 시스템을 기존 데이터베이스와 소프트웨어에 통합해야 한다. 가령 급여 시스템을 새로 설치한 회사는 이를 은행 계좌와 회계 시스템에 연동하는 작업이 필요하다. 또 제품이나 서비스를 교체하는 과정에서 휴대전화 통신 서비스처럼 계약을 조기에 해지하는 데 대한 위약금을 지불하거나 지금까지 축적한 권리 및 혜택을 모두 포기해야 할 수도 있다. 일부 비행기 이용자가 불편을 감수하면서 단일 항공사만 이용하며 마일리지를 쌓으려 애쓰는 것도 그 때문이다. 그리고 소비자들이 새로운 제품을 효과적으로 사용하기 위해 일정 기간 교육이나 훈련을 받아야 하는 경우도 있다.

· **업무 단절 리스크:** 소비자의 핵심 기능 업무에 관련된 공급업체를 바꾸는 데는 상당한 리스크가 따른다. 바루가 기존의 개 산책 서비스 업체와 거래 중인 고객들을 자사의 서비스에 가입시키기 위해 얼마나 고생했는지 생각해 보라. 고객들은 낯선 사람에게 아파트 열쇠를 맡기고 싶어 하지 않았다. 기업들 역시 공급업체나 소프트웨어 시스템을 교체하면서 큰 문제와 맞닥뜨리는 경우가 종종 발생한다. 일례로 '클라우드' 서비스 업체를 바꾸는 과정에서 중요한 파일들이 분실 또는 훼손됨으로써 회사의 업무가 단절될 심각한 리스크가 있다.

고객이 특정 브랜드에 강한 충성심을 나타낼 때도 심리적 부담이라는 전환 비용이 발생한다. 내가 기존에 사용 중인 염색약에 아무런 문제가 없다면, 왜 굳이 다른 제품으로 바꾸는 모험을 감행해야 할까? 그리고 특정 브랜드가 소비자에게 강력한 정서적 유대감을 제공하는 경우("나는 이래 봬도 테슬라 전기자동차를 타는 사람이야.") 브랜드를 교체하는 일은 고객에게 일종의 정체성 상실의 위기를 불러올 수도 있다.

팹의 고객들은 전환 비용이 높지 않았다. 그들은 약간의 시간을 투자해서 배송 정보나 청구서 정보를 입력하고 팹의 웹사이트를 이용하는 법을 익혔다. 앞에서 다뤘던 사례들 중에 트라이앵귤레이트의 데이트 사이트 사용자들과 퀸시 어패럴의 고객들 역시 전환 비용이 낮았다. 반면 지보의 고객들은 전환 비용이 매우 높은 편이었다. 그들이 공급업체를 교체하기 위해서는 새로운 소셜 로봇을 구입해야 할 뿐만 아니라 외부 업체가 개발한 애플리케이션을 환경에 맞게 설치하고, 새롭게 친구가 된 로봇과 친숙해지는 과정을 거쳐야 했다.

그렇다면 높은 고객 전환 비용이 스타트업에게 급속한 확장의 동기를 부여하는 이유가 무엇일까? 경쟁사의 고객들을 유인하기 위해서는 그들이 부담할 전환 비용을 대신 보상해 줘야 한다. 이 보상은 종종 하나를 사면 하나를 더 주는 식의 할인이나 2년 약정 계약을 맺으면 아이폰을 무료로 주는 식의 판촉 인센티브 형태로 제공된다. 물론 그런 보조금 정책은 CAC를 증가시키는 역할을 한다. 이론적으로 수익성 개선과 LTV 향상을 위해 기존의 공급자가 고객에게 추가로 부과할 수 있는 가격의 한계는 소비자들이 경쟁사의 보조금 공세에 신경 쓰지 않고 자사의 제품을 무관심하게 사용할 때까지다.

이런 역학관계를 고려해 보면 높은 전환 비용으로 어려움을 겪는 기업들이 앞다퉈 획득하려 애쓰는 최고의 성과 중 하나가 바로 특정 제품 및 서비스를 처음 사용하는 최초 고객이다. 최초 고객들은 해당 범주의 제품을 새롭게 접한 사람들이므로 특정 공급자와 연계돼 있지 않다. 따라서 경쟁사 고객들에 비해 유치하기가 훨씬 쉽다. 그들이 제품을 구매하면 아무런 전환 비용이 발생하지 않기 때문에 보조금을 제공할 필요도 없다. 최초 고객의 유치 비용이 적다는 말은 수익성이 높다는 의미이기도 하다. 또한 그들은 스타트업의 전체 시장 범위를 넓혀주는 역할을 한다. 최초 고객들의 CAC는 매우 낮기 때문에 그들의 LTV가 그리 높지 않다고 해도, 회사는 LTV/CAC 비율을 수용 가능한 범위로 유지할 수 있다.

이는 매우 좋은 소식이다. 높은 전환 비용은 네트워크 효과 못지않게 강력한 경제적 혜택을 제공한다. 그리고 수익성을 확보할 수 있는 최선의 방법은 경쟁자들이 손을 뻗치기 전에 최초 고객들을 먼저 확보하는 것이다. 하지만 여기에도 문제가 없는 것은 아니다. 최초 고객으로 넘쳐 나는 확장 일로의 신규 시장에 진입하고 싶어 하는 스타트업은 한둘이 아니다. 당신과 똑같은 기회를 노리고 있는 경쟁자들 역시 최초 고객을 끌어들이기 위해 너도나도 경주에 뛰어들 것이다. 경쟁이 거세지면 최초 고객을 유치하는 비용은 높아진다. 그럼에도 모든 회사가 최초 고객 확보에 공격적으로 돈을 쏟아붓는 이유는 그들이 승리자가 됐을 때 고객들을 전환 비용의 벽에 가둠으로써 그들에게 높은 가격을 부를 수 있기 때문이다.

따라서 전환 비용이 높은 시장에서는 특히 '선점자의 우위'가 강력한 효과를 발휘한다. 새로운 분야에서 시장을 선점한 스타트업에게는 다른 경쟁자가 시장에 진입하기 전에 최초 고객들을 확보할 기회가 주어진다. 그러나 두 번째 참가자가 시장에 들어오는 순간 이 우위 상태는 종결되며 그때부터 치열한 경주가 시작된다. 지보는 전환 비용이 높은 소셜 로봇이라는 산업 분야의 선구자였으므로 만일 이 회사가 살아남았다면 일정 기간 '선점자의 우위'를 누릴 수 있었을 것이다.

규모의 경제. 스타트업의 거래량이 늘수록 규모의 경제로 인해 단위 원가가 하락하게 된다. 그중에서도 일부 스타트업은 다른 업체에 비해 규모의 경제 혜택을 더욱 톡톡히 본다. 이런 회사를 운영하는 창업가라면 사업을 급속히 확장하고자 하는 욕구를 느끼는 것이 당연하다. 규모의 경제가 큰 효과를 발휘하는 스타트업은 매출액에서 고정 간접비가 높은 비율을 차지하고 '경험을 통한 학습'의 기회가 많은 회사다.

고정 간접비가 더 많은 수의 제품 단위에 분산되면 단위 원가가 하락한다. 전체 생산량이 적은 상황에서 규모의 경제가 작용할 경우 단위 원가는 큰 폭으로 떨어지지만 생산량이 증가할수록 절감액은 줄어든다. 예를 들어 1년에 100만 단위의 제품을 생산하는 어느 스타트업의 고정 비용이 연 3,000만 달러라고 했을 때 이 회사가 생산량을 200만 단위로 늘리면 단위당 고정 비용은 30달러에서 15달러로 감소한다. 반면 같은 회사가 연 생산량을 1,000만 단위에서 2,000만 단위로 늘릴 경우 단위당 고정 비용은 3달러에서 1.5달러로 하락할 뿐이다.

만일 어느 단일 기업이 2,000만 단위 판매량으로 전체 시장을 공략할 수 있다면 이 숫자를 남들보다 먼저 달성한 회사는 경쟁자들이 접근할 수 없는 난공불락의 요새를 쌓은 셈이다. 반면 다수의 기업이 각자 2,000만 단위 판매량을 달성해도 충분히 수용 가능한 대규모 시장에서는 규모의 경제에 따르는 비용 우위 효과를 누구도 제대로 누릴 수 없다. 스타트업은 그런 상황에서도 경쟁자들에게 뒤지지 않는 수준으로 비용 효율성을 유지해야 한다. 자칫 과도한 단위 비용으로 인해 손해를 보고 제품을 팔아야 하는 일이 생길지 모르기 때문이다.

특정 업무를 스페셜리스트에게 맡기거나 생산 과정의 병목 현상을 제거하는 등 생산 방식을 지속적으로 개선해도 단위 비용을 줄일 수 있다. '학습곡선'이라고 알려진 이 현상은 기업이 생산량을 늘릴수록(더 많은 '경험') 더욱 효과적으로 생산비를 절감할 수 있는 기회(더 많은 '학습')를 가져다준다. '경험을 통한 학습'은 다음과 같은 조건에서 가장 큰 생산성을 발휘한다.

• **고 부가 가치 생산 프로세스:** 학습곡선(누적 생산량이 2배 늘었을 때의 단위 원가 감소율로 측정)은 특히 항공기 조립이나 반도체 제조업처럼 제조 과정에 노동력 및 기계가 큰 비중을 차지하는 분야에서 가파르게 상승한다. 부가 가치란 제품의 최종 원가에서 원자재에 들어간 비용을 공제한 금액을 의미한다. 그 차이를 구성하는 것은 주로 인건비와 설비비다. 그런 의미에서 새로운 생산 공정의 작업 준비 시간을 줄이는 방법과 같은 '경험을 통한 학습'은 인건비와 설비비를 절감하게 해주는 중요한 수단이다. 반면 알루미늄이나 전기 같은 원자재를 시장에서 대량으로 구입해도 별다른 단위 원가 절감 효과를 얻을 수 없다.

• **안정적 기술:** '경험을 통한 학습'은 주로 변화가 적고 안정적인 기술 분야에서 경쟁 우위를 가져다준다. 하지만 규모가 작은 어느 경쟁자가 새롭고 급진적이며 효율적인 생산 프로세스를 개발해서 시장에 충격을 안겨 주는 상황이 발생했다고 가정해 보자. 그 회사는 기존의 시장 참가자들이 오랜 학습을 통해 어렵게 구축한 비용 우위 상태를 무너뜨리고 순식간에 경주를 앞서 나갈 수 있다.

• **독점적 학습:** 스타트업 설립자는 회사가 학습을 통해 포착한 생산 프로세스 개선 방안을 경쟁자들이 모방하지 못하게 특허, 비공개 서약서, 엄격한 비밀 유지 정책 등으로 이를 보호해야 한다.

팹닷컴도 다른 회사들처럼 어느 정도 규모의 경제를 누렸지만 조직의 성장을 견인할 만큼 그 효과는 크지 않았다. 이 스타트업은 창업 초기에 고객이 주문한 물건을 제조사가 직접 배송하게 만들어서 창고 운영에 들어가는 고정 비용을 줄이는 전략을 썼다. 따라서 생산 과정의 부가 가치 요소 즉, 원자재를 완제품으로 변환할 때 필요한 인건비 및 설비비가 전체 비용에서 차지하는 비율은 매우 낮았다. 또 팹이 자체 상표를 부착해서 출고한 맞춤형 가구를 제외하면 이 회사는 대부분 제조업체에서 완제품을 구입해 고객들에게 판매했기 때문에 학습곡선의 혜택을 볼 기회도 별로 없었다.

■ 현명하게 사업을 확장하는 법 ■

강력한 네트워크 효과, 높은 고객 전환 비용, 규모의 경제 등은 모두 스타트업을 급속한 사업 확장으로 유도하는 요인이다. 하지만 일부 회사는 이런 혜택을 전혀 받지 못함에도 불구하고 성장을 서두르기도 한다. 물론 스타트업이 준비가 돼 있고 능력을 갖췄고 의지가 있는 상태에서 아직 CAC가 고객의 생애 가치를 초과할 만큼 경쟁이 과열되지 않았다면 위와 같은 여건이 충족되지 않았더라도 확장을 시도해 볼 만하다.

팹은 강력한 네트워크 효과, 규모의 경제, 전환 비용 등을 활용할 능력이 없었지만 이미 한껏 과열된 시장에서 경쟁에 뛰어들었다. 게다가 그런 상황 속에서도 전속력으로 사업을 확장했다. 물론 그런 회사가 팹 하나만은 아니었다. 웨이페어와 원 킹스 레인 같은 경쟁 업체들 역시 비슷한 결정을 내렸다. 웨이페어는 2012년 한 해 동안 마케팅에 1억 1,300만 달러를 쏟아부어 6억 100만 달러의 매출을 올렸다. 길트 그룹과 루라라 같은 반짝 세일 사이트 역시 가정용 장식용품의 판매를 늘리기 위해 공격적으로 투자를 단행했으며 급기야 아마존까지 이 시장에

눈을 돌렸다. 경쟁 업체들은 가격을 내리고 광고에 열을 올리면서 소비자들의 시선을 끌기 위해 안간힘을 썼다. 2012년에서 2013년에 걸쳐 이 산업은 치열한 '땅따먹기' 전쟁터로 변했다. 왜일까? 모든 사람이 이 시장에서 황금알을 차지할 것으로 기대했던 걸까?

사업 확장에 뛰어든 창업가들이 과도한 투자를 하는 이유는 대체로 세 가지다. 첫째, 회사가 고객 유치를 위해 너무 많은 돈을 쓰고 있다는 사실 자체를 알지 못할 수도 있다. 물론 온라인 가정용품 업계에서 그다지 가능성이 높은 시나리오는 아니다. 매출액이 1억 달러가 넘는 회사에 코호트 실적이나 CAC를 분석할 만한 직원이 하나도 없다는 것은 그리 흔한 일이 아니기 때문이다. 둘째, 회사가 마케팅에 과도하게 돈을 쏟아붓고 있다는 사실을 알고 있으나 지나친 자신감과 낙관론을 바탕으로 머지않아 훌륭한 실적이 발생할 거라고 기대하는 경우다.

세 번째 이유는 동기가 훨씬 불순하다. 말하자면 더 큰 바보가 게임에 끼어들기를 바라는 것이다. 새로운 투자자들은 해당 산업 분야가 이미 치열한 땅따먹기 전쟁터로 바뀌었음에도 불구하고 스타트업에게 높은 기업 가치를 부여한다. 창업가 입장에서는 투기적인 거품 현상을 이용할 절호의 기회일지도 모른다. 그는 이 스타트업의 급증하는 매출액에 정신이 팔려 손실이 늘어나는 것을 보지 못하는 순진한 투자자에게 자신의 지분을 비싼 가격에 팔아넘긴다. 일찌감치 이 스타트업에 자금을 지원한 투자자들 역시 그 일을 부추기지 않을 이유가 없다. 만일 이러한 '폭탄 돌리기' 게임이 끝나기 전에 회사를 매각하거나 주식 시장에 상장할 수 있다면 자신들에게도 큰 보상이 돌아오기 때문이다.

자, 만일 당신이 골드러시에 이끌려 사업 확장에 뛰어든 창업가라면 그리고 당신이 금광 대신 스스로의 무덤을 파고 있는 게 아닌가 걱정된다면 어떻게 해야 할까? 속도를 늦추라! 그리고 은행에 돈을 비축해 두라. 조만간 자금을 조달하기 어려운 때가 찾아오면 사업 확장에 큰돈을 퍼부은 경쟁자들은 현실의 벽에 부딪히게 될 것이다. 어느 시점이 되면 그들 역시 브레이크를 밟을 수밖에 없고 투자자들에게도 외면 받을 것이다. 그런 상황에서도 혼란기를 견뎌 낼 만큼 현금을 비축해 둔 스타트업은 어떻게든 살아남을 수 있다.

그렇다면 경쟁자들에게 함께 속도를 늦추자고 설득하는 '군비 축소' 전략은 선택 가능한 옵션일까?[45] 가정용 장식용품 온라인 소매 산업처럼 비슷비슷한 수많은 업체가 난립한 신규 시장에서 경쟁자들에게 군비 축소를 제안하는 것은 서로 원-윈win-win이 가능한 방안일 수도 있다. 예를 들어 어느 창업가가 먼저 마케팅 지출을 줄이고, 자신이 성장의 속도를 줄인 이유를 언론, 산업 분석가, 공급업체, 규제기관, 투자자, 유통 파트너들을 통해 공개적으로 밝힘으로써 사업 확장에 너무 많은 돈을 지출하지 말자고 경쟁자들을 간접적으로 설득하는 것이다. 물론 가격 담합은 불법 행위다. 요점은 업계의 경쟁자들이 함께 모여 비밀스러운 약속을 하거나 협약을 맺으라는 뜻이 아니라 스스로 나서 군비 축소에 앞장서고 경쟁자들이 이에 따라 주기를 기대하라는 것이다. 게임이론game theory(경쟁자의 반응을 고려해 자신의 행위를 결정해야 하는 상황에서 의사 결정 행태를 연구하는 이론 —옮긴이)을 연구하는 학자들에 따르면 상호 간에 이익을 얻을 수 있는 군비 축소는 주로 다음과 같은 상황에서 발생한다고 한다.

1. '참가자의 수가 적다.' 시장에 참가한 회사의 수가 많으면 남들이 속도를 늦춘 틈을 타 누군가 약속을 어기고 더 많은 돈을 투자해서 시장 점유율을 빼앗아 갈 확률도 높아진다.

2. '참가자들 사이에 오랫동안 상호 작용이 이뤄졌다.' 상대방이 보내는 신호나 행보에 익숙한 사람들은 서로 신뢰를 쌓을 기회도 많다.

3. '향후에도 참가자들 사이에 지속적인 상호 작용이 예상된다.' 이런 사람들은 자기가 속도를 늦추자는 묵시적인 협약을 위반했다는 부정적인 평판을 얻지 않기 위해 노력한다.

4. '시장의 기회를 바라보는 관점이 비슷하다.' 경쟁자들 사이에서 시장의 규모, 성장 그리고 경쟁자들의 능력 등에 대한 관점이 다르면 과도한 군비 경쟁이 초래될 가능성이 크다.

5. '행보가 투명하다.' 참가자들이 투명하게 행동하면 군비 축소에 대한 암묵적인 협의를 맺은 뒤에 누군가 핵심 고객에게 비밀스럽게 가격을 인하해 주는 '속임수'를 쓸 수 있는 여지도 줄어든다.

6. '의사 결정과 행동 사이의 간격이 짧다.' 그렇지 않으면 경쟁자가 평화적인 몸짓을 하고 있다는 사실을 깨닫지 못한 다른 참가자가 오히려 공세를 강화할 수 있다.

이 중 두 번째 항목은 스타트업에게 해당되지 않는다. 새로 문을 연 스타트업들은 서로 상호 작용 한 경험이 거의 없기 때문이다. 나머지는 모두 스타트업에게도 적용할 수 있는 항목들이지만, 경쟁자들에게 합리적으로 비용을 지출하자고 신호를 보내는 일에는 두 가지 리스크가 따른다. 첫째, 정면 대결을 지속하기에 힘이 부치는 경쟁자가 자포자기의 술책을 부리는 것으로 오해한 상대방이 오히려 더 적극적인 공세에 나설 수 있다. 둘째, 이 제안에 과도하게 반응한 투자자들이 해당 산업 전체의 기업 가치를 과소평가할 가능성도 있다.

지금까지 나눈 이야기를 정리해 보자. 팹은 RAWI 테스트를 통과하지 못했다. 이 스타트업은 인적 자본 확보나 인력을 효과적으로 배치하는 능력에 있어서 사업을 신속하게 확장할 능력을 갖췄지만 자신들의 공격적인 확장 계획을 재무적으로 뒷받침할 만한 능력을 갖추지 못했다. 또 골드버그와 투자자들은 팹의 성장을 가속화할 의지가 있었다. 반면 강력한 네트워크 효과, 전환 비용, 규모의 경제 등 사업 확장에 대한 동기는 부족했다. 물론 그것이 결정적인 문제는 아니었다. 사업 확장의 동기가 없었다는 말은 회사 입장에서 확장 전략이 가능한 선택지 중 하나였으나 이를 반드시 실천에 옮겨야 할 절체절명의 상황은 아니었다는 뜻이다.

팹닷컴의 결정적인 문제는 사업을 확장할 준비가 되지 않았다는 것이었다. 팹은 최초로 확보한 '황금' 코호트를 넘어 주력 시장으로 고객층을 확장하면서 제품-시장 적합성의 실마리를 잃어 버렸다. 새로운 시장으로 사업의 반경을 넓히다 보니 LTV/CAC 비율도 심하게 위축되는 결과를 낳았다. 특히 경쟁자들이 고객 유치를 위한 군비 경쟁에 너도나도 뛰어들면서 그런 현상이 가속화됐다. 게다가 팹이 유럽 시장으로 진출한 일은 회사를 몰락으로 이끈 최후의 일격이라고 할 만했다.

다음 장에서는 팹과 비슷한 사업 분야에서 활동한 어느 스타트업의 이야기가 등장한다. 그 회사 역시 RAWI 테스트를 통과하지 못했지만 과정은 다소 달랐다. 온라인 가정용품 업체 닷 앤 보의 CEO와 이사회 구성원들은 팹 못지않게 성장에 대한 강력한 의지가 있었지만 팹처럼 사업 확장에 동기를 느끼지는 않았다. 그러나 이 회사는 팹과 달리 준비가 돼 있었다. 다시 말해 닷 앤 보는 성장을 지속하면서도 제품-시장 적합성을 유지할 수 있었다. 닷 앤 보가 실패의 길로 접어든 결정적인 이유는 중요한 자원에 접근할 능력을 갖추지 못했기 때문이다.

제8장

자원의 고갈

: 스타트업 생사의 갈림길은 어떻게 오는가?

▪ 닷 앤 보의 성장과 대가 ▪

닷 앤 보를 설립한 사람은 앤서니 수후Anthony Soohoo다. 과거 몇 개의 스타트업을 잇달아 창업한 경력이 있는 그는 2007년 자신의 유명인 뉴스 전문 뉴스 웹사이트를 CBS의 자회사인 CBS 인터랙티브CBS Interactive 라는 온라인 콘텐츠 네트워크에 매각하고 이 회사의 임원이 됐다.[1] 수후는 그곳에서 몇 년간 일한 뒤에 TV의 스토리텔링 기술에 음식, 여행, 가정용 장식품 같은 라이프 스타일 제품을 접목해서 온라인으로 판매한다는 사업 기회를 발견했다. 그러나 CBS가 이 제품 콘셉트에 내부적으로 자금을 지원하지 않겠다는 의사를 밝히자 수후는 회사를 그만두고 직접 사업체를 설립하기로 했다. 2011년 그는 유명 벤처캐피털 트리니티 벤처스의 상주 창업가가 돼 그곳에서 새로운 기회를 추구하기 시작했다.

수후는 라이프 스타일 분야에서 어떤 세그먼트를 공략할지 결정하기도 전에 트리니티로부터 투자 전 기업 가치 900만 달러로 450만 달러의 시리즈A 투자를 유치하는 데 성공했다. 6개월 뒤, 그는 결국 가정용 가구 시장을 선택했다. 이 거대한 시장에서 활동 중인 기존의 오프라인 업체들은 선택의 폭이 좁은 제품군, 훈련이 부족한 영업사원, 긴 배송 시간 등의 문제로 소비자들을 실망시키기 일쑤였다. 그리고 2개월이 지난 2013년 2월, 수후는 몇몇 동료와 함께 닷 앤 보를 설립했다.

닷 앤 보가 내세운 가장 큰 차별점은 세심하게 선정한 가정용 가구와 장식용품들이었다. 그들이 출시한 제품은 하나같이 전체적으로 조화롭게 디자인된 실내의 일부를 상징하는 물건이었다. 그들은 〈아인슈타인의 사무실〉 또는 〈현대판 무법자〉 같은 가상의 TV 드라마를 콘셉트로 삼아 다양한 컬렉션을 디자인했다. 말하자면 컬렉션에 포함된 제품들은 드라마의 등장인물 같은 존재였다.

수후는 이렇게 설명했다. "의자를 판매하는 사람들은 대개 의자의 기능을 강조하는 데 노력의 99퍼센트를 쏟아붓습니다. 그러나 우리의 아이디어는 의자 자체에 대해서는 50퍼센트만 노력을 기울이고, 나머지 50퍼센트는 방 안의 나머지 물건들과 의자를 조화시키는 데 사용하자는 것이었습니다. 다시 말해 훌륭한 실내 디자이너들처럼 모든 제품을 서로 어울리게 만들어서 전체적인 콘셉트를 판매하자는 거죠."

이 회사의 제품은 가격도 저렴했다. 이케아IKEA에서 판매하는 물건들에 비해 품질과 디자인이 훨씬 우수한 데도 가격 차이는 10퍼센트에 불과했다.

이 전략은 가구의 디자인을 중시하면서도 평소 전문가의 조언에 목마른 쇼핑객들에게 좋은 반응을 이끌어 냈다. 월별 매출액도 급속히 늘어났다. 2013년 2월에 1만 달러에 불과했던 판매 실적은 2013년 12월이 되자 75만 달러로 껑충 뛰었다. 닷 앤 보의 핵심 마케팅 도구인 판촉용 이메일을 수신자들이 열어 보는 비율도 업계 평균에 비해 두세 배가 높았다. 트리니티의 파트너이자 이사회 구성원이었던 거스 타이Gus Tai는 이렇게 말했다. "그동안 내가 목격한 온라인 소매업체 중에서 가장 성공적인 출발이었습니다."

사업을 더 확장하기 위해 시리즈B 라운드를 진행하기로 마음먹은 수후는 2주 만에 벤처캐피털 두 군데서 텀시트term sheet(투자 계약의 주요 조건을 정리한 문서—옮긴이)를 받았다. 또 한 대형 가구 유통업체도 닷 앤 보를 4,000만 달러에 인수하고 싶다는 의사를 밝혔다. 그러나 닷 앤 보의 이사회는 회사의 더 큰 성장 가능성을 고려해서 그 제안을 거절하라고 수후를 압박했다. 그들과 생각이 같았던 수후는 2014년 3월 투자 전 기업 가치 5,000만 달러로 1,500만 달러를 투자받고 시리즈B 라운드를 마무리했다.

2014년 내내 고객 기반을 크게 확장한 닷 앤 보는 제품-시장 적합성을 성공적으로 유지해 나갔다. 고객들의 반복 구매율도 여전히 높았으며 입소문 마케팅을 통한 제품 추천도 활발하게 이뤄졌다. 닷 앤 보에서 추산한 LTV는 200달러에 달했고 CAC는 평균 40달러에 불과했다. 그들의 LTV/CAC 비율은 온라인 가구 분야에서 활동하는 주요 경쟁 업체에 비해 월등히 높았다. 수후는 이렇게 회고했다. "일부 회사는 50달러의 매출을 올려 주는 고객을 유치하기 위해 400달러를 지출하기도 했습니다."

2014년의 매출은 2013년에 비해 7배가 증가한 1,500만 달러까지 증가했다. 매출도 늘었고 매달 유치한 코호트들의 실적도 목표를 달성했지만 급속한 성장에는 그만큼의 대가가 따랐다. 닷 앤 보는 전체 매출의 42퍼센트를 마케팅에 쏟아부었다. 게다가 운영상의 여러 문제로 인해 회사가 손에 쥔 매출 이익은 25퍼센트에 불과했다. 결국 이 스타트업은 2014년 800만 달러의 손실을 입었다.

사업 규모가 성장하면서 닷 앤 보의 공급망에는 큰 부담이 가해졌다. 이 스타트업은 다양한 방법으로 제품을 공급받았다. 일부 공급자는 닷 앤 보가 고객에게 주문을 받기도 전에 이 회사의 창고로 대량을 물건을 실어 날랐고 어떤 공급자는 주문서가 도착할 때마다 소량의 제품을 닷 앤 보의 창고로 보내는 방식을 택했다. 고객들에게 개별 품목을 직접 배송하는 업체들도 있었다. 이런 복잡성으로 인해 닷 앤 보의 제품 배송 시간은 그때그때 다를 수밖에 없었으며 종종 예측조차 불가능했다.

그 결과 고객들이 닷 앤 보 사이트에서 물건을 주문한 후에 "닷 앤 보를 친구들에게 얼마나 추천하고 싶은가요? 0부터 10 중에 하나를 선택해 주세요."라고 묻는 회사 만족도에 대한 순 추천지수(NPS)는 41점을 기록했지만, 배달을 받은 후에 평가한 NPS 점수는 마이너스 17점으로 추락하는 사태가 벌어졌다. 게다가 이 스타트업의 급속한 성장에 당황한 공급업체들이 재고 부족 사태를 겪으면서 닷 앤 보는 많은 고객 주문을 취소해야 하는 처지에 놓였다. 하지만 닷 앤 보의 투자자들은

"주문이 지나칠 정도로 몰리는 것은 결국 좋은 일이다."라는 논리로 이 상황에 무심하게 반응했다.

2013년에 출범한 닷 앤 보는 당시 젊고 에너지가 넘치는 직원들에게 창고 관리와 배송 업무를 맡겼다. 그들은 해당 업무를 해본 경험이 없었지만 창업 초기에는 그럭저럭 일을 해나갔다. 그러나 고객 배송에 관한 문제가 지속적으로 불거지면서 수후는 이 업무를 이끌 노련한 관리자가 필요하다는 사실을 깨닫게 됐다. 그는 예전에 두개의 대형 기술 기업에서 부문장을 지낸 뒤에 두 개의 스타트업에서 CEO로 일했던 인물을 운영 부문 부사장으로 채용했다. 하지만 그는 닷 앤 보 같은 전자 상거래 업체에서 운영 업무를 맡은 경력이 없었다.

새로 부임한 부사장의 첫 번째 업무는 구매, 재고, 주문, 기타 여러 업무의 기반이 되는 전사적 자원 관리enterprise resource planning, ERP(이하 ERP) 시스템을 도입하는 일이었다. 그러나 하나같이 해당 산업 분야의 경험이 부족한 조직 구성원들은 ERP 시스템을 잘못 선택하는 실수를 범했다. 그들이 새로 도입한 시스템은 다양한 형태의 공급자가 뒤섞인 닷 앤 보의 복잡한 제품 구매 방식을 감당하지 못했다.

그 결과 직원들은 제품의 재고 현황을 정확히 추적하는 데 극심한 어려움을 겪었다. 닷 앤 보의 웹사이트에 재고가 있는 것으로 표시된 제품이 실제로는 재고가 없거나, 반대로 재고가 없는 것으로 표시된 물건이 창고에 남아 있는 일도 허다했다. 이로 인해 회사는 잠재적 매출을 놓칠 수밖에 없었다. 고객들이 주문한 물건은 몇 달씩 배송이 지연되기가 일쑤였고 소비자들의 문의와 항의가 빗발쳤다. 게다가 고객 서비스 담당자를 빠르게 채용하고 훈련시킬 능력이 부족하다 보니 고객이 보낸 이메일에 답변하는 데 무려 11일이 소요되기도 했다. 그리고 주문 처리가 지연된 고객들에 대한 보상으로 긴급 배송을 해주는 일이 속출하면서 매출 이익도 줄어들었다.

수후는 당시를 이렇게 회고했다. "당시 우리는 잘못 도입한 ERP 시스템 탓에 '내가 주문한 물건이 지금 어디에 있나요?' 같은 고객의 간단한 질문에도 제대로 답변하지 못했습니다. 배송 비용도 정확히 계산하지 못했어요. 그 시스템으로는 수요 예측, 공급업체와의 소통, 고객 피드백을 통한 문제점 파악 같은 작업이 절대 불가능했습니다. 문제는 한번 ERP 시스템을 도입한 뒤에는 이를 교체하기가 대단히 어렵다는 겁니다. 특히 우리처럼 IT 부서의 규모가 작아서 직원들이 늘 과중한 업무에 시달리는 조직은 더욱 그렇죠."

2014년 하반기로 접어들면서 수후는 물류 및 운영에 대한 통제력을 회복하는 데 총력을 기울였다. 그들은 마케팅 분야의 지출을 줄여 고객 수요의 증가세를 늦추려고 했으나, 그동안 닷 앤 보가 소셜 미디어를 통해 요란하게 회사를 홍보한 탓에 그 일도 생각만큼 쉽지 않았다. 수후는 그와 동시에 물류 분야의 경험이 풍부한 인물을 새로운 운영 담당 부사장으로 선임했다. 신임 부사장은 화물 운송 계약을 재협상했고 공급업체들이 배송 약속에 대한 책임을 지도록 철저히 관리했으며 새로운 ERP 시스템 도입을 위한 계획도 수립했다. 연말에는 그해 봄 40퍼센트에 달했던 배송 지연율이 15퍼센트로 떨어졌다. NPS 점수도 주문 후에 54점, 배송 후에 55점으로 크게 개선됐다.

2015년 5월 운영상의 문제를 어느 정도 해결한 수후는 그해 연말의 매출 목표를 2014년의 1,500만 달러에서 크게 늘어난 4,000만 달러로 잡고 이 숫자를 바탕으로 시리즈C 라운드를 추진했다. 그의 목표는 투자 전 기업 가치 2억 달러로 3,000만 달러의 투자를 유치하는 것이었다. 하지만 바로 그 전해에 일부 온라인 소비재 업체의 주가가 40퍼센트 가까이 하락하는 모습을 지켜본 투자자들 사이에서는 전자상거래 기업에게 투자를 꺼리는 분위기가 확산되기 시작했다. 그중 대표적인 기업이 아기 엄마들을 위한 반짝 세일 사이트 주릴리였다. 이 회사의 주가는 2014년 2월의 70달러에서 2015년 5월에는 11달러로 추락했다.

수후가 4개월 동안 자금을 조달하기 위해 갖은 애를 썼음에도 아무런 소득을 얻지 못하자 닷 앤 보의 이사회는 결국 회사 매각을 추진하기로 결정했다. 그러자 몇몇 업체가 입찰서를 보냈다. 미국의 대형 온라인 소매업체 한 곳은 5,000만 달러에 인수하겠다고 제안하기도 했다. 그러나 협상이 차일피일 지연되면서 닷 앤 보의 자본금은 급격히 바닥을 드러냈다. 수후는 현금 소진 속도를 늦추기 위해 2015년 6월에 91명이었던 직원 수를 그해 말 71명까지 줄였다.

닷 앤 보는 2016년 봄까지도 매각 협상을 마무리하지 못했다. 그런 사이에 온라인 가구 유통 분야의 경쟁자이자 한때 2억 2,500만 달러의 투자를 유치했던 기업 원 킹스 레인이 베드 배스 앤 비욘드Bed Bath & Beyond에 고작 3,000만 달러에 팔리는 일이 벌어졌다.[2] 수후는 이렇게 말했다. "그 발표는 전자상거래 기업 인수합병 시장 전체를 얼어붙게 만들었습니다." 닷 앤 보를 인수하겠다는 기업들은 모두 제안을 철회했다. 2016년 9월 닷 앤 보의 거래 은행이 대출금을 갚으라고 요구하자 이제 이 스타트업이 할 수 있는 일은 문을 닫는 것뿐이었다. 그들은 재고를 처분한 돈으로 대출금을 상환하고 정리해고 통보를 받은 직원들에게 2주간의 급여를 지불했다. 회사의 남은 자산은 알리바바Alibaba가 100만 달러에도 미치지 못하는 금액에 사들였다.

■ 자금 시장의 역동성 리스크 ■

우리는 앞 장에서 스타트업이 신속한 사업 확장에 나설 준비, 능력, 의지, 동기 여부를 진단하는 RAWI 테스트를 살펴봤다. 특히 이 테스트의 '능력 여부 확인' 항목에서는 스타트업이 사업 확장에 필요한 자원을 확보하고 관리할 능력이 있는지 중점적으로 질문한다. 닷 앤 보는 안타깝게도 이 관문을 통과하지 못하고 '자원의 고갈'이라고 부르는 실패 패턴의 제물이 됐다.

이 패턴에 빠진 스타트업은 '속도의 함정'에 발목을 잡힌 조직들과 달리, 회사가 성장하면서 어떻게든 제품-시장 적합성을 유지해 나가지만, 결국 확장을 지속하는 데 필요한 자원을 확보하지 못한다. 구체적으로 말해 닷 앤 보는 적합한 스페셜리스트를 임원으로 채용하지 못했으며, 전자상거래 스타트업에 대한 투자가 위축되는 시장 상황 탓에 자금 조달에도 실패했다. 그 결과 닷 앤 보는 직원 채용 불발이라는 회사의 '실수'와 자본 시장의 악화라는 '불운'의 두 가지 요인에 의해 실패의 나락에 빠진 셈이 됐다.

사업 확장에 나선 스타트업이라면 누구나 어느 정도의 자금 조달 리스크를 떠안기 마련이다. 아무리 전도유망한 스타트업이라도 자본 시장의 급격한 변동에 따라 자금을 조달하는 데 어려움을 겪을 수 있다. 때로는 닷 앤 보처럼 스타트업이 속한 산업 전체가 투자자들의 기피 대상으로 전락하면서 어디서도 자금을 얻어 내기가 불가능한 상황이 벌어지기도 한다.

특정 산업의 인기가 시들해지고 투자자들의 관심도가 하락하는 현상은 몇 년씩 지속되기도 한다. 이렇게 자금 고갈 현상이 시작될 무렵에 자본금이 필요해진 스타트업은 조만간 투자 심리가 회복되지 않는다면 살아남지 못할 가능성이 크다. 트리니티 벤처스의 파트너이자 닷 앤 보의 이사회 구성원이었던 거스 타이는 당시를 이렇게 회고했다. "2015년에는 전자상거래 분야의 스타트업이 외부에서 자금을 조달하기가 불가능했습니다. 물론 모든 산업이 주기적으로 자금 조달 리스크에 노출되는 것은 사실입니다. 전자상거래 분야라고 예외는 아니죠. 하지만 저는 투자자들의 심리가 그토록 순식간에 얼어붙을 거라고는 예상하지 못했습니다."

수후는 닷 앤 보의 실패를 돌이켜 보며 이렇게 말했다. "당시 투자자들이 이 산업 분야에 계속 관심을 기울였다면 우리는 온라인 사업 진출을 열망하던 어느 대형 유통업체에 회사를 3억 달러에 매각할 수 있었을 겁니다. 또는 조직을 더욱 수익성 있게 개선할 수도 있었겠죠. 만일 직원을 적절히 충원했다면 주식 시장에 상장하는 일도 가능했을 겁니다." 거스 타이도 그의 말에 동의했다. "전자상거래 분야에서 성공하려면 실행 능력이 뛰어나야 합니다. 닷 앤 보는 이미 고객 수요 창출 측면에서 훌륭한 능력을 발휘했어요. 우리에게 시간과 돈이 좀 더 풍부했다면 공급 측면의 문제도 해결할 수 있었을 겁니다."

벤처 자금은 언제나 호황과 불황의 주기를 오르내리는 경향을 보인다.[3] 대표적인 사례가 1980년대 초의 컴퓨터 하드웨어 및 소프트웨어, 1990년대 초의 생명공학, 2000년대 말의 친환경 기술, 그리고 모든 거품의 결정판이라고 할 수 있는 1990년대 말의 닷컴 열풍이다. 벤처캐피털 투자자들은 새롭고 유망한 산업 분야의 스타트업들에게 막대한 돈을 쏟아부었다. 그러다 어느 순간 자본 유입이 뚝 끊기면서 자금에 목마른 수많은 스타트업은 생사의 갈림길에서 고통을 겪었다.

벤처 자금의 호황 및 불황 주기가 항상 특정 산업 분야 전체에 영향을 미치는 것은 아니다. 때로는 그 주기가 음식 배달 서비스, 가상현실, 반려동물 돌봄 서비스, 비트코인과 블록체인, 고객 직판 브랜드, 투자 관리 로봇, 자율주행 자동차 같은 특정 세그먼트에 국한되기도 한다.

투자 거품이 시작되는 전형적인 방식은 일부 창업가와 투자자가 새롭고 거대한 기회를 포착해 내는 것이다. 특히 기계 학습, 유전자 편집, 음성 인식 소프트웨어(지보) 같은 기술적 혁신이 새로운 기회의 도화선으로 작용하는 경우가 많다. 또는 반짝 세일 모델(팹닷컴), '임시직 경제' 노동력(바루), '고객 직판' 소매업(퀸시) 같은 새로운 비즈니스 모델 그리고 휴대전화나 페이스북의 애플리케이션 플랫폼을 통한 새로운 유통 채널(트라이앵귤레이트)에서도 기회가 생겨 나기도 한다.

처음 사업에 뛰어든 스타트업이 어느 정도 성장에 탄력을 받으면 어김없이 모방꾼들이 몰려든다. 첫 투자 기회를 놓친 벤처캐피털은 다음 기회를 얻기 위해 한층 적극적으로 공세에 나선다. 이런 '비이성적 과열 상태'가 창업가 및 투자자들을 사로잡으면서 이에 자극받은 새로운 스타트업들이 너도나도 경주에 뛰어든다. 수많은 경쟁자가 득실대는 곳에서 살아남으려면 막대한 돈을 쏟아부어 경쟁 우위를 확보해야 한다. 그런 과정을 거치며 업계에는 구조 조정의 파도가 밀려오기 시작한다. 경쟁력이 약하고 자금도 충분치 않은 참가자가 낙오한다면 별로 놀랄 일이 아니겠지만 이 분야를 주름잡던 몇몇 리더가 어려움에 빠지면 자금 시장에는 순식간에 경고음이 울려 퍼지고 투자자들은 집단적으로 몸을 사린다. 바야흐로 거품이 꺼지는 것이다. 바로 닷 앤 보의 사례가 이런 경우에 해당했다. 팹닷컴이나 원 킹스 레인 같은 대형 경쟁자들이 어려움에 처했다는 사실이 확실해지자 이 스타트업 역시 순식간에 자금 고갈 상태에 빠졌다.

자금 조달 리스크에 가장 취약한 스타트업은 어떤 종류의 회사일까? 물론 초기 단계 스타트업도 이 리스크에서 완전히 자유로울 수는 없겠지만 그들에게는 나름 장점이 있다. 초기 단계 스타트업이 생존을 위해 필요로 하는 자본금은 훨씬 적다. 가령 75만 달러의 브리지 자금만 있어도 여섯 명으로 구성된 팀이 한두 해를 그럭저럭 버틸 수 있다. 기존 투자자들도 그 정도 액수를 지원하는 데는 별로 문제가 없을 것이다.

반면 후기 단계 스타트업은 아무리 비용을 아낀다 해도 훨씬 큰 금액이 필요하다. 기존 투자자들은 자신의 주머니에 브리지 자금으로 쓸 수 있는 돈이 1,000만 달러쯤 있어도 이렇게 뭉칫돈이 계속 들어가는 상황에서는 "이게 밑 빠진 독에 물 붓기가 아닐까?" 하고 회의를 가질 것이다. 그리고 기존 투자자들이 자금 지원을 피한다면 새로운 투자자를 유인하기는 더욱 어렵다. 스타트업의 자금 조달 게임이 지체되면서 회사의 현금 보유고는 급격히 감소한다. 특히 지속 불가능한 페이스로 '속도의 함정'을 향해 전속력으로 달리는 스타트업 앞에 자금 조달 리스크는 거대한 장애물이다. 파산이라는 벽에 정면충돌하지 않기 위해서는 급브레이크를 밟아야 한다.

닷 앤 보의 머천다이징 담당 임원이었던 벤 파사Ben Parsa는 이 스타트업이 트리니티 벤처스의 포트폴리오에 속한 또 다른 전자상거래 기업 주릴리의 고속 성장 전략을 흉내 내다가 스스로를 자금 조달의 리스크에 몰아넣었다고 결론 내렸다.

"주릴리가 증권시장에 상장하면서 트리니티는 엄청난 수익을 올렸습니다. 주릴리는 매우 빠른 시간 내에 강력한 전자상거래 브랜드를 구축해 냈죠. 업계에서 활동하던 기존 업체 중에는 자체적으로 온라인 브랜드를 만들어 낼 여력이 없기 때문에, 대신 스타트업을 인수해서 그 공백을 메우려는 기업들이 많았습니다. 우리도 바로 그런 교본을 따라 사업에 뛰어들었습니다. 닷 앤 보를 훌륭한 인수 대상 기업으로 만들기 위해서는 일단 의미 있는 규모로 회사를 확장시켜야 했습니다. 다시 말해 우리에게 수익성은 필요치 않았으며 오직 성장만이 중요했어요. … 회사를 창업할 때부터 시중에 가용 자금은 넉넉한 듯이 보였고 앤서니의 자금 조달 능력은 뛰어났습니다. 덕분에 우리는 성장의 엔진을 최대로 가동할 수 있었죠. 우리의 콘텐츠와 큐레이션 전략은 고객들에게 잘 먹혀들었으며 온라인 분야의 경쟁자들은 시장의 욕구를 제대로 충족시키지 못했어요. 따라서 우리는 제품을 잔뜩 실은 화물열차를 전속력으로 가동시켰습니다. 자본시장이 얼어붙었을 때는 이미 열차의 브레이크를 밟아 현금 흐름을 손익분기점 수준으로 돌려놓기가 불가능한 상태였거든요."

과연 창업가들은 어떻게 자금 조달의 위험을 피하거나 그 영향을 최소화시킬 수 있을까? 무엇보다 자금 시장의 활황 및 불황의 역동성에 대한 주의를 게을리하지 않아야 한다. 특정 산업 분야의 후발 주자라고 해서 해당 산업 자체를 회피하거나 모든 사업 계획을 포기할 필요는 없다. 구글과 드롭박스도 한때는 검색 엔진과 파일 관리 소프트웨어의 후발 주자에 불과했다. 하지만 두 회사 모두 뛰어난 제품을 바탕으로 경쟁자들의 고객을 빼앗아 오는 데 성공했다. 따라서 창업가는 스타트업을 설립할 때부터 스스로 이렇게 질문해야 한다. 우리 회사가 업계에서 활동하는 기존 경쟁자들에 비해 더 나은 점은 무엇인가? 초기 투자자들은 자본 시장이 얼어붙었을 때도 내게 브리지 금융을 제공할 능력과 의지가 있는가?

후기 단계 스타트업의 창업가들이 조만간 자금 조달의 리스크가 닥칠지도 모른다는 예감을 받았다면, 그들은 다음과 같은 예방책을 세워둘 필요가 있다.[4]

필요 금액보다 더 많은 자금조달. 재무 계획에 따른 필요 금액보다 더 많은 자금을 조달해서 다음 단계의 주요 사업 계획에 대비해야 한다. 여유 자금이라는 이름의 완충 장치는 때로 회사를 실패의 수렁에서 건져 줄 구명줄이 될 수 있다. 아마존은 주식 시장에 상장한 뒤에 20억 달러를 추가로 대출받아 그 뒤 몇 년 동안 이어진 적자 상태를 무사히 버텨 냈다. 당시는 닷컴 거품이 붕괴되고 자본시장이 완전히 얼어붙었던 때였다. 이에 반해 아마존과 거의 동급의 회사로 평가받았던 이토이즈eToys는 닷컴 기업의 가치가 바닥으로 추락한 직후에 주식 시장에 진입했다. 이 회사는 추가 자금을 조달하는 데 실패한 뒤 결국 파산했다.

창업가들이 여유 자금을 얼마나 조달해야 할지 결정하기는 쉽지 않다. '공포'와 '욕심' 사이에서 한쪽을 선택해야 하는 상황에 놓이기 때문이다. 조만간 자본 시장에 찬바람이 불어올지도 모른다는 공포에 빠진 창업가는 최대한 많은 돈을 투자받아야 한다는 충동을 느낀다. 하지만 이는 한편으로 자신의 개인 지분이 더 많이 희석될 거라는 뜻이기도 하다. 당장 돈이 급하지 않다면 18개월쯤 뒤에 자금이 필요해질 때까지 기다릴 수는 없을까? 만일 모든 일이 순조롭게 진행되어 그때까지 주요 사업 계획을 모두 완료한 스타트업은 자본 시장이 여전히 활황이라는 전제하에 더 높은 기업 가치를 바탕으로 새로운 투자 라운드를 진행할 수 있다. 이로써 경영진과 초기 투자자들의 지분이 희석되는 일을 최소화할 수 있을 것이다.

그러나 창업가들이 당장 필요한 금액보다 더 많은 자금을 조달하고 싶다고 해서 잠재적 투자자들이 그 계획을 전적으로 수용할 거라고 장담할 수도 없다. 투자자들 역시 '공포'와 '욕심' 사이에서 갈등을 느낀다.

- **욕심:** 만일 스타트업의 사업이 순조롭게 진행되고 있다면 투자자는 먼저 시리즈B 라운드에 1,500만 달러를 투자하고 나중에 시리즈C 라운드에 2,500만 달러를 들여 더 비싼 가격으로 지분을 사들이는 것보다 지금 시리즈B 라운드에 4,000만 달러를 한꺼번에 투입하는 편이 훨씬 많은 지분을 획득할 수 있는 방법일지도 모른다.
- **공포:** 투자자가 스타트업에 4,000만 달러를 투자한 뒤에 성공의 궤도를 벗어난다면, 먼저 1,500만 달러를 투자하고 추이를 관망하는 방법에 비해 훨씬 손해가 클 것이다.

브리지 금융이 가능한 벤처캐피털에서 투자 유치. 회사가 위기에 빠져 구명줄이 필요할 때 브리지 금융을 제공할 능력과 의지가 있는 벤처캐피털로부터 투자를 유치해야 한다. 수익성이 양호한 벤처캐피털은 기존 펀드의 자본금 소진에 따라 대개 3년에 한 번꼴로 새로운 펀드를 모집한다. 벤처캐피털이 다른 펀드의 자금으로 같은 스타트업에게 추가로 투자하는 일은 거의 없다. 따라서 벤처캐피털이 특정 스타트업에게 투자한 펀드의 자본금이 모두 고갈된 경우 그 스타트업은 같은 벤처캐피털에게서 더 많은 자금을 조달할 수 있을 거라고 기대하지 않는 편이 좋다. 그 벤처캐피털이 새로운 펀드를 모집할 수는 있겠지만, 새로 조성한 펀드의 자본금으로 기존 스타트업에게 투자한다면 이전 펀드와 신규 펀드의 유한책임 조합원limited partner(투자조합을 구성하는 출자자 중 본인이 투자한 금액의 한도 내에서 유한책임을 지는 조합원—옮긴이) 사이에 이해관계의 충돌을 가져올 수 있기 때문이다.

왜 그럴까? 어느 벤처캐피털이 예전에 '펀드3'의 자금으로 투자했던 스타트업에게 '펀드4'라는 신규 펀드의 자금으로 추가 투자를 집행한다고 가정해 보자. 만일 이 벤처캐피털이 새로운 투자 라운드에서 그 스타트업에게 높은 기업 가치를 부여한다면 '펀드4'에 투자한 유한책임 조합원들의 지분은 대폭 희석되는 반면 '펀드3'의 투자 파트너들에게는 상대적인 혜택이 돌아간다. 벤처캐피털은 그런 갈등을 피하기 위해 각 펀드의 자본금 중 일정 비율을 떼어 포트폴리오에 새로 편입된 스타트업들에게 최초 투자를 집행하고, 나머지 금액을 유보해서 그 스타트업들에 대한 추가 투자에 대비한다. 하지만 그 돈이 얼마가 될지 정확히 예측하기는 불가능하다. 때로 벤처캐피털이 예상보다 빠른 속도로 투자를 집행함으로써 펀드의 자본금을 소진시킬 수 있기 때문이다. 따라서 창업가는 잠재적 투자자와 텀시트에 서명하기 전에 그 벤처캐피털이 현재 운영 중인 펀드에 얼마나 많은 돈이 남아 있는지 확인해 볼 필요가 있다.

벤처캐피털이 기존의 펀드에서 거둔 수익이 시원치 않았다면 그들은 언제 파산할지도 모르는 스타트업들에게 더 많은 자금을 지원하려 하지 않을 것이다. 그들이 유한책임 조합원들에게서 새로운 펀드에 대한 투자를 이끌어 내기 위해서는 반드시 수익성을 개선해야 한다.

비용 절감. 필요하다면 비용 절감의 유연성을 발휘해야 한다. 예를 들어 부동산 장기 임대 계약을 충당하기 위한 저축을 포기하고 좀 더 높은 임대료를 감수하더라도 이를 단기 계약으로 변경하는 방법을 생각해 볼 수 있다.

■ 인력 채용 리스크 ■

자금 조달 리스크 이외에 다른 종류의 자원이 부족한 상황도 스타트업 실패의 가능성을 높이는 주요 요인으로 작용한다. 특히 관리자의 부재, 즉 핵심 기능 부서를 이끌 임원급 스페셜리스트의 부재는 스타트업의 운영 실적에 큰 지장을 초래함으로써 회사가 예상보다 빠른 속도로 현금을 소진하게 만들 수 있다.

닷 앤 보는 임원급 스페셜리스트를 처음 채용하는 과정에서 큰 어려움을 겪었다. 수후는 회사의 운영 부서를 이끌 리더가 필요해지자 스페셜리스트가 아닌 제너럴리스트를 채용했다. 하지만 결과는 좋지 않았다. 원래 수후는 그 사람을 잘 훈련시켜 나중에 COO로 승진시킬 계획이었기 때문에 COO에게는 제너럴리스트로서의 역량이 더 중요하다고 판단했다. 그러나 새로 합류한 임원은 회사가 당면한 심각한 문제들을 해결할 만한 경험이 절대적으로 부족했다. 그의 뒤를 이어 운영 담당 부사장으로 부임한 사람은 유관 부서에서 일한 경력을 충분히 갖춘 인물이었으므로 닷 앤 보의 운영을 안정화시키는 데 어느 정도 기여했다.

하지만 수후는 두 번째 부사장도 마음에 들어 하지 않았으며 결국에는 그 사람 역시 교체해 버렸다. 수후는 그 이유를 이렇게 설명했다. "대기업 출신이었던 그는 오직 상사가 지시한 문제를 처리하는 것이 업무의 전부였습니다. 그러다 보니 평균 고객 주문 처리 비용 같은 관련 수치는 좀 나아졌지만 전반적인 사업 실적이 개선되지는 않았어요. 한마디로 그에게는 주인 의식이 부족했던 겁니다." 닷 앤 보의 공동 설립자이자 머천다이징 담당 임원이었던 벤 파사 역시 의견이 같았다. "그는 대기업의 관리자 출신답게 매사를 복잡하고 애매하게 만드는 데 능했습니다. 말하자면 각종 숫자를 적당히 주물러서 업무가 잘 돌아가는 것처럼 포장한 거죠."

벤처 투자자 벤 호로위츠는 대규모 조직에서 잔뼈가 굵은 사람들의 관리 스타일이 스타트업의 경영자들 눈에 지나치게 정치적으로 비춰질 수 있다고 경고한다.[5] 반면 대기업 출신의 임원들은 스스로 나서서 무언가를 하지 않으면 아무 일도 일어나지 않는 스타트업의 문화에 적응하기가 어려울 거라고 지적한다. 원래 대기업의 관리자들이란 조직 내부적으로 각종 데이터나 의사 결정에 대한 요청이 쉴 새 없이 밀려드는 상황에 익숙한 사람들이다.

만약 닷 앤 보의 경영진이 제대로 된 운영 담당 부사장을 일찌감치 찾아냈다면 그들은 전자상거래 업계의 자금 불황 사태를 견뎌 내기에 충분한 현금을 확보했을지도 모른다. 수후가 마케팅 전문가를 임원으로 채용한 것도 실수였다. 원래 그 자리를 맡았던 어느 젊은 제너럴리스트는 그동안 닷 앤 보의 마케팅을 성공적으로 이끌었다. 그의 업무적 성과는 훌륭했으나 단지 이 분야의 경험이 부족하다는 것이 옥에 티였다.

수후는 이렇게 말했다. "외부에서 전문가를 영입하면 그에게서 많은 것을 배울 수 있을 거라고 생각했습니다. 하지만 업무 능력이 재앙에 가까웠던 그 사람은 겨우 4개월밖에 버티지 못했어요. 그는 매사에 지나치게 꼼꼼한 성격으로 우리의 학습과 성장을 더디게 만들었습니다. 젊은 제너럴리스트가 제자리로 복귀하면서 모든 일이 제 궤도를 찾았죠. 우리가 그 일에서 얻은 교훈은 내부 직원이 어떤 일을 스스로 해결해 낼 수 있다면 외부 채용이라는 의사 결정을 다시 한번 생각해봐야 한다는 겁니다."

결과적으로 닷 앤 보는 특정 기능 부서의 임원을 너무 일찍 채용한 반면 다른 부서의 임원은 너무 늦게 영입한 실수를 범했다. 이는 성장세에 놓인 스타트업이 외부에서 임원급 전문가를 받아들이는 과정에서 흔히 발생하는 문제다. 이런 일이 생기는 이유 중 하나는 엔지니어링 부서 같은 특정 기능 부서의 경력이 거의 전부인 설립자가 다른 분야의 전문가를 채용하기에 조건이 매우 불리하기 때문이다. 그는 어떤 요건을 충족하는 사람이 해당 업무를 성공적으로 수행할 수 있을지에 대해 전혀 아는 바가 없다. 어떤 기술을 갖춘 사람이 그 자리에 적당할까?

기술적 지식이 풍부한 사람과 문제 해결 능력이 뛰어난 사람 중에 어느 쪽을 선택해야 할까? 초기 단계 스타트업이라면 모두 그러하겠지만, 각종 자료가 부족한 이 회사에 새로 부임한 임원은 언제쯤 자신의 풍부한 경험을 바탕으로 믿을 만한 업무적 지침을 제공할 수 있을까?

검색 엔진 최적화 소프트웨어 기업 모즈Moz의 설립자이자 전 CEO인 랜드 피시킨Rand Fishkin에 따르면 모즈도 창업 초기부터 고품질의 소프트웨어를 개발하는 데 어려움을 겪었다고 한다. 그는 무엇보다 설립자 자신의 기술적 능력이 부족했기 때문이라고 했다. 그러다 보니 훌륭한 엔지니어들을 회사로 유인하는 데 어려움을 겪었다는 것이다.[6] 그는 스타트업이 스페셜리스트를 영입하는 데 따르는 고충을 지적하며 이렇게 덧붙였다. "특정 기능 부서에 대한 지식이 부족한 경영자는 전문가 집단에 연결될 가능성도 낮고 그 분야의 훌륭한 인재를 찾아낼 확률도 떨어집니다."

그렇다면 스타트업은 어떻게 적절한 인력을 채용해야 할까?[7] 때로는 닷 앤 보의 마케팅 부서처럼 스스로 문제를 해결할 능력을 갖춘 제너럴리스트에게 일을 맡기고 그의 역할을 점차 확대하는 것이 효과적인 방법일지도 모른다. 하지만 회사에 스페셜리스트가 꼭 필요한 상황이 닥친다면 설립자는 다음 세 가지 방안 중 하나를 선택해야 할 것이다.

경력이 짧은 스페셜리스트. 지인의 소개나 헤드헌터를 통해 경력이 짧은 스페셜리스트를 채용한다. 이 방안에는 몇 가지 이점이 따른다. 신입 직원은 필수적인 일선 업무를 수행하는 데다 급여도 높지 않기 때문에, 채용상의 실수가 발생한다고 해도 이로 인한 경제적 피해는 별로 크지 않다. 그리고 스타트업의 경영진은 그런 사람들을 뽑는 과정에서 채용의 경험을 쌓을 수 있다. 반면 이 방법에는 신참 스페셜리스트가 궤도를 벗어나지 않도록 그를 효과적으로 관리할 만한 전문성을 갖춘 사람이 회사에 없다는 단점이 있다.

임원급 스페셜리스트. 위 방법에 대한 대안으로 처음부터 임원급 스페셜리스트에게 기능 부서의 구축을 맡기고 일선 직원의 채용이나 핵심 시스템 및 프로세스의 도입을 일임한다. 물론 훌륭한 자격을 갖춘 채용 후보자가 엄청나게 높은 몸값을 불러서 스타트업의 설립자를 당황하게 만드는 일은 종종 발생한다. 예를 들어 수후는 가구 배송 및 물류 분야에 풍부한 경력을 지닌 인물을 COO로 영입할 기회를 포기한 적이 있다. 그가 요구한 연봉이 닷 앤 보가 책정한 예산의 두 배를 넘었기 때문이다. 설사 설립자가 임원급 전문가를 찾아냈고 급여도 감당할 수 있다 해도 그런 사람을 채용하기 위해서는 몇 가지 리스크를 감수해야 한다. 만일 채용 후보자가 대기업에서 근무한 경력밖에 없는 인물이라면 스타트업의 업무 리듬에 자신을 맞추는 데 어려움을 겪는, 문화적 적응의 문제가 발생할 수 있다. 또 임원급 스페셜리스트들은 자신이 알고 있는 방법이 이전 직장에서 잘 작동했다는 이유로 스타트업에 어울리지 않는 업무적 해결책에 집착하는 경우가 많다.

중간급 스페셜리스트. 마지막으로 첫 번째와 두 번째 방식이 반반씩 섞인 해결책을 생각해 볼 수 있다. 즉 아직 미숙하지만 의욕에 넘치는 중간급 스페셜리스트를 채용하고 그에게 일선 업무를 맡겨서 차후에 임원으로 승진시키는 것이다.

스타트업의 CEO는 핵심 조직 구성원을 채용하는 과정에서 여러 사람들에게 지도 편달과 조언을 받을 필요가 있다. 이사회 구성원들도 적극적으로 채용 후보자를 공급하고 그들을 면접하는 자리에 참석해야 한다. 벤처캐피털은 여러 스타트업을 지원한 경력이 풍부하기 때문에 어떤 요건을 지닌 사람이 그 자리에 필요한지 잘 알고 있다. 특히 CEO가 관련 경력이 부족한 경우에는 투자자들의 통찰력이 큰 힘이 돼 줄 것이다.

뛰어난 능력을 갖춘 인물을 인사 부서장으로 선임하면 더 훌륭한 임원을 채용할 수 있는 가능성도 커진다. 스타트업의 규모가 커질수록 인사부가 담당하는 기능들의 우선순위도 달라진다. 그러므로 이런 변화의 과정을 적절히 관리할 수 있는 인사 담당 부서장을 두는 일은 매우 중요하다. 소프트웨어 교육기관 플래티론 스쿨Flatiron School 의 COO 크리스티 리오단Kristi Riordan 의 말을 들어 보면 인사부 역할의 이상적인 진화 과정을 짐작할 수 있다.

창업 초기에 플래티론 인사부의 최우선 과제는 인력을 채용하는 일이었다. "스타트업은 처음 얼마 동안 직원 소개만으로도 사람을 뽑으며 버틸 수 있습니다. 하지만 결국에는 정규직 채용 담당자를 두어야 하는 상황에 놓입니다. 문제는 그 자리에 적합한 사람을 뽑기가 쉽지 않다는 겁니다. 시장에 넘쳐 나는 채용 담당자들은 일상적 업무를 수행하는 데만 집중합니다. 우리에게는 회사의 사명과 문화를 이해하고 조직의 가치를 바탕으로 인재들을 유인하는 담당자가 필요합니다."[8]

플래티론 인사부는 두 번째 진화 단계를 거치며 조직의 우선순위를 인력을 운영하는 일, 즉 '직원들의 입사 및 퇴사와 관련된 프로세스를 구축하고, 복지 프로그램을 개발하고, 회사가 설정한 목표를 조직 구성원들에게 전달하는 작업'으로 바꿨다.

플래티론 인사부의 세 번째 우선순위는 중간 관리자들을 훈련시키고 그들에게 승진의 기회를 제공하는 인재 개발 정책이었다. 이 단계에 도달한 스타트업의 인사 부서장은 그 밖에 다음과 같은 핵심 업무를 수행해야 한다. 첫째, 새로운 역할의 등장에 따라 보고 체계를 재구축하는 일을 포함한 조직 설계 업무를 담당한다. 둘째, 기업 문화 유지 및 강화 방안에 대해 CEO에게 조언을 제공한다. 셋째, 새로운 도전에 맞서 CEO를 포함한 경영진의 기술력을 높이고 그들의 경영 스타일을 조율하는 과정을 돕는다. 인사 부서장이라면 이러한 과업을 능숙하게 처리할 뿐만 아니라 공석 중인 관리자들을 채용하는 방법에 대해서도 귀중한 통찰을 갖고 있어야 한다.

■ 관리 시스템 리스크 ■

초기 단계 스타트업의 소규모 조직 구성원들은 복도에 서서 중요한 정보를 공유하거나 피자를 나눠 먹으며 핵심적인 의사 결정을 내릴 수 있다. 하지만 직원 수가 늘어나면 임직원들이 즉흥적으로 의견을 교환해서 회사를 운영하는 것은 더 이상 적절한 방법이 아니다. 모든 기능 부서에는 정보 공유와 의사 결정을 위해 새로운 시스템과 프로세스가 필요하다. 예를 들어 영업 부서에는 회사가 포착한 영업 기회에 우선순위를 부여하고, 고객별 수익성을 관찰 및 분석하고, 영업 직원들에 대한 보상을 처리하는 프로세스가 있어야 한다. 또 제품 개발 및 엔지니어링 부서에는 조직원들의 생산성을 추적할 수 있는 프로세스와 새롭게 제품에 탑재될 기능들의 우선순위에 대한 로드맵이 필요하다.

특정 시스템이 얼마나 효과적으로 가동되느냐에 따라 스타트업의 실적은 엄청나게 달라질 수 있다. 닷 앤 보의 경우만 보더라도 부실한 ERP 시스템 탓에 재고와 주문 상태를 추적하기가 어려워지면서 매출액이 줄고 고객 서비스에도 큰 차질을 빚었다. 반면 닷 앤 보의 관리자들은 여러 마케팅 채널의 수익성을 효과적으로 추적할 수 있는 시스템을 보유하고 있었다. 이는 고객 유치를 위한 마케팅에 전체 매출의 40퍼센트 이상을 쏟아붓는 회사 입장에서 매우 중요한 능력이었다.

초기 단계 스타트업에서는 대개 비공식적인 프로세스를 통해 의사결정이 이뤄지지만, 규모가 성장 중인 스타트업은 의사 결정 사안에 대한 공식적인 검토 및 최고 경영진의 최종 승인 절차가 필요하다.[9] 비슷한 종류의 핵심적 의사 결정이 반복적으로 이뤄져야 하는 상황에서는 누구에게 안건을 제안할 권한이 있고, 누가 관련 정보와 데이터를 제공해야 하고, 누가 최종 결정을 내릴 것인지를 최고 경영진이 명확하게 규정해야 한다. 자율성과 투명성을 강조하는 조직 문화에 익숙한 직원들은 이렇게 공식적인 의사 결정 프로세스 앞에서 다소 관료주의적인 느낌을 받을 수 있다. 그러나 그렇게 명확한 프로세스가 없는 상황에서는 의사 결정이 마비되고, 업무 성과에 대한 책임 소재가 모호해지고, 조직의 전략이 표류하는 결과로 이어질 수 있다. 그러므로 창업가는 관료주의와 혼돈 상태 사이에서 적절한 균형점을 찾아야 한다.

스타트업은 조직의 규모가 어느 정도 성장한 시점에서도 꼭 필요하지 않다면 관리 시스템 도입을 미루려 한다. 시스템을 구축하는 데 많은 투자가 필요한 데다 창업가들은 기본적으로 관료주의를 싫어하기 때문이다. 그들은 운영상의 오류, 혼란, 불일치 그리고 프로세스의 자동화 및 표준화 부족에서 오는 과도한 업무량 등의 문제가 불거진 뒤에야 비로소 시스템 도입에 나선다.

반면 일찌감치 큰돈을 투자해서 시스템을 도입하는 스타트업들도 있다. 특히 CEO가 과거 대기업에서 근무할 때 관리 시스템을 사용한 적이 있거나 예전에 창업한 다른 스타트업에서 시스템을 도입한 경력이 있다면 더욱 그럴 가능성이 크다. 하지만 스타트업이 너무 일찍 경영관리 시스템에 투자하거나, 회사의 특수한 요건을 세심하게 분석하지 않고 단순히 대기업을 모방해서 시스템을 도입하면 실수를 저지를 확률이 높다. 업무적 요건이 시시각각 변하는 상황에서 회사가 너무 일찍 시스템을 도입할 경우 중요한 기능을 누락하거나 불필요한 기능을 구축하느라 자원을 낭비하게 될지도 모른다.

시스템의 부재를 해결하려면 관리자 부재의 문제를 먼저 해결해야 한다. 다시 말해 과거 비슷한 문제를 겪었던 큰 규모의 스타트업에서 근무한 임원급 스페셜리스트를 채용하면 그 책임자가 언제 어떤 방식으로 경영관리 시스템을 도입해야 할지 현명하게 선택할 수 있다. 요컨대 스타트업이 RAWI 테스트의 '능력 여부 확인' 시험을 통과하는 일은 적합한 스페셜리스트를 조직의 핵심에 배치하는 데 달려 있다.

제9장

문샷과 기적

:원대한 비전을 이루기 위한 스타트업의 조건은 무엇인가?

■ 베터 플레이스의 비전과 현실 ■

우리는 하늘을 나는 차를 원했지만, 그 대신 140자를 얻었을 뿐이다.[1]

_피터 틸(창업가이자 투자자)

비행자동차까지는 모르겠지만, 샤이 아가시는 지구상의 모든 도로가 전기자동차로 가득 메워진 세상을 꿈꿨다. 그가 원대한 비전을 품고 베터 플레이스를 창업한 2007년은 테슬라나 닛산이 순수 전기자동차 모델을 출시하기도 전이었다.[2] 그는 거대한 규모의 전기자동차 충전 네트워크를 창조할 계획을 갖고 있었다. 아가시와 그의 아버지는 모두 이스라엘의 최고 엘리트 교육기관 테크니온Technion 공과대학교를 졸업한 인재로, 두 사람은 과거 스타트업을 창업해서 독일의 기업용 소프트웨어 기업 SAP에 4억 달러를 받고 매각한 경력이 있었다. 아가시는 이 일을 계기로 SAP의 경영진에 합류해서 이 회사의 제품 및 기술 부문 사장이 됐으며 나중에는 차기 CEO 후보자 중의 하나로 꼽히게 됐다.[3]

2005년 스위스의 다보스에서 열린 '젊은 글로벌 지도자를 위한 포럼'Forum of Young Global Leaders 에 참석한 그는 그곳에서 눈이 번쩍 뜨이는 깨달음을 얻었다. 인류가 석유에 과도하게 의존함으로써 빚어낸 지정학적 불안정성이나 환경 피해를 줄이기 위해서는 휘발유로 움직이는 모든 내연기관 자동차를 신재생 에너지 기반의 전기자동차로 교체해야 한다는 신념을 갖게 된 것이다.

아가시는 이듬해 브루킹스 연구소Brookings Institution (미국의 유력 사회과학연구소—옮긴이)에서 개최한 컨퍼런스에 참석했을 때 이스라엘의 전 수상이었던 시몬 페레스Shimon Peres 를 만나 자신의 아이디어를 이야기했다. 그의 야심 찬 계획에 깊은 인상을 받은 페레스는 자신이 이스라엘 정부의 정치인들이나 기업가들과 아가시를 연결시켜주겠다고 제안했다. 유일한 조건은 아가시가 SAP를 퇴사해야 한다는 것이었다. 페레스는 이렇게 말했다. "이것이 훨씬 훌륭한 일입니다. 당신은 세상을 구할 수 있을 테니까요."[4]

2007년 3월, 아가시는 SAP를 떠났다. 그는 페레스의 도움을 등에 업고 이스라엘 정부를 설득해서 전기자동차 수입 관세를 8퍼센트로 결정하게 만들었다.[5] 당시 이스라엘이 내연기관 자동차에 대해 부과하는 관세가 78퍼센트였다는 사실을 감안하면 정부 입장에서는 커다란 양보를 한 셈이었다. 아가시는 자동차 제조업체들과도 일찌감치 협상에 나서 나름 성과를 거두었다. 르노-닛산Renault-Nissan의 CEO 카를로스 곤Carlos Ghosn은 베터 플레이스 충전 네트워크의 핵심인 배터리 교환소와 호환이 되는 전기자동차를 개발하기로 아가시와 협약을 맺었다. 베터 플레이스는 그 대가로 르노가 개발한 자동차를 10만 대 구입하기로 약속했다. 이 전기자동차는 르노 플루언스Renault Fluence라는 내연기관 기반의 가정용 중형 승용차를 개조해서 제작할 예정이었다.

아가시의 다음 과제는 자금 조달이었다.[6] 2007년 6월, 이스라엘 최대 정유회사의 억만장자 CEO인 이단 오퍼Idan Ofer가 주도한 베터 플레이스의 시리즈A 투자 라운드에서는 무려 1억 1,000만 달러의 자금이 조성됐다. 이는 그때까지 벤처캐피털 역사상 가장 규모가 큰 시리즈A 라운드 중 하나로 기록됐다. 미국의 투자은행 모건 스탠리Morgan Stanley, 실리콘밸리의 벤처캐피털 밴티지 포인트Vantage Point 그리고 일부 유명 엔젤투자자도 투자단에 합류했다. 게다가 덴마크의 어느 에너지 기업과 호주의 벤처캐피털까지 가세하면서 총 투자액은 5,000만 달러가 더 늘었다.

충분한 자금을 확보한 아가시는 곧바로 조직을 구성하는 작업에 착수했다. 그의 팀에서 핵심적인 자리를 차지한 사람들은 그의 형제와 과거 SAP에서 함께 일했던 동료들이었다.[7] 바로 그의 남동생은 글로벌 기반 시설을 구축하는 총괄 책임자가 됐으며, 여동생은 이스라엘의 마케팅 부서를 맡았다. SAP의 전 동료들에게는 글로벌 운영 부서장, 자동차 업체 협력 담당 부서장, 최고재무책임자CFO(이하 CFO) 등의 자리가 돌아갔다. 그리고 이스라엘 방위군Israeli Defense Force에서 소장을 지낸 인물에게 이스라엘 총괄 CEO라는 핵심적인 역할을 맡겼다. 창업 초기 이 회사의 최고 경영진 중에 전기자동차 충전소 같은 물리적 제품이나 자동차 산업 분야의 경력을 지닌 사람은 아무도 없었다.

아가시는 자신의 고국 이스라엘을 베터 플레이스의 제품을 처음 출시할 시장으로 선택했다.[8] 이스라엘은 국토가 좁을 뿐만 아니라 주변이 모두 적대국이라 국경을 넘어 여행하는 이스라엘 국민이 거의 없기 때문에 전기자동차 충전 네트워크를 보급하기에는 안성맞춤이라고 생각했다. 당시 전기자동차가 한 번 배터리를 충전해서 주행할 수 있는 거리는 100마일 정도였다. 참고로 이스라엘 국토의 길이는 남북으로 260마일 정도다. 이후 이스라엘처럼 국토가 작고 시민들이 '친환경' 라이프 스타일에 익숙한 덴마크가 베터 플레이스의 두 번째 시장으로 결정됐다.

2008년, 아가시와 경영진은 베터 플레이스의 충전 네트워크는 전기자동차 한 대당 적어도 두 개의 충전기를 보급해야 성장이 가능하다고 결론 내렸다. 베터 플레이스의 충전기는 주차장, 거리의 도로변, 고객의 차고 등에 설치될 예정이었으며, 완전히 방전된 배터리를 충전하는 데 4~6시간 정도 걸릴 것으로 예상됐다. 충전기를 보급하는 데 소요될 예상 비용은 설치비를 포함해서 대당 200~300달러였다. 아가시의 팀은 이스라엘 전체에 보급될 전기자동차 200만 대 중 10퍼센트를 베터 플레이스의 충전 네트워크에 포함시킨다는 시나리오를 세웠다. 그러기 위해서는 대략 40만 대의 충전기를 보급해야 했으며 8,000만 달러의 비용이 필요했다.

베터 플레이스는 전기자동차로 100마일 이상을 주행해야 하는 여행자들을 위해 배터리 교환소를 나라 전역에 배치하고, 로봇을 이용해 방전된 배터리를 완전히 충전된 배터리로 교체해 준다는 계획을 세웠다. 교체 시간은 5분 내외로 내연기관 자동차에 휘발유를 주유하는 시간과 비슷했다. 2008년 아가시의 팀은 전기자동차 2,000대마다 배터리 교환소 한 곳이 필요하다고 판단했다. 예상 건설 비용은 교환소 한 곳당 30만 달러에서 50만 달러 사이였다. 따라서 베터 플레이스의 충전 네트워크가 이스라엘 전기자동차 시장의 10퍼센트를 점유한다고 가정하면 나라 전역에 최소 100개 이상의 배터리 교환소가 설치돼야 했으며, 이를 위해 총 3,000만 달러 정도의 자금이 들어갈 것으로 예상됐다.

이스라엘을 신제품 출시 시장으로 선정한 데는 또 다른 장점이 있었다. 이스라엘 국민들이 가정에서 사용하는 승용차의 70퍼센트는 기업에서 직원들에게 복지 혜택으로 제공하는 법인 차량이었다.[9] 아가시와 경영진은 기업의 법인 차량 담당자들에게 베터 플레이스 차량의 도입을 독려하면 자사의 서비스를 빠르게 보급할 수 있을 거라고 생각했다. 그들은 이스라엘의 400여 개의 기업을 설득해서 차후 베터 플레이스의 충전 네트워크가 정식으로 가동될 경우 이 회사의 전기자동차를 구입하겠다는 내용의 구매 의향서를 받아 냈다. 물론 법적 구속력은 없는 문서였다.[10]

2008년도에 실시된 시장 조사 데이터에 따르면 순수 전기자동차 시장의 소비자 수요는 그리 높지 않았다. 시장에 존재하는 유일한 자동차는 당시 막 출시된 테슬라 로드스터Roadster 2인승 모델이었는데 가격이 11만 달러가 넘었다. 베터 플레이스가 자체적으로 수행한 시장 조사에서는 이스라엘 가정의 20퍼센트 정도가 베터 플레이스의 전기자동차와 동급 내연기관 자동차와의 가격 차이가 10퍼센트 내외라면 기꺼이 르노 플루언스를 구입하겠다고 응답했다.[11] 그러나 해당 조사에서는 응답자들이 르노의 중형 승용차라는 단일 모델보다 더 다양한 제품을 원했으며 한꺼번에 돈을 내고 차량을 일시불로 구입하는 것보다 월별 사용료를 지불하는 방식을 선호한다는 점도 함께 밝혀졌다.

아가시는 베터 플레이스가 출시할 전기자동차의 구입 및 유지 비용이 내연기관 자동차에 비해 훨씬 저렴할 거라고 장담했다. 하지만 막상 뚜껑을 열어 보니 차량의 원가뿐만 아니라 충전 네트워크 기반 시설 구축 비용도 애초의 예상보다 훨씬 높아질 거라는 사실이 분명해졌다. 베터 플레이스의 경영진은 르노 플루언스 전기자동차를 원래의 휘발유 모델과 비슷한 3만 5,000달러에 판매하기로 결정했다.[12] 이는 배터리를 포함하지 않은 가격이었다.

자동차 소유주는 베터 플레이스와 연간 사용 계약을 맺고 배터리를 별도로 임대해야 했으며 임대료에는 베터 플레이스의 충전 네트워크 사용료와 배터리 충전에 필요한 전기요금이 포함됐다. 연간 사용료는 자동차를 주행한 거리에 따라 달라졌다. 1년에 평균 1만 2,000마일을 주행하는 운전자는 3,600달러 정도의 비용을 부담할 것으로 예상됐다. 반면 휘발유 1갤런으로 30마일을 달릴 수 있는 내연기관 자동차로 1년에 1만 2,000마일을 운행하는 이스라엘 소비자는 연 평균 3,000달러 정도의 유류비를 지출했다. 전기자동차의 유지 비용이 휘발유 자동차보다 저렴할 거라는 아가시의 약속이 무색해진 셈이다.

베터 플레이스는 플루언스 모델 한 대당 8퍼센트의 관세와 16퍼센트의 부가세를 포함해서 3만 1,000달러를 르노-닛산에게 지불할 예정이었지만 이는 배터리 가격을 제외한 금액이었다.[13] 최초 모델의 배터리 원가는 1만 5,000달러로, 아가시의 팀이 2008년에 예상한 8,000달러 내지 1만 1,000달러보다 훨씬 비싸게 책정됐다. 원래 베터 플레이스는 차량 및 배터리 가격 외에도 자동차 한 대당 매년 1,000달러 정도의 충전 네트워크 사용 비용이 발생할 것으로 추정했다.

여기에 포함된 항목은 전기 요금, 유지보수 비용 그리고 2008년 예상치를 기준으로 충전기 및 배터리 교환소 설비의 감가상각비를 자동차별로 배분한 금액 등이었다.[14] 베터 플레이스는 이런 비즈니스 모델을 바탕으로 영업을 시작한다면 차량 및 배터리에 투입된 원가를 4년 내에 회수하고 그 뒤부터는 어느 정도 수익을 낼 수 있을 거라고 기대했다. 또 시간이 흐르면서 배터리 원가가 하락하거나 다른 자동차 업체들과의 파격적인 거래를 통해 차량의 구입가를 낮추는 협상에 성공한다면 수익이 더 높아질 가능성도 있다고 믿었다.

아가시와 그의 팀은 이스라엘에서 제품을 출시하기도 전에 세계 곳곳으로 조직을 확장했다. 베터 플레이스는 캘리포니아의 팰로앨토에 본사를 두고 이스라엘, 덴마크, 프랑스, 스페인, 오스트리아, 호주에 지역 사무소를 설치했다.[15] 또 호주, 하와이, 온타리오, 캘리포니아, 네덜란드, 중국, 일본 등지에서도 현지 파트너와 함께 시범 사업을 수행하거나 충전 네트워크를 전면적으로 가동하겠다는 계획을 내놓았다. 베터 플레이스의 경영진은 이와 동시에 자사의 시스템에 포함될 다양한 기능 요소를 공급업체들과 협업해서 개발하기 시작했다. 고객 맞춤형으로 튼튼하게 제작된 전기자동차 충전기에는 무선 모뎀을 통해 사용자의 충전 현황을 원격으로 추적할 수 있는 기능이 포함됐다. 특히 어려웠던 대목은 OSCAR Operating System for the CAR 라는 이름의 전기자동차용 소프트웨어를 개발하는 일이었다.[16] 이 운영 체제는 자동차의 전기 사용량과 배터리 상태를 모니터해서 충전이 필요한 차량의 운전자에게 가까운 충전소의 위치를 알려 주고, 충전율을 관리해서 배터리의 손상을 줄이고, 특히 베터 플레이스의 고객들이 한꺼번에 배터리를 충전하며 정전을 초래하는 일을 막기 위해 일부 자동차의 야간 충전을 한시적으로 제한하는 작업 등을 수행했다.

베터 플레이스의 성공과 실패를 담은 책《토탈드》Totaled를 펴낸 기술 전문 언론인 브라이언 블룸Brian Blum에 따르면 베터 플레이스는 OSCAR 시스템을 개발하는 데 무려 6,000만 달러를 쏟아부었다고 한다.[17] 고객의 충전 네트워크 사용 현황을 추적하고 청구서를 발송하는 데 사용될 고객관계관리Customer Relationship Management, CRM 소프트웨어 역시 다른 시스템 요소들과 마찬가지로 수백만 명의 고객을 염두에 두고 설계됐기 때문에 개발이 복잡했고 돈도 많이 들었다. 게다가 베터 플레이스의 현금 소진율이 가속화되면서 필요 자금은 더 늘어났다. 2010년 1월, 아가시는 11억 달러의 기업 가치로 3억 5,000만 달러의 시리즈B 라운드 투자를 유치했다.

전기자동차 시장에서 얼마나 많은 수요와 비용이 발생할지 전혀 불확실한 상태에서도 아가시가 막대한 자금을 조달할 수 있었던 비결은 특유의 카리스마를 바탕으로 미래의 비전을 투자자들에게 감동적으로 전달하는 능력 덕분이었다. 게다가 당시 그가 업계의 유명 인사였다는 사실도 한몫했다.[18] 2009년 아가시는《타임》이 선정한 '세계에서 가장 영향력 있는 인물 100인'에 들었으며, 인류가 전기자동차로 갈아타는 일을 "노예제도를 없애는 것과 다를 바 없는 도덕적 의무"라고 주장한 그의 TED 강연회TED Talk (미국의 비영리 재단에서 운영하는 강연회—옮긴이) 영상은 130만 회가 넘는 조회 수를 기록했다.

베터 플레이스에서 홍보 및 정책 업무를 총괄했던 조 팔루스카Joe Paluska 는 이렇게 말했다. "그가 남에게 이야기를 할 때 드러내는 자신감은 믿을 수 없을 정도로 강력했습니다."[19] SAP의 임원 니미시 메타Nimish Metah 도 한마디 보탰다. "나는 추상적 개념을 그토록 설득력 있게 제시하는 재주를 지닌 사람을 처음 봤습니다."[20]

〈뉴욕타임스〉의 기술 칼럼니스트 클라이브 톰슨Clive Thompson 은 아가시를 "사람들의 마음을 간파해서 순식간에 유대감을 형성하는 영업사원의 능력을 천성적으로 타고난 인물"이라고 평가했다.[21] 그러나 톰슨은 동시에 그의 부정적인 측면도 지적했다. "아가시는 컴퓨터 프로그래머처럼 논리적 사고를 지닌 사람들에게서 흔히 나타나는 고집스럽고 타협이 불가능한 성격을 지닌 인물이기도 했다. 그는 어떤 문제에 대해 최선의 해결책이라고 스스로 결론 내린 주제에 대해서는 거의 편집광적인 집착을 보였다."

아가시의 팀은 르노-닛산 이외에 다른 자동차 제조사와도 파트너 관계를 체결할 계획이었다. 그들은 여러 업체를 접촉해서 베터 플레이스의 배터리 교환소와 호환되는 교체형 배터리 기반의 자동차를 설계해 달라고 요청했다. 많은 기업이 아가시의 제안을 검토했지만 계약서에 도장을 찍은 회사는 한 곳도 없었다. 게다가 아가시 쪽에서 오히려 몇몇 업체와의 협약을 거부하는 일도 벌어졌다. 일례로 2008년 제너럴모터스GM 의 임원들은 자사가 출시 예정인 플러그인 하이브리드plug-in hybrid (하이브리드와 순수 전기자동차의 중간 단계로 전기모터와 휘발유 엔진을 함께 사용하는 자동차—옮긴이) 자동차 셰비 볼트Chevy Bolt를 위해 충전소를 구축해 달라고 베터 플레이스에게 요청했다.[22] 그러나 아가시는 이 제안을 단호히 거절했다. "이 자동차에는 멍청한 배기관이 달려 있습니다. 우리는 어중간하게 일하지 않습니다. 배기관이 달린 자동차와는 절대 함께하지 않을 겁니다." 아가시는 나중에 자신의 동료에게 자신감에 찬 목소리로 이렇게 말했다. "다음 번 회의는 우리 본사에서 하게 될 거야. 우리 회사의 시가 총액이 그들보다 훨씬 커질 테니까."

그러는 사이에 베터 플레이스와 르노-닛산의 관계도 악화되기 시작했다. 두 회사의 협약을 주도했던 인물이 르노를 퇴사하고 베터 플레이스에 대해 회의적 관점을 지닌 사람이 자리를 이어받은 것이 문제의 발단이었다.[23] 새로 부임한 르노-닛산의 전기자동차 담당 임원은 완전히 방전된 배터리를 30~40분 만에 80퍼센트까지 충전할 수 있는 급속 충전 기술이 고객들의 '주행거리 불안'range anxiety(전기자동차가 충전소에 도착하기 전에 배터리가 방전될까 걱정하는 소비자들의 심리)을 해소하는 데 더 효과적인 해결책이라고 믿었다. 무엇보다 베터 플레이스가 배터리 교환소에 투자하는 돈에 비해 급속 충전 시설 네트워크를 보급하는 비용이 훨씬 저렴했기 때문이다.

또 새로운 임원은 르노-닛산이 출시한 배터리 교체형이 아닌 순수 전기자동차 닛산 리프Nissan Leaf를 열렬히 옹호하는 인물이었다. 그는 결국 아가시를 한 번도 만나지 않았다. 2010년 말 시장에 선을 보인 닛산 리프는 세금 혜택을 받기 전 가격이 3만 3,000달러였다.[24]

르노의 임원들은 플루언스 모델로 인해 초래될지도 모르는 손실을 막기 위해 제작 중인 차량의 디자인을 두고 베터 플레이스와 치열한 논쟁을 벌였다. 블룸에 따르면 그중 하나가 배터리 교환소에서 운전자가 방전된 배터리를 개폐식 금속판 위에 자동으로 떨어뜨릴 수 있도록 해주는 스마트 나사의 포함 여부였다고 한다. 르노는 차량에 일반 나사를 장착하고 배터리 교환소의 로봇 팔을 활용해서 나사를 풀고 조이는 방법이 더 저렴한 대안이라고 주장했다. 결국 베터 플레이스가 양보하는 선에서 협상이 타결됐다. 하지만, 베터 플레이스는 디자인 변경으로 인해 배터리 교환소의 하드웨어를 교체하는 데 더 많은 비용을 부담해야 했다. 더불어 배터리에 같은 종류의 나사가 장착되지 않은 다른 전기자동차들과 기술적으로 호환이 불가능해지는 대가를 치러야 했다.

베터 플레이스가 이스라엘 고객들을 대상으로 전기자동차를 판매하기 위한 준비에 돌입하면서 충전 네트워크 구축 비용이 예상보다 훨씬 커질 거라는 사실이 점점 분명해졌다. 충전기 원가는 2008년에 예측했던 200~300달러에 비해 10배가량 비싼 2,500달러 전후로 책정됐다.[25] 하지만 이 정도 수준의 가격은 당시 업계의 표준이었다. 2011년 GM이 전기자동차의 가정용 충전 시설을 판매하기 시작했을 때 고객에게 청구한 금액은 충전기 가격 1,000달러와 부품 비용 및 설치비 1,000달러였다.[26] 만일 베터 플레이스가 이스라엘 전역에 40만 대의 충전기를 대당 2,500달러에 보급한다면 총 비용은 2008년에 예상한 8,000만 달러가 아니라 무려 10억 달러까지 치솟을 전망이었다.

게다가 베터 플레이스가 이스라엘 내에 설치한 21개의 배터리 교환소 역시 한 곳당 건설비가 200만 달러가 넘었다. 원래의 예상 비용 30만~50만 달러를 크게 웃도는 금액이었다.[27] 과거 이 회사가 처음 사업 계획을 구상할 때 고용한 컨설턴트는 공사의 복잡성을 감안해서 배터리 교환소 한 곳을 구축하는 데 300만 달러가 넘는 비용이 들 거라고 추정한 바 있었다.[28] 그러나 베터 플레이스의 경영진은 컨설턴트의 예상을 일축하며 자신들이 내놓은 50만 달러라는 비용은 유럽의 엔지니어링 대기업 지멘스와 ABB의 데이터를 기반으로 도출된 정확한 수치라고 주장했다.

이렇게 각종 설비비가 눈덩이처럼 불어나면서 베터 플레이스가 가까운 장래에 수익을 내기는 거의 불가능해졌다. 향후 이스라엘과 덴마크를 포함한 여러 시장에서 매출액이 증가하면서 규모의 경제를 달성한다면 이 비용도 낮아지겠지만 앞날이 어떻게 전개될지는 누구도 확신할 수 없었다. 그럼에도 아가시는 기존의 전략을 밀어붙였다.

서비스 출시와 관련된 약속을 지켜야 한다는 압박이 거세지면서 내부적으로도 갈등이 고조되기 시작했다. 2010년 6월 베터 플레이스의 이사회는 회사의 과도한 지출을 두고 아가시와 정면충돌했다.[29] 아가시가 거세게 저항하자 이사회 의장 이단 오퍼는 그를 해고하겠다고 위협했으나 얼마 뒤에 이를 철회했다. 회사의 최고 경영진과 아가시의 관계도 순탄하지 않았다. 그는 실적이 부진한 직원들을 가혹하게 질책하는 것으로 유명했다. 경제 전문 잡지《패스트 컴퍼니》Fast Company에 따르면 아가시는 글로벌 운영 담당 임원이 자신과 상의 없이 어느 이사회 구성원과 업무를 협의했다는 이유만으로 그 임원을 해고했다고 한다.[30]

한편 르노-닛산이 플루언스를 출시하는 일정도 지연됐으며, 이스라엘 정부의 승인 절차가 늘어지면서 충전기와 배터리 교환소를 보급하는 데도 예상보다 시간이 오래 걸렸다.[31] 블룸에 따르면 굴착 작업으로 인해 지하에 매장된 유물이 훼손될지 모른다는 당국의 우려 때문에 배터리 교환소 건설 허가가 지체됐다고 한다.[32] 집에 차고 같은 여유 공간이 없는 운전자를 위해 도로변에 충전기를 설치하겠다는 계획도 정부로부터 불가 판정을 받았다. 게다가 충전기를 설치하기에 가장 이상적인 장소로 여겨진 기존의 주유소 역시 문제가 많았다. 정부 규정에 따르면 주유소가 주유 펌프를 제외하고 기타 시설로 활용할 수 있는 공간은 최대 200제곱미터로 제한돼 있었다.[33] 대부분의 주유소는 이 공간에 이미 편의점처럼 수익이 짭짤한 시설들을 운영하는 중이었다. 그 덕분에 베터 플레이스는 충전 시설을 확보할 수 있는 장소를 찾아 도심에서 멀리 떨어진 곳을 알아보느라 법석을 떨어야 했다. 또한 르노의 전기자동차를 판매할 이스라엘의 유통업체는 아가시가 내놓은 플루언스의 판매 예상 수치를 믿지 못하고 전기자동차의 재고를 떠안기를 거부했다.[34] 이에 따라 베터 플레이스는 자체적으로 차량을 수입하고 판매하느라 더 많은 현금을 지출할 수밖에 없었다.

이처럼 수많은 문제가 산적한 이 회사가 2011년 초 이스라엘에서 서비스를 출시하겠다는 목표 달성에 실패한 것은 놀랄 일이 아니었다. 2011년 말로 접어들면서 이 스타트업에는 더 많은 자본금이 필요했다. 아가시는 시리즈C 투자 라운드를 통해 22억 5,000만 달러의 기업가치를 평가받으며 2억 5,000만 달러의 자금을 조달했다. 하지만 이는 그가 목표로 했던 3억 5,000만 달러에 크게 미치지 못하는 금액이었기 때문에 회사가 조만간 재무적으로 극심하게 압박을 받을 거라는 사실은 불을 보듯 뻔했다.[35]

2012년 6월 베터 플레이스가 마침내 이스라엘에 전기자동차를 공급하기 시작했을 때, 이 회사는 하루 50만 달러씩 현금을 소진 중이었고 자동차 판매 실적은 극도로 부진했다.[36] 대기업에 근무하는 직원들은 베터 플레이스의 전기자동차를 구입하기를 꺼렸다. 차량을 빈번하게 충전해야 할 뿐만 아니라 먼 곳으로 여행할 때 배터리가 방전되는 일을 우려했기 때문이다.

직원들이 법인 차량을 이용할 경우 리스 비용에 유류비 또는 베터 플레이스 충전 네트워크 사용료 같은 운영비를 지불하는 것은 회사의 몫이었다. 직원들의 주머니에서 빠져나가는 돈은 그들이 회사로부터 소득의 형태로 수령한 복지 혜택(자동차)의 가치에 비례해 납부하는 '사용세'usage tax가 전부였다. 베터 플레이스의 전기자동차를 구입하고 유지하는 비용은 비슷한 모델의 내연기관 자동차와 거의 같았기 때문에, 운전자 입장에서는 이 회사의 차량을 이용한다고 사용세가 낮아질 일은 없었다. 다시 말해 돈이 절약되지도 않으면서 불편함만 안겨 주는 제품이 매력적인 제안으로 다가올 리가 없었다.

게다가 베터 플레이스가 책정한 가격 체계를 고려하면 기업들이 자사 직원에게 베터 플레이스의 전기자동차로 바꾸라고 권장할 만큼 비용 절감 효과도 크지 않았다. 이전에 구매 의향서에 서명한 기업들의 입장도 다르지 않았다. 리스 회사들 역시 베터 플레이스 자동차의 애프터 마켓after market (제품 판매 이후 추가적으로 발생하는 수요에 의해 형성된 시장. 자동차의 경우는 중고차 및 부품 시장 등을 의미함—옮긴이)에 대한 잠재력을 확신하지 못했기 때문에, 기업 고객에게 베터 플레이스의 전기자동차를 법인 차량으로 도입하라고 적극적으로 권하지 않았다.[37] 리스 회사의 도움이 절대적으로 필요했던 베터 플레이스는 자사 제품에 대한 애프터 마켓의 시세가 높지 않을 경우 그 차량들을 재구매하겠다고 약속할 수밖에 없었다. 이 약속으로 인해 회사의 재무적 위험성은 한층 증가했다.

이렇게 부진한 출발에 뒤이어 이 스타트업 내부에서도 갈등이 점화되기 시작했다. 블룸에 따르면 2012년 초 이 회사의 최고 경영진 아홉 명이 모여 회의를 하는 자리에서 아가시는 이렇게 말했다고 한다. "조직에서 가장 중요한 것은 바로 믿음입니다. 그러나 믿음은 저절로 생기는 것이 아니라 획득하는 겁니다. 이 방 안에서 내가 신뢰하는 사람은 오직 두 명뿐입니다."[38]

이 말을 들은 아가시의 친구이자 이사회 구성원 인 안드레이 자루르Andrey Zarur 는 대부분의 경영진 역시 아가시에게 비슷한 느낌을 갖고 있다고 맞받아쳤다. 다보스 포럼에서 베터 플레이스의 비전을 제시하는 일을 돕기도 한 자루르는 그해 10월쯤이면 이 스타트업의 현금이 완전히 소진될 거라고 경고했다. 그러자 아가시는 트위터에 이런 분노의 글을 남겼다. "진실하지 않은 친구는 더 이상 친구가 아니다."

현금 유동성 문제에 경고를 보내는 것은 대개 CFO의 일이다. 하지만 창업 동료였던 CFO가 그 전해에 회사를 떠난 뒤부터 그 자리는 계속 공석이었다.[39] 원래 쉽지 않은 자리이기도 했지만, 아가시 때문에 후임자 인선 작업이 더욱 지체됐다. 그는 새로 부임한 CFO가 아가시뿐만 아니라 이사회 구성원들에게도 업무를 보고해야 한다는 이사회 결정에 반기를 들고 후임자 채용을 거부했다.

그해 8월 말 아가시는 신규 투자자들에게서 추가 자금 조달을 시도했으나 실패했다.[40] 그는 유럽연합EU 가맹국들이 출자해서 만든 유럽 투자은행에서 가까스로 5,000만 달러를 대출받았지만 그 돈으로는 필요한 비용을 충당하기에 턱없이 부족했다. 베터 플레이스의 현금 보유고가 거의 바닥을 보이던 그해 9월 아가시는 이미 7억 5,000만 달러를 이 회사에 쏟아부은 기존 투자자들에게 브리지 대출을 요청했다.

결국 인내심이 한계에 달한 이단 오퍼는 투자 요청을 거부하고 아가시에게 CEO를 사퇴한 뒤에 이사회 의장을 맡으라고 제안했다. 아가시는 그 제안을 받아들이지 않고 결국 회사를 떠났다. 오퍼는 1억 달러의 투자 라운드를 주도해서 자금을 조달한 뒤에 두 사람의 CEO를 연이어 채용했다. 베터 플레이스의 호주 운영을 총괄하던 첫 번째 CEO는 불과 4개월 만에 오퍼의 신임을 잃고 자리에서 물러났다. 그동안 그는 500명의 직원을 감원했으며 르노의 경영진을 설득해서 플루언스의 제조를 즉시 중단한다는 결정을 연기하게 만들었다.

두 번째로 CEO 자리에 오른 사람은 베터 플레이스가 손익분기점에 도달하기 위해서는 5억 달러의 자금이 필요하다고 결론 내렸다. 회사로서는 조달하기가 너무 요원한 금액이었다. 2013년 5월, 베터 플레이스는 결국 파산을 선언했다. 그때까지 이스라엘과 덴마크에서 판매한 전기자동차는 1,500대를 넘지 못했다.

▪ 기적의 연속을 바라지 말라 ▪

베터 플레이스는 애초에 9억 달러짜리 판단 착오의 산물이었으며, 처음부터 실패가 예정된 회사에 불과했을까? 물론 꼭 그렇지는 않을 수도 있다. 하지만 아가시의 야망은 지나치게 급진적이었다. 베터 플레이스의 성공을 위해서는 수많은 요건 하나하나가 빠짐없이 충족돼야 했으며, 조금이라도 차질이 발생할 경우 이 야심 찬 스타트업은 결국 실패해야 할 운명이었다. 이 회사에 닥친 갖가지 도전을 고려하면 그 모든 조건이 추호의 착오도 없이 완벽하게 들어맞는다는 것은 기적에 가까운 일이었다.

한마디로 베터 플레이스는 내가 '기적의 연속'이라고 이름 붙인 후기 단계 스타트업의 실패 패턴에 빠졌다고 할 수 있다. 이 패턴에 희생된 스타트업은 대담하고 혁신적인 아이디어를 바탕으로 수많은 대형 난제를 극복하는 일에 뛰어든다. 하지만 단 하나의 문제라도 해결에 실패하면 회사는 곧바로 무너질 수밖에 없다. 다시 말해 이 스타트업이 성공하기 위해서는 연속적으로 기적이 일어나야 한다. 아가시의 야심 찬 계획이 달성되기 위해서는 어떤 기적들이 이뤄져야 했는지 살펴보자.

• **기적 1. 전기자동차의 높은 시장 수요:** 아가시의 비전이 성취되기 위해서는 수많은 소비자가 주행거리의 한계와 충전의 불편함을 무릅쓰고 순수 전기자동차를 도입할 거라는 가정이 뒷받침돼야 했다. 환경보호 의식에 투철한 일부 고객은 이 친환경 제품에 더 비싼 가격을 치를 의사가 있었을지 모르지만 주력 고객들은 전기자동차의 구입 및 유지 비용이 동급의 내연기관 자동차보다 낮을 때만 전기자동차를 구매하려고 했다. 물론 휘발유에 비싼 세금을 부과하는 이스라엘이나 유럽 각국 같은 일부 지역에서는 일정 거리를 여행할 때 배터리 충전에 소요되는 전기요금이 유류비에 비해 상대적으로 저렴했으나, 전기자동차의 높

은 구입 가격은 운영비 절감 효과를 상쇄해 버렸다.

베터 플레이스가 서비스를 출시했을 무렵 시중의 전기자동차 가격
은 비슷한 모델의 내연기관 자동차에 비해 세금 혜택을 제외하더라도
50퍼센트 이상 비쌌다. 따라서 전기자동차의 가격을 저렴한 수준으로
낮추는 일은 정부가 소비자들에게 적지 않은 보조금을 지불할 의사가
있는지 여부에 달려 있었다.

• **기적 2. 교체형 배터리의 높은 시장 수요:** 고객들이 높은 가격을
지불하고 전기자동차를 구매할 의사가 있다 하더라도 주행거리 문제에
대한 베터 플레이스의 해결책에 만족하지 않는다면 어떻게 해야 할까?
물론 소비자들은 일터를 오가거나 시내에 볼일을 보러 갈 때처럼 단거
리 이동 시에만 전기자동차를 이용할 수도 있을 것이다. 하지만 장거리
를 운행해야 하는 사람은 어떻게 해야 할까? 그렇다고 가까운 곳을 이
동할 때만 교체형 배터리가 장착되지 않은 전기자동차를 타고 장거리
를 여행할 때는 추가로 구입한 내연기관 자동차를 이용하는 일은 부유
한 고객들에게나 가능한 선택지다.

당시 소비자들이 선택할 수 있었던 또 다른 대안은 직류 급속충전
기술이었다. 이 해결책을 지지한 사람들도 잦은 급속충전이 배터리 손
상을 초래하는 게 사실이라고 인정했다. 그럼에도 불구하고 소비자들
이 대부분 1년에 몇 차례 먼 거리를 운행할 때만 급속충전 기능을 사용
할 거라고 주장했다. 또한 장거리 운행 시에 두세 시간마다 30~40분씩
쉬면서 충전하는 일을 감수할 거라고 믿었다. 장거리 운행을 제외한 일
상적 사용 환경에서는 속도가 느린 교류 방식의 충전기로 밤새워 차량
을 충전함으로써 배터리를 보호할 수 있다는 논리였다.

하지만 그 주장과 달리 베터 플레이스의 얼리 어답터들은 빈번하게 장거리 운행을 했고 일주일에 한 번꼴로 배터리 교환소를 이용했다.[41] 이렇듯 소비자들의 행동과 성향이 불확실한 상황에서 베터 플레이스가 서비스를 출시했을 때는 급속충전 모델이 꼭 우월한 해결책이라고 장담할 수도 없었다.

반면 테슬라는 베터 플레이스와 달리 모든 선택지를 실험했다. 2012년 테슬라가 부유한 고객들을 목표로 내놓은 모델S는 1회 충전으로 160마일을 운행할 수 있는 모델이 5만 7,400달러, 300마일을 운행할 수 있는 모델이 7만 7,400달러였다. 차량이 클수록 더 큰 배터리를 장착할 수 있기 때문에 주행거리도 늘어났다. 모델S에는 베터 플레이스의 플루언스처럼 교체형 배터리가 장착됐다.

테슬라는 2015년 샌프란시스코와 로스앤젤레스 사이에 배터리 교환소를 설치했지만 이를 사용하는 사람은 많지 않았다. 대신 소비자들은 2012년 테슬라가 주요 도시 사이의 전략적 요충지에 설치한 급속충전소 '슈퍼차저'Supercharger를 더 선호했다.[42]

· **기적 3. 여러 자동차 제조업체와 협력관계 체결:** 베터 플레이스가 자사의 충전기나 배터리 교환소를 많은 소비자에게 보급하려면 일정 수준 이상의 시장 점유율이 필요했다. 만일 낮은 시장 점유율 탓에 충전기와 배터리 교환소의 보급이 저조하면 베터 플레이스의 전기자동차는 소비자 입장에서 그만큼 사용이 불편해지고 운행 중에 배터리가 방전될 확률도 높아질 터였다.

베터 플레이스가 시장 점유율을 확대할 수 있는 방법은 여러 자동차 제조업체와 긴밀한 협력관계를 맺는 길밖에 없었다. 하지만 자동차 업체들이 생산한 전기자동차가 베터 플레이스의 배터리 교환소를 이용할 수 있도록 하려면 차량 설계 과정에서 베터 플레이스의 교체형 배터리 디자인을 채택해야 했다. 이는 디자인 차별화와 비용 절감에 목을 매야 하는 제조업체 입장에서 수용하기 어려운 요구였다.

또 자동차 제조업체들은 베터 플레이스의 충전 네트워크와 호환되는 전기자동차의 시장 수요가 얼마나 많은지 관심을 나타냈지만, 이것 역시 이 스타트업이 복수의 시장에서 동시에 달성할 수 있는 시장 점유율에 좌우될 수밖에 없었다.

베터 플레이스가 몰락을 향해 치닫던 시기에 이 회사의 경영진은 교체형 배터리가 장착되지 않은 전기자동차를 위해서도 충전기를 제작하기로 결정했다. 지난 2008년 GM의 임원들이 제안했던 바로 그 사업 모델이었다. 그러나 2012년 7월 GM 호주 지사에서 셰비 볼트 모델을 위한 충전기 우선 공급업체로 베터 플레이스를 선정했다고 발표했을 때는 이미 때가 너무 늦어 버린 뒤였다.

• **기적 4. 복수의 시장에 동시 진입:** 새로운 자동차를 디자인하는 데는 막대한 비용이 들고 자동차 공장을 효율적인 규모로 가동하기 위해서는 많은 수의 차량을 생산해야 한다. 따라서 자동차 제조업체는 항상 대규모 시장을 공략할 수밖에 없다. 그러므로 베터 플레이스의 충전 네트워크와 호환되는 자동차가 조만간 여러 나라에서 대량으로 판매될 거라고 확신할 수 없다면 자동차 제조업체들은 이 스타트업과 협력관계를 맺으려 하지 않을 것이다. 베터 플레이스가 자동차 업체들의 기대를 충족하기 위해서는 커다란 운영상의 문제를 감수해야 했을 뿐만 아니라 막대한 자본금이 필요했다.

· **기적 5. 투자자들의 확고한 지원:** 베터 플레이스의 비즈니스 모델에는 초기부터 막대한 자본이 필요했다. 그 말은 이 모델이 계획대로 작동할지 여부가 불확실한 상태에서 투자자들에게 맹신에 가까운 믿음을 얻어야 한다는 뜻이다. 베터 플레이스가 전기자동차를 한 대라도 판매하기 위해서는 사전에 수많은 충전기와 배터리 교환소를 설치하고 자동차와 배터리를 구입하는 작업이 선행돼야 했다. 반면 베터 플레이스의 주요 매출원인 소비자들의 배터리 사용료는 시간이 흐르면서 서서히 축적되는 구조였다. 이런 상황은 이스라엘뿐만 아니라 이 회사가 진출한 모든 시장에서 똑같이 반복됐다.

· **가정 6. 효과적인 업무 수행:** 앞에서 나열한 모든 가정이 충족됐다 하더라도 베터 플레이스의 임원들은 엔지니어링, 마케팅, 고객 서비스 등 모든 기능 부서의 업무를 차질 없이 수행해야 했고, 복수의 국가에서 동일한 수준의 높은 업무 효율성을 동시에 달성해야 했다. 이는 매우 달성하기 어려운 목표였다. 베터 플레이스의 임원들이 수립한 서비스 출시 계획은 스타트업 역사를 통틀어 운영상 요건이 가장 복잡하고 방대한 사업 계획이었음이 분명하다.

아가시가 구상한 사업 계획의 성공 여부는 위와 같은 기적들이 모두 충족돼야 하는 '기적의 연속'에 달려 있었다. 물론 그중 일부는 현실화됐다. 예를 들어 고객들은 2012년을 기점으로 순수 전기자동차를 구입하기 시작했다(기적 1). 베터 플레이스는 이스라엘과 덴마크에서 서비스를 출시했으며, 다른 여러 시장에 진출하기 위한 논의를 활발하게 진행했다(기적 4). 또 이 회사는 아가시의 탁월한 '세일즈 기술'에 힘입어

9억 달러의 자금을 조달하는 데 성공했다(기적 5).

하지만 기적은 거기까지였다. 이 스타트업은 르노-닛산과 파트너 관계를 맺었지만 다른 자동차 제조사들과는 협력관계를 확대하지 못했다(기적 3). 회사의 전략을 실행하기 위한 업무 수행 과정도 순조롭지 않았다(기적 6). 그들은 다른 지역에 비해 사업하기가 훨씬 수월할 거라고 기대한 이스라엘에서조차 많은 장애물에 부딪혔고, 서비스 출시 목표일을 맞추지 못했으며, 비용을 통제하는 일에도 실패했다. 특히 2012년 내내 CFO가 공석인 상태에서 재무적 상황은 더욱 악화됐다.

그중에서도 가장 심각한 문제는 교체형 배터리를 장착한 전기자동차에 대한 고객 수요가 너무 낮았다는 점이다(기적 2). 충전기와 배터리 교환소를 설치하는 데 애초의 계획보다 훨씬 많은 비용이 들어가자, 베터 플레이스는 고객들에게 판매하는 전기자동차의 가격을 더 이상 낮추기가 어려웠다. 교체형 배터리 역시 고객들의 '주행거리 불안'을 덜어줄 수 있는 궁극적인 해결책이 아니었다. 이 시장을 최종적으로 장악한 기업은 더 큰 자동차로 더 먼 거리를 주행할 수 있게 만든 제품 전략과 급속충전 네트워크를 채택한 테슬라였다. 말하자면 베터 플레이스는 급속충전 기술보다 교체형 배터리가 훨씬 나은 해결책이라는 아이디어에 크고 위험한 베팅을 한 셈이었다.

그렇다면 베터 플레이스의 경영진이 교체형 배터리를 선택했을 때, 그들은 이미 실패했다고 봐야 할까? 그렇지는 않을 것이다. 스타트업의 사업 모델에서 결함이 발견됐을 때 경영진이 이를 수정해서 회사의 전략을 이동시키는 일은 흔하게 벌어진다. 그리고 베터 플레이스의 경영진에게 다른 전략을 고려해 보라고 조언하는 사람들은 회사 안팎에 무수히 많았다. 예를 들어 베터 플레이스는 GM을 포함한 여러 자동차 제조사를 위해 충전기나 급속 충전소를 제공하는 공급업체로 자리잡을 수 있었을 것이다. 또 아가시는 이스라엘 시장의 개인 및 기업 수요가 많지 않고, 지역적 규제로 인해 충전 시설을 건설하는 데 예상보다 많은 비용이 발생할 거라는 사실을 깨달은 뒤에 이곳에서 발을 빼고 더 유망한 시장에 주력하는 전략을 택할 수 있었을지도 모른다.

그러나 문샷moonshot(원래는 달 탐사선 발사를 뜻하지만 종종 급진적이고 혁신적인 프로젝트를 의미함—옮긴이)은 일단 발사대를 떠나면 방향을 되돌리기가 극히 어렵다. 스타트업이 수억 달러를 쏟아부으면서 매몰비용sunk cost(의사 결정의 결과로 발생한 비용 중 회수가 불가능한 비용—옮긴이)이 엄청나게 늘어났기 때문이다. 세상 사람들에게 수년에 걸쳐 원대한 비전을 설파하는 카리스마 넘치는 리더, 특히 아가시처럼 편집광적인 신념을 지닌 창업가는 자신의 전략에 결함이 있다는 증거가 넘쳐남에도 불구하고 기존의 방식을 계속 밀어붙이는 자기 방어적인 행동을 취하기 쉽다. 사회학자 배리 스토Barry Staw는 이런 현상을 '몰입상승'escalation of commitment이라고 부른다.[43]

아가시처럼 거대한 문샷을 지향하는 사람은 '기적의 연속' 실패 패턴에 취약하다. 문샷은 대체로 첨단기술 기반의 과감한 혁신이나 새로운 비즈니스 모델을 동반한다. 그러나 과감한 혁신이란 결국 그 제품에 대한 시장 수요가 얼마나 될지 불확실하고 제품의 개발 과정 역시 길어질 거라는 말과 동의어일 뿐이다. 또 문샷 비즈니스 모델의 성공은 강력한 네트워크 효과, 높은 고객 전환 비용, 규모의 경제 등에 달려 있기 때문에 회사는 제품 출시와 더불어 급속하게 사업을 확장해야 한다.

오랜 기간에 걸쳐 제품을 개발하고 빠른 속도로 사업을 확장하기 위해서는 막대한 자본금이 필요하다. 게다가 스타트업이 문샷을 쏘아 올리려면 종종 기존의 대기업과 전략적인 파트너십을 맺어야 하지만, 대기업의 사업적 우선순위는 대체로 스타트업과 일치하지 않는다. 스타트업은 법률적으로 애매한 상황이 발생했을 때 정부의 지원도 받아야 한다. 이런 모든 기적을 빠짐없이 이루기 위해서는 원대한 비전을 지닌 카리스마 넘치는 설립자가 그야말로 물 위를 걷는 능력을 발휘해야 한다.

다음의 그림을 보면 이런 사업적 요건들이 어떻게 상호 작용 하면서 스타트업을 '기적의 연속' 패턴에 몰아넣는지 알 수 있다. 일반적으로 스타트업에게 결정적인 충격을 가하는 원투펀치(즉 실패의 직접적인 원인)는 제품에 대한 고객의 수요가 부진하고 투자자들이 자금을 제공하지 않는 것이다. 하지만 대부분의 스타트업이 최후의 펀치를 얻어맞는 것은 이미 여러 라운드에 걸쳐 경기가 진행된 뒤의 일이다.

이 복잡한 도표는 창업가들이 문샷에 성공하기 위해 얼마나 많은 일을 차질 없이 수행해야 하는지, 동시에 얼마나 많은 일이 잘못될 수 있는지 보여 주는 그림이다. 문샷을 쏘아 올리는 설립자들은 아가시처럼 자신의 원대한 비전에 편집광적인 집착을 갖는 경우가 많다(1). 이 거창한 혁신은 필연적으로 제품 개발의 지연을 초래하고(2), 그들이 구상하는 비즈니스 모델, 즉 베터 플레이스의 충전 네트워크처럼 강력한 네트워크 효과나 규모의 경제를 필요로 하는 모델의 구조적 특성에 따라 회사는 제품의 출시와 동시에 사업의 규모를 급격히 확장해야 한다(3).

스타트업이 혁신을 추진하기 위해서는 대기업과의 전략적 협력관

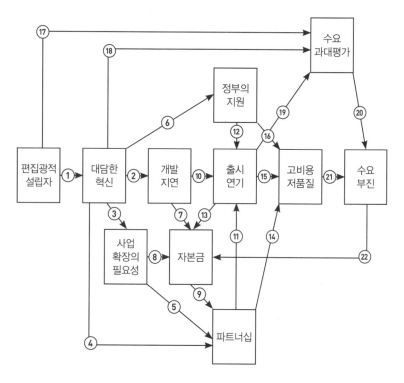

계를 바탕으로 핵심 기술과 르노의 플루언스와 같은 주요 시스템 요소를 확보해야 한다(4). 전략적 파트너는 경우에 따라 스타트업의 사업 확장에 필요한 유통망을 제공할 수도 있다(5). 만일 스타트업이 출시한 혁신적 제품이 법이나 규제의 문제를 초래할 우려가 있다면, 베터 플레이스가 이스라엘 정부의 도움을 받았던 것처럼 정부의 허락을 얻어 내거나 복잡한 관료주의의 숲을 통과해야 한다(6). 제품 개발은 지연되고 사업 확장의 요구는 날로 증가하는 상황에서 스타트업은 막대한 자금이 필요해진다(7, 8). 그리고 특정 업무를 회사 내에서 직접 수행하기

위해서는 더 많은 투자가 요구되기 때문에 차라리 외부 업체에게 아웃소싱하는 편이 더 유리할 수도 있다(9).

제품 출시의 지연을 초래하는 요인은 다양하다. 첨단 제품을 개발하는 작업은 예상보다 어려울 수밖에 없다(10). 파트너들은 약속을 지키는 데 소극적이고(11), 규제기관과의 협상도 늘어지기 십상이다(12). 제품 출시의 지연에 따라 더 많은 자본금이 필요해지는 상황에서(13), 기존 투자자와 잠재 투자자들은 해당 스타트업의 사업 전망을 회의적으로 바라보기 시작한다.

제품 출시일이 가까워짐에 따라 몇 가지 요인이 복합적으로 작용해서 제품의 원가가 높아지고 품질은 저하되는 일이 벌어진다. 파트너들 역시 스타트업에게 실망을 안겨 준다. 르노-닛산이 베터 플레이스에게 공급한 플루언스는 예상보다 가격이 비싼 반면, 주행거리는 더 짧았다(14). 베터 플레이스의 배터리 교환소처럼 제품 개발 과정에서 예상치 않은 문제가 발생함으로써 일부 제품 요소의 원가가 예상보다 훨씬 높아지기도 한다. 플루언스의 배터리에서 스마트 나사 기능을 제거한 것처럼 제품 출시일을 꼭 지켜야 한다는 압박감 때문에 제품의 기능 일부를 포기해야 하는 상황이 닥칠 수도 있다(15). 경우에 따라서는 정부의 조치가 비용 상승을 유발하기도 한다. 베터 플레이스는 배터리 교환소 건설 과정에서 땅속의 유물을 손상시키지 않겠다는 안전 굴착 조건을 바탕으로 이스라엘 정부의 공사 허가를 어렵사리 얻어 냈다(16).

한편 스타트업의 경영진은 시장의 수요를 과대평가하기 쉽다. 개인적 비전에 과도하게 집착하는 설립자는 고객들이 자사의 제품에 열광적인 관심을 보일 거라고 확신하기 때문에 장차 자신들 앞에 심각한 도전이 닥칠지도 모른다는 현실을 외면해 버린다. 아가시 역시 베터 플레이스가 공격적으로 세운 매출 및 비용 목표를 달성할 거라고 믿어 의심치 않았다(17). 혁신의 규모가 너무 방대하면 수요를 예측하기가 어렵다. 과거에는 아무도 이런 제품이나 서비스를 시도해 본 적이 없기 때문에 경험을 바탕으로 시장 수요를 추측하기도 불가능하다(18). 더구나 제품의 출시가 지연되면서 고객의 수요는 갈수록 점치기 어려운 움직이는 표적이 돼 버린다. 특히 경쟁자들이 적극적으로 대체 제품 개발에 나섰다면 이런 오리무중의 상황은 더욱 심화된다. 경쟁자가 좋은 성과를 거둘수록 해당 제품에 대한 고객들의 기대치는 더욱 높아지고, 스타트업은 원래의 매출 목표를 달성하기가 어려워지게 된다(19).

시장 수요에 대한 비현실적인 기대치(20) 그리고 원가는 높고 성능은 낮은 제품(21) 등의 요인이 함께 작용하면서 막상 해당 제품이 출시됐을 때 매출은 부진에 빠진다. 스타트업의 현금이 바닥을 보이면서 투자자들은 이를 실패한 게임으로 간주하고 더 많은 자금을 지원하기 거부한다(22).

앞서 우리는 문샷을 추구했던 일부 창업가에게 닥친 여러 도전 요소를 자세히 살펴봤다. 예를 들어 제6장에서 만나 본 대담하고 야심 찬 스타트업들은 급속한 사업 확장을 요구하는 비즈니스 모델을 고안해 냈지만 과감한 성장 전략을 추구하는 과정에서 우리가 제7장에서 논의했던 갖가지 도전에 맞서야 했다. 게다가 제8장에서 언급한 바와 같이 제품 출시까지 오랜 시간이 걸리는 문샷 창업가들에게 자금 조달 문제는 매우 민감한 사안이다. 그 결과 그들은 특정 산업 분야에 대한 투자자들의 심리 변동에 큰 영향을 받을 수밖에 없다. 예를 들어 베터 플레이스가 자금 조달 실패라는 불운을 겪은 이유 중 하나는 2010년부터 시작된 친환경 기술 업계의 투자 불황 때문이었다.

이 장의 나머지 부분에서는 '기적의 연속' 패턴에 빠진 창업가들에게 닥치는 세 가지 도전 요소를 검토하고 이에 대한 극복 방안을 알아보려고 한다. 순서는 다음과 같다. 첫째, 수요 예측하기. 둘째, 제품 출시 지연에 대처하기. 셋째, 편집광적인 설립자 길들이기.

■ 수요를 정확하게 예측하라 ■

문샷 창업가들에게 닥치는 리스크 중 하나는 세상을 바꾸겠다는 그들의 약속이 너무 거창해서 오히려 고객들의 외면을 초래할 수 있다는 것이다. 따라서 고객들이 수용할 수 있는 혁신이 어느 정도인지 파악하는 일은 창업가들에게 매우 중요한 과제다. 그러나 이 작업을 위해 시장 조사를 활용하는 데는 몇 가지 문제가 있다. 첫째, 문샷 프로젝트는 대체로 제품 개발 시간이 길기 때문에 초기 디자인 과정에서 고객들의 피드백을 얻어 내기가 불가능하다. 많은 창업가는 그 대안으로 고객 설문 조사를 실시하지만 결국 조사 결과가 잘못된 것으로 드러나 후회하는 경우가 많다. 2008년 베터 플레이스가 이스라엘의 자가용 소유자 1,000명을 대상으로 설문 조사를 진행한 결과 전체의 20퍼센트가 베터 플레이스의 전기자동차를 구입할 의사가 있다고 응답했다. 그들은 이 숫자를 바탕으로 이스라엘에서 40만 대의 차량 수요를 예상했지만 베터 플레이스가 문을 닫기까지 이 시장에서 판매된 전기자동차는 1,000여 대에 불과했다.

고객의 수요를 잘못 계산해서 곤경을 치른 대표적인 문샷 프로젝트의 하나가 이리듐이다.[44] 1998년 지구상 모든 곳에 위성 기반의 휴대전화 서비스를 제공한다는 사명을 품고 서비스를 개시한 이 스타트업은 주 투자사인 모토로라의 강력한 후원을 등에 업고 수년간 제품 개발에 몰두한 바 있었다. 이리듐이 66개의 위성을 우주로 쏘아 올리기 전 모토로라는 여러 컨설팅 기업에 의뢰해서 위성 기반 휴대전화 서비스에 대한 시장 수요를 조사했다. 컨설팅 기업들이 파악한 이 제품의 목표 시장은 평소 출장이 잦고 '무선통신에 중독된' 4,200만 명의 직장인이었다. 컨설턴트들은 잠재 고객들이 위성 휴대전화에 대해서도 뜨거운 반응을 보일 거라고 예상했다. 따라서 시장 규모만을 놓고 봤을 때 이리듐이 단시간에 100만 명의 고객을 확보하는 일쯤은 누워서 떡 먹기라고 생각했다. 그러나 지분 매각과 은행권 대출을 통해 당시로서는 스타트업 역사상 최대 규모였던 총 64억 달러의 자금을 조달한 이리듐이 1999년에 파산했을 때, 그때까지 그들이 유치한 고객은 100만 명 근처에도 가지 못한 2만 명에 불과했다.

시장 조사 전문가들은 설문 조사 대상자들이 특정 제품에 대한 구매 의도를 실제보다 과장해서 응답한다는 사실을 잘 알기 때문에 이런 변수를 고려해서 예상 수치를 적절하게 조정한다. 그렇다고 해도 기존에 존재한 적이 없는 완전히 새로운 제품에 대해서는 효과적이지 못하다. 응답자들은 자신이 직접 경험해 보지 못한 물건을 두고 이러쿵저러쿵 취향을 밝히는 데 어려움을 겪을 수밖에 없다. 자동차 왕 헨리 포드Henry Ford가 남긴 말은 이러한 리스크를 적절히 표현해 준다. "만일 내가 사람들에게 무엇을 원하는지 물었다면 그들은 더 빠른 말을 원한다고 대답했을 것이다."[45]

고객들에게 새로운 제품에 대한 구입 의사를 묻는 조사 방식으로는 믿을 만한 결과를 얻어 낼 수 없다면 어떻게 해야 할까? 우리가 제4장에서 살펴본 '스모크 테스트'를 활용하는 것도 한 가지 방법이 될 수 있다. 즉 고객들에게 아직 출시되지 않은 제품을 상세하고 정확하게 설명하고 그들의 구매 의향을 타진하는 것이다. 예를 들어 테슬라는 고객들에게 추후 환불이 가능한 예약금(모델 3 구매 시 1,000달러)을 받고 전기자동차를 판매하는 방식으로 시장 조사를 실시했다. 지보 역시 인디고고 캠페인을 활용해서 시장 수요를 조사했다. 물론 크라우드소싱은 그 성격상 주력 고객보다 얼리 어답터의 수요가 높을 수밖에 없다. 제4장에서 이야기한 바와 같이 스모크 테스트를 실시할 때 '모양이 유사한' 시제품을 만들어 고객들의 피드백을 얻어 내는 것도 한 가지 방법이다. 지보의 경영진은 자신들이 출시할 로봇을 제작하기 전에 먼저 사람이 로봇을 인형처럼 직접 조종하는 방식의 '오즈의 마법사' 시제품을 사용해서 고객들이 소셜 로봇과 어떤 식으로 상호 작용 하는지 관찰했다.

고객 수요를 정확히 진단하는 일을 방해하는 또 하나의 요소는 창업가의 피해망상증이다. 일부 설립자는 경쟁자가 자신들의 아이디어를 훔치는 일을 방지하기 위해 장기간 비밀스럽게 제품을 개발한다. 스티브 잡스는 회사가 출시할 제품에 대해 엄격한 비밀주의를 고수하다가 때가 되면 요란하게 제품 발표회를 개최하는 것으로 유명했다.

세그웨이Segway(2001년 말 출시된 '개인용 이동수단'으로 자이로스코프 안정화 기능을 통해 스스로 균형을 잡는 두 바퀴의 전동 이동장치)의 발명가

이자 이 스타트업의 설립자인 딘 케이먼Dean Kamen도 혼다나 소니 같은 기업이 자신의 아이디어를 모방할지도 모른다는 사실을 극도로 우려했다.[46] 그는 자기 회사의 마케팅 팀이 고객을 직접 접촉해서 이 제품에 대한 반응을 조사하지 못하게 했다. 대신 컨설팅 기업 아서디리틀Arthur D. Little, ADL(이하 ADL)을 고용해서 수요 조사 업무를 맡겼다. 하지만 ADL의 컨설턴트는 어느 고객에게도 세그웨이의 제품 콘셉트를 구체적으로 설명할 수 없었다.

ADL은 세그웨이 출시 후 10년에서 15년간 이 기계가 3,100만 대 팔려 나갈 것으로 예상했다. 목표 시장의 대부분은 미국이 아닌 해외 국가들이었다. 유럽이나 아시아에서는 자동차 가격이 비싸고 심지어 일부 지역에서는 아예 운행이 금지되기도 했기 때문이었다. 2000년 말 세그웨이 마케팅 팀이 드디어 고객들에게 시제품의 시험 주행을 부탁했을 때 고객 중 구매에 관심을 보이는 사람들은 전체의 4분의 1에도 미치지 못했다.

이 조사 결과는 그 뒤 주력 고객들이 보여 준 저조한 제품 수요와 정확히 일치했다. 이 회사가 6년 동안 판매한 세그웨이는 3만 대에 불과했으며 이로 인해 초기 투자자들은 전체 투자액 9,000만 달러의 대부분을 날렸다.[47] 이 회사는 몇 년간 우편배달원, 창고 직원 그리고 영화〈폴 블라트: 몰 캅〉Paul Blart: Mall Cop 에 등장하는 쇼핑몰 경찰 등 일부 틈새시장 고객들에게 제품을 판매한 뒤 2020년 6월에 주력 제품의 생산을 완전히 접었다.[48]

고객 설문 조사의 또 다른 문제는 제4장에서 이야기한 대로 조사 결과가 투자자들을 설득하는 용도로 사용된다는 것이다. 문샷 프로젝트에 필요한 막대한 자본금을 감안하면 창업가들이 시장 수요를 부풀리고자 하는 유혹을 받는 것은 당연한 일이다.

■ 제품 출시 지연에 대처하라 ■

앞서 살펴본 여러 스타트업은 모두 제품 개발이 크게 지연되는 문제를 겪었다. 1987년 펜 입력 방식의 태블릿 컴퓨터와 이를 위한 독자적인 운영 체제를 디자인하고 제조하는 사업에 뛰어 들었던 고 코퍼레이션 역시 마찬가지였다.[49] 이 스타트업의 엔지니어들은 회사가 개발 중인 제품의 하드웨어 및 소프트웨어 요소가 대부분 이 컴퓨터에 맞춰 자체적으로 디자인돼야 한다는 사실을 깨달았다.

시중에 출시된 디스플레이 패널은 사용자가 글씨를 쓰기 위해 펜으로 화면을 누르는 압력을 견디지 못했다. 또 기존의 운영 체제 소프트웨어는 입력과 출력을 처리하는 시간이 너무 길어서 사용자가 펜으로 화면에 뭔가를 작성하면(입력) 화면에 결과가 나타나는(출력) 시간이 너무 오래 걸렸다.

그런 상황에서 업계에서는 펜 입력 기반의 컴퓨터에 관심을 갖는 참가자들이 늘어나기 시작했다. 마이크로소프트, 애플, IBM, AT&T 같은 대기업들이 모두 이 분야에 뛰어들기 위해 호시탐탐 시장을 넘봤다. 고 코퍼레이션의 경영진은 그동안 개발을 위해 투입한 노력에도 불구하고 회사의 하드웨어 사업부를 별도 법인으로 분리한다는 결정을 내렸다. 조만간 태블릿 컴퓨터가 PC 같은 저가형 소비재 제품이 되리라는 이유에서였다. 그 대신 이 회사는 펜포인트PenPoint 라고 불리는 고 코퍼레이션의 자체 운영 체제를 개발하는 작업에 주력했다.

그러나 그들은 이 소프트웨어를 개발하는 도중에 CPU를 모바일 기기에 적합한 저전력 마이크로프로세서 제품으로 변경해야 했다. 또한 펜포인트의 부실한 필기 인식 소프트웨어를 개선하는 데 골치를 앓았으며 펜포인트의 메모리 요구량을 줄여서 태블릿의 원가를 낮추기 위해 안간힘을 썼다. 그들이 이런 기술적 문제들을 해결하는 데 골몰하는 사이 제품 출시일은 계획보다 1년 넘게 지연됐다. 1992년 고 코퍼레이션이 마침내 펜포인트 운영 체제를 선보였을 때 시장의 반응은 싸늘했다. 결국 이 회사는 벤처캐피털에서 투자받은 7,500만 달러를 모두 소진한 뒤에 AT&T에 매각됐으며 1994년에는 프로젝트 자체가 완전히 종료됐다.

고 코퍼레이션에게 닥친 시련은 대담한 혁신을 내세운 기업이 제품 개발을 제때 완료하지 못했을 때 어떤 문제가 발생할 수 있는지를 보여주는 사례다. 스타트업의 개발 팀은 제품의 출시가 지연되면서 시야에서 점점 멀어지는 목표물을 향해 무작정 총을 쏘아야 하는 처지에 놓인다. 개발 기간이 오래 걸릴수록 목표물은 더 멀리 달아난다. 그리고 다음과 같은 두 가지 이유로 인해 상황은 더욱 악화된다. 첫째, 제품을 개발하는 동안 시장에는 고 코퍼레이션이 채택한 저전력 칩이나 지보의 내장형 소프트웨어를 대체한 클라우드 서비스 같은 새로운 기술이 등장할 가능성이 높다. 따라서 스타트업의 경영진은 시간을 추가적으로 할애해서 이 기술들을 자사 제품에 통합해야 할지 아니면 새로운 기술이 가져다주는 혜택을 포기해야 할지를 두고 어려운 의사 결정을 내려야 한다.

둘째, 경쟁자들이 비슷한 제품의 출시 계획을 내놓을 수도 있다. 스타트업의 경영진은 이 경우에도 경쟁 제품에 필적할 만한 새로운 기능을 개발할지 아니면 부족한 기능을 포기하고 그냥 제품을 출시할지를 결정해야 한다. 이리듐의 위성 기반 휴대전화에 대한 아이디어가 처음 등장한 것은 1980년대 말이었다. 당시는 지상파 이동통신 서비스 이용료가 매우 비쌌고 서비스 지역도 제한적이었다.[50] 그러나 이리듐이 출시된 1998년에는 이미 지상파 이동통신 서비스가 광범위한 지역에 보급된 상태였으며 이 회사의 목표 고객들이 휴대전화의 로밍 범위를 벗어난 지역까지 이동하는 경우도 거의 없었다. 게다가 이리듐의 위성 전화는 적정한 전파 가시거리를 확보해야 지구 궤도를 도는 위성과 신호를 주고받을 수 있었다. 즉 건물 내부, 또는 높은 빌딩들로 둘러싸인 '도시의 협곡'에서는 사용이 불가능했다는 뜻이었다. 이리듐의 개발 팀은 이런 단점을 보완하기 위해 위성 신호를 언제든지 지상파 이동통신 주파수로 변경할 수 있게끔 제품을 재설계했다. 그러나 이 작업에는 많은 시간이 소요됐을 뿐 아니라 추가 비용이 들었기 때문에 가뜩이나 비싼 이리듐 서비스 가격이 더욱 상승하는 결과로 이어졌다.

세상을 바꾸는 혁신에 나선 창업가들은 제품 개발이 차일피일 지연된다면 어떻게 해야 할까? 그들에게 주어진 선택지는 다음 네 가지뿐이다.

• **인내:** 개발이 지체되는 상황을 받아들이고 때를 기다린다. 만일 스타트업이 베터 플레이스나 세그웨이처럼 성공적인 출발을 했고 경쟁

자들에게 시장을 빼앗길 우려도 적다고 판단했다면 이 전략이 타당할 수도 있다.

- **신규 채용 자제:** 기존의 인력을 활용해 문제를 해결한다. 경제적 여유가 있는 스타트업이라도 새로운 엔지니어를 대규모로 고용하는 것은 좋은 방법이 아니다. 브룩스의 법칙Brooks' law에 따르면 이미 지연되고 있는 프로젝트에 새로운 엔지니어들을 투입할 경우 오히려 프로젝트가 더 늘어진다고 한다. 새로 합류한 엔지니어들은 기존의 팀이 개발해 놓은 내용을 단기간에 따라잡기 어렵고, 전보다 규모가 커진 개발팀의 업무를 조율하는 데 많은 시간이 필요하며, 대부분의 기술적 과업은 엔지니어별로 분리가 불가능하기 때문이다. 이 법칙을 제창한 프레더릭 브룩스Frederick Brooks는 소프트웨어 개발 프로젝트 분야의 고전이라고 할 수 있는 자신의 저서《맨먼스 미신》The Mythical Man Month에서 이렇게 말했다. "여자 아홉 명이 모였다고 아기를 한 달 만에 출산할 수는 없다."[51]

- **기능 추가 자제:** 엔지니어들은 제품을 세심하게 갈고 닦는 일을 좋아한다. 그들은 상상할 수 있는 모든 문제에 대한 해결책, 즉 지극히 예외적인 상황에서나 발생할 수 있는 문제에 대한 해결책까지 제품 속에 녹여 넣으려고 한다. 물론 기술 분야에 특화된 기업에서 개발 팀에게 더 이상 기능을 추가하지 말라고 지시하는 것은 쉽지 않은 일이다. 그러나 세그웨이에서 기술 조직을 총괄했던 더그 필드Doug Field는 이렇게 말한다. "모든 프로젝트에서는 엔지니어들이 더 이상 꼼짝 못 하게 손발을 묶어 버리고 생산에 돌입해야 하는 때가 찾아오는 법이다."[52]

- **선 출시 후 조치:** 지름길을 택한다. 경쟁사와 관련된 이유든 자금

사정 때문이든 제품을 빨리 출시하는 것이 급선무라면 아직 개발이 완료되지 않은 일부 기능을 생략하거나 제품의 오류를 완벽히 수정하지 않은 상태에서 일단 제품을 내놓는 편이 타당한 선택일 수 있다. 지보의 개발 팀은 인디고고에서 자금을 지원한 얼리 어답터들에게 약속한 것보다 제품 출시가 2년 가까이 늦어지자 결국 이 방법을 택했다. CEO 체임버스는 이 로봇에 탑재된 애플리케이션들이 출시 당시에는 "놀라울 정도로 부실했다."고 인정했다. 또 소프트웨어 개발이 완료되기 전에 제품을 출시했던 이리듐 역시 처음 몇 주간은 혼선, 전화 끊김, 발신음 부재 같은 문제에 대한 항의를 수없이 접수해야 했다.[53]

그러나 제품을 일찍 출시하기 위해 초기 버전의 성능을 일부 희생하는 것이 옳은지는 신중하게 결정해야 할 사안이다. 이로 인해 얼리 어답터들이 해당 제품에 대해 부정적인 인식을 갖게 될 경우 추후 어떤 영향이 미칠지 알 수 없기 때문이다. 세상을 바꾸겠다는 포부를 내세우는 스타트업은 세상 사람들에게 엄청난 관심의 대상이 되기 마련이다. 따라서 언론이나 소셜 미디어 사용자들은 기대했던 제품이 실망스러운 모습으로 등장했을 때 이를 잔인할 정도로 비판하는 경향이 있다. 지보도 이런 논란의 중심에 섰었다. 비평가들은 이 제품을 '900달러짜리 파티용품'이라고 불렀다. 세그웨이(탑승자를 얼간이처럼 보이게 만드는 기계, 또는 〈젯슨가족〉보다 〈고인돌 가족〉에 어울리는 제품), 이리듐(벽돌보다 큰 전화기), 베터 플레이스(산산조각 난 약속. 내연기관 자동차보다 저렴하지 않다.) 등도 비슷한 논란에 휩싸였다.

▪ 편집광적인 설립자를 길들여라 ▪

본인의 원대한 비전에 대해 집착하며 이를 현실화하기 위해 남들을 가혹하게 대하는 편집광적 기질을 지닌 설립자는 문샷 프로젝트의 출범 초기에는 스타트업의 가장 큰 자산이 될 수 있다. 하지만 기적이 실패했다는 사실이 명백해졌을 때는 회사의 가장 큰 골칫거리로 전락해 버리기 십상이다.

설립자의 열정이 카리스마와 결합한다면 각종 자원을 동원하는 데 매우 유리하다. 편집광적인 기질과 카리스마가 언제나 함께 작용하는 것은 아니지만 이 두 가지 특성을 모두 갖춘 리더는 그야말로 산이라도 옮길 수 있는 괴력을 발휘한다.

'현실 왜곡장'이라는 용어는 1960년대 〈스타트렉〉Star Trek에서 처음 등장한 말이지만 나중에는 스티브 잡스가 엔지니어들의 마음을 사로잡는 능력을 묘사하는 말로 사용됐다. 잡스는 이런 탁월한 능력을 바탕으로 매킨토시 컴퓨터를 개발하는 엔지니어들을 일주일에 80시간씩 일하도록 몰아붙였다. 그는 이렇게 부르짖었다. "우리는 저 광활한 우주에 작은 흔적이라도 남기기 위해 이곳에 왔다. 그렇지 않으면 여기에 있을 이유가 무엇인가?"[54] 현실 왜곡장의 주문에 사로잡힌 직원, 투자자, 전략적 파트너들은 수많은 장애물에도 불구하고 자신이 이 스타트업에게 모든 것을 쏟아부으면 언젠가 설립자의 꿈을 함께 성취할 수 있을 거라고 확신한다.

샤이 아가시는 현실 왜곡장을 발휘하는 능력에 있어 잡스와 막상막하였다. 세그웨이의 카리스마 넘치는 설립자 딘 케이먼도 마찬가지였다. 그는 전기로 구동되는 세그웨이가 전 세계 모든 도시에서 자동차를 대체함으로써 세상을 구할 거라고 믿었다. 아가시는 베터 플레이스의 기업 가치가 조만간 GM을 능가하리라고 예측했지만, 케이먼은 한 술 더 떠 세그웨이가 세계에서 가장 빠르게 성장하는 회사가 될 거라고 큰소리쳤다. 그는 "PC가 메인프레임 컴퓨터를 대체했듯이 세그웨이가 자동차를 대체할 것"이 분명하다고 믿고 있었다.[55] 흥미롭고 매혹적인 케이먼의 투자 제안 연설은 세그웨이가 금광을 캐내는 데 단단히 한몫했다. 케이먼의 스타트업에 이끌린 엔지니어들은 이 위대한 발명가와 함께 일할 수 있는 기회를 얻었다는 사실만으로 시장 평균보다 낮은 급여를 기꺼이 받아들였다. 투자자들 역시 케이먼이 지펴 놓은 불을 향해 불나방처럼 날아들었다. 유명 벤처캐피털 클라이너 퍼킨스Kleiner Perkins의 슈퍼스타 투자자 존 도어John Doerr, 투자은행 크레디트 스위스 퍼스트 보스턴Credit Suisse First Boston 그리고 여러 엔젤투자자도 앞다퉈 그에게 돈을 쏟아부었다.

하지만 그토록 환상적인 현실 왜곡장을 창조한 설립자의 강렬한 카리스마는 자신의 '자아도취적 증세'가 외적으로 발현된 결과물에 불과한 경우가 많다. 자아도취에 빠진 사람들의 첫인상은 대체로 매우 긍정적이다. 그들은 대개 매력적 외모를 지녔으며 사람들의 마음을 사로잡는 기술을 천성적으로 타고난 달변가들이다. 하지만 자아도취 증세의 부정적 측면은 수없이 많다.

자아도취자들은 본인이 엄청난 가치를 지닌 인물이라고 과대평가하고 주변 사람들에게도 그 관점을 주입하려고 노력한다. 그들은 통제력, 권력, 명예 등을 갈망하고, 확고한 신념과 우월한 능력을 바탕으로 강력한 특권 의식에 사로잡힌다. 또 타인의 비판에 매우 민감하게 반응하고 자신의 가치관에 배치되는 정보나 지식은 무시해 버린다. 자아도취자들은 취약하고 부풀려진 에고를 방어하기 위해 자기가 실수를 저질렀다는 사실을 인정하지 않고 문제투성이 전략을 더 거세게 밀어붙인다. 따라서 그들은 늘 오만하고 과장된 모습을 보일 뿐만 아니라 앞서 언급한 '몰입상승'의 실수를 저지를 가능성도 크다.

게다가 자아도취자들은 타인에 대한 공감 능력이 부족하고 다른 사람이 성취한 일을 과소평가하는 데 죄책감을 느끼지 않으며 자신의 실수를 타인의 탓으로 돌리는 데 주저함이 없다. 그들은 사람들에게 무조건적인 충성을 바라지만 개인적인 목표를 달성하기 위해 남을 철저히 이용하고 더 이상 이용 가치가 없다고 판단하면 누구에게나 즉시 등을 돌린다.

자아도취 증세는 모든 사람에게서 어느 정도 관찰되는 성격적 특성이다. 다시 말해 우리 모두는 자아도취 성향이라는 스펙트럼 상에서 강함과 약함 사이의 어디쯤에 자리잡고 있는 셈이다. 앞서 살펴본 베터 플레이스와 세그웨이 사례의 주인공인 아가시와 케이먼은 이 스펙트럼의 강함 쪽에서도 거의 극단에 위치한 사람들일 것이다.

우리는 아가시와 케이먼을 자아도취자라고 부르지만 업계에는 그들보다 훨씬 성공적인 자아도취자도 수없이 많다. 정신분석 전문의 마이클 맥코비Michael Maccoby 는 《하버드 비즈니스 리뷰》Harvard Business Review 에 기고한 '자아도취형 리더: 그 놀라운 장점과 필연적인 단점'이라는 기사에서 빌 게이츠, 스티브 잡스, 래리 엘리슨, 앤디 그로브 같은 기업가들을 모두 자아도취자로 분류했다.[56] 연구에 따르면 창업가는 일반인에 비해 자아도취의 정도가 훨씬 높다고 한다. 하지만 맥코비는 자신의 비전, 추진력, 카리스마를 이용해 혁신적 변화를 달성하는 '생산적 자아도취형 리더'와 그렇지 못한 리더를 구분해서 이야기한다. '비생산적 자아도취형' 리더들은 자신의 견해에 조금이라도 이의를 제기하는 사람을 배척하고 상사의 말이라면 무조건 순종하는 '예스맨'들로 주위를 채우다 결국 실패의 나락으로 떨어진다.

모든 스타트업의 리더는 어느 정도 생산적 또는 비생산적 자아도취자의 성향을 보이지만 문샷은 그 효과를 더욱 증폭시킨다.[57] 본질적으로 문샷은 미래가 불확실한 상태에서 엄청난 자원을 필요로 하는 프로젝트다. 저돌적인 추진력과 카리스마를 지닌 창업가는 투자자, 직원, 전략적 파트너들로부터 무한한 신뢰를 이끌어 내기에 가장 이상적인 리더일 수 있다. 하지만 문샷 프로젝트가 성공하기까지는 장기간에 걸친 '기적의 연속'이 필요하다. 그 과정에서 수많은 문제가 발생할 수 있으며 원래의 계획에 차질이 생긴다면 설립자·CEO는 원점에서 전략을 재검토해야 한다. 하지만 타인의 비난에 민감하고, 에고로 똘똘 뭉쳐 있으며 본인 이외에 다른 어떤 사람에게도 조언을 받아들이려 하지 않는 사람이 자신의 문제를 세심하게 검토하고 잘못된 점을 시정할 가능성은 크지 않다.

만일 문샷 프로젝트를 추구하는 스타트업의 설립자가 이미 맥코비의 '비생산적 자아도취형' 리더의 범위로 진입했거나 그 방향으로 가고 있다면 당신이 할 수 있는 일은 두 가지다. 첫째, 경영자 코치executive coach 와 함께 일해 보라고 설립자를 설득한다. 둘째, 업계의 모범 사례를 따라 스타트업의 이사회를 조직 및 관리한다.

경영자 코치. 설립자가 전문가에게 경영자 코칭을 받는다면 자신의 경영 스타일에 어떤 문제가 있는지 파악하고 나아가 이를 바로잡기 위한 조치를 취할 수 있을 것이다. 그러나 자아도취형 리더는 대체로 타인의 피드백을 원치 않는 경향이 있다. 본인이 늘 올바른 길을 걷고 있다고 확신하는 사람은 변화에 대한 필요성을 느끼지 않는다. 조직의 리더가 전문가의 도움을 거부한다면 주위 사람들이 먼저 팔을 걷어붙이고 나서야 한다. 예를 들어 신뢰할 만한 조언자가 설립자에게 코칭의 필요성에 대한 조언을 제공할 수 있을 것이다. 하지만 대부분의 자아도취형 리더는 멘토들과 밀접한 관계를 맺지 않으려 한다. 이사회 구성원들 역시 설립자에게 전문가 코칭을 권할 수 있다. 물론 설립자는 이 경우에도 방어적인 태도와 거부의 몸짓으로 맞서려 할 것이다. 어떤 경우든 주위 사람들이 설립자의 자존심을 보호해 주고 그의 야망을 부추겨 주는 것이 저항을 최소화하는 데 도움이 된다.

경영자 코치가 해당 스타트업에 재직 중인 공동 설립자, 고위 임원, 이사회 구성원 등과 협력해서 자아도취형 설립자의 기능 장애를 초래한 원인이 무엇인지, 그리고 그 상황에 어떻게 대응해야 할 것인지를 함께 논의하면 코칭의 효과를 극대화할 수 있다. 마치 결혼생활 상담사들에게는 명백히 드러나 보이는 관계 파탄의 요인들을 당사자들은 전혀 깨닫지 못하는 경우가 많은 것과 비슷한 맥락이다. 물론 경영자 코치는 코칭 작업에 돌입하기 전에 설립자와 높은 신뢰관계를 구축해야 한다.

모범적인 이사회의 조직 및 관리. 스타트업의 이사회가 체계적으로 구성되고 운영되면 회사의 실적에 지대한 영향을 미칠 수 있다. 특히 자아도취형 리더가 이끄는 문샷 스타트업에서는 이사회의 역할이 더욱 중요하다. 비생산적 자아도취형 설립자·CEO는 독자적인 의견을 제시하는 임원을 배척하는 경향이 있기 때문에 남아 있는 경영진은 전략적 선택 앞에서 건설적 토론을 진행하지 못한다. 대표적인 사례가 바이오 스타트업 테라노스의 설립자 엘리자베스 홈즈Elizabeth Holmes였다. 그녀는 자신에게 반기를 드는 테라노스의 임원들을 주기적으로 쫓아낸 것으로 유명했다.[58] 몇 명 남지 않은 경영진이 집단 순응적 사고 속에서 허덕일 때 이 회사를 살릴 수 있는 마지막 구명줄은 이사회뿐이다.

따라서 적합한 이사회 구성원을 영입하는 일은 스타트업의 성공에 매우 중요한 요소다. 그러나 스타트업이 새로운 투자 라운드를 진행할 때마다 투자자들은 자금을 지원하는 대가로 이사회의 의석을 요구하기 때문에, 회사로서는 누구를 이사로 선임할지에 대한 선택의 여지가 별로 없다. 그러나 다행인 것은 대부분의 벤처캐피털 파트너는 이사회 구성원이 되기에 손색이 없을 정도로 훌륭한 인재들이라는 것이다.

벤처캐피털이 투자 포트폴리오에 속한 스타트업에게 부가 가치를 제공할 수 있는 최선의 방법은 능력 있는 파트너를 이사회 구성원으로 보내는 일이다. 벤처캐피털에 소속된 파트너들은 한 번에 10여 개 회사의 이사회 구성원으로 활동하기도 하며, 과거에도 수많은 스타트업을 위해 일한 경력을 지닌 사람들이다. 따라서 그들은 스타트업에게 닥친 전략적 도전, 설립자의 리더십 스타일, 이사회 운영의 모범적 관행 등에 대한 경험이 풍부하다.

세그웨이에서는 한 사람의 벤처캐피털 파트너가 이사회 구성원으로 활동했다. 베터 플레이스의 경우는 두 명이었다. 한 사람은 자금을 지원한 투자자였고, 다른 한 사람은 아가시의 친구이자 다보스 포럼에서 제시한 비전을 공동으로 기획한 안드레이 자루르였다. 자루르는 베터 플레이스에 자금을 투자하지는 않았지만 과거 벤처캐피털에서 투자자로 활동한 경험과 세 개의 생명공학 스타트업에서 공동 설립자, CEO, 이사회 구성원으로 일했던 경력을 갖고 있었다.

이사회 구성원이면서 해당 스타트업의 투자자나 경영진이 아닌 자루르 같은 사람이야말로 사외이사로 선임하기에 가장 적합한 조건을 갖춘 인물이라고 할 수 있다. 과거 규모가 큰 스타트업에서 CEO를 지낸 사람, 특히 자아도취형 설립자·CEO를 관리할 수 있는 방법에 대한 통찰을 지닌 사람을 이사회 구성원으로 영입하면 여러모로 유리하다. 즉 과거에 그런 사람을 상대해 봤거나 그 자신이 한때 그런 인물이었던 사람이라면 안성맞춤이다. 자루르는 베터 플레이스에서 그런 역할을 해내기에 가장 적당한 사람이었다. 그는 아가시의 친구로서 설립자의 성격에 대한 강점과 약점을 잘 파악하고 있었을 뿐 아니라 적어도 설립 초기에는 아가시의 신임을 얻었다. 반면 세그웨이에는 사외이사가 없었다. 이 회사의 이사회 구성원은 두 명의 전문 투자자와 엔젤투자자 두 사람이 전부였다. 그들은 과거 대기업에서 CEO를 지냈지만 스타트업 경력은 없었다.

업계의 모범적 관행을 따라 이사회를 운영하면 원대한 야망을 바탕으로 사업 규모를 확장하는 스타트업, 특히 편집광적이고 카리스마 넘치는 자아도취형 리더가 이끄는 스타트업이 직면한 문제들을 해결하는 데 도움이 될 수 있다. 대표적인 모범적 관행 중 하나는 이사회가 열릴 때마다 CEO나 다른 경영진은 참석하지 않고 사외이사들끼리 진행하는 '비공개 회의'closed session를 정기 회의 순서에 포함시키는 것이다.

2010년 6월 아가시는 이사회에서 비공개 회의에 대한 안이 제시되자 이를 일축해 버렸다. 만일 베터 플레이스가 이사회마다 비공개 회의를 표준 의제로 채택했다면 그의 편집광적 증세는 한결 누그러졌을지도 모른다.

이사회 운영에 관한 모범적 관행을 두 가지만 더 소개하면 다음과 같다. 첫째, 1년에 한 번씩 설립자·CEO의 성과를 검토하는 회의를 개최해서 앞으로 어떤 변화가 필요하고 어떻게 그 변화를 달성할지에 대해 건설적인 토론의 장을 마련한다. 둘째, 이사회가 얼마나 효과적으로 심의 및 의결 기관의 역할을 수행하는지 구성원들이 스스로 평가하는 프로세스가 있어야 한다. 역시 1년에 한 번 정도 이뤄져야 한다. 이사들은 골칫덩어리 설립자를 어떻게 코치할지에 대해서뿐만 아니라 앞으로 이 스타트업이 얼마나 큰 도전을 감당해야 하는지에 대해 의견을 같이 할 필요가 있다.

문샷 프로젝트에는 길고 긴 제품 개발 기간과 반복적인 투자 라운드가 필요하다. 따라서 일부 초기 투자자는 최근에 자금을 지원한 투자자들에 비해 훨씬 낮은 가격으로 해당 스타트업의 지분을 사들였을 것이다. 그 결과 투자자들은 스타트업의 전략적 행보에 내포된 리스크와 잠재적 대가를 저울질하는 과정에서 자신이 속한 벤처캐피털의 협소한 이해관계에 초점을 맞추고, 모든 주주의 이해관계를 균형 있게 고려해야 하는 수탁자로서의 의무를 외면할 수 있다. 그런 사소한 이해관계가 충돌하는 상황에서는 회사의 전략적 방향에 대한 건전한 합의가 도출될 수 없다.

이메일 최적화 서비스를 제공하는 스타트업 리턴 패스Return Path의 설립자 겸 CEO 매트 블룸버그Matt Blumberg는 이사회 구성원들에게 각각 흰색과 검은색 두 개의 야구 모자를 나눠 줬다고 한다. 그 모자는 그들이 담당한 두 가지 역할, 즉 투자자와 수탁자로서의 역할을 상징했다.[59] 블룸버그는 이사회 구성원들 사이에 전략적인 선택을 두고 논쟁이 벌어질 때마다 이사들에게 모자를 바꿔 쓴 다음 다른 관점에서 문제를 다시 한번 생각해 보라고 말했다.

이번 장에서는 문샷과 같이 거창한 목표를 추구하는 스타트업들에게 닥칠 수 있는 리스크와 그 리스크를 완화할 수 있는 방법을 집중적으로 살펴봤다. 문샷 프로젝트에 도전하는 스타트업들의 실패 확률이 매우 높으므로 과감한 혁신을 추구해서는 안 된다고 말하는 것은 아니다. 물론 '기적의 연속'이 발생할 가능성은 그리 높지 않다. 달을 향해 발사된 우주선들 중 많은 수가 지구로 다시 떨어지는 것도 사실이다. 그렇게 실패를 겪은 회사의 사례는 언뜻 생각하기에도 수없이 많다. 우리 모두는 그 스타트업들의 눈부신 비전에 흥분을 감추지 못했으며 동시에 그들이 땅에 추락하면서 남긴 거대한 폐허 앞에서 큰 충격을 받았다.

그러나 한편으로 문샷을 감행한 많은 스타트업이 성공적으로 목적지에 도착했다. 페더럴 익스프레스도 그중 하나였다. 1970년대 초 프레드 스미스가 설립한 이 회사는 당시까지 역사상 가장 큰 벤처 자금을 유치한 스타트업이라는 기록을 남겼다.[60] 최근의 사례를 들자면, 일론 머스크가 설립한 테슬라와 스페이스X의 기업 가치는 이 글을 쓰는 순간에도 하늘로 치솟고 있다.

그러므로 우리는 앞으로도 문샷을 추구하는 스타트업이 더 많이 등장하리라 기대해도 좋을 것이다. 특히 그들이 기후 변화처럼 인류에게 닥친 중대한 문제를 해결하는 일에 나선다면 더없이 바람직한 일이다. 지금 이 순간에도 세계 각국의 창업가들은 원대한 비전을 바탕으로 하이퍼루프hyperloop(진공 튜브 속을 달리는 운송수단—옮긴이), 자율주행 자동차, 유전자 편집, 양자 컴퓨터 등을 열심히 개발하고 있다. 인류가 지보의 손자뻘 되는 로봇과 대화를 나누고 비행자동차에 올라 하늘을 훨훨 날아다닐 날도 그리 머지않았다.

제3부

결단 : 새로운 도약을 준비하다

제10장

최후의 질주

: 사업을 계속할지 멈출지 어떻게 판단하는가?

■ 결단의 순간과 마주하다 ■

실패는 최악이 아니다. 최악은 끝이 보이지 않는 일을 몇 년 동안 계속하는 것이다.[1]

_앤드루 리(에스퍼Esper 공동 설립자)

넬슨과 월리스가 퀸시 어패럴을 설립했을 때, 그들은 스타트업을 운영하는 과정에서 어떤 갈등이 발생해도 두 사람의 두터운 우정이 훼손되는 일은 없도록 하자고 약속했다. 물론 그들이 회사의 전략을 결정할 때 항상 화기애애한 분위기에서 대화를 진행한 것은 아니었다. 오히려 반복적으로 충돌을 겪은 편이었다. 그럼에도 두 공동 설립자가 의견의 불일치를 그럭저럭 관리한 덕분에 두 사람의 우정에는 별다른 문제가 생기지 않았다. 그러나 그들은 회사를 폐업하는 문제를 두고 크게 다툰 뒤에 서로 다시는 말을 나누지 않는 사이가 됐다.

지난 몇 년간 많은 스타트업 설립자들이 나를 찾아와 넬슨과 월리스를 괴롭혔던 문제에 대해 조언을 구했다. 바로 '스타트업의 문을 닫아야 할까?'이다. 나는 회사를 폐업하는 데 어떤 장단점이 있는지 열거할 수는 있었지만 이를 감안해서 어떤 결정을 내리라고 자신 있게 이야기하지 못했다. 왜 그 결정은 그토록 어려운 걸까? 설립자들은 그 결정을 내리기 위해 어떤 접근 방식을 택해야 할까?

나는 실패한 여러 스타트업의 설립자들과 그들이 왜, 어떻게 사업을 접기로 결정했는지 이야기를 나누는 과정에서 그들이 대체로 두 종류의 정서적 반응을 드러낸다는 사실을 발견했다. 첫째, 퀸시의 공동 설립자들이 그랬던 것처럼 사업 중단의 결정은 설립자들에게 극심한 감정적 동요를 불러일으켰다. 어찌 보면 당연한 일이다. 설립자의 정체성은 그가 세운 스타트업과 거의 동일시돼 있으므로 회사를 폐업하는 것은 본인의 일부를 부정하고 자신의 삶에 치명적인 결함이 있다는 사실을 인정하는 일과 다름없기 때문이다. 둘째, 설립자 중에는 자신이 그동안 결단의 순간을 너무 오래 미뤄 왔으며, 진작 이 어려운 결정과 마주했어야 했다고 털어놓은 사람이 많았다.

이 두 가지 반응 사이에는 밀접한 연관성이 존재한다. 경영난에 빠진 일부 스타트업의 설립자는 격렬한 감정의 파도와 씨름하는 가운데서 회사 문을 닫아야 할 시기가 지났음에도 될수록 폐업을 늦추기 위해 안간힘을 쓴다. 말하자면 '무의미한 질주'를 계속하며 수많은 사람에게 피해를 주는 것이다. 이런 상태가 지속될수록 직원들은 이미 실패한 프로젝트를 붙들고 시간을 낭비하며 다른 경력을 추구할 기회를 놓칠 수밖에 없다. 설립자가 새로운 투자자로부터 자금을 유치할 가능성이 있다거나 다른 기업에서 매력적인 인수 제안을 받을지 모른다는 헛된 희망으로 시간을 허비할수록 투자자들에게 돌려줘야 할 소중한 자본금은 점점 사라질 뿐이다.

이 장을 포함한 이 책의 마지막 두 개의 장에서는 스타트업이 '왜' 실패하는지에서 '어떻게' 실패할 것인지 그리고 실패의 여파를 어떻게 관리할 것인지로 주제를 바꿔 논의를 진행할 예정이다. 우선 이 장에서는 창업가들이 폐업이라는 상황과 맞서는 방법을 중점적으로 살펴보기로 한다. 그들은 어떤 과정을 거쳐 회사 문을 닫는 결정을 내려야 하고, 일단 폐업을 결정한 순간 어떤 전략적 선택을 해야 하며, 참조할 만한 폐업의 모범 사례에는 어떤 것이 있을까? 그리고 제11장에서는 창업가들이 정서적 충격을 관리하는 방법을 소개한다.

▪ 위기에서 벗어나는 최후의 방법 ▪

스타트업의 실패가 설립자도 모르는 사이에 갑자기 들이닥치는 경우는 없다. 그 전에 그가 시도한 몇몇 최후의 수단이 수포로 돌아가는 과정이 먼저 진행되기 마련이다. 마치 미식축구 선수가 마지막으로 시도한 회심의 패스가 아쉽게도 목표물을 벗어나는 것과 비슷한 상황이다. 설립자들이 이런 선택을 했다는 것은 이미 추락의 전주곡이 울렸다는 신호일 수 있다. 그들은 어떻게든 위기에서 벗어나기 위해 다음 몇 가지 방법을 시도한다.

- 새로운 비즈니스 모델로 전략 이동
- 신규 투자자로부터 자금 조달
- 회사 매각
- 기존 투자자들에게서 브리지 금융 조달
- 인력 감축

이런 최후의 시도를 통해 어려움에 빠진 스타트업을 기사회생시키는 설립자들도 없는 것은 아니지만 대부분은 그렇지 못하다. 게다가 이중 한 가지 전략이 실패하면 다음 전략이 좌초될 확률은 더욱 높아진다. 예를 들어 설립자가 회사 매각을 시도했다가 구매자들로부터 매력적 인수 제안을 받는 데 실패한다면 기존 투자자들은 그 스타트업에 추가적으로 자금을 제공하는 일을 거부하게 될 것이다.

물론 설립자가 이런 시도를 한다는 말은 그가 여전히 CEO 자리를 지키며 운전대를 잡고 있다는 뜻이다. 앞에서도 이야기했지만 여러 차례의 투자 라운드를 거치며 투자자들이 장악한 후기 단계 스타트업의 이사회는 설립자의 능력으로 회사를 정상화시키기에 부족하다고 결론 내리고 종종 새로운 CEO를 영입한다.[2] 하지만 어떤 사람이 CEO 역할을 맡건 그는 위에 열거한 선택지들을 검토할 수밖에 없을 것이다.

전략 이동. 만일 스타트업의 사업이 궤도를 이탈했다면 경영진은 새로운 비즈니스 모델로 조직의 전략을 이동하는 것이 타당한지 여부를 주기적으로 검토해야 한다. 전략 이동 자체가 곧 실패의 조짐이라고 생각할 필요는 없다. 사실 대부분의 유명 스타트업은 모두 전략 이동의 산물이라고 해도 과언이 아니다. 가령 페이팔은 팜파일럿이라는 PDA 제품 사용자들끼리 서로 돈을 주고받을 수 있는 서비스를 제공하며 사업을 시작했다.[3] 페이팔의 경영진은 처음 목표로 삼았던 시장의 규모가 너무 작은 것으로 드러나자 이메일로 자금 이체가 가능한 서비스를 새로 출시했다. 마치 이베이가 인기를 얻게 된 과정과 비슷했다. 유튜브 역시 온라인에서 데이트 상대를 찾는 사람들이 본인의 동영상 프로필을 게시하는 서비스에서 탄생했다.[4]

그러나 이렇게 성공적으로 회사의 전략을 이동한 스타트업들에게는 한 가지 공통점이 있다. 스타트업의 초기에 전략 이동을 했다는 것이다. 물론 이 책에서 살펴본 몇몇 실패한 스타트업도 창업 초기에 전략 이동을 완료했다. 트라이앵귤레이트는 자사의 매칭 엔진을 기존의 온라인 데이트 사이트에 라이선스할 계획을 세웠다가 전략을 수정했다. 바루 역시 처음에는 기업들이 사무실로 사용 중인 건물의 유휴 공간을 확보해서 직원들에게 반려동물 데이케어 서비스를 제공할 생각이었다. 팝닷컴도 동성애자 남성들을 위한 소셜 네트워크 패뷸리스를 접고 새로 창업한 회사였다. 하지만 이들 스타트업은 전략 이동을 수행한 뒤에도 실패 패턴에서 벗어나지 못하고 결국 몰락했다.

스타트업의 사업 연혁이 어느 정도 축적된 상태에서 원래의 예상대로 성과가 이뤄지지 않아 새로운 비즈니스 모델을 추구하는 전략에는 몇 가지 장점이 있다. 첫째, 일정 기간 비즈니스를 경험한 조직 구성원들은 고객의 미충족 욕구를 비교적 잘 파악하고 있다. 그들은 몇 개월에서 몇 년간 스타트업을 운영하면서 여러 차례 고객 조사를 실시했기 때문에 새로운 제품이나 사업 모델을 구상하는 과정에서 '잘못된 출발'이나 '긍정의 오류' 같은 패턴에 빠질 확률이 적다. 둘째, 연혁이 오래된 스타트업에는 노련한 엔지니어, 영업 및 마케팅 인력, 자본금 등 전략 이동을 수행하는 데 필요한 자원이 상대적으로 풍부하다. 이에 반해 창업 초기에 전략 이동에 나선 설립자들은 자신들이 추구하는 새로운 비즈니스 모델이 무엇이든 이에 필요한 자원을 확보하느라 어려움을 겪을 수밖에 없다.

하지만 전략 이동이 너무 늦어질 경우 다음과 같은 문제가 발생할 우려가 있다. 첫째, 스타트업이 어느 정도 성장한 뒤에 전략을 이동하면 에너지가 훨씬 많이 소요된다. 경영진은 과거에 비해 대폭 숫자가 늘어난 직원들의 업무적 노력을 새로운 방향으로 전환해야 하며, 기존 공급업체나 고객들에게도 앞으로 닥칠 변화에 대해 설명해야 한다. 특히 공급업체와 고객들은 회사의 전략 이동으로 인해 혼선을 겪거나 소외감을 느낄 우려가 크다. 이렇게 뒤늦은 시점에서 전략을 이동하는 것은 대형 화물선의 항로 변경을 시도하는 일과 다를 바가 없다. 진로를 바꾸기 위해서는 일단 몇 마일을 계속 진행해야 한다.

팹닷컴 역시 이런 문제를 겪었다. 제이슨 골드버그는 창업 초기 생산자 직송 방식의 반짝 세일에 주력했지만, 나중에는 회사가 직접 재고를 보유하면서 고객들에게 더욱 폭넓은 상품 선택의 여지를 제공하는 비즈니스 모델로 바꿨다. 이는 전략적으로 타당한 방향 전환처럼 여겨졌다. 그다음 해 팹의 경쟁자 웨이페어가 이와 비슷한 모델을 바탕으로 주식시장에 상장했기 때문이다. 그러나 팹이 전략 이동에 필요한 작업을 완료하는 데는 수개월이 걸렸다. 엔지니어들은 웹사이트를 새롭게 디자인해야 했고, 운영 담당 직원들은 고객이 주문한 물품을 포장 및 발송하는 프로세스를 구축해야 했으며, 머천다이징 팀은 공급업체들과 계약 조건을 다시 협상해야 했다. 만일 골드버그가 회사의 성장을 조금 늦춰 직원들이 어느 정도 시간적 여유를 갖고 상품을 선정하고 마케팅 프로그램을 구상할 수 있도록 배려했다면, 팹은 전략 이동의 효과를 더욱 크게 누렸을지도 모른다. 그러나 그는 전략 이동 중이든 그 이후든 고객 유치를 위해 늘 막대한 돈을 쏟아부으며 성장률을 유지하고자 안간힘을 썼다. 그 결과 팹의 LTV/CAC 비율은 더욱 낮아졌고 자본금은 갈수록 줄어들었다.

둘째, 스타트업이 전략 이동을 성공적으로 수행할 만큼 활주로에 충분한 거리가 남지 않았을 가능성이 크다.[5] 에릭 리스가 정의한 '활주로'란 현금이 완전히 고갈되기 전에 이 스타트업이 전략 이동을 시도할 수 있는 횟수를 의미한다. 만일 전략 이동을 시작하는 데 필요한 현금은 겨우 보유하고 있지만 그 결과를 지켜볼 수 있을 때까지 살아남기가 어렵다면 이 숫자는 '0'이라고 할 수 있다.

퀸시 애패럴이 바로 이런 경우에 해당했다. 이 회사의 공동 설립자 넬슨은 CEO 자리를 이어받은 후에 운영상의 복잡성을 줄이고 재고 보유량을 감축하기 위해 의류 상품의 사이즈 종류를 대폭 축소했다. 이는 현명한 행보였을지 모르지만 우리로서는 그 의사 결정의 타당성 여부를 확신하기 어렵다. 전략 이동을 시작한 시점이 너무 늦었기 때문이다. 트라이앵귤레이트 역시 극심한 자금난에 시달린 끝에 윙스 사이트를 접고 데이트 버즈를 출범시키는 방향으로 전략을 이동했다. 이 의사 결정 역시 겉으로는 타당해 보였다. 사용자가 다른 회원의 사소한 프로필에 투표한 뒤에야 비로소 그 사람의 사진을 확인할 수 있게 만든 검색 방식은 온라인 데이트 서비스 사용자들의 관심을 재분배함으로써 고객들의 미충족 욕구를 어느 정도 해결하는 역할을 했다. 그러나 트라이앵귤레이트는 회사가 이룬 혁신을 고객들에게 널리 홍보할 수 있을 만큼 자본이 넉넉하지 않았다. 게다가 나가라지는 더 많은 자금을 조달하는 데도 실패했다.

정리하자면 전략 이동은 늦을수록 실행에 더 오랜 시간이 소요된다. 게다가 직원 수가 늘어날수록 현금 소진 속도는 더욱 빨라진다. 그 결과 스타트업은 전략 이동이 기대만큼 성과를 내고 있는지 분명하지도 않은 상태에서 또다시 자금을 투입해야 하는 상황에 처할 수도 있다. 투자자, 특히 신규 투자자들은 추가 자금 지원을 약속하기 전에 "좀 기다려봅시다."라고 반응할 것이 분명하다.

새로운 투자자 찾기. 우리가 이 책에서 살펴본 모든 스타트업은 새로운 투자자로부터 자금을 조달하기 위해 노력했으나 결국 실패했다. 지보, 퀸시, 트라이앵귤레이트, 바루, 팹닷컴, 닷 앤 보 그리고 베터 플레이스의 설립자는 최근의 투자 라운드에서 조달한 현금이 몇 개월이면 바닥날 형편에서 새로운 투자자를 찾아 나섰다. 한마디로 모두 죽느냐 사느냐의 갈림길에 선 것이었다. 이 설립자들은 그동안 자신이 이룩한 사업적 성과를 내세우며 투자자들의 관심을 끌려 했으나, 회사가 장기적 수익을 달성할 수 있는 길을 설득력 있게 제시하지 못했다. 새로운 투자자 중에는 눈앞의 잔이 반이나 채워졌다고 생각하는 낙관적인 사람도 있었을지 모르지만, 대부분의 투자자는 잔이 반이나 비었다고 여기는 비관론자들이었다.

창업가들이 기존 투자자 대신 신규 투자자를 물색해서 다음 번 투자 라운드를 주도해 달라고 요청하는 것은 드문 일이 아니다. 새로운 투자 자들은 스타트업의 전문성을 더욱 강화하고 인적 네트워크를 넓혀 줄 것이다. 또 그들은 다른 투자자들을 제치고 새로운 투자 라운드를 주도할 권리를 얻어 내기 위해 더욱 높은 지분 가격을 제시할지도 모른다. 신규 투자자가 지분을 취득하는 가격이 높을수록 설립자를 포함한 기존 주주들의 지분율은 그만큼 덜 희석된다. 또한 신규 라운드는 이전 라운드에 비해 대개 투자 규모가 크기 때문에, 기존 투자자들은 투자를 원한다고 해도 스타트업에 필요한 돈을 전부 제공할 수 없을 것이다.

기대에 못 미치는 성적표를 받아 든 스타트업의 경영진이 대책 마련에 부심할 때, 기존 투자자들이 앞장서서 다른 투자자에게 자금 조달을 시도해 보라고 CEO를 압박하는 행위에는 또 다른 이유가 있을 수 있다. 회사의 사업 전망이 몹시 불투명한 상황에서 기존 투자자들은 애초에 자신들이 이 스타트업에게 자금을 지원한 게 실수가 아니었는지 회의를 품게 된다.

반대로 일부 투자자는 자신의 전문가적 명성이 손상되는 일을 우려하는 자기 방어적 심리에 따라 해당 스타트업의 사업 전망을 높이 평가할 수도 있다("이 스타트업은 절대 궤도를 벗어난 것이 아닙니다. 나는 오로지 승자에게만 투자하니까요."). 어떤 경우든 CEO가 객관적 관점을 지닌 새로운 투자자를 설득해서 이 회사의 앞날이 긍정적이라는 평가를 얻어 낼 수 있다면, 기존 투자자들이 이를 마다할 이유는 없을 것이다.

하지만 이 전략에도 문제가 없는 것은 아니다. 새로운 투자자들은 기업 실사를 마친 뒤에 이렇게 물을 것이다. 신규 투자 라운드가 성사되면 기존의 투자자들도 각자의 '지분 비율에 따라' 추가로 자금을 지원할 것인가?[6] 초기 투자 라운드의 계약 조건 중 하나는 다음 번 라운드가 진행될 경우 기존 투자자들에게 지분 비율에 맞춰 추가 투자할 권리를 부여하는 것이다. 단, 이러한 권리는 의무가 아니다. 만일 그 스타트업이 성공적인 사업 실적을 기록했다면 이는 매우 가치 있는 권리일 수 있다. 따라서 사용 중인 펀드에 자금이 남아 있다는 전제하에 이 회사에 먼저 투자했던 벤처캐피털들은 각자의 지분 비율에 따라 앞다퉈 자금을 지원하려 할 것이다.

반대로 기존 투자자들이 추가 투자를 꺼리는 기미를 보인다면("우리는 좀 더 생각해 봐야 할 것 같습니다.") 신규 투자자들은 불안감을 느낄 수 있다. 실제로 린제이 하이드는 심사가 잔뜩 뒤틀린 어느 엔젤투자자를 상대하는 과정에서 좋지 않은 경험을 했다. 그는 바루에 투자를 고려 중인 후보자들이 기업 실사를 하고 있을 때 바루의 경영진에 대한 비판을 늘어 놓으며 새로운 투자자들이 결국 거래에서 손을 떼게 만들었다.

회사 매각.[7] 신규 투자자에게서 자금을 조달하는 일에 실패한 창업가들은 다음 단계로 회사를 매각하려고 시도하는 경우가 많다. 매각 이외의 대안을 선택할 경우 이 스타트업에 더 많은 돈이 들어갈 거라는 사실을 잘 알고 있는 이사회 소속의 투자자들 역시 인수 합병이라는 선택지를 선호할 수 있다.

스타트업을 시장에 내놓았을 때 관심을 가질 만한 잠재 구매자를 찾기는 그리 어렵지 않다. 일단 경쟁사나 동일 업종에서 활동하는 대기업들이 유력한 후보자다. 그들은 인수를 심각하게 고려하지 않더라도 매입에 관심이 있는 체하며 이 회사의 전략, 재무적 성과, 지적재산권, 직원 보상 체계 등을 검토할 것이다.

우리가 이 책에서 살펴본 대부분의 스타트업 역시 회사 매각을 시도했다. 닷 앤 보의 앤서니 수후는 어느 투자은행에 매각 업무를 맡겼으나 그곳의 담당자들은 수후의 기대만큼 이 산업 분야에 정통하지 못했다. 또 닷 앤 보의 현금이 바닥을 보인다는 사실을 눈치챈 잠재적 매입자들은 그 약점을 이용해서 협상의 주도권을 쥐려고 했다.

"그들은 어떻게든 우리의 협상력을 약화시키는 쪽으로 상황을 몰고 가려고 했습니다."[8] 닷 앤 보는 결국 몇몇 업체로부터 인수 제안을 받았다. 그중에는 5,000만 달러라는 금액이 적힌 입찰 서류도 포함돼 있었다. 그때까지 이 회사가 투자받은 총금액이 1,950만 달러였다는 사실을 감안하면 이는 꽤 훌륭한 제안이었다. 하지만 경쟁사 원 킹스 레인이 헐값에 매각되는 일이 터지면서 닷 앤 보를 인수하겠다는 모든 제안은 철회됐다.

린제이 하이드 역시 바루를 매각하기 위한 협상을 시작했다. 그녀는 두 곳에서 인수 제안을 받았는데, 바루의 이사회가 그중 하나를 승인했다. 그러나 이 업체는 30일간 기업 실사를 마친 뒤에 뚜렷한 이유를 밝히지 않고 입찰을 취소했다. 하이드는 인수 의사를 밝힌 또 다른 기업을 접촉했으나 그 회사의 CEO는 이렇게 대답했다. "아니요, 됐습니다. 지난 번 입찰 서류를 작성할 때 위험을 무릅쓰고 이사회의 승인을 얻어 냈는데, 다시 그런 일을 반복하고 싶지 않아요."[9] 그러자 이번에는 세 번째 기업이 바루를 100만 달러에 인수하겠다고 제안했다. 이 회사도

30일간의 현장 실사 후에 투자 여부를 결정하겠다는 조건을 달았다. 만일 이 거래가 성사된다면 그동안 바루에 450만 달러를 지원한 기존 투자자들은 큰 손해를 보게 되겠지만, 그래도 얼마의 돈이라도 건질 수는 있을 터였다. 하지만 결국에는 이 제안 역시 없던 일이 돼 버렸다.

하이드가 겪은 경험은 창업가들이 어려움에 빠진 스타트업을 매각해서 기사회생을 노릴 때 생길 수 있는 문제점 중 하나를 잘 보여 주는 사례다. 회사를 시장에 내놓고, 기업 실사를 완료하고, 인수 합병에 따르는 여러 절차를 밟으려면 오랜 시간이 필요하다. 하이드는 세 번째 인수를 제안한 업체와 협상에 돌입할 경우, 30일간의 현장 실사에 이어 법률적 작업을 포함한 기타 업무를 마무리하는 데 90일 정도가 더 소요될 거라고 예상했다.

또 다른 문제는 인수 작업이 완료된 이후에 설립자 자신의 삶이 애매한 상황에 놓일 수 있다는 것이다.[10] 회사를 매각하면 그 돈으로 투자자들에게 돈을 돌려주고 직원들에게도 어느 정도 보상을 제공할 수 있다. 그러나 기업들이 스타트업을 인수할 때 종종 제시하는 조건 중의 하나는 매각이 완료된 이후에도 스타트업의 경영진이 인수 기업에서 계속 근무해야 한다는 것이다. 그들은 통상적으로 12~18개월의 '의무 근무 기간'을 요구한다. 만일 설립자 입장에서 인수합병 거래로 인해 자신에게 돌아올 재무적 혜택이 없거나 하이드의 경우처럼 매우 적다면, 다른 사람의 직원이 돼 일한다는 선택지는 새로운 스타트업을 창업하는 것에 비해 훨씬 덜 매력적일 수 있다. 특히 직장 생활보다 창업을 선호하는 사람들은 이런 사실 때문에 갈등을 겪는다.

회사 매각을 시도하는 일의 또 다른 문제점은 단순히 시장에서 구매자를 찾지 못할 수도 있다는 것이다. 제2장에서 살펴본 육아 서비스 스타트업 파피의 설립자 애브니 파텔 톰슨Avni Patel Thompson이 바로 그런 일을 겪었다. 그녀는 파피를 경쟁 업체에 매각하려 시도했을 때의 경험을 이렇게 회고했다. "모든 업체가 수익성 악화에 시달렸습니다. 다른 스타트업을 사들일 정도로 현금이 넉넉한 회사는 없었어요. 파피를 인수하는 데 관심을 보였던 회사들도 6개월 내에 거래를 마무리할 수 있을 만큼 신속하게 움직일 것 같지는 않았습니다. 그동안 우리는 사업을 망치지 말아야 한다는 엄청난 압박감에 시달릴 텐데 말이죠."[11]

게다가 벤처캐피털 투자자 프레드 데스틴Fred Destin의 말처럼, 회사를 매각하려는 시도가 결국 실패로 돌아가면 그 스타트업은 결함 있는 물건으로 전락할 가능성이 크다. 그가 제시하는 시나리오는 이렇다. "당신이 추진 중인 인수합병 건이 지지부진한 상황에 빠진다. 어쩌면 인수 제안 가격이 너무 낮았거나 인수 의사를 밝힌 사람이 최종 단계에서 발을 뺐을 수도 있다. 당신은 그 과정에서 이런 말을 수없이 들었을 것이다. '이 회사는 아직 매각하기에 부족한 점이 많군요. X나 Y를 보완해야 할 것 같습니다.' 하지만 이미 당신도 다 알고 있는 얘기다. 당신이 자랑스럽게 내세웠던 회사의 '자산'은 이미 한물갔다는 평가를 받는다. 투자자들을 유혹하기 위해 뭔가 새로운 이야깃거리를 만들어 내려면 1~2년은 족히 필요하다. 예전에 귀에 못이 박히도록 들었던 조언, 즉 '좋은 회사는 굳이 팔려고 애쓰지 않아도 누군가 앞다퉈 사들이기 마련이다'라는 이야기가 이제야 무슨 뜻인지 이해가 간다."[12]

브리지 금융.[13] CEO가 새로운 투자자들에게서 자금을 유치하지 못하고 회사를 매각하는 데도 실패했다면, 다음 단계로 할 수 있는 일은 기존 투자자들로부터 브리지 대출을 시도하는 것이다. 그러나 기존 투자자들은 대체로 더 많은 돈을 제공할 능력도, 의사도 없다. 퀸시의 설립자들이 기존 투자자들에게 브리지 대출을 요청했을 때, 그들은 이를 거절하는 대신 이 회사에 관심을 가질 만한 다른 엔젤투자자를 소개해주겠다고 제안했다. 하지만 얼마 뒤에는 이 논의마저 흐지부지됐다.

브리지 라운드 협상은 때로 투자자들 사이에서 거센 충돌을 유발하는 요인이 되기도 한다. 브리지 자금을 제공할 사람이 다른 투자자들의 지분율을 크게 희석시키는 '크램 다운'cram down (투자자에게 불리한 상황을 억지로 수용하게 만드는 일―옮긴이)을 요구하는 경우가 많기 때문이다. 상황에 따라 계약 내용은 달라지겠지만, 경영난에 빠진 스타트업에게 자금을 지원하는 투자자는 대체로 매우 낮은 가격에 주식을 사들인다. 설립자가 그 조건을 받아들인다면 회사는 브리지 라운드를 위해 막대한 양의 신주를 발행해야 한다.

따라서 이전 라운드에서 해당 스타트업의 우선주를 사들인 투자자들의 지분율은 급격히 감소할 수밖에 없다. 보통주를 소유한 설립자와 직원들의 지분율 역시 뚝 떨어진다. 그렇게 지분율이 희석된 임직원들에게 계속 업무적 동기를 부여하려면 직원들을 위해 새로 주식을 발행하거나 그들에게 스톡옵션을 제공한다는 내용을 구조조정 계획에 포함해야 한다. 새로운 투자 라운드의 진행 여부를 결정하는 것은 이사회의 의결 사항이다. 따라서 기존 투자자들이 추가적인 자금 지원을 거부하는 동시에 '크램 다운'도 받아들이지 않겠다고 버티면 이사회는 깊은 교착 상태에 빠질 수 있다.

린제이 하이드는 앞서 말한 100만 달러의 인수 건이 완료될 때까지 바루를 운영하는 데 필요한 자금을 확보하기 위해 이사회에 50만 달러의 브리지 대출을 요청했다. 이 요구로 인해 투자자들 사이에서는 치열한 논란이 벌어졌다. 어느 이사회 구성원은 브리지 대출을 제공하는 데 동의했지만, 이번에 새로 투입할 자금의 여섯 배 이상 수익을 얻지 못한다면 바루를 인수할 기업에서 받을 돈의 100퍼센트를 자신 또는 이 라운드에 합류한 모든 투자자가 가져간다는 조건을 달았다.

그 말은 하이드가 회사를 매각해서 받은 100만 달러를 브리지 투자자들에게 몽땅 넘겨 줘야 한다는 뜻이었다. 50만 달러를 투자한 사람 입장에서는 짭짤한 거래일 수 있겠지만, 다른 투자자들은 그런 리스크를 떠안으려 하지 않았고 이 거래도 승인하지 않았다.

인력 감축.[14] 스타트업의 실적이 기대에 못 미칠 때, 대부분의 창업가는 직원 수를 줄여서 현금 소진율을 낮추고 이를 통해 추가 자금 조달이나 회사 매각, 또는 전략 이동에 필요한 시간을 벌 수 있다고 결론 내린다. 그들은 인력 감축을 고려하는 과정에서 다음 네 가지 중요한 의사 결정을 해야 한다.

• **투명성:** 논리적으로 회사의 상황을 직원들에게 투명하게 공개할지 여부에 대한 결정은 아래에서 논의할 다른 어떤 의사 결정보다 먼저 이뤄져야 한다. 검색 엔진 최적화 기업 모즈의 설립자 랜드 피시킨은 자신의 저서 《로스트 앤드 파운더》Lost and Founder 에 회사가 대규모 감원을 실시하기 전에 그 사실을 직원들에게 좀 더 투명하게 공개하지 않은 일을 후회했다고 썼다. 이 회사는 몇 년 동안 엄청난 돈을 투입해서 디지털 마케팅에 관련된 거의 모든 도구, 예를 들어 소셜 마케팅 추적, 블

로그 콘텐츠 모니터링 등을 망라할 만큼 제품 라인을 확장했다. 하지만 피시킨은 새롭게 출시한 제품들의 판매 실적이 부진하자 현금 소진율을 늦출 목적으로 210명의 직원 중 59명을 해고했다. 피시킨은 당시의 상황을 이렇게 회상했다.

"사무실은 눈물과 분노로 가득했다. 블로그, 리뷰 사이트, 소셜 미디어에는 험악한 글이 수없이 올라왔다. 우정도, 신뢰도, 명성도 하루 아침에 날아가 버렸다. 그중에서도 최악은 대부분의 직원들이 아무 것도 모르는 상태에서 이 소식을 갑자기 접했다는 점이었다. 그동안 나는 많은 실수를 저지르고 잘못된 의사 결정을 했지만, 가장 후회되는 일은 나를 포함한 임원들이 감원이 있기 몇 달 전부터 이를 쉬쉬했다는 점이다. … 우리가 정말 그 수많은 제품에 투자할 의도가 있고 그 일이 잘못됐을 때 직원들을 내보내야 할 수도 있다는 사실을 알았더라면, 우리는 이를 미리 털어 놓아야 했을 것이다. … 신뢰가 이런 식으로 무너지면 회복하기가 거의 불가능하기 때문이다."[15]

• **감원 수:** 업계에 전해지는 조언에 따르면 처음에 충분한 인력을 감축하고 다음 번에 감원할 일을 다시 만들지 않는 편이 낫다고 한다. 두 번째 감원은 조직 구성원들의 사기를 무너뜨리고 꼭 붙잡아야 할 인재의 유출을 초래할 수 있기 때문이다. 직원들은 더 이상 경영진을 믿지 않을 것이며 이 스타트업이 생존할 수 있을지에 대해서도 자신감을 잃을 것이다. 그러나 한 번에 너무 많은 인력을 줄이는 데도 문제는 있다. 제이슨 골드버그는 팹닷컴의 유럽 및 미국 직원을 400명에서 85명으

로 줄인 자신의 대규모 감원 정책을 이렇게 후회했다.

"감원 사실이 알려지자 회사는 순식간에 초상집으로 변했다. 우리가 인력 감축을 통해 유일하게 성취한 일은 현금 소진율을 조금 낮춘 것뿐이었다. 하지만 그 대가로 비즈니스는 휘청거리고 회사의 가치는 더욱 추락했다. 빛의 속도로 날아가는 로켓을 급브레이크를 밟아 세우려던 나의 시도는 뜻대로 이뤄지지 않았으며 결국 비참한 실패로 이어졌다. 나는 비용을 줄이고 사업의 범위를 축소하는 일을 지나치게 서두른 것이다. 그보다는 한 발 물러서서 이사회와 함께 주주의 가치를 지킬 계획을 수립하는 일에 전념해야 했다. 모든 사람이 이렇게 말했다. '어차피 감원을 해야 한다면 빨리 그리고 대폭적으로 하라.' 이제 나는 그 말에 동의하지 않는다. 대신 '지혜롭고, 계획적이고, 직원들을 돕는 방향으로 감원하라'로 바꿔야 한다고 생각한다."[16]

• **감원 대상:** 물론 몸값이 비싼 고위 임원들은 가장 우선적으로 고려해야 할 감원 대상이다. 하지만 임원들을 섣불리 해고하면 회사에 문제가 발생했다는 신호로 비춰지기 때문에, 세간의 달갑지 않은 관심을 불러일으킬 수 있다. 골드버그가 자신의 직속 부하였던 몇몇 임원을 해고하자 언론에서는 거센 역풍이 불었다.

"각종 언론매체는 우리 회사의 고위 임원들이 퇴사한 일을 대서특필했다. 그들이 내 경영 스타일에 좌절한 나머지 문을 박차고 나가 버렸다는 것이었다. 그러나 언론에서 보도한 것은 반쪽짜리 이야기에 불과했다.

당시 나는 팹이 겪고 있던 문제를 두고 나 자신이 아닌 그 누구의 탓도 하지 않기로 결심했기 때문이다. 나는 임원들을 내보낸 일을 후회하지 않는다. 우리 회사에는 연봉이 높은 사람이 너무 많았으며, 그들 중 상당수가 제대로 된 실적을 올리지 못했다. 나는 임원들을 내보내면서 그들 밑에서 일하던 실무자들에게 대부분의 업무를 맡겼다. 이는 이사회의 지원 아래 이뤄진 합리적인 의사 결정이었다. 임원들 밑에서 일하던 직원들은 실무에 정통했으며 능력도 훨씬 뛰어났다."[17]

어떤 CEO들은 임원들을 해고하기보다 급여를 삭감하는 길을 택한다. 이를 통해 일선 직원들의 감원 폭을 그만큼 줄일 수 있기 때문이다. 하이드 역시 그런 방법을 택했다. 바루의 임원들은 급여를 조금 늦게 받아도 전혀 문제없다는 의사를 밝혔다. 그러나 하이드의 변호사가 귀띔한 바에 따르면 매사추세츠주에서는 직원들에게 미지급한 급여에 대해 CEO가 개인적으로 책임을 져야 했다. 경우에 따라서는 미지급액의 3배에 해당하는 배상금을 물어야 할 수도 있었다. 이 채무는 대부분의 회사가 가입한 임원 배상 책임 보험Directors and Officers insurance (회사 임원이 업무 수행 중 저지른 위반 및 실수 등으로 회사 및 제삼자에게 법률상 손해 배상을 해야 할 경우 손해배상금과 소송 비용 등을 지급하는 보험 상품—옮긴이)의 보장 범위에도 포함되지 않았다. 그 말을 들은 하이드는 자신의 급여를 제외하고 그동안 밀린 25만 달러의 급여를 즉시 지급했다. 이로 인해 바루의 현금 보유고는 거의 바닥까지 떨어졌으며 폐업도 앞당겨졌다.

• **퇴직 수당 액수:** 모즈가 대규모의 인력 감축을 계획하고 있을 때,

피시킨은 직원들에게 퇴직 수당을 지급하는 문제를 두고 이사회와 크게 충돌했다. 그는 회사를 떠나게 된 입사 4년 차 이상 직원들에게 적어도 6주 치 급여에 해당하는 수당을 지급하면 남은 직원들의 사기나 충성심을 끌어올리는 데 도움이 될 거라고 주장했다. 그러나 어느 벤처캐피털 소속의 이사는 대부분의 기술 기업이 제공하는 퇴직 수당은 2주 치 급여라고 말하며, 6주 치 급여는 처음 보는 액수라고 강하게 반발했다. 결국 피시킨은 자신의 의지를 관철하는 데 성공했지만 그 과정에서 "지난 수년간 쌓아 올린 이사회 구성원들과의 관계가 다시는 회복되기 어려울 정도로 악화되는" 상황에 처했다고 한다.[18]

■ 창업가가 마지막 선택을 미루는 이유 ■

앞서 우리가 논의한 전략들이 모두 실패로 돌아갔다면, 설립자는 최후의 선택을 해야 한다. 이제 링 위로 수건을 던질 때가 된 건가? 그동안 많은 창업가 및 투자자와 대화를 나누면서 회사의 회생 가능성이 매우 희박한데도 설립자가 '무모한 질주'를 지속하는 데는 몇 가지 이유가 있다는 사실을 발견했다.

초기 단계 스타트업의 설립자는 회사를 계속 운영할지 또는 문을 닫을지를 대체로 혼자 결정한다. 스타트업의 발전 단계를 통틀어 설립자가 이사회의 의결권 대부분을 통제하는 시기는 이때가 유일하다. 물론 설립자는 이사회 조직이 아무리 소규모라고 하더라도 구성원들에게 회사의 상황을 정확히 알리고 이에 대해 조언을 구해야 한다. 반면 후기 단계 스타트업에서 외부 이사들이 보유한 의결권 수가 경영진 소속 이사들을 능가할 경우, 회사를 폐업하는 문제는 이사회 전체의 의결 사항이 된다.

설립자가 해당 스타트업에 더 많은 노력을 들일 가치가 있다고 판단하면, 그는 최대한 시간을 끌면서 전략 이동이나 신규 투자 유치 등을 포함해 앞서 논의한 여러 구제책을 계속 시도해 볼 것이다. 실패한 스타트업 에스퍼의 설립자 앤드루 리Andrew Lee 는 그런 심리를 이렇게 표현했다. "막바지에 몰린 스타트업에 대한 의사 결정은 삶이 꺼져 가는 환자에 대한 의학적 의사 결정과 놀라울 정도로 흡사하다. 우리는 마치 의사처럼 이 스타트업의 생명을 어떻게든 '연장'시키는 결정을 내린다."[19]

창업가들이 모든 구제책을 시도해 본 뒤에 회사의 회생 가능성이 거의 없다는 사실을 깨달았음에도 폐업을 지연시키는 이유는 대체로 다음과 같다.[20]

실패는 매우 느린 속도로 진행되는 현상이다. 잠재적 투자자들은 회사의 성장 가능성이 그리 밝지 않은 경우 "생각할 시간이 좀 더 필요합니다."라고 얼버무리며 투자 의사를 확실히 드러내지 않는다. 설립자들은 그렇게 애매모호한 말 속에서 한줄기 희미한 희망의 빛을 발견하고 여기에 매달린다. 하지만 현재의 상황이 완전히 절망적인지 여부를 판단하기는 쉽지 않을뿐더러 설립자의 기대는 대개 헛된 희망에 불과하다.

때로 생명 유지 장치도 도움이 된다. 특히 초기 단계 스타트업이라면 몇 명으로 구성된 팀이 사무실 임대를 해지하고 설립자의 아파트에서 일할 수도 있다. 창업 초기에 회사의 비전에 이끌려 입사한 충성스러운 직원들은 '다음 번 투자 라운드까지' 급여 삭감을 기꺼이 받아들일 것이다.

회사를 접으면 훌륭한 창업가가 될 수 없다는 사고방식에 빠지기 쉽다. 설립자들은 위대한 사업가의 중요한 덕목이 끈기라는 말을 귀에 못이 박히도록 들었기 때문에 자아의 이미지를 보존하기 위해 어떻게든 사업을 지속하려 든다. 그들은 어려운 상황을 끈질기게 버티면 언젠가 대가를 얻을 거라는 조언을 가슴 깊이 새기고, 최후의 순간에 기적과 같이 살아난 기업들의 사례에 열광한다. 그리고 자신의 스타트업에 온갖 노력과 감정을 쏟아부었다는 이유로 오직 본인이 보고 싶은 것만 보려고 한다.

마이크 고조Mike Gozzo가 블로그에 연재한 "앞으로 30일이면 사라질 나의 스타트업"이라는 시리즈 기사는 그런 사고방식을 드러내는 절절한 사연으로 가득하다. 고조는 자신이 설립한 스타트에게 하루하루 닥쳐오는 최후의 날들을 날짜순으로 기록하며 이렇게 말했다. "나는 회사의 실적 지표를 살펴봤다. 그리고 (시작 단계 스타트업의 이사회 모습이 어땠는지 모르지만) '이사회'와 투자자들에게 내가 생각하는 문제점을 보고했다. 그러나 돌이켜 보면 나는 보고서에 온갖 긍정적이고 희망적인 이야기만 나열했던 것 같다. 나 자신에게 솔직해야 했던 시기에도 계속 그런 식으로 사실을 은폐했다. 말하자면 지난달에 그 거래만 성사됐어도 목표를 달성할 수 있었다는 식으로 늘 핑계를 댄 것이다. 어떻게든 선로를 벗어나지 않으려 안간힘을 썼지만, 결국 그 선로가 나를 벼랑으로 인도하고 있다는 사실을 깨닫지 못했다."[21]

대부분의 설립자에게는 자문을 구할 사람이 없다. 고조의 말마따나 그들은 이런 실존적 위기 상황을 전적으로 혼자 떠안고 있다.[22] 창업가가 회사 문을 닫지 않고 사업을 지속하기 위해서는 주변 사람들에게 확고한 자신감을 과시해야 한다. 직원이나 파트너 그리고 고객이 회사가 어떻게 돌아가느냐고 물으면 설립자들은 오직 긍정적인 면을 강조해서 대답할 수밖에 없다. 상황을 솔직히 털어놓을 경우 직원들이 떠나고 폐업이 앞당겨질지 모르기 때문이다. 특히 투자 유치를 위해 애쓰는 설립자는 최선의 조언을 제공할 위치에 있는 사람인 기존 투자자에게도 나쁜 소식을 감추기 일쑤다. 그런 과정을 거치며 해당 스타트업의 문을 닫아야 할지, 만일 그렇다면 그 시기가 언제가 돼야 할지에 대해 설립자에게 조언할 만큼 회사의 사정을 잘 아는 사람은 더 이상 남아 있지 않는다.

자신의 치부를 감추고 싶은 마음을 억누르기는 쉽지 않겠지만, 막상 다른 사람들에게 구원을 요청한 설립자들은 수많은 사람이 선뜻 내밀어준 도움의 손길에 놀라는 경우가 많다. 에스퍼의 설립자 앤드루 리는 이렇게 썼다. "투자자들뿐만 아니라 모든 사람이 나를 돕겠다고 나섰다. 물론 그 과정에서 수치심과 죄책감을 느끼기도 했으나 내가 겪고 있는 일이 다른 사람들에게도 종종 일어난다는 사실, 그리고 남들이 내게 그토록 깊은 공감을 보여 줄 거라는 사실은 생각지도 못했다. 왜 진작 도움을 청하지 않았는지 후회스러울 정도였다."[23]

도덕적 의무감에 사로잡힌다. 대체로 설립자들은 스타트업을 살리기 어렵다는 현실을 정확하게 파악하고 있다. 하지만 회사에 생계가 달린 직원들, 회사의 제품에 의존하는 고객들, 설립자의 비전에 이끌린 투자자들을 생각하면 현실을 받아들이기가 힘들다. 실패한 핀테크 스타트업 케이크 파이낸셜Cake Financial의 설립자 스티브 카펜터Steve

Carpenter는 내 수업에 참석해서 학생들에게 이렇게 말했다. "일단 다른 사람들의 돈을 맡은 이상 절대 그만둘 수 없는 상황이 됩니다."[24]

고조 역시 이 주제에 대해 한마디 했다. "내가 밤잠을 이루지 못했던 이유는 나의 비전을 공유하고, 구체화하고, 제품으로 만들어 내는 일을 함께했던 사람들에게 책임감을 느꼈기 때문이다. 회사의 실패는 그들에게 어떤 의미일까? 우리의 꿈을 추구하는 과정에서 희생된 직원들의 경력은 복구가 가능할까? 부모의 유서가 공개되면서 가족 구성원들이 서로 등을 돌리는 것처럼, 회사가 문을 닫으면 우정이나 인간관계도 그렇게 깨져 버릴까? 그렇게 많은 생각이 들었다."[25]

고조는 회사가 어려움에 빠졌다고 직원들에게 털어놨을 때 그들이 보여 준 반응에 큰 감동을 받았다. "나는 결국 전체 직원 회의를 소집해서 회사의 재무 상황을 자세하고 솔직하게 공개했다. 참석자 중에 슬픔으로 목소리가 떨리는 사람은 나 혼자뿐이었다. 직원들은 우리가 공유하고 있던 비전을 재확인하고 앞으로도 이를 지켜 나갈 수 있도록 어떤 희생도 감수하겠다는 뜻을 밝혔다. 그야말로 소수 정예 직원들의 진면목을 보여 주는 열정이었다."

스타트업 코치 제리 콜로나는 창업의 실패 케이스를 다루는 나의 MBA 수업에 참석해서 오직 타인에 대한 의무감 때문에 사업을 유지하는 일의 위험성을 경고했다. 콜로나에 따르면 조직 구성원들이 회사에 충성심을 갖는 것은 훌륭한 일이지만, 설립자가 오직 타인들에 대한 의무감으로 스타트업의 운영을 지속한다면 그 점이 오히려 독으로 작용할 리스크가 있다고 한다. 회사의 리더는 힘이 있기 때문에 남들을 원망하거나 자기 자신을 혐오하는 데 자신이 가진 힘을 잘못 사용할 위험성

이 크다고 한다.[26]

스타트업이 실패하면 설립자의 에고가 큰 타격을 입는다. 특히 설립자가 평소에 활동하는 공동체 안에 그에 대한 오명이 퍼질 경우 충격은 더욱 커진다. 회사가 실패할 가능성이 높아지면 설립자는 지금 당장 자신의 에고가 손상되는 상황과 맞닥뜨릴지 아니면 이를 가능한 뒤로 미룰지 결정해야 한다. 자신의 스타트업이 실패의 길로 접어들었다는 사실을 깨달은 창업가는 극심한 고통을 겪는다.

고조는 블로그에 이렇게 썼다. "사람이 죽을 때가 되면 그동안의 삶이 눈앞에 주마등처럼 스쳐 간다는 이야기를 들은 적이 있다. 내가 이 스타트업의 운명을 받아들이고 문을 닫기까지의 24일 동안 나는 일생 동안 겪어야 할 시련, 실패, 성공 등을 그 짧은 시간에 모두 경험한 듯했다. 지난 한 달간 격렬한 감정의 파도에 시달렸고 하루하루 추락하는 느낌에 몸부림쳤다. 시간이 흐르면서 추락의 느낌은 매번 더욱 강해졌다. 나는 건강 따위를 돌볼 겨를도 없이 누구에게도 속을 터놓지 않고 나 자신의 껍질 속으로 숨어 버렸다. 우리에게 마지막으로 남은 기회는 특정 기업이 스타트업의 직원들만 인수하는 식으로 누군가 우리 직원들을 전략적으로 인수해 주는 것이었다. 하지만 우리 실력이 실리콘밸리의 성공적인 스타트업에서 일하기에는 부족하다는 말로 스카이프의 불쾌한 대화가 마무리된 순간 그 기회마저 사라졌다."[27]

■ 스스로 자문해야 할 것들 ■

그러나 초기 단계 스타트업 설립자가 폐업을 늦추려고 안간힘을 쓸 때 이와 다른 의견을 지닌 사람들이 반대 방향으로 영향력을 행사할 수 있다. 특히 회사를 정상화시키기가 어렵다고 결론 내린 투자자들이 조기 폐업에 대한 압력을 가하기도 한다. 그들은 자본금이 완전 소진되기 전에 스타트업을 청산해서 일부 자금이라도 회수하는 길을 택하려 할 것이다. 또 스타트업의 이사회에서 활동하는 투자자에게는 그곳에 참여하는 시간 자체가 높은 기회비용의 투입을 의미한다.

초기 단계 스타트업의 이사들은 대체로 1년에 10여 차례 모임을 갖고, 정기 모임 이외에도 많은 시간을 이사회에 할애한다. 따라서 벤처 캐피털 파트너들이 참여할 수 있는 스타트업의 이사회 수는 물리적으로 제약이 있을 수밖에 없다. 만일 그들의 '댄스카드'dance card(춤을 출 파트너의 명단이 적힌 카드—옮긴이)가 실적이 부진한 스타트업들의 이름으로 채워진다면, 그 파트너들이 유니콘 기업 발굴 같은 성과를 거둘 확률도 그만큼 낮아진다.

과거 스타트업을 폐업해 본 노련한 창업가들은 사업을 접는 문제를 두고 고민하는 신참 설립자에게 훌륭한 조언자가 돼 줄 수 있다. 그들의 권고 사항은 대체로 다음과 같다. 첫째, 반드시 달성해야 하는 주요 목표를 구체화하고 이를 달성할 기한을 명시하라. 둘째, 당신과 당신의 스타트업을 잘 알고 창업 성공 비결에 정통한 사람 중 신뢰할 만한 조언자를 찾아 사업을 계속 유지하는 것이 옳은지 물어보라. 셋째, 당신이 다음의 경우에 해당하는지 스스로 질문해 보라.

더 할 수 있는 일이 없는가? 특히 이 장 서두에서 논의한 전략 이동, 신규 투자자에게서의 자금 조달, 인수합병 등의 선택지를 모두 검토 및 시도해 봤는가? 마이크 고조는 자기 자신에게 이 질문을 던진 후에 결국 사업을 접기로 결정했다. "내가 상황을 올바로 인식하고 자기기만에서 빠져나올 수 있었던 계기가 무엇이었는지 꼭 집어서 말하기는 어렵다. 그건 실패한 전략 이동이나 타인과의 다툼, 또는 갑자기 바뀌어 버린 삶의 상황 때문이 아니었다. 또 내가 맹목적으로 추종했던 잘못된 조언도 그 일과 관계가 없었다. 결정적으로 '어느 순간 내가 더 이상 할 수 있는 일이 없다는 사실을 깨달았다.' 나는 눈앞에 더 긴 활주로가 펼쳐졌다고 해도, 또 테이블 위에 큰 금액의 브리지 대출이 놓여 있다고 해도, 양심상 이를 받아들일 수 없었다."[28]

비참한 감정에 빠져 있는가? 자신의 일, 공동 설립자, 직원들, 투자자들이 이제 싫어졌나? 가족들은 어떤 식으로 대하는가? 이런 불안정한 심리적 상태가 몇 주 이상 계속되고 있나? 스포츠 영양학 분야에 진출해서 실패를 겪은 스타트업 리비어Revere 의 공동 설립자 제스퍼 다이아몬드 너새니얼Jasper Diamond Nathaniel 은 폐업을 앞둔 시기를 이렇게 회고했다. "나는 물리적, 정신적, 감정적으로 완전히 기진맥진한 상태였다. 잠도 거의 자지 못했으며 정서적으로 매우 불안정했다. 투자자들과 회의를 한 번 할 때마다 그리고 영업 실적이 조금씩 오르내릴 때마다 천국과 지옥을 오가는 느낌이었다. 친구나 가족들도 돌아보지 않았으며 인간관계는 바닥까지 추락했다. 나는 외로웠다. 그러나 남들 앞에서는 강한 척할 수밖에 없었기 때문에 주위에 벽을 쌓고 직원들이나 투자자들에게 내적 갈등을 철저히 숨겼다. 이 비즈니스를 잘 모른다고 생각되는 외부 사람들과는 이 문제에 대해 이야기하는 일을 가급적 피했다. 그전까지 나는 이런 상황이 흔히 있는 일이며 창업이라는 여정의 일부분일 뿐이라고 자신을 계속 설득했다. 하지만 어느 날 갑자기 이 모든 일이 내 삶을 온통 점령해 버렸다. 나를 계속 싸울 수 있게 만들어 줄 뭔가를 찾기 위해 머리가 터질 듯이 골몰했지만, 남은 것은 공허감뿐이었다. 한때는 충만했던 열정도 모두 사라졌다."[29]

처음 당신을 동기 부여했던 비전의 가치를 아직도 믿는가? 자금 부족에 시달리던 린제이 하이드는 어느 벤처캐피털과 투자 유치 회의를 진행하기 직전에 바루의 직원이 돌보던 당뇨병에 걸린 늙은 고양이 한 마리가 죽었다는 소식을 들었다. 바루가 서비스를 제공하던 반려동물이 죽음에 이른 것은 이번이 처음이었다. 그 결과 하이드는 거의 제정신이 아닌 상태에서 회의 장소로 걸어 들어갔다. 나중에 담당 수의사는 고양이가 죽은 것이 바루의 직원 잘못이 아니라고 진단했지만, 그 사건은 하이드의 자신감을 완전히 무너뜨렸으며 그로 인해 제안 발표는 엉망이 돼 버렸다.

그 투자자는 시간이 지난 뒤에 하이드에게 이렇게 말했다. "나는 당신을 개인적으로 잘 알았고 당신이 능력이 있는 사람이라는 사실도 알고 있었습니다. 하지만 당신은 자신의 이야기에 확신이 없는 것 같았습니다."[30] 그녀는 당시를 이렇게 회상했다. "그 소식을 들은 순간 나는 우리가 과연 성공할 수 있을지 자신감을 잃어 버렸습니다. 창업가가 '24개월 뒤에는 엄청난 일이 벌어질 겁니다.' 하는 식으로 조금 허풍을 칠 수 있는 에너지마저 상실하면 모든 게 끝난 거죠."

'품위 있는 폐업'을 할 수 있는 시기가 지났는가? 여기서 '품위 있는 폐업'이란 설립자가 사업을 접으면서 고객과의 약속을 끝까지 지키고, 공급업체에게 미지급금을 지불하고, 직원들에게 급여뿐만 아니라 일정액의 퇴직 수당을 제공하고, 투자자들에게 조금이라도 더 많은 돈을 돌려주기 위해 최선을 다하는 일을 의미한다. 스타트업이 실패하면 어쩔 수 없이 설립자의 평판에 큰 손상이 가지만, 이렇게 '품위 있는 폐업' 을 하면 손상의 정도를 줄일 수 있다. 반면 여기에도 트레이드오프가 존재한다. 만일 설립자가 '품위 있는 폐업'이 가능한 시기를 넘어 회사를 끈기 있게 운영한다면 추가적인 자금 조달이나 인수합병 파트너를 찾기 위한 시간을 조금이라도 벌 수 있다.

설립자가 '품위 있는 폐업'을 단행할 수 있는 시기가 언제까지인지 계산하기 위해서는 그동안 스타트업이 어떤 약속을 했으며 현재 현금 소진율이 어느 수준인지 정확히 파악해야 한다. 윌리스는 퀸시의 이사회에 회사 문을 닫자고 제안한 시점에서 이 날짜를 이미 계산해 두고 있었다.[31] 물론 폐업 날짜를 최종적으로 결정한 것은 공동 설립자 넬슨이었다. 그녀는 직원들에게 소액의 퇴직 수당을 지급하고, 부채를 모두 상환했으며, 투자자들로부터 유치한 자본금 중 남은 몇 퍼센트를 돌려줬다. 이에 반해 린제이 하이드는 바루의 재무적 책임을 모두 이행할 수 있는 시기를 놓쳤다. 그녀는 바루의 직원들에게 밀린 급여를 전액 지불했지만, 공급업체들에게 지불할 돈 10만 달러는 결국 갚지 못했다.[32]

■ 결단 이후 창업가의 선택 ■

일단 회사를 폐업하기로 마음먹고 그 결정을 직원들에게 전달한 설립자들은 일종의 카타르시스를 경험한다. 그동안 자신을 억눌렀던 감정적 압박에서 해방되는 느낌을 받는다. 하이드는 이렇게 말했다. "브리지 대출을 받기 위해 좌충우돌하던 상황에서 비로소 빠져나온 거죠. 그 순간은 모든 것이 분명했습니다. 투자자들을 위해 할 수 있는 모든 일을 합법적으로 다 시도했다는 확신이 들었으니까요. 우리는 온 마음과 영혼을 쏟아부어 그들에게 돈을 돌려주려고 노력한 겁니다."[33]

자신이 설립한 스타트업이 더 이상 독립적인 회사로 존재할 수 없다고 결론을 내린 창업가에게도 아직 선택할 일은 많이 남아 있다. 곧바로 회사를 떠나고 다른 사람들에게 폐업 처리를 맡길 것인가? 또는 이 스타트업을 인수해서 계속 운영하는 대신 직원들만 고용하고자 하는 기업과 '인재 인수' 거래를 시도해 볼 것인가?

퇴사 또는 사임. 드문 경우이기는 하지만, 일부 설립자는 테이블 위에 자동차 열쇠를 올려 두고 이사회나 공동 설립자에게 아예 회사를 떠나겠다고 선언하기도 한다. "이제 내가 이 회사를 운전하는 일은 끝났습니다. 나머지 일은 당신들에게 맡기겠습니다." 물론 그동안 설립자가 겪어야 했던 압박감, 그리고 회사를 폐업하더라도 그에게는 아무것도 달라질 일이 없고 지분 가치가 상승할 일도 없다는 사실 등을 감안하면 설립자가 그런 충동을 갖는 것은 충분히 이해가 간다. 경우에 따라서는 자신이 CEO로서 역량이 부족하다고 생각한 설립자가 자리에서 내려오고 조직 내에서 다른 일을 맡기도 한다.

그러나 그들은 다음 두 가지 이유 때문에 섣불리 회사를 그만두려 하지 않는다. 첫째, 설립자에게는 스타트업이 최후를 맞는 과정을 지켜보는 것이 하나의 학습 경험이 될 수 있다. 둘째, 자신이 침몰하는 배에서 먼저 탈출한 선장이라는 오명을 얻고 싶어 하는 사람은 아무도 없다. 벤처 투자자 에일린 리Aileen Lee는 위기에 빠진 스타트업을 헌신짝처럼 버리고 떠나 버린 어느 설립자의 이야기를 들려줬다. 그가 그토록 무책임하게 행동한 이유는 몇 달에 걸쳐 회사를 정리하느라 애써도 아무런 금전적 이득이 돌아오지 않을 거라는 판단 때문이었다.[34] 이사회 구성원들과 투자자들은 모두 분노했다. 한때 그토록 열정적으로 비전을 떠들었던 설립자는 뒤도 돌아보지 않고 회사를 떠나 버리고 이제 남은 혼란을 수습하는 것은 투자자들의 몫이 돼 버렸다. 그들 모두는 앞으로 이 설립자와 다시 일하지 않으리라 다짐했다.

인재 인수. 영어로 어크하이어acquihire(인수라는 의미의 'acquire'와 채용이라는 뜻의 'hire'를 결합해서 만든 신조어—옮긴이)라고 불리는 '인재 인수'는 벤처캐피털로부터 투자를 유치한 스타트업이 사업에 실패했을 때 선택하는 출구 전략 중 하나다.[35] 스타트업이 인재 인수를 선택하는 일의 장점 중 하나는 투자자들 입장에서 자본금의 일부라도 회수할 수 있고, 일부 직원은 일자리를 얻을 수 있다는 것이다. 반면 설립자들은 이를 위한 협상 과정에서 마이크 고조가 경험한 것과 같은 인수 기업들의 냉혹한 행태와 맞닥뜨릴 수 있다. "우리에게 인재 인수를 제안한 사람들은 그동안 우리가 겪었던 시련을 아랑곳하지 않고 마치 먹잇감을 발견한 포식자처럼 행동했다. 우리에게 먼저 연락했던 회사나 우리가 먼저 연락한 회사나 그 점에서는 다를 바가 없었다. 그들은 물속에서 피를 철철 흘리는 우리 주변에 몰려들어 우리를 장난감처럼 가지고 노는 가학적인 취미를 선보였다. 내 생각에는 상황이 더욱 악화되기를 기다렸다가 전리품을 챙기려고 하는 것 같았다."[36]

어느 기업이 인재 인수를 진행할지 여부는 엔지니어링 및 사업가적 능력을 보유한 인재들을 '자체적으로 채용할 것인가 또는 다른 회사에서 통째로 사들일 것인가'에 대한 내부적 의사 결정에 따라 좌우된다. 물론 그들은 스타트업의 직원 전부를 채용할 필요는 없으며, 결국 직원 하나하나를 인터뷰해서 자신들의 기준에 맞는 사람만 고르게 된다. 그 기업들은 이렇게 자문한다. 단일 팀, 즉 제품을 개발하고 함께 일할 수 있는 능력을 입증한 팀을 통째로 사들이는 비용과 비슷한 능력을 갖춘 팀을 자체적으로 채용하고 훈련시키는 비용 중 어느 쪽이 더 클까? 이런 식으로 비용을 저울질한다는 의미는 그들이 인재 인수 협상에 나선다고 해도 스타트업이 유치한 투자액의 몇 배가 넘는 금액을 제시하지는 않을 거라는 뜻이다. 그럴 경우 전통적인 방법으로 인력을 채용하고 조직을 구성하는 비용에 비해 인재를 사들이는 비용이 너무 커지기 때문이다.

원래의 투자액을 회수하지 못한 벤처캐피털은 해당 스타트업에 투자했을 때 계약서에 명시한 잔여재산 분배 우선권 조항에 따라 '인재 인수' 출구 전략 과정에서 인수 기업이 지불한 금액 전부를 가져간다. 인수 금액 자체가 얼마 되지 않기 때문에 벤처캐피털 같은 우선주 소유자들의 몫을 떼고 나면 보통주 주주, 즉 설립자나 우리 사주 또는 스톡옵션을 보유한 직원들에게 돌아갈 돈은 거의 남지 않는다.

설립자나 조직 구성원들이 주식을 처분해서 아무런 이득을 얻지 못한다면 문제가 좀 복잡해질 수 있다. 인재 인수에 나선 기업이 계약서에 도장을 찍느냐의 여부는 직원들 중 핵심 구성원이 새로운 회사에서 계속 근무할 것이냐에 달려 있기 때문이다. 이럴 경우 인수자에게 가장 쉬운 해결책은 핵심 구성원들에게 사이닝 보너스signing bonus(새로 회사에 합류하는 직원에게 제공하는 일회성 인센티브로 계약금과 비슷한 개념—옮긴이)나 인수 기업의 주식을 제공하는 부가 합의를 맺는 것이다. 인수자 입장에서는 전체 비용이 크게 늘어나지 않는 한 부가 합의는 매력적인 유인책이 될 수 있다. 물론 스타트업의 투자자들은 자신들의 이익을 침해하는 이면 거래를 의심의 눈길로 바라볼 것이다. 설립자가 직원들을 이탈 없이 유지하고, 거래를 원만히 성사시키고, 인수 거래를 승인할 이사회 구성원들을 설득하는 일을 포함해 모든 복잡한 문제를 차질 없이 풀어내기는 쉽지 않다.

자신이 창업한 회사와 동료들에게 감정적인 애착이 강한 설립자는 직원들이 인수 기업의 인재 심사라는 냉혹한 도마 위에 오른 뒤 조직이 갈기갈기 찢어지는("우리가 원하는 것은 저 두 명뿐입니다. 나머지 실패자들은 필요 없어요.") 모습에 큰 충격을 받을 것이다. 앤드루 리는 설립자들이 특정 기업과 인재 인수에 관련된 논의를 시작하기 전에 직원들이 진정으로 원하는 것이 무엇인지 먼저 물어보라고 조언한다. 그는 인재 인수의 과정을 이렇게 기억했다. "우리 팀은 심문을 받듯이 따로따로 인터뷰에 임했다. 한 치 앞을 알 수 없는 불확실성으로 인해 우리의 감정은 마치 롤러코스터를 탄 듯했다. 매우 불쾌한 경험이었다."[37]

▪ 기업가로서 책임을 정리하는 방법 ▪

이제 막다른 길에 이르렀다. 최후의 순간 자금을 지원할 투자자도, 회사를 인수하겠다고 나설 백기사도 더 이상 찾을 수 없다. 그렇다면 스타트업을 책임 있게 정리할 수 있는 방법은 무엇인가?

조언자. 먼저 변호사나 회계사를 찾아 폐업 절차에 관해 조언을 구하라. 조언자들은 복잡한 법률 및 세금 관련 문제에 경험이 풍부하고 폐업을 관리하는 데 정통한 인물이어야 한다. 가령 회사의 청산 가치가 갚아야 할 돈보다 작은 경우 누구에게 먼저 돈을 지불해야 할지, 이해 당사자들과 최종 합의에 이를 때까지 자금을 임시로 보관하기 위해 에스크로 계좌를 어떻게 이용할지, 직원들을 어떤 식으로 퇴사시켜야 그들이 실업 수당 혜택을 받을 수 있을지 등에 관해 조언을 얻으라. 또 정부 기관에서 발급한 사업면허를 반납하고 기업 청산 증명서를 발급받는 방법 등을 포함해 폐업과 관련한 관공서 업무를 진행하는 데 있어서도 조언자들의 도움을 받을 수 있다.

설립자가 그동안 법인 설립, 직원 채용 및 공급업체 계약, 규제 관련 사안, 특허 출원 등을 위해 특정 법률회사와 함께 일했다면 그곳에 폐업을 처리해 본 변호사가 있는지 확인한다. 만일 마땅한 사람이 없다면 다른 전문가를 소개받을 수 있을 것이다. 폐업 전문 변호사들은 고정 수수료를 선불로 청구하는 경우가 많기 때문에, 돈을 지불하지 못해 업무 중간에 일을 그만두지 않도록 하려면 수수료부터 빨리 지불해 버리는 편이 좋다.[38] 변호사를 둘 형편이 되지 않는 설립자는 놀로닷컴NOLO. com 이나 로켓로이어Rocket Lawyer 같은 온라인 법률 서비스 사이트를 활용하면 유용한 조언을 얻을 수 있다.

자산처분 방식 결정. 다음으로 남은 자산을 처분해서 채권자들에게 돈을 상환하는 방식을 결정한다. 일단 조언자들과 상의해서 세 가지 기본적 접근 방식 중 하나를 선택하라.[39] 이 절차를 시작하기 전에 매각이 가능한 모든 자산과 회사가 갚아야 할 모든 청구서의 목록을 한눈에 볼 수 있도록 만들어 둬야 한다. 또한 관련 서류를 꼼꼼히 검토해서 자산 청산 시에 우선적으로 돈을 변제받을 권리가 부여된 계약서가 존재하는지 확인하는 일도 중요하다.

설립자가 어떤 청산 방식을 택하든 수많은 청구서 중에 무엇을 먼저 지불해야 하는지는 대부분 해당 주의 법률과 규정에 달려 있다. 거의 모든 주정부 관할권 내에서는 기한이 된 모든 세금을 납부하고, 직원들의 급여를 지불하고, 회사가 보관 중인 고객들의 예치금을 먼저 돌려준 뒤에 은행 대출금처럼 회사의 미수금이나 재고를 담보로 한 채권을 상환해야 한다. 만일 회사가 대출금을 갚을 능력이 없다면 은행은 미수금을 대신 받거나 재고를 팔아서 이를 현금화하고, 대출금 상환이 이뤄질 때까지 해당 금액 전부를 보관한다. 따라서 회사가 소유한 자산 중에 피담보 채권으로 묶인 물건이 있는지 확인하는 일이 매우 중요하다. 청구인의 허락 없이 해당 자산을 임의로 처분하는 경우 소송이 제기될 수도 있다.

다음 차례는 무담보 채무를 해결하는 것이다. 이때 세 가지 접근 방식 중에 설립자가 무엇을 선택하느냐에 따라 어떤 채무를 먼저 상환할지에 대해 다소의 재량권이 주어진다. 만일 모든 청구서를 다 처리하고도 남은 돈이 있다면, 우선주를 보유한 주주들에게 이를 먼저 분배해야 한다. 설립자를 포함한 보통주 소유자들은 그다음 순서다. 스타트업의 폐업을 관리하는 세 가지 접근 방식은 다음과 같다.

- **파산:** 스타트업이 파산 신청을 하면 해당 회사에 대한 모든 청구권은 소멸된다. 파산 법정에서 지정한 신탁 관리자는 회사의 자산을 청산해서 청구자들에게 분배하는 일을 맡는다. 이는 설립자가 법률적 절차를 거치지 않고 당사자끼리 직접 합의해서 채무를 해결하는 워크아웃에 비해 훨씬 노력이 적게 들어 가는 폐업 방식이다. 그러나 파산 절차를 밟는 데는 몇 가지 단점이 있다. 무엇보다 국가가 관리하는 공공 절차이기 때문에 완료하는 데 시간이 걸리고 다른 방법에 비해 기업 청산 가치가 낮아진다. 신탁 관리자가 회사의 자산을 매각한 금액에 대해 일정 부분을 수수료로 떼어 가기 때문이다. 그리고 설립자에게는 무담보 채권 중 어느 것을 먼저 변제할지에 대해 아무런 결정권도 주어지지 않는다.

- **채권자 편익을 위한 관리인 지정**Assignment for the Benefit of Creditors, ABC (이하 ABC): 스타트업이 ABC 프로세스를 밟으면 회사의 자산을 청산해서 채무를 해결할 법적 권리를 제삼자에게 부여할 수 있다. 물론 수수료를 지급해야 한다. ABC 프로세스에는 여러 가지 장점이 있다. 첫째, 설립자가 법정 밖에서 직접 워크아웃을 진행하는 방식에 비해 훨씬 시간이 적게 소요된다. 둘째, 파산 프로세스보다 청산 절차가 더 빠르다. 셋째, ABC 프로세스를 전문으로 담당하는 회사는 대부분 특정 산업에 전문성이 강하고 자산 처분 및 채권자 협상 경험이 풍부하기 때문에 파산이나 워크아웃에 비해 기업 청산 가치를 더 높일 수 있다. 값이 비싼 자

산을 사들이려는 구매자는 개인 워크아웃에 나선 사람보다 파산 법정이나 ABC 회사와 함께 일하기를 선호한다. 해당 자산이 다른 채권자들에게 담보로 잡혀 있을 경우 복잡한 법률적 문제가 발생할 수 있기 때문이다. ABC 회사나 파산 법정이 자산을 처분하면 그런 문제가 없다.

그러나 ABC 프로세스를 선택하는 데도 문제가 없는 것은 아니다. 일단 ABC 전문 회사들은 주로 수수료를 많이 지불하는 큰 스타트업과 함께 일하기를 선호한다. 그리고 그 회사들의 우선순위가 스타트업 설립자 및 주주들의 그것과 일치하지 않는 경우가 많다. 예를 들어 닷앤 보는 회사의 자산 중 큰 몫을 대출 담보로 잡고 있는 어느 은행의 의뢰에 따라 ABC 회사 한 곳에 25만 달러의 수수료를 지불했다.[40] 하지만 앤서니 수후는 그 회사의 업무 처리 결과에 실망을 감추지 못했다. "ABC 프로세스를 맡은 회사는 우리 자산을 처분해서 그 은행에 상환해야 할 돈을 회수한 이후 나머지 일에 별로 관심이 없었습니다. 공급업체에 돈을 지급하는 일이나 주주들에게 자본금을 돌려주는 일은 신경 쓰지 않았죠."

• **워크아웃**: 소규모의 스타트업은 설립자가 법정 밖에서 직접 워크아웃 절차를 밟는 방법을 선호한다. 파산이나 ABC 같은 폐업 방식을 택하면 수수료나 커미션을 지급해야 하기 때문이다. 워크아웃은 자산 매각이나 채권자들과의 지불 협상 같은 과정을 설립자가 직접 밟음으로써 스타트업을 미래의 법적 책임에서 벗어나도록 하는 일을 의미한다. 이 절차에는 대개 오랜 시간이 걸리지만, 어떤 채권자에게 얼마를 우선적으로 변제할 것인가를 두고 설립자에게 어느 정도 재량권이 주어진다는 장점이 있다. 온라인 법률 서비스 사이트 놀로에 따르면 채

권자들은 자신이 돈을 빌려 준 회사가 폐업할 경우 자금을 회수하기가 어렵다는 사실을 잘 알기 때문에, 전체 채무액 중 30~70퍼센트만 받을 수 있다면 나머지 금액을 면제해 주기로 합의하는 경우가 많다고 한다.[41] 설립자는 채권자들과 협상에 나서기 전에, 먼저 무담보 채권자들에게 내용 증명 우편으로 회사의 폐업 계획을 통보하고 주州의 법적 요건에 따라 일정 기간 내에 청구서를 제출해 달라고 요청해야 한다. 통보를 받은 채권자가 이 기간이 지나서 청구서를 제출하면 무효가 되지만, 만일 통보 자체가 제대로 이뤄지지 않았다면 사후 청구서를 제출할 수도 있다. 채권자와 변제 협상이 완료된 뒤에는 앞으로 이 건에 대해 다시 돈을 청구하지 않겠다는 확약서를 서면으로 받아야 한다.

폐업에 관한 의사소통. 설립자는 폐업을 결정한 뒤에 이 소식을 이해 당사자들에게 어떻게 전달해야 할지 결정해야 한다. 일단 앞서 기술한 폐업 방식 중 하나를 통해 채권자들부터 접촉할 것이다. 그 밖에도 폐업 사실을 알려야 하는 주요 관계자들은 고객, 이사회에 속하지 않은 투자자 그리고 직원들이다.

고객들에게는 미수금을 모두 회수하고 난 뒤에 폐업 사실을 알리는 편이 좋다. 그렇지 않으면 돈을 받기가 어려워질 수 있다. 고객들은 무엇보다 회사의 서비스가 정확히 언제 종료될지 알고 싶어 한다. 스타트업이 진정으로 '품위 있는 폐업'을 원한다면 고객들을 새로운 서비스 제공자에게 연결시킴으로써 이행 과정의 혼란을 줄여 줘야 한다. 바루의 설립자 하이드는 경쟁사 로버에 자사 직원과 고객을 모두 소개시켜 줬다. 로버는 새로 유치한 고객들에게 한 사람당 40달러의 무료 서비스

이용권을 제공했다.[42]

　일부 창업가는 이사회 구성원이 아닌 투자자들에게도 성실하게 소식을 전달한다. 물론 스타트업이 어려움에 빠지면 소통하는 횟수가 자연스럽게 줄어들기 때문에, 폐업 소식은 일부 투자자에게 충격을 줄 수 있다. 나쁜 소식을 전하는 것은 별로 즐거운 일이 아니다. 그러나 스타트업 투자 경력이 풍부한 사람들은 회사의 실패를 '삶의 순환 주기'의 일부로 받아들이고 크게 상심하지 않는다. 어쨌든 설립자는 그동안의 지원에 감사했다는 인사의 말을 전해야 한다.

　설립자가 직원들에게 회사의 폐업 계획을 알릴 때는 특히 빼놓지 말고 언급해야 하는 내용이 몇 가지 있다. 첫째, 퇴직 수당은 얼마인가? 둘째, 어떻게 실업 급여를 청구해야 하는가? 셋째, 회사 폐업 이후에도 직원들이 계속 의료 혜택을 받을 수 있는 방법은 무엇인가? 예를 들어 코브라COBRA, Consolidated Omnibus Budget Reconciliation Act (실직으로 의료보험을 상실한 사람이 실직 후에도 의료보험을 일정 기간 유지하도록 해주는 법—옮긴이) 프로그램의 혜택을 받을 수 있는가? 넷째, 설립자는 추천인이 돼 주거나, 인재들이 시장에 나왔다고 다른 기업에 알리는 일 등을 포함해 직원들이 새로운 일자리를 구할 수 있도록 최선을 다해 도울 것이라고 안심시킬 필요가 있다. 마지막으로 설립자와 임원들은 직원들이 회사를 위해 수행한 모든 업무에 감사하고, 폐업은 절대 직원들 탓이 아니며, 그동안 모든 사람이 합심해서 성취한 일을 자랑스럽게 여긴다는 뜻을 전해야 한다.

　이 장에서는 회사를 폐업하는 과정에 동반되는 여러 관련 업무와 문제점을 살펴봤다. 설립자들은 이 마지막 여정을 밟는 동안 일종의 정서 테스트를 치르게 된다. 첫 번째 단계에 놓인 설립자는 회사를 살리려고 뛰어다니는 과정에서 극심한 정서적 기복을 겪는다. 전략 이동이 어느 정도 성공하는 듯이 보이다 침체에 빠지고, 투자자들이 텀시트를 내밀었다 철회하고, 인수 의사를 밝혔던 파트너가 혼란스러운 신호를 보내는 일이 반복되면서 그의 희망은 천국과 지옥을 오간다.

마지막 여정이 중간 단계로 접어들면 설립자는 바야흐로 실존적인 질문 앞에 전적으로 혼자 서게 된다. 이제 스타트업의 플러그를 뽑아야 할 시간인가? 이 질문을 자신에게 던지는 순간 그는 온갖 감정이 격렬하게 뒤섞이는 경험을 하기 마련이다. 직원들과 투자자들을 실망시켰다는 죄책감, 회사를 구해 주겠다고 약속하고 등을 돌린 백기사에 대한 증오심, 애초에 자신이 회사를 이끌기에 부족한 사람이 아니었을까 하는 회의감, 세상을 바꾸겠다는 야심 찬 꿈이 실패로 돌아갔다는 절망감 등등을 느끼게 된다.

그렇게 회사 문을 닫기로 결정하고 관계자들에게 모든 일이 끝났다고 알린 설립자는 마지막 순간에 일종의 카타르시스를 경험한다. 다음 몇 주간은 뭔가를 생각할 겨를도 없이 사업을 정리하느라 너무도 바쁜 시간을 보내게 된다. 그러나 이제 수많은 업무를 마무리하고, 직원들을 내보내고, 채권자들과 협상을 마치고, 폐업을 위한 서류 작업까지 끝내고 나면 지난 일을 슬퍼할 시간이 충분히 주어진다. 도대체 무슨 일이 일어난 걸까? 어떤 일을 좀 더 다르게 했더라면 이런 결과를 얻지 않을 수 있었을까? 앞으로 어떤 일을 해야 할까? 다음 장에서는 설립자들이 이런 마지막 단계를 극복하는 데 도움이 되는 방법을 소개한다.

제11장

다시 일어서기

: 창업으로부터 무엇을 배울 것인가?

▪ 창업가의 마지막 여정 ▪

크리스티나 월리스는 폐업을 눈앞에 둔 퀸시에서 강제로 밀려난 뒤에 엄청난 좌절감에 빠졌다.[1] 그녀는 자신의 아파트에서 3주가 넘도록 꼼짝도 하지 않고 배달 앱으로 음식을 주문해 먹으며 드라마 〈웨스트 윙〉 The West Wing을 시즌 7까지 한 편도 빼놓지 않고 몰아서 시청했다. 월리스는 퀸시에서 벌어진 일들을 친구들에게 알리기가 두려웠다. 비록 절친한 친구이자 공동 설립자인 알렉스 넬슨과는 더 이상 말을 하지 않는 사이가 됐지만, 그녀는 두 사람이 설립한 스타트업에 대해 깊은 책임감을 느꼈다.

월리스는 뉴욕시의 스타트업 공동체에 속한 지인들과 "요새 회사는 어때?"라는 식의 대화는 가급적 나누지 않으려 애썼다. 만일 퀸시가 경영상의 문제를 겪고 있다는 소문이 퍼지면 넬슨이 추가 투자를 유치해서 기사회생할 가능성이 더욱 희박해질 거라는 생각 때문이었다. 퀸시가 최종적으로 폐업을 선언하기 전까지 월리스가 아파트에서 외출한 것은 오직 한 번뿐이었다. 어느 연말 자선무도회에 참석한 그녀는 누구와도 대화를 나누지 않고 셀피만 몇 장 찍어 인스타그램에 올렸다. 마치모든 일이 순조롭게 돌아가고 있다는 듯이.

월리스가 우울한 기분을 떨쳐 버리기로 결심한 것은 당장 눈앞에 닥친 경제적 위기를 해결해야 한다는 지극히 현실적인 이유 때문이었다. 예전에 모아 둔 돈을 몽땅 퀸시에 투자했던 그녀는 그동안 적지 않은 신용카드 빚을 내서 생활비로 썼다. 게다가 학자금 대출도 만기가 다가오고 있었다. 월리스는 실업 수당을 받을 자격을 갖추지 못했고 의지할 배우자도 없었다. 가족들 역시 그녀에게 돈을 빌려줄 형편이 되지 않았다. 결국 빠른 시일 내에 일자리를 찾는 것밖에는 도리가 없었다. 월리스는 퀸시가 폐업한 뒤 30일 동안 70명이 넘는 친구들과 업계의 지인들을 만나 커피를 마시며 대화를 나눴다.

그녀는 사람들을 만날 때마다 이렇게 물었다. "내가 가장 잘하는 일이 뭐라고 생각해요?" 월리스는 사람들과 대화를 나눠 본 결과, 자신이 스토리텔링이나 조직의 사명을 홍보하는 데 소질이 있고 무에서 유를 창조하는 일에도 능하다는 결론을 내렸다. 이런 깨달음은 결국 그녀를 다음 번 직업으로 인도하는 안내판이 돼 줬다. 월리스는 스타트업 인스티튜트Startup Institute 라는 창업 전문 교육기관의 뉴욕시 지사 캠퍼스를 열고 경력 전환자들에게 집중적인 창업 훈련을 제공하는 일을 시작했다.

월리스가 걸었던 길은 많은 스타트업 설립자들이 실패 이후 재기를 시도하는 과정에서 거치는 세 단계의 여정을 짧게 압축해 놓은 듯하다. 첫 번째는 폐업에 따른 정신적 충격에서 마음을 추스르는 '회복' 단계다. 설립자는 스타트업을 폐업하는 과정에서 슬픔, 우울, 분노, 죄책감 같은 감정과 맞서야 하며, 동시에 심각한 개인적 문제도 해결해야 한다. 특히 월리스처럼 수입이 없고 저축도 바닥난 참담한 현실과 맞닥뜨려야 하는 경우가 많다.

두 번째는 설립자가 타인이나 통제 불가능한 외부적 사건을 탓하는 데서 벗어나 자기 스스로에게 실패의 책임을 묻는 '반성' 단계다. 그는 이런 내적 성찰을 거치며 자신이 어떤 실수를 저질렀고, 회사가 실패하는 데 스스로 어떤 역할을 했으며, 어떤 일을 다르게 했더라면 더 좋은 결과를 얻을 수 있었을지 더욱 깊이 숙고한다. 또 자신에게 동기 부여하는 요소가 무엇이고 창업가, 관리자, 리더 등의 역할을 담당하기에 본인의 강점과 약점이 무엇인지 깨닫게 된다. 세 번째로 설립자는 이런 통찰을 바탕으로 앞으로 다시 한번 스타트업 창업에 도전할지, 아니면 다른 경력을 추구할지 결정하는 '재기' 단계로 접어든다.

이 장에서는 세 단계의 여정을 자세히 탐구해 봄으로써 창업가들이 스타트업의 실패에서 얻은 상처를 치유하고, 이를 통해 배우고, 다시 일어서는 방법에 대한 조언을 제공한다.

▪ 회복 ▪

스타트업의 실패는 창업가에게 세 가지 형태의 충격을 안겨다 준다. 첫째, 개인적 재무 상태가 엉망이 돼 버린다. 대부분의 창업가는 월리스처럼 자신이 설립한 스타트업에 모든 돈을 다 쏟아붓는다. 때로 개인 신용카드 한도까지 넘겨 가며 회사 운영비를 충당하기도 한다. 간혹 스타트업 앞에 남아 있는 활주로의 길이를 조금이라도 늘리기 위해 아주 적은 급여를 받거나, 린제이 하이드처럼 본인의 급여를 수령하는 일을 뒤로 미루는 사람도 적지 않다.

둘째, 인간관계가 무너질 수 있다. 수개월에 걸쳐 주당 80시간 넘게 일하며 친구, 가족, 연인, 배우자 등을 돌아보지 않은 탓이다. 그런 상황에서 "그 점에 대해서는 미안하게 생각하지만, 지금은 나를 감정적으로 지원해 줬으면 좋겠어요."라고 호소해도 공감해 줄 사람은 그리 많지 않다. 설립자는 그런 거절이 두려워서, 또는 그동안 벌어진 일이 부끄러워서 소중한 사람들과의 관계를 회복하려고 시도하지 않는다. 이처럼 실패한 설립자들은 공통적으로 폐업 이후 얼마 동안 스스로를 고립시키는 경향이 있다.

소프트웨어 개발자들에게 개발 도구를 제공하는 사업을 하다 실패한 스타트업 브라이트워크BrightWork의 설립자 조시 카터Josh Carter는 그 고통스러운 시기를 이렇게 묘사했다. "우리가 무엇을 어떻게 했으면 더 좋은 결과가 나왔을지 골똘히 생각하다 보니 아침 뉴스를 전하는 진행자의 목소리도 잘 들리지 않는다. … 나는 집에 앉아 마치 바이러스처럼 나 자신을 좀먹고 있는 짙은 패배감에서 벗어날 방법을 찾고 있다.

그 느낌은 나를 무기력하게 만든다. 컴퓨터의 텅 빈 화면을 바라보며 내 삶의 목적이 무엇인지 생각에 잠긴다. 나는 자신을 의지하던 수많은 사람에게 실패를 안겨 줬다. 오늘은 가족이나 친구들을 밝은 표정으로 대하는 일이 거의 불가능할 것 같다."[2]

셋째, 스타트업의 실패는 죄책감, 수치심, 후회, 실망 같은 혼란스러운 감정이 뒤섞인 정서적 고통을 동반한다. 죄책감과 수치심이 어떻게든 자신의 실패를 감추려는 설립자의 본능과 결합하면 위험한 조합이 탄생할 수 있다. 창업가가 자신을 사회적으로 고립시키는 순간, 이런 부정적 감정들이 삶의 중심을 차지해 버리고 그를 끝이 보이지 않은 수렁에 몰아 넣기 때문이다. "내 머리에 떠오른 첫 번째 생각은 공동 설립자 마신Marcin, 직원들, 투자자들 그리고 우리가 구축했던 공동체의 충실한 구성원들에게 사과하고 싶다는 것이었다." 99드레시즈99dresses 라는 스타트업을 운영하다 2014년에 폐업한 니키 더킨Nikki Durkin 은 이렇게 말했다.

"나는 양을 안전하게 보호할 의무를 지닌 목동이 양들을 벼랑 끝으로 몰고 간 것과 같은 수치심과 죄책감 그리고 당혹감을 느꼈다. 논리적으로 따지면 이런 감정을 느끼는 것이 옳지 않을 수 있다. 하지만 감정은 항상 논리적일 수 없다. 사실 그런 감정이 아니라면 무엇을 느끼는 게 옳은지도 잘 모르겠다. 나는 고등학교를 졸업한 이후로 줄곧 이 회사를 운영해 왔다. 내가 아는 것이라고는 99드레시즈밖에 없었으며, 회사는 내 정체성의 대부분을 차지하는 존재였다. 내 이름은 '99드레시즈의 그 소녀'였다. 이 스타트업이 없다면 나는 누굴까? 정말 대답하기 어려웠다."[3]

정신과 전문의 엘리자베스 퀴블러 로스Elisabeth Kübler-Ross가 제창한 '슬픔의 다섯 단계'Five Stages of Grief라는 이론은 스타트업의 설립자가 폐업 전후에 겪는 갖가지 감정과 그 감정들이 시간의 흐름에 따라 어떻게 변화하는지를 이해하는 데 유용한 틀을 제공한다.[4] 퀴블러 로스의 연구에 따르면 삶에 지대한 변화를 초래할 만큼 큰 상실을 겪은 사람들은 대체로 다음과 같은 다섯 단계의 감정적 반응을 순서대로 보인다고 한다. 물론 사람에 따라 반응 순서가 달라지거나 일부 단계를 건너 뛸 수 있다.

• **부정:** 사람들이 충격적인 일을 접한 뒤에 전형적으로 보이는 첫 번째 반응은 "그런 일이 일어날 리가 없어."라며 그 일을 부정하는 것이다. 앤서니 수후는 닷 앤 보의 문을 닫기로 처음 결정했을 때 이렇게 느꼈다고 한다. "그것이 실제로 일어난 일이라고 생각되지 않았습니다."[5]

• **분노:** 이 단계에 도달한 사람들은 "이건 불공평해. 말이 안 되잖아!"라는 분노의 정서를 드러내며 남들에게 비난을 퍼붓는다. 창업가들은 업무적으로 실수를 저지른 공동 설립자, 성장을 밀어붙인 투자자들, 약속을 제대로 지키지 않은 파트너들에게 화살을 돌릴 것이다. 전문가들은 슬픔에 빠진 환자들에게 분노를 마음껏 표출하라고 조언한다. 이는 환자 입장에서 자연스러운 반응이며, 분노를 터뜨리는 과정을 통해 자신을 현실과 다시 연결할 수 있다고 한다. 스타트업의 설립자 역시 이런 치료 방법을 통해 도움을 얻을 수 있으리라 생각된다.

• **타협:** 이 단계에 진입한 사람들은 무력감이나 나약함 같은 감정에 저항하기 위해 상실이 발생한 이유를 설명하는 이야기를 구축하고, 상

황에 대한 통제력을 회복하려고 노력한다. 예를 들어 설립자들은 "만일 우리가 이러저러했다면 어떤 일이 생겼을까?"라는 가정법 질문을 수없이 던지며 지난날을 되새겨 본다. 만일 우리가 조금 더 일찍 전략 이동을 실시했더라면, 만일 우리가 성장에 대한 노력을 조금 자제했다면, 만일 우리가 유럽 시장에 진출하지 않았더라면, 어떻게 됐을까?

- **우울:** 큰 상실을 겪은 사람은 어느 시점에 도달하면 절망감과 공허감에 휩싸이고 남들과 어울리는 일을 피하려 한다. 자존감이 극도로 저하된 설립자는 이 단계에서 이렇게 생각할 수도 있다. "또 다른 스타트업을 설립해 봐야 무슨 소용이 있겠어? 나는 성공할 수 있는 그릇이 못 돼."

- **수용:** 회복 단계의 궁극적인 목표는 바로 눈앞에 현실을 있는 그대로 받아들이는 것이다. 그동안 벌어진 모든 일에 대해 한결 담담한 태도를 갖게 된 설립자는 이제 이렇게 생각한다. "앞으로는 모든 일이 잘될 거야."

회복 단계는 서서히 진행되는 경향이 있다. 물론 시간이 지나면 어떤 상처든 아무는 법이다. 하지만 경우에 따라 치유에 꽤 오랜 세월이 필요할 수도 있다. 심리 전문가들은 실의에 빠진 사람이라면 일기 쓰기 같은 내적 성찰을 통해 자신의 고통을 액면 그대로 인정하고, 상실감에서 벗어나는 과정에 기복을 경험하거나 때로 이전보다 상태가 더 나빠질 수 있다는 사실을 염두에 둬야 한다고 조언한다. 일상적이고 규칙적인 생활 습관을 구축하는 것도 본인에 대한 통제력을 회복하는 데 도움이 된다. 육체적 운동 역시 의학적으로 훌륭한 치료법이다. 앤서니 수후는 닷 앤 보를 폐업한 뒤 처음 2주 동안 친구의 집에 틀어박혀 오직 명상과 운동으로 시간을 보냈다.[6] 그리고 타인에게 자신의 감정을 숨김없이 털어놓는 것도 회복을 앞당길 수 있는 방법이다. 심리 치료사가 바로 이런 역할을 해주는 사람들이다. 물론 실패한 설립자는 의료보험이 없는 경우가 많기 때문에 전문가들과의 상담 비용을 감당하지 못할 수도 있다.

과거의 취미생활을 다시 찾거나 새로운 취미를 만드는 것도 지나간 일만 끊임없이 되새기는 비생산적인 시간에서 벗어나 자신감을 회복할 수 있는 방안이다. 또 사회에 첫발을 디딘 새내기들이 주로 하는 일자리 검색, 컨설팅 프로젝트 참가, 새로운 스타트업의 아이디어 구상 같은 일들을 스스로 해보면 자신에게 재기의 동기를 부여하고 희망을 안겨주는 계기가 될 수 있다. 실패한 창업가들의 심리를 연구한 노터데임대학교의 딘 셰퍼드Dean Shepherd 교수에 따르면 설립자들이 최근의 실패를 복기하는 일과 취미나 기타 활동으로 머리를 식히는 일을 번갈아 반복할 경우 상실감에서 탈출하는 데 큰 도움이 된다고 한다.[7]

하이 터치 육아 서비스를 제공하다 실패의 늪에 빠진 스타트업 파피의 설립자 애브니 파텔 톰슨 역시 그런 경험을 했다. "제 남편이나 다른 설립자들과 파피의 실패에 대해 이야기를 나눈 것이 정말 큰 도움이 됐습니다." 그녀는 이렇게 회고한다. "어떤 면에서는 '나'라는 사람이 세상에서 완전히 사라져 버린 것처럼 느껴지기도 했습니다. 하지만 돌이켜보면 그동안 정말 많은 일이 일어났어요. 우리 가족은 밴쿠버로 이사했습니다. 그리고 저는 여름 내내 소프트웨어 프로그래밍 하는 법을 배웠죠. 그곳에서 아이를 키우는 부모 수십 명을 만나 이야기를 나눴어요.

저는 모든 여성이 어깨에 짊어지고 있는 '보이지 않는 업무량', 즉 무거운 가사노동의 짐을 덜어주고자 하는 도전 의식에 여전히 사로잡혀 있었습니다. 사업가적 본능이 다시 눈을 뜨기 시작한 거죠."[8]

    프리랜서들을 위한 가상 허브 겸 온라인 플랫폼 후비투스Hubitus 를 운영하다 실패를 맛본 설립자 아디 힐렐Adi Hillel 은 회복 단계의 논의를 마무리하기에 안성맞춤인 지혜의 조언을 들려준다. "실패와 싸워서는 아무 소용이 없다. 그냥 일어나게 놓아 두라. 아무런 판단도 하지 말고 철저히 실패하라. 어떤 일도 해서는 안 된다. 극장에 가라. 아마 당신은 지난 6개월간 영화 한 편 제대로 본 적이 없을 것이다. 친구들도 만나라. 앞으로의 계획이 무엇인지 질문을 받으면 그냥 '잘 모르겠어'라고 대답하라. … 당신 자신을 다정하게 대하라. 모든 일은 순간이며 우울한 상태도 금방 지나간다는 사실을 기억하라. 때로 우리를 좌절시키는 것은 부정적 감정이 아니라 그 감정에 대한 우리의 부정적 자세일 뿐이다. 충분한 시간을 두고 상실을 소화하고 이를 받아들이라. 당신은 그만큼 강해질 것이다."[9]

▪ 반성 ▪

힘겨운 상실감의 터널을 가까스로 빠져나온 설립자는 이제 그동안의 일을 돌이켜 보고 실패를 통해 배우는 과정을 밟는다.[10] 하지만 본인의 실패 사례에서 교훈을 얻는 것은 다음 두 가지 이유로 인해 그리 쉽지 않다. 첫째, 자기 방어적 본능에 충만한 우리는 뭔가 일이 잘못되면 자신의 결점보다는 다른 사람이나 외부 환경을 탓하기 마련이다. 둘째, 슬픔의 감정은 배움을 방해한다. 다시 말해 실패한 설립자가 경험하는 격렬한 부정적 감정은 학습에 장애 요인으로 작용할 수 있다.

이런 이유로 인해 일부 설립자는 반성 단계를 아예 건너뛰거나 매우 적은 교훈을 획득하는 데 그친다. 이런 설립자들은 '누구를 탓할 것인가?'라는 이름의 스펙트럼상에서 양쪽 끝에 몰려 있다고 할 수 있다. 한쪽 끝에 위치한 설립자는 실패의 가장 큰 원인이 본인의 연속적인 실수 탓이라고 믿는다. 이토록 능력이 부족한 자신은 과거에도 그랬지만 앞으로도 스타트업을 이끌기에 전혀 적합한 인물이 아니라고 생각하는 것이다. 회사 폐업으로 실의에 빠진 사람이 이런 식으로 상황을 해석하면 자존감이 더욱 저하되고 우울한 느낌이 배가될 수 있다.

반면 스펙트럼의 반대쪽 끝에 위치한 자아도취적 성향의 설립자들은 자기가 취했던 모든 행동이 다 옳았다고 아전인수식으로 해석하며 손상된 자아를 스스로 위로한다.[11] 이런 관점을 지닌 설립자는 스타트업의 실패 원인을 예측 및 대비가 불가능하다고 생각한다. 타인의 무책임하고 악의적인 행동, 또는 정부 규정의 변경이나 유망한 스타트업의 자금줄을 막은 자본 시장의 불황 등 통제 범위를 벗어난 불운 탓으로 돌린다.

물론 어떤 설립자는 스타트업을 이끌기에 정말로 능력이 부족해서 차라리 다른 일을 찾아보는 편이 나을지도 모른다. 또 스타트업의 실패 원인이 창업가의 실수가 아니라 전적으로 불운에 있는 경우도 없지는 않다. 이러한 두 상황에 처한 설립자들은 모두 '누구를 탓할 것인가?'라는 스펙트럼의 양쪽 끝을 차지하는 것이 타당할 수 있다. 그러나 그 밖에 너무도 많은 사람이 그릇된 자기 분석으로 인해 스스로를 스펙트럼의 양쪽 극단에 위치시킨다. 이런 일이 벌어지면 사회는 큰 손실을 입을 수밖에 없다. 예컨대 역량이 뛰어나고 재능이 넘치는 창업가가 자신에게 적절한 자질이 부족하다는 이유로 현장에서 물러나면, 세상은 훌륭한 스타트업 하나를 영영 잃어버리는 셈이다. 반면 스펙트럼의 반대편 끝에 위치한 자만심에 가득한 설립자가 또다시 말 위에 올라 같은 실수를 남발하며 무모한 질주를 거듭하면, 새로운 직원들과 투자자들에게 큰 피해가 돌아가는 것이다.

이런 극단적 해석을 피하고 스타트업의 실패에서 올바른 교훈을 얻으려면 어떻게 해야 할까? 첫째, 시간의 치유력을 믿고 얼마간 흐르는 세월 속에 자신을 맡겨 둬야 한다. 회사의 폐업이라는 상황에서 조금 멀어지게 되면 정서적 고통도 잦아든다. 덕분에 무엇이 잘못됐고, 내가 어떤 실수를 저질렀고, 어떤 일을 다르게 했어야 하는지 더 쉽게 판단할 수 있다. 둘째, 회사의 실패 원인에 대한 사후 분석을 글로 작성하면 좀 더 객관적 관점에서 그동안 벌어진 일을 평가할 수 있다. 글로 쓴다는 것은 본인의 주장이나 견해를 제시한다는 말이다. 그 과정에서 글쓴이의 사고방식에 잠재된 문제점이나 논리적 모순이 드러나는 법이다. 셋째, 당신과 당신 스타트업의 실패를 잘 아는 지인을 만나 이렇게 물으며 당신이 얻은 결론을 검증해 보라. "내가 얻은 교훈이 타당하다고 생각하나요?"

우리가 이 책에서 살펴본 스타트업의 설립자들은 모두 이런 과정을 거쳤다. 그리고 많은 것을 배웠다. 물론 철저한 자기반성을 통해 도출된 결론은 설립자마다 크게 다를 것이다. 제이슨 골드버그가 자신이 팹의 몰락에 어떤 역할을 담당했는지 사후 분석한 내용은 실패한 설립자들에게 유용한 지침을 제공해 준다.[12] 그는 블로그에 다음과 같은 글을 게시했다.

모든 설립자는 실패를 겪은 후에 치열한 자기 탐구의 과정을 거쳐야 한다. 일단 다음과 같은 질문들을 스스로에게 던져 보라.

- 실패를 피할 수 있었나? 나는 또는 우리는 회사의 가치를 창조 및 보존하기 위해 어떤 일을 더 하거나 또는 다르게 할 수 있었나? 당신은 향후 몇 년간 이 질문을 자신에게 반복적으로 던져야 하고, 홀로 사색할 때나 남들과 대화를 나눌 때 창업가로서의 시간을 머릿속에서 끊임없이 '다시 보기' 해야 한다.
- 나는 스타트업을 창업하는 데 적합한 사람인가?
- 만일 모든 일을 다시 시작해야 한다면, 나는 그럴 의사가 있나?
- 나는 그 경험을 통해 무엇을 배웠나?
- 내가 무엇을 잘하고 무엇을 개선해야 하는지에 대해 그 경험은 어떤 교훈을 제공했나?
- 직원들은 나를 따라 다시 전쟁터에 나서려고 할까? 그 일이 과연 옳은가?
- 투자자들은 내게 또 자금을 지원할까? 그 일이 과연 옳은가?

크리스티나 월리스가 70명의 친구 및 지인에게 "내가 가장 잘하는 일이 무엇이라고 생각해요?"라고 물은 것처럼, 골드버그도 자기 스스로를 평가한 결과물을 공동 설립자, 이사회 구성원, 직원, 경영자 코치, 투자자 그리고 배우자와 공유했다. "혹시 놓친 부분이 없는지 확인할 목적이었죠. 결과적으로 나 자신이 스타트업을 설립하기에 어느 정도 적합한 조건을 갖춘 사람이라는 결론을 얻었지만, 미래에 같은 실패를 반복하지 않기 위해서는 조직을 확장하는 법을 전문적으로 배우거나 다른 사람들이 그 일을 할 수 있도록 권한을 부여해야 한다는 사실을 깨달았습니다."

골드버그는 결국 재기해서 피트니스 및 요가 강사들과 소비자들을 연결시켜 주는 온라인 플랫폼 목시Moxie를 설립했다. 그는 다시 일어설 날을 기다리고 있는 실패한 설립자들에게 다음과 같은 조언을 들려준다. "당신이 정말 잘하는 일을 찾아내야 합니다. 그리고 가장 기본적인 단계부터 시작하세요. 당신이 기존 회사든 새로운 스타트업이든 어느 조직에서나 긍정적인 역할을 할 수 있다는 사실을 입증해야 합니다. 책을 쓰고, 사람들을 교육시키고, 자원봉사에 나서는 것을 포함해 무슨 일이든 상관없어요. 회사가 실패한 이후에도 자신의 가치를 남들에게 납득시킬 수 있는 일을 하나만 찾아내기 바랍니다."

■ 재기 ■

이렇게 철저한 자기반성을 거친 창업가들은 이제 "다음은 무엇을 해야 하나?"라는 질문에 답할 준비가 돼 있을 것이다. 실패한 스타트업의 설립자가 다시 회사를 창업하는 비율은 충격적일 만큼 높다. 나는 벤처캐피털에서 투자를 유치한 스타트업 중 2015년도에 폐업한 설립자 50명을 대상으로 회사 문을 닫은 후에 어떤 경력을 밟았는지 조사한 바 있다. 그 결과 2015년 폐업한 스타트업 이전에 적어도 한 개 이상의 스타트업을 설립한 경력을 가진 연쇄 창업가의 52퍼센트와 최초 설립자의 48퍼센트가 5년 내에 다시 회사를 설립했다는 사실이 드러났다.[13]

새롭게 창업을 꿈꾸는 설립자 중에 과거의 실패가 지울 수 없는 낙인이 돼 평생 자신을 따라다니지 않을까 염려하는 사람이 있다면, 그런 걱정은 하지 않아도 좋다. 대부분의 설립자, 특히 '품위 있는 폐업'을 통해 직원이나 투자자와의 관계를 잘 유지한 설립자에게 실패의 경력은 생각만큼 치명적인 장애물로 작용하지 않는다. 랭커스터대학교에서 연구원으로 근무했던 고故 제이슨 코프Jason Cope가 설립자들을 대상으로 조사한 바에 따르면, 그들은 스타트업이 실패한 뒤에도 대부분 매력적인 사업 기회를 찾아냈으며, 그 과정에서 사회적 낙인찍기나 거절 같은 상황을 별로 겪지 않았다고 한다.[14] 우리가 이 책에서 살펴본 창업가들 역시 그 점에 있어서는 마찬가지다.

세간의 낙인찍기를 피하려면 일단 스타트업의 실패에 대한 책임을 설립자 본인이 전적으로 수용해야 한다. 그리고 자신이 실패를 통해 어떤 교훈을 얻었는지, 그리고 미래에 다른 회사를 운영할 때 그 교훈이 어떻게 영향을 미칠지 분명히 밝혀야 한다. 린제이 하이드는 바루의 사업 결과를 빙빙 돌려 애매하게 말하기보다 실패로서 명확하게 인정하는 것이 중요하다고 생각했다. "어쨌든 우리는 자산을 다른 곳에 매각한 셈이니까 관점에 따라서는 이를 출구 전략으로 볼 수도 있고 성공적인 결말이라고 평가할 수도 있을 겁니다. 스타트업 설립자 중에는 실제로 그런 식으로 실패를 포장하는 사람도 많아요. 그러나 저는 공식적으로 실패를 인정하며 그 이야기를 마무리하고 싶었습니다."

설립자들은 자신의 재기 계획을 남들에게 홍보할 때, 그 계획을 수립하는 과정에서 과거의 실패가 어떻게 도움이 됐는지 밝히면 훨씬 좋은 평가를 얻을 수 있다.

마케팅 소프트웨어 스타트업인 모즈의 설립자 랜드 피시킨은 벤처캐피털들이 큰 것 한 방만 노리는 전략으로 창업가들을 몰아붙이는 접근법에 불만을 드러냈다. 이 회사는 제품 라인을 과도하게 확장해서 파산의 위기에 빠졌고, 결국 직원을 대규모로 해고해야 하는 상황에 처한 바 있다. 그는 나중에 다른 스타트업을 설립하면서 이렇게 말했다.

"이제 벤처캐피털에서 투자 유치를 하지 않을 계획입니다. 그들에게 자금을 조달하면 제한 요소가 너무 많아요. 벤처캐피털은 스타트업에게 오직 이분법적인 결과를 요구합니다. 화려하게 성공하든지(확률이 매우 낮습니다), 아니면 망하라는(확률이 훨씬 높습니다) 거죠. 오로지 대박만을 노리는 사람들에게는 그게 적절한 전략일지 모르겠으나 저는 점진적이고 수익성 있는 성장을 추구하고 싶어요. 투자 시장에서는 그런 스타트업이 인기가 없을지 몰라도 직원들에게는 안정적인 성장을, 고객들에게는 높은 품질의 제품을 제공할 수 있는 그런 회사를 만들고 싶습니다."[15]

반면 린제이 하이드는 정반대의 관점을 소유한 인물이다. 그녀는 바루의 실패를 돌이켜 보며 자신이 미래에 다시 설립자가 되기에 100퍼센트 준비가 완료된 상태라고 자신감을 드러냈다. "그동안 깨달은 점 중 하나는 제가 빠른 성장을 좋아한다는 사실입니다. 뭔가를 큰 규모로 성장시키는 과정에서 닥치는 수많은 도전을 즐기는 거죠."[16] 하이드는 벤처캐피털에서 자금을 조달하는 일이 성장에 박차를 가하는 데 필수적이라고 말한다.

　당신이 앞서 살펴본 철저한 내적 성찰의 과정을 거친 뒤에 제이슨 골드버그가 제시한 질문들에 대한 답까지 스스로 찾아냈다면, 이제 다시 한번 창업에 도전하는 일이 과연 타당한지 판단할 수 있을 것이다. 요컨대 당신은 창업의 성공에 필요한 재능과 마음가짐이 무엇인지, 그리고 자신이 그런 덕목을 갖추고 있는지에 대해 한층 더 총체적인 관점을 획득했다. 게다가 스타트업을 운영하면서 얻은 경험을 바탕으로 전략적으로 해야 할 일과 하지 말아야 할 일, 예를 들어 벤처캐피털에서 투자를 유치할지 여부와 같은 고려사항들의 목록도 갖췄다. 마지막으로 자기 자신을 동기 부여하는 요소들도 검토했다. 내가 감당할 수 있는 리스크의 수준은 어느 정도인가? 나는 스타트업의 주인이 돼 독립적으로 회사를 운영하는 일을 얼마나 중요시하는가? 또 개인적 부를 축적하는 일, 훌륭한 조직을 이끄는 일, 이 세상을 더 좋은 곳으로 만드는 일에 대해서는 어떻게 생각하는가?

　창업가로 성공하는 데 필요한 요소들에 대한 새로운 통찰, 그리고 심오한 자기 인식으로 무장한 당신은 이제 스타트업이라는 롤러코스터에 다시 한번 오르는 일이 과연 옳은 일인지를 결정할 준비가 돼 있을 것이다.

이 책에서 소개된 창업가들은 스타트업의 실패 이후 어려운 시기를 거쳐 모두 새로운 경력에 성공적으로 안착했다.

- '스티브 체임버스'는 지보가 문을 닫은 이후에 센스 랩스Sense Labs라는 친환경 기술 스타트업의 최고 마케팅 책임자로 일했다. 그 뒤 서던캘리포니아대학교에서 응용심리학 석사학위를 받았으며, 하버드대학 교육대학원GSE에서도 교육공학 석사학위를 취득했다. 현재는 GSE에서 박사과정을 밟고 있다.
- '크리스티나 월리스'는 퀸시 어패럴을 떠난 뒤에 스타트업 인스티튜트라는 창업 교육기관의 뉴욕시 캠퍼스를 설립했다. 그리고 미국 자연사 박물관과 협력해서 브리지업BridgeUP이라는 에드테크ed-tech(교육education과 기술technology의 합성어로 교육과 정보통신기술을 결합한 산업 ─옮긴이) 스타트업을 설립해서 대학에서 STEM(과학, 기술, 공학, 수학의 영어 약자 ─옮긴이) 분야의 학위를 취득하기 원하거나 이와 관련된 경력을 추구하고자 하는 젊은 여성 및 소수민족 시민들에게 교육 기회를 제공했다. 그리고 《포춘》 100대 기업들의 사내 벤처 창업을 돕는 컨설팅 회사 바이오닉Bionic의 성장 부서 담당 부사장으로 일했다. 월리스는 2020년부터 HBS의 교수진에 합류해서 학생들에게 창업가정신을 가르치고 있다.
- 퀸시 어패럴의 공동 설립자 '알렉산드라 넬슨'은 회사를 폐업한 뒤에 구글의 제품 관리자로 입사했다. 그리고 2년 뒤에 세계적인 맥주 기업 안호이저부시 인베브Anheuser-Busch InBev로 자리를 옮겨 사내 벤처 관련 업무를 이끌고 있다.

- '수닐 나가라지'는 트라이앵귤레이트를 폐업한 이후 벤처캐피털 베세머 벤처 파트너스Bessemer Venture Partners에서 6년간 일한 뒤에 유비쿼티 벤처스Ubiquity Ventures라는 시드 단계 펀드를 직접 설립했다.
- '린제이 하이드'는 바루의 문을 닫은 이후 모던 벤처스Modern Ventures에서 벤처 파트너로 2년간 일했으며, 그 뒤 와일드 플라워 재단Wildflower Foundation에 합류해서 지역 공동체와 연계된 몬테소리 학습방식 기반의 소규모 사설 교육시설, 즉 자영업자들이 운영하는 마이크로 스쿨micro-school의 네트워크를 구축하는 업무를 이끌고 있다.
- '제이슨 골드버그'는 팹닷컴과 헴을 매각한 후에 베를린을 기반으로 하는 스타트업 네 곳을 창업했다. 가장 최근에 설립한 회사 목시는 온라인에서 피트니스 및 요가 교실을 찾는 소비자들을 강사들과 연결시켜 주는 플랫폼이다.
- '앤서니 수후'는 닷 앤 보의 문을 닫은 뒤에 월마트의 홈 디비전Home Division 담당 수석 부사장으로 취임했다. 이 사업부의 매출은 연간 수십억 달러에 달한다.
- '샤이 아가시'는 베터 플레이스의 실패 이후에 또 다른 친환경 기술 기업 뉴어지Newrgy를 설립했다. 아직 '비밀스럽게' 운영되고 있는 이 회사는 주로 대중교통과 관련된 제품을 개발 중이라고 알려져 있다.[17]

새내기 창업가에게
보내는 편지

창업가 귀하,

창업이라는 결단을 내린 것을 축하합니다. 이제 당신은 줄곧 꿈꿔왔던 스타트업의 콘셉트를 현실화시키기 위해 전업 사업가로서 일하게 됐습니다. 제가 창업의 실패에 관해 연구한다는 소식을 듣고 그동안 많은 분이 제게 조언을 구한 바 있습니다. 아무쪼록 이 책의 내용이 조금이라도 당신에게 도움이 됐으면 하는 바람입니다. 이 편지에서는 당신이 초기 단계 스타트업을 운영하는 과정에서 맞닥뜨릴 수 있는 여러 가지 도전에 대해 몇 마디를 보태려 합니다. 자신 있게 말씀드리지만 당신이 나중에 후기 단계 스타트업을 경영할 때 겪게 될 문제는 그 성격이 전혀 다를 겁니다. 여기서는 창업 초기 단계에서 창업가에게 닥칠 수 있는 도전 요소들을 먼저 이야기해 볼까 합니다. 당신이 이 과정을 잘 통과하면 나중에 또 다른 후속 편지를 보내드리도록 하겠습니다.

새내기 설립자인 당신은 훌륭한 창업가의 조건에 대한 지혜의 말씀을 여기저기서 많이 접했을 거라고 생각합니다. 이 조언들은 대부분 당연한 이야기처럼 들리지만, 이를 맹목적으로 따르면 오히려 실패의 가능성을 더 키울 수 있습니다. 최초로 회사를 설립하는 창업가들에게 용기를 북돋기 위한 책이나 블로그 기사들을 읽어 보면 다음 여섯 항목이 반복적으로 거론되고 있다는 사실을 알 수 있을 겁니다.

실천하라! 훌륭한 창업가들은 실천력이 강합니다. 그들은 항상 새로운 일을 만들어 내며 기회를 포착하기 위해 민첩하게 움직입니다. 또 상황을 시시콜콜 분석하기보다 직감적인 본능에 판단을 맡깁니다. 어찌 보면 당연한 말입니다. 대기업만큼 자원이 풍부하지 않은 스타트업의 창업가가 내세울 수 있는 몇 안 되는 경쟁우위 중 하나가 결단력과 신속성이기 때문입니다.

하지만 창업가가 실천에 너무 집착하다 보면 고객의 문제를 해결할 수 있는 훌륭한 제품을 찾아나서는 탐구의 과정을 생략하거나 제품 개발이나 판매 같은 사업 확장의 단계에 성급히 뛰어들 수 있습니다. 앞서 살펴본 대로 탐구의 단계는 매우 중요합니다. 이 시기야말로 세심한 조사를 통해 고객의 미충족 욕구를 파악하고 이에 대한 해결책을 구상하는 때이기 때문입니다. 만일 제품을 구축하고 판매하는 일을 지나치게 서두른 나머지 이 조사 단계를 건너뛴다면 결과적으로 결함 있는 제품을 출시함으로써 '잘못된 출발'을 하게 될 확률도 그만큼 커지는 셈입니다.

끈기를 지녀라! 창업가들은 수많은 문제에 봉착하기 마련입니다. 제품은 결함투성이에 출시 날짜는 계속 지연되고, 경쟁자들이나 규제기관에서는 달갑지 않은 소식이 들려 옵니다. 잠재 고객, 투자자, 채용 후보자들은 "고맙지만, 됐습니다."라며 당신의 제안을 거절합니다. 훌륭한 창업가는 이런 상황에서도 모든 것을 훌훌 털어 버리고 일에 전념합니다. 그들은 끈기와 회복력이 강한 사람들입니다.

그러나 창업가의 끈기가 고집으로 변하는 순간, 자신이 '잘못된 출발'을 하고 있다는 사실을 깨닫기가 어려워집니다. 또 회사의 제품이 시장에서 좋은 반응을 얻지 못함에도 불구하고 전략 이동을 꺼리게 될 수 있습니다. 그리고 전략 이동을 미룰수록 소중한 자본금을 더 많이 소진함으로써 스타트업 앞에 놓인 '활주로'의 길이를 더욱 줄이게 됩니다.

열정을 발휘하라! 세상을 바꾸고 말겠다는 창업가의 열정은 수많은 문제를 극복하게 해주는 원동력으로 작용합니다. 또 직원, 투자자, 파트너들로부터 창업가의 꿈을 현실화하겠다는 동기를 불러일으킬 수 있습니다.

그러나 열정이 너무 지나치면 과도한 자신감으로 바뀌기 쉽습니다. 다시 말해 자기가 이미 완벽한 제품을 개발했기 때문에 시장 조사 따위는 필요가 없다고 확신하는 겁니다. 이런 사고방식은 '잘못된 출발'의 리스크를 증가시킵니다. 또 지나치게 열정적인 창업가는 회사의 제품이 고객의 욕구를 충족하지 못하는 상황에서도 이를 무시하고 전략 이동을 하지 않고 버틸 확률도 높습니다. 그리고 얼리 어답터들은 창업가와 함께 고객의 문제를 찾아내고 이에 대한 해결책을 구축하는 과정을 돕는 조력자들입니다. 하지만 이렇게 충성심 강하고 협조적인 얼리 어답터들에게만 제품의 초점을 맞추다 보면 정작 주력 고객들을 도외시함으로써 '긍정의 오류'에 빠질 수 있습니다.

성장하라! 와이 콤비네이터의 설립자 폴 그레이엄은 이렇게 말합니다. "스타트업은 신속한 성장을 전제로 설계된 회사다. … 만일 성장할 수만 있다면, 다른 모든 문제는 저절로 해결될 것이다. 그 말은 설립자가 마케팅에 얼마나 많은 돈을 쓸지, 또는 어떤 직원을 고용할지 등에 대해 의사 결정을 할 때마다 조직의 성장과 관련이 있느냐의 잣대에 따라 결정의 타당성을 판단해야 한다는 뜻이다."[1] 스타트업의 신속한 성장은 마치 자석처럼 투자자와 재능 있는 직원들을 끌어들이고 조직 구성원들의 사기를 드높입니다.

반면 성장에 대한 압박을 지속적으로 받는 창업가는 시장 조사를 대충 넘어가거나 성급하게 제품을 출시하고자 하는 유혹에 빠짐으로써 '잘못된 출발'을 할 수 있습니다. 또한 스타트업의 급속한 성장은 조직 구성원이나 파트너들의 어깨에 무거운 부담을 지우기 십상입니다. 지나치게 빠른 성장 탓에 설립자 주위에 '나쁜 동료들'이 늘어나면 제품의 품질 문제가 발생하고 수익성이 하락할 수 있습니다.

집중하라! 초기 단계 스타트업은 자원이 풍부하지 않고 창업가가 할 수 있는 일도 제한적입니다. 따라서 이 단계에서는 가장 중요한 일, 즉 목표 고객을 찾아내고 그들을 만족시킬 수 있는 제품을 개발하는 일에 주력해야 합니다. 회사가 수행하는 어떤 일이든 이 우선순위를 벗어난다면 문제입니다. 부차적인 프로젝트는 가급적 피하고, 컨퍼런스에 연설자로 나서는 일 따위는 뒤로 미루는 것이 좋습니다.

그러나 과도하게 한 우물만 파는 전략에도 리스크가 따릅니다. 만일 창업가가 단일 고객 세그먼트에만 모든 노력을 기울인다면 논리적으로 볼 때 그의 목표 고객은 얼리 어답터들밖에 남지 않습니다. 이들의 욕구를 충족하는 데만 집중하고 주력 고객들을 도외시하는 일은 바로 '긍정의 오류'로 이어지는 지름길입니다. 또한 창업가가 다른 고객 세그먼트로 판매 범위를 확대하지 않거나 한 가지 마케팅 방법에만 매달리면, 막상 전략 이동을 해야 하는 시기가 닥쳤을 때 선택 가능한 옵션을 찾아내는 데 어려움을 겪게 됩니다.

절약하라! 자원이 부족한 창업가들은 검소하게 회사를 운영해야 하며, 더 적은 자원을 투입해서 더 큰 성과를 거둘 수 있는 현명한 방법을 찾아야 합니다.

이는 이론의 여지가 없이 지당한 말입니다. 그러나 조직 구성원들의 기술이 부족해서 시장에 지속적인 가치를 제공할 수 없다면, 스타트업은 회사가 필요로 하는 기술을 지닌 인력을 새로 채용해야 합니다. 만일 그 후보자가 높은 급여를 요구할 경우, 평소 절약하는 습관이 몸에 밴 검소한 창업가는 "그런 사람 없이도 우리끼리 해낼 수 있어."라고 포기하기 십상입니다. 이는 '나쁜 동료들'의 리스크를 높이는 길입니다.

전통적인 조언을 따르는 것은 대부분의 경우 나쁘지 않은 일입니다. 창업가는 대부분의 경우 열정적이어야 하고 끈기를 발휘해야 하고 검소해야 합니다. 또 대부분의 경우 결단력이 강해야 하고 조직의 성장 같은 우선순위에 집중하는 자세를 보여야 합니다.

다시 말해 창업가가 이런 원칙들을 복음처럼 떠받들지는 않더라도 큰 위험이 걸려 있지 않은 일상적 사안에 대해 의사 결정을 할 때나, 반대로 연관된 트레이드오프를 상세히 검토할 만큼 충분한 시간이 없는 가운데 급박한 결정을 내려야 할 때는 이 조언들을 일종의 도구로 활용할 수 있을 겁니다.

그 말은 자칫 실수가 발생했을 때 회사의 실패 확률이 크게 증가할 수 있는 복잡한 의사 결정, 가령 탐구 단계에서 확장 단계로 진입하고, 얼리 어답터와 주력 고객의 욕구를 균형 있게 수용하고, 전략을 이동하고, 전문가를 채용하는 일 등에 관한 의사 결정이 이런 단순한 원칙들에 따라 이뤄지면 안 된다는 뜻입니다.

창업가는 먼저 자신 앞에 어떤 선택지가 놓여 있는지 일목요연하게 파악하고 이에 관련된 트레이드오프를 꼼꼼히 검토해야 합니다. 특히 창업가들이 본인의 직감을 믿고 따라야 한다는 세간의 통념은 주의해서 받아들일 필요가 있습니다. 창업가들은 회사의 존망이 걸린 문제 앞에서 늘 압박을 받기 때문에, 그들의 직감은 종종 강렬한 감정의 영향을 받게 됩니다. 이는 올바른 판단을 가로막는 요인입니다. 지금 당신 손에 중요한 의사 결정의 사안이 쥐어져 있다면, 적어도 이틀 밤 정도는 심사숙고하기 바랍니다. 그리고 당신이 파악한 선택지들과 이에 관련된 트레이오프들을 글로 써서 나열하고, 이를 조직 구성원 및 투자자들과 상의하는 편이 좋습니다. 적어도 조직의 운명을 좌우할 핵심적인 사안에 있어서는 노벨상을 수상한 경제학자 대니얼 카너먼Daniel Kahneman 이 '천천히 생각하기'slow thinking라고 이름 붙인 방법이 회사의 생존 확률을 높일 수 있는 길입니다.[2]

당신이 창업가의 길을 선택했다는 말은 실패할 가능성이 매우 높다는 사실을 이미 알고 있으며 이에 개의치 않는다는 의미라고 생각합니다. 실패는 고통스럽습니다. 그럼에도 많은 사람이 창업가라는 경력을 숙명으로 받아들이고 이 여정에 거부할 수 없는 매력을 느낍니다. 물론 당신도 그런 사람 중 하나일 겁니다.

몇 년 전 스타트업의 기업 가치가 하늘을 찌를 듯이 치솟았을 때, 저는 당시 제가 가르치던 학생들이 또 한 차례의 산업적 붕괴가 닥칠 우려가 있다는 사실을 충분히 고려하지 않고 앞다퉈 스타트업을 창업할까 걱정이 됐습니다. 그들은 1990년대 닷컴 거품이 꺼질 무렵 대부분 중학생이었습니다. 만약 그들이 무모하게 사업에 뛰어들면 좋지 않은 결과를 얻을지도 모른다는 사실이 두려웠던 겁니다. 저는 1999년부터 2000년 사이에 스타트업을 설립했다가 닷컴 거품 붕괴에 따른 '핵겨울'이 닥치면서 대부분 실패의 쓴맛을 봤던 옛 제자들에게 편지를 보내 이렇게 물었습니다. 그때 스타트업을 설립한 일을 후회하는가?[3]

놀랍게도 제 편지를 받은 제자 중 한 사람을 제외하고 모두가 그 일을 전혀 후회하지 않는다고 답했습니다. 그들은 자신이 새로운 제품을 개발하고, 조직을 구축하고, 사업체를 세운 일을 매우 자랑스러워했습니다. 그 과정에서 많은 것을 배웠으며, 한 회사의 총괄 관리자로서 조직의 모든 분야를 책임지는 놀라운 경험을 했다고 했습니다. 만일 그들이 특정 기업의 일개 직원이었다면 이런 수준의 책임을 경험하는 것은 절대 불가능했을 겁니다. 그들 중 몇 명은 이렇게 덧붙였습니다. "저는 먼 훗날 제 손자에게 할아버지가 옛날 닷컴 열풍이 불었을 때 투자은행 같은 곳에서 편히 일하며 길옆에 비켜서서 구경만 하지 않았다는 사실을 말할 수 있어서 기쁩니다."

창업가 여러분. 여러분도 이 책을 일독했다면 성공의 길에 안착할 준비가 돼 있을 것입니다. 창업이란 무에서 유를 창조하는 놀라운 여정입니다. 이를 위해서는 때로 빠르게 생각하고, 동시에 느리게 생각할 수 있어야 합니다. 당신이 애초에 스타트업이라는 자동차의 운전석에 앉기로 한 이유를 망각해서는 안 됩니다. 세상은 당신 같은 창업가들이 등장해서 많은 일자리를 창출하고 우리 사회의 문제를 푸는 데 필요한 혁신을 이끌어 내기를 기대합니다. 모두 멋진 회사를 만들어 보시기 바랍니다.

행운을 빕니다.

토머스 아이젠만

감사의 글

스타트업을 출범시키려면 조직 구성원이 필요하다. 그 점에 있어서는 책을 쓸 때도 마찬가지다.《세상 모든 창업가가 묻고 싶은 질문들》이 세상에 빛을 보기까지는 놀라운 사람들이 수많은 기여를 했다. 그동안 내 조사를 돕고 통찰력을 나눠 준 수백 명의 지인에게 깊은 감사의 말씀을 올린다.

먼저 스타트업의 관리에 관한 내 학설을 구축하는 데 커다란 영향을 미친 전문가 집단에게 지적으로 큰 신세를 졌다는 사실을 말하고 싶다. 그중에서도 스티브 블랭크, 폴 그레이엄, 리드 호프만, 벤 호로위츠, 에릭 리스, 피터 틸, 프레드 윌슨에게 깊은 사의를 표한다.

또 이 책에 등장하는 여러 사례를 제공한 스타트업 창업가들, 특히 스티브 체임버스, 제이슨 골드버그, 린제이 하이드, 수닐 나가라지, 알렉산드라 넬슨, 앤서니 수후, 크리스티나 월리스에게 고마움을 전한다. 또 카티아 비첨Katia Beauchamp, 스티브 카펜터, 제리 콜로나, 랜드 피시킨, 마이크 고조, 저스틴 조페Justin Joffe, 체트 카노지아Chet Kanojia, 애브니 파텔 톰슨, 테드 와일리Ted Wiley를 포함한 여러 창업가는 내 MBA 학생들에게 자신의 경험을 솔직히 공유하는 너그러움을 발휘해 줬다. 학생들이 공부하는 교실을 방문해서 성공한 이야기를 들려주는 것은 별로 어렵지 않을 수도 있겠지만, 자신이 겪은 문제와 실패담을 털어놓으려면 훨씬 큰 용기가 필요하다. 그런 의미에서 이 설립자들은 차세대 창업가들에게 귀중한 선물을 안겨 준 셈이다. 그들이 내 학생들을 위해 해준 모든 일, 내게 보여 준 신뢰 그리고 우리에게 나눠 준 통찰에 대해 감사의 인사를 보낸다.

나는 이 책을 쓰기 위한 조사 과정에서 많은 창업가와 투자자를 인터뷰했다. 그중에서도 스타트업의 실패에 관해 소중한 견해를 표명해 준 제임스 커리어James Currier, 애비 팔리크Abby Falik, 애덤 캐너Adam Kanner, 사미르 카울, 에일린 리, 마이크 메이플스Mike Maples, 디피시 라이Dipish Rai에게 특별한 감사의 마음을 전한다. 또 이 책의 초고에 귀중한 피드백을 제공해 준 폴 바이어Paul Baier, 엘런 치사Ellen Chisa, 캐시 한Cathy Han에게도 고마움을 표하고 싶다. 그리고 초기 단계 스타트업의 성과를 끌어올리는 요인에 관한 내 연구의 과정에서 설문지를 작성해 준 수백 명의 창업가에게 감사의 말씀을 올린다. 또 이 설문지에 담긴 질문들을 수정하고 다듬는 데 도움을 준 캐시 한, 린제이 하이드, 마이클 슈레이더Michael Schrader, 애브니 파텔 톰슨에게도 다시 한번 사의를 표한다.

하버드대학 경영대학원HBS은 지난 27년간 나의 학문적 고향이었다. 그 오랜 기간 동안 나는 이 공동체의 구성원들이 제공한 놀라운 아이디어와 격려에 많은 빚을 졌다. 또 지난 수년간 진행된 이 책의 출간 프로젝트를 위해 재정적 지원을 아끼지 않은 HBS 연구부문HBS Division of Research도 이 책이 탄생하는 데 큰 힘이 돼 줬다.

그동안 나는 HBS에서 수천 명의 훌륭한 학생을 가르치는 매우 값진 경험을 했다. 그들 중 많은 제자가 졸업 후에도 나와 여전히 연락을 하고 지낸다. 나는 학생들과 졸업생들에게 아직 많은 것을 배우고 있다. 특히 내가 개설한 MBA 과정 선택 과목 '창업 실패 버전 1.0' 수업을 신청한 학생들에게 깊이 감사드린다. 우리가 수업 중에 나눈 이야기는 《세상 모든 창업가가 묻고 싶은 질문들》에서 제시하는 학문적 개념을 보다 철저히 검증하고 개선하는 역할을 했다.

나와 함께 HBS에서 근무한 과거 및 현재의 동료들은 교과 과정을 만들고 스타트업의 사례를 구축하는 일을 도와준 공동 연구자들이다. 그들은 내게 많은 것을 가르쳐 줬으며, 함께 일하는 즐거움을 선사했다. 또 내 동료들은 다이아몬드-사각형 모델, 6S 모델, RAWI 테스트 등을 포함해 이 책에 등장하는 여러 개념적 프레임워크를 개발하고 다듬는 데 힘을 보태 준 연구 파트너들이기도 했다. 그런 의미에서 줄리아 오스틴Julia Austin, 조 풀러Joe Fuller, 시카르 고시Shikha Ghosh, 펠다 하디몬Felda Hardymon, 스콧 코미너스Scott Kominers, 조시 크리거Josh Krieger, 조 라시터Joe Lassiter, 스티그 레슐리Stig Leschly, 앨런 매코맥Allan MacCormack, 짐 매더슨Jim Matheson, 라마나 난다Ramana Nanda, 제프리 레이포트Jeffrey Rayport, 마크 로버지, 토비 스튜어트Toby Stuart, 놈 와서

먼, 러스 윌콕스Russ Wilcox 등이 제공한 깊은 통찰력과 값을 측정할 수 없는 귀중한 피드백에 감사드린다. 특히 제프 버스갱, 프랭크 세스페데스Frank Cespedes, 미치 와이스Mitch Weiss는 지난 수년간 함께 일할 수 있는 기회를 제공했을 뿐만 아니라《세상 모든 창업가가 묻고 싶은 질문들》의 초고에 소중한 논평을 해줬고 이 책의 출판 과정에서도 든든한 길잡이가 돼 줬다.

HBS의 창업 관리 유닛Entrepreneurial Management Unit을 설립한 빌 살먼과 하워드 스티븐슨Howard Stevenson 두 분은 그동안 내 연구와 지도 활동에 지대한 영향을 미친 나의 멘토이자 선배 교수님들이다. 빌은 지난 30년간 '창업 재무'라는 MBA 선택 과목을 지도했으며 창업 분야의 MBA 과정을 시작한 학생들이 첫해에 필수로 이수해야 하는 '창업 관리자'라는 과목을 개설하기도 했다. 또 나는 HBS에서 하워드의 이름을 딴 교수직(Howard H. Stevenson Professor of Business Administration)을 부여받았다는 사실을 매우 영광스럽게 생각한다. 하워드는 HBS에서 지난 수십 년간 사용된 창업가정신의 정의인 '자원이 부족한 상태에서 새로운 기회를 추구하는 행위'라는 개념을 창안하기도 했다. 빌과 하워드는 수많은 학생에게 새로운 스타트업을 창업하고자 하는 영감을 불어넣었으며 창업가정신을 연구하는 다수의 학자와 교수진을 영입하고 교육했다.

지난 몇 년간 HBS의 여러 연구원은 실패한 스타트업들에 대한 자료를 모으고 분석하는 과정에서 내게 큰 도움을 제공했으며, 내가 MBA 수업에서 활용 중이고 이 책에도 등장하는 각종 사례를 함께 작성해 줬다. 그중에서도 할라 알카타니Halah AlQahtani, 새라 딜라드Sarah

Dillard, 알렉스 고든Alex Godden, 올리비아 그레이엄Olivia Graham, 데이비 드 키런David Kiron, 앤 리먼Ann Leamon, 수지 마Susie Ma, 리사 마찬티Lisa Mazzanti, 크리스 페이턴Chris Payton, 제스퍼 롤만Jasper Rollmann, 스테 판 롤만Stephan Rollmann, 제이시 태프트Jacey Taft, 마이클 자리언Michael Zarian 등에게 깊이 감사드린다. HBS의 캘리포니아 연구 센터California Research Center에서 근무하는 동료들 역시 사례 작성에 도움을 주고 이 책을 쓰는 데 필요한 인터뷰를 주선해 줬다. 그 점에서 로렌 발리Lauren Barley, 앨리슨 치에하노베르Allison Ciechanover, 조지 곤잘레즈George Gonzalez, 제프 호이징가Jeff Huizinga, 니콜 켈러Nicole Keller, 리즈 카인 드Liz Kind, 앨리슨 왜건펠드Allison Wagonfeld 등에게 심심한 사의를 표한 다. 그리고 이 책을 쓰는 데 많은 참고가 된 초기 단계 스타트업 설문 조 사의 진행 과정을 주관하고 조사 데이터를 분석하는 데 큰 힘이 돼 준 밀토스 스테파니디스Miltos Stefanidis에게 특별한 감사의 인사를 전하고 싶다.

내 출판 에이전트인 레이프 새갈린Rafe Sagalyn에게도 감사의 말을 빼놓을 수 없다. 그는 일찌감치 이 책의 출판에 대한 아이디어를 제안했 으며, 책이 출판되는 과정의 모든 단계에서 현명한 조언을 제공했다.

작가 입장에서는 훌륭한 편집자를 한 사람만 만나도 행운이라 할 수 있을 것이다. 나에게는 그런 사람이 무려 세 명이나 있다! 내 편집 고문 필리스 스트롱Phyllis Strong은 깊은 통찰과 예리한 질문 그리고 탁월한 스토리텔링 능력을 바탕으로 이 프로젝트에 큰 도움을 줬다. 크라운 출 판사의 편집자 탈리아 크론Talia Krohn에게도 사려 깊고 완벽한 지침을 제공한 점에 대해 감사의 말을 전한다. 탈리아는 뛰어난 안목을 바탕으로 원고를 간결하고 깔끔하게 다듬는 데 달인의 솜씨를 발휘했으며, 논리적 결함이 있거나 증거가 부족한 대목을 정확히 지적해 줬다. 그녀는 책의 품질을 향상시키는 데 기여했을 뿐만 아니라 작가의 자신감도 크게 북돋아 줬다. 그녀와 함께 일하는 것은 정말 즐거웠고 수월했다. 또 탈리아 이전에 내 편집자로 일하다 은퇴한 로저 숄Roger Scholl 역시 이 책에 대한 비전을 일찌감치 제시하고 이 프로젝트의 초기 관리를 맡아 준 데 감사의 말씀을 올린다. 로저는 이 책의 제목을 제안하기도 했으며, 창업가들을 대상으로 설문 조사를 수행할 것을 독려했고, 각 장의 주제를 정하거나 사례를 선정하는 과정에도 적극적으로 참여해 내게 큰 도움을 줬다.

그동안 원고를 쓰느라 바빴던 나는 이 책이 출판된 뒤에 마케팅과 홍보를 담당할 크라운 출판사의 직원들을 아직 만나 보지 못했다. 탈리아에 따르면 그들은 매우 훌륭한 팀이라고 한다. 그들과 함께 일할 날이 기다려진다.

마지막으로, 내 가족들에게도 감사의 말을 전하고자 한다. 스타트업에서 소프트웨어 엔지니어로 근무하는 내 아들 잭은 나와 함께 우리 개 스텐을 산책시키며 이 책에 나오는 여러 사례의 문제점을 파악하는 데 도움을 주었다. 딸 캐롤라인은 내 비장의 무기라고 할 만하다. 출판 에이전트인 그녀는 자신의 전문성을 십분 발휘해서 출판 프로세스 전반의 핵심 의사 결정들에 관해 날카로운 조언을 제공해 줬다. 마지막으로 내가 이 책을 쓰는 내내 인내심을 발휘해 줬고 이 프로젝트를 끝까지 완성하는 데 격려를 아끼지 않은 내 아내 질에게 깊은 감사의 말을 전하고 싶다. 나는 이 책에 대한 아이디어를 처음 생각한 2014년 이후로 오랫동안 이 책의 가제를 '잘못된 출발'로 정해 뒀다. 질은 내가 이 책을 쓰다가 중단하는 일을 반복하는 모습을 보고 아무래도 책의 제목이 잘못된 것 같다고 핀잔을 주곤 했다. 2018년, 그녀는 "이제 충분해요. 책을 완성할 때가 됐어요!"라고 내 등을 떠밀었다. 그녀의 독려 덕분에 나는 6개월 동안 외딴 곳에 틀어박혀 남들의 방해를 받지 않고 작업에 열중해서 결국 원고를 완성할 수 있었다. 잭, 캐롤라인, 질에게 사랑과 함께 이 책을 바친다.

부록

초기 단계 스타트업
설문 조사 결과 분석

2020년 봄, 나는 스타트업의 실패와 성공에 영향을 주는 요인들을 파악하기 위해 초기 단계 스타트업의 설립자·CEO를 대상으로 설문 조사를 실시했다. 피치북Pitch Book(미국의 시장 조사 기업—옮긴이) 데이터를 기반으로, 2013년 또는 그 이후에 미국 내에서 설립된 스타트업 중 2015년 1월부터 2018년 4월 30일 사이에 50만 달러에서 300만 달러 규모의 첫 번째 주요 투자 라운드를 진행한 회사를 대상으로 조사가 진행됐다. 그 이전에 투자를 받았더라도 총 액수가 25만 달러를 넘지 않는 회사로 조사 대상을 제한했다. 다시 말해 이들 스타트업은 첫 번째 주요 투자를 유치한 뒤 적어도 2년간 비즈니스를 수행하며 크고 작은 성과를 거둔 회사들이었다. 생명공학, 에너지, 재료공학 분야의 스타트업은 실적 창출 요인이 특수했기 때문에 표본에서 제외했다. 그 결과 이 기준에 맞는 스타트업의 숫자는 총 3,263개로 집계됐다. 피치북은 그중 2,822개 스타트업에 대해 첫 번째 주요 투자 라운드 당시 CEO로 재직했던 사람의 연락처 정보를 제공했다. 나는 그들 모두에게 설문지를 보냈으며, 그중 17퍼센트에 달하는 470명의 설립자·CEO가 설문지 작성을 완료해서 회답했다.

설문에 응답한 470명 중 89퍼센트가 독립적으로 운영되는 스타트업을 여전히 이끌고 있었으며, 8퍼센트는 회사를 매각했고, 3퍼센트는 폐업한 것으로 밝혀졌다. 내가 설문지를 보낸 전체 2,822개 스타트업 중 매각된 회사는 8퍼센트, 폐업한 회사는 7퍼센트였다. 통계 표본 중에 폐업한 스타트업의 비율이 상대적으로 낮은 것은 사실이지만, 성공적인 스타트업과 그렇지 못한 스타트업의 차이를 통계적으로 추론하기에는 충분한 숫자라고 생각한다.

▪ 스타트업 성과 측정법 ▪

나는 조사 대상 스타트업이 첫 번째 투자 라운드를 거친 뒤에 주식 가치가 어떻게 변화했는지를 회사의 성과를 측정하는 기준으로 삼기로 했다. 그 회사의 주가는 상승했나, 비슷한 수준에 머물고 있나, 하락했나? 또는 극단적으로 0이 돼 버렸나? 구체적으로 나는 스타트업의 설립자·CEO에게 이렇게 질문했다. "코로나 바이러스 사태가 확산되기 이전인 2019년 12월 31일을 기준으로, 당신의 스타트업이 첫 번째 투자 라운드에서 발행한 주식 또는 전환사채에 다른 사람들이 얼마를 지불할 거라고 생각하나?" 그리고 응답자들에게 선다형 답안을 제시했다.

1. 최초 투자액의 150퍼센트 이상
2. 50퍼센트에서 150퍼센트 사이
3. 50퍼센트 이하

또 응답자들은 이런 질문을 받았다. "첫 번째 투자 라운드에서 발행된 주식이나 전환사채는 대개 매각이 불가능하지만, 그 일이 가능하다고 가정해 보자. 2019년 12월 31일을 기준으로 경험이 풍부하고 포트폴리오가 다각화된 투자자들은 당신 회사의 첫 번째 투자 라운드를 주도한 투자자에게 얼마를 내고 그 지분을 매입하려 할까? 해당 주식과 전환사채에 첨부된 잔여재산 배분 우선권, 할인율, 가치 평가 상한선 등의 조건은 소유자가 바뀌더라도 동일하다고 가정하라."

회사를 이미 매각했거나 폐업한 응답자들도 같은 맥락에서 초기 투자자에게 얼마나 많은 돈이 배분됐는지 질문받았다. "투자자들이 돌려받은 돈은 원래 투자액의 150퍼센트가 넘는가, 50퍼센트에서 150퍼센트 사이인가, 아니면 50퍼센트보다 적은가?"

나는 설문 결과를 분석하는 과정에서 투자액의 150퍼센트 이상이라는 응답에 '고 가치 평가'high valuation라는 이름을 붙이고 50퍼센트 이하를 '저 가치 평가'low valuation로 분류했다. 설문에 응답한 사람 중의 63퍼센트가 고 가치 평가라고 답변했다. 저 가치 평가라고 답한 사람은 전체 응답자 중 10퍼센트였다. 반면 폐업한 스타트업의 설립자 중 64퍼센트가 저 가치 평가를 선택했으며, 아직 회사를 운영 중인 설립자가 저 가치 평가라는 답을 고른 경우는 7퍼센트에 불과했다.

나는 이미 폐업한 스타트업의 설립자들을 설문 조사하면서 그 조사 내용을 성공적인 스타트업과 비교하는 방법을 사용하지 않았다. 그 대신 고 가치 평가 및 저 가치 평가 스타트업을 비교함으로써 스타트업의 실패를 초래하는 요인들을 탐구하기로 했다. 그렇게 결정한 데는 두 가지 이유가 있다. 첫째, 통계적 분석을 위해서는 충분한 수의 실패한 스타트업을 모집단으로 확보해야 하는데, 그러려면 시간을 과거로 더 소급해서 표본을 찾아야 했다. 그럴 경우 설문 응답자들이 과거의 기억을 정확히 해내지 못할 우려가 있었다.

둘째, 더 중요한 이유는 내가 선택한 조사 방식이 이 책에서 정의하는 '실패'의 의미, 즉 "어떤 스타트업의 초기 투자자가 투자한 돈을 돌려받지 못했거나 앞으로도 돌려받을 가능성이 없다면, 그 회사는 실패한 것이다."라는 기준에 더 적절히 부합했다는 점이다. 이 정의에 따르면 아직 문을 닫지 않고 계속 운영 중인 스타트업이라도 현재 지분 가치가 시드 머니 유치 단계에서 평가된 가격의 50퍼센트 이하인 경우 그 회사는 실패할 가능성이 매우 높다. 물론 이 저 가치 평가 스타트업들도 기사회생해서 성공할 수 있으며, 반대로 고 가치 평가 스타트업의 상당수가 실패의 수렁에 빠지기도 한다. 하지만 그런 결과는 신뢰성 있게 예측이 불가능하기 때문에, 여기서는 이 책의 정의에 따라 초기 단계 스타트업의 여러 그룹을 비교해서 어떤 그룹이 실패하는 경향이 강하고 어느 쪽이 성공하는 경향이 강한지 파악하는 것을 분석의 목표로 삼으려고 한다.

이 조사에서 도출된 기업 가치 데이터는 조사 대상자가 직접 평가한 수치를 기반으로 했다. 따라서 우리가 응답자의 신분을 노출시키지 않겠다고 약속했음에도 불구하고 일부 자존심 강한 응답자가 실적을 부풀려서 답변한 수치가 포함돼 있을 수 있다. 하지만 그런 숫자 왜곡을 감안하더라도 다음에 설명할 조사 결과는 통계적으로 충분히 의미 있을 것이다. 왜 그럴까? 일부 응답자가 설문지에 자신의 실적을 과장되게 답변했다면, 내가 고 가치 평가로 분류한 데이터에는 실제 기업 가치가 높은 스타트업과 가치가 부풀려진 스타트업의 수치가 섞여 있을 것이다. 만일 스타트업의 기업 가치에 진정으로 강력하고 긍정적인 영향을 미치는 특정 요인이 존재할 경우, 이런 데이터 왜곡으로 인해 조사 결과에는 그 요인의 영향력이 실제보다 작게 반영될 수밖에 없다. 따라서 설문 조사 결과 어떤 요인이 기업 가치에 중대한 영향을 미친다는 결론이 도출됐을 때, 우리는 부풀려진 데이터가 올바로 수정된다면 해당 요인의 영향력이 더욱 증가할 거라고 추측할 수 있다.

■ 조사 데이터 분석법 ■

아래에서 보는 바와 같이 나는 이변량 분석법bivariate analysis과 다변량 분석법multivariate analysis을 함께 사용해서 스타트업의 기업 가치와 여러 요인의 상관관계를 탐구했다.

이변량二變量 분석법은 두 개의 변수, 일례로 A와 B 사이에 다른 변수들이 영향을 미칠 가능성을 무시하고 통계적으로 유의미한 관계가 존재하는지 탐구하는 방법이다.

그러나 하나 또는 그 이상의 다른 변수가 A와 B에 모두 영향을 미친다면, A를 사용해서 B의 결과를 추론하는 것은 주의할 필요가 있다.

예를 들어 우리가 이변량 분석법으로 조사한 결과 창업가의 연령 및 산업 분야 경력은 각각 스타트업의 기업 가치와 통계적으로 유의미한 양(+)의 상관관계를 나타내는 것으로 드러났다. 다시 말해 나이가 많고 경험이 풍부한 설립자일수록 기업 가치가 높은 스타트업을 운영할 가능성이 높다는 의미다.

문제는 연령과 경력이라는 두 요인 사이에도 양의 상관관계가 존재한다는 것이다. 즉 경력이 풍부한 사람은 대체로 나이가 많다. 따라서 설립자의 연령과 기업 가치, 또는 설립자의 경력과 기업 가치를 별도로 분석하는 이변량 분석법만으로는 신뢰할 만한 예측 결과를 도출할 수 없으며, 다변량 분석법을 활용해서 타 요인들의 영향력을 복합적으로 파악할 필요가 있다.

다변량多變量 분석법은 특정한 '독립 변수'가 어떤 '종속 변수'에 영향을 미치는지 신뢰성 있게 예측하는 분석 기법이다. 독립 변수는 다른 말로 '예측 변수'라고도 한다. 여기서 종속 변수는 스타트업의 기업 가치에 해당한다. 이 방법을 활용하면 복수의 독립 변수의 영향력을 복합적으로 조사함으로써 특정한 예측 변수와 종속 변수 사이에 어느 정도의 특별한 관계, 즉 다른 예측 변수들의 영향에서 독립적인 관계가 존재하는지 파악할 수 있다.

이어지는 부록의 나머지 부분에서는 먼저 스타트업의 연혁, 위치, 산업 분야 등이 기업 가치와 어떤 상관관계가 있는지 살펴본다. 그 다음에는 제2장에서 논의한 다이아몬드-사각형 프레임워크의 여러 요소(고객 가치 제안, 마케팅, 설립자, 투자자 등)에 대해 첫째, 이변량 분석법을 활용한 조사 결과, 둘째, 다변량 분석법으로 통계적으로 유의미한 예측 변수들을 활용한 조사 결과, 셋째, 설립자들이 "시간을 거꾸로 돌려 그 시절로 되돌아간다면, 스타트업을 운영할 때 가장 다르게 하고 싶은 일 한 가지는 무엇인가?"라는 질문에 응답한 결과 등을 바탕으로, 이 프레임워크의 요소들이 스타트업의 기업 가치에 각각 어떤 영향을 미치는지 논의할 예정이다.

아래에 이변량 분석법의 결과를 표시한 표에서는 저 가치 평가 스타트업의 설립자·CEO들이 설문지의 특정 질문에 대해 선다형 답안에서 하나를 선택한 비율을 표시하고, 고 가치 평가 스타트업의 설립자·CEO들이 같은 질문에 응답한 비율을 비교해서 보여 준다. 데이터 해석의 편의성을 도모하기 위해 기업 가치 평가가 50퍼센트에서 150퍼센트 사이에 위치한 중간값은 통계에서 제외했다. 응답자가 기업 가치를 평가한 결과를 포함해서 여기서 우리가 다루고 있는 대부분의 요인은 변수의 값이 특정 범주(기업 가치의 경우 '저', '중', '고')에 속하는 범주형 변수categorical variable이기에 나는 카이 제곱 테스트chi square test(표본의 빈도 분포가 기대 분포와 얼마나 많은 차이를 보이는지 검증하는 통계적 기법 중 하나 —옮긴이)를 활용해서 특정 요인과 기업 가치 사이에 존재하는 상관관계의 '강도'를 측정했다.

앞으로 나오는 모든 표에서 굵은 활자체로 강조 표시된 부분은 신뢰수준 95퍼센트 이상의 통계적 유의성을 나타내는 수치를 의미하는 것이다.

내가 여기서 활용한 다변량 분석법에는 다항 로지스틱 회귀분석multinominal logistic regression analysis (독립 변수의 선형 결합을 이용해 사건의 발생 가능성을 예측하는 데 사용되는 통계 기법으로, 그중에서도 두 개 이상의 범주를 가지는 문제가 대상인 경우에 활용하는 분석법—옮긴이)을 채택했다.[1] 분석 대상이 범주형 종속 변수인 경우, 다항 회귀분석을 사용하면 일단의 독립 변수가 각각의 기업 가치 범주에 영향을 미칠 확률을 개별적으로 측정할 수 있다.

나는 회귀분석 결과 스타트업의 저 가치 평가에 영향을 미친다고 추정되는 신뢰 수준 90퍼센트 이상의 통계적으로 유의미한 예측 변수들에 대해, 그 변수들이 저 가치 평가를 도출할 '예측 확률'을 굵은 활자체로 표시했다. 주요 변수에 관련된 설문 응답 수는 가장 낮은 수준부터 가장 높은 수준까지 다양한 범위에(다른 모든 독립 변수의 값을 표본 평균치로 고정시킨 상태에서) 걸쳐 있기 때문이다. 이 변수들의 영향력을 평가할 때는 저 가치 평가의 기준 예측 확률(다른 모든 변수의 값이 표본 평균인 경우)이 10퍼센트라는 점을 염두에 둬야 한다.

이 설문 조사 결과를 해석하는 과정에서 우리가 기억해야 할 사실은 변수들 사이의 '상관관계가 반드시 인과관계를 의미하지는 않는다'는 것이다. 만일 특정한 요인, 예를 들어 강력한 기업 문화가 저 가치 평가 스타트업보다 고 가치 평가 스타트업과 더 관련성이 깊다는 결과가 나왔다고 가정해 보자. 이 경우 강력한 기업 문화가 훌륭한 실적의 원인일 수도 있지만, 좋은 실적을 거두는 회사에서는 강력한 기업 문화가 구축된다는 역방향의 관계도 참일 수 있다. 내가 이 조사에서 사용한 통계적 기법으로는 인과관계를 증명할 수 없다.

■ 연혁, 위치, 산업 분야 ■

내가 표본으로 활용한 저 가치 평가 스타트업의 연혁은 평균 4.9년, 고 가치 평가 스타트업의 연혁은 평균 5.1년이었다. 이는 통계적으로 유의미한 차이라고 볼 수 없다. 스타트업의 본사 위치를 비교한 결과, 전체 표본 중 32퍼센트를 차지하는 캘리포니아의 스타트업들은 다른 곳에 본사를 둔 스타트업들에 비해 저 가치 평가 비율(캘리포니아 13퍼센트 대 기타 지역 9퍼센트)과 고 가치 평가 비율(65퍼센트 대 62퍼센트)이 모두 높았다. 통계적으로 유의미한 차이는 아니지만, 이 패턴을 통해 알 수 있는 것은 캘리포니아의 창업가들이 실리콘밸리의 문화적 규범에 영향을 받아 큰 것 한 방을 노리는 전략을 구사할 가능성이 더 크기 때문에 크게 성공할 확률과 실패할 확률이 모두 높을 수도 있다는 사실이다.

다변량 분석법을 바탕으로 조사한 결과, 정보기술IT 분야의 스타트업(전체 표본의 53퍼센트)이 저 가치 평가 회사일 예측 확률은 **8퍼센트**였고 기타 산업 분야의 스타트업이 저 가치 평가 회사일 예측 확률은 **12퍼센트**였다. 확연하지는 않지만 통계적으로 유의미한 차이라고 할 수 있다.

■ 고객 가치 제안 ■

저 가치 평가 스타트업을 운영하는 설립자·CEO는 고 가치 평가 스타트업에 비해 제품을 출시하기 전에 고객 조사를 실시한 횟수가 훨씬 적었다. 그리고 MVP 테스트를 완료하고, 고객의 욕구를 파악하고, 경쟁자들에 대한 정보를 확보한 비율도 현저히 낮았다. 또 저 가치 평가 스타트업의 설립자·CEO 중 많은 사람이 회사의 전략 이동 횟수가 고 가치 평가 스타트업에 비해 너무 적거나 너무 많았다고 인정했다. 다변량 분석법을 통해 분석한 결과 회사의 전략 이동이 너무 잦으면 스타트업의 성공 여부에 큰 영향을 미친다는 사실이 드러났다. 전략 이동의 횟수가 지나치게 많은 스타트업이 저 가치 평가 회사일 예측 확률은 **19퍼센트**였으며, 이 횟수가 적정 수준인 스타트업이 저 가치 평가 회사일 예측 확률은 **6퍼센트**였다. 반면 전략 이동이 필요했지만 이를 충분히 실시하지 않은 스타트업이 저 가치 평가 회사일 예측 확률은 **22퍼센트**였다.

이 조사 결과는 응답자들이 "시간을 거꾸로 돌려 그 시절로 되돌아간다면, 스타트업을 운영할 때 가장 다르게 하고 싶은 일 한 가지는 무엇인가?"라는 질문에 답변한 통계 수치와도 일맥상통한다. 전체 응답자 중 14퍼센트는 고객들의 욕구를 깊이 이해하고, 선제적인 시장 조사 및 MVP 테스트를 수행해서 시장의 수요를 더 면밀히 파악할 거라고 답했다. 이렇게 응답한 사람 중에는 제품의 기능이나 제품 라인의 범위, 그리고 목표 고객 세그먼트 등에 더욱 초점을 맞출 거라고 덧붙인 사람이 많았다. 또 다수의 설립자는 제품을 더 빨리 출시해서 고객의 피드백을 일찌감치 얻어 내고 보다 신속하게 회사의 전략을 이동하는 것을 다르게 하고 싶은 일의 1순위로 꼽았다.

이 설문 조사 결과는 제4장에서 살펴본 '잘못된 출발' 실패 패턴과도 비슷한 맥락을 보인다. 시장 조사를 등한시한 설립자는 결함이 있는 제품을 출시함으로써 전략 이동을 실시하게 될 확률이 높다. 게다가 '잘못

고객 가치 제안 요인

요인	기준	저 가치 평가	고 가치 평가
제품 출시 전 고객 조사 실시	6 맨먼스man-month 이상의 공수를 투입해서 조사 실시	**38%**	**53%**
MVP 활용	한 차례 이상 철저한 MVP 테스트 실시	**29%**	**47%**
전략	너무 적은 전략 이동 / 너무 많은 전략 이동	**40%/13%**	**15%/4%**
얼리 어답터와 주력 고객의 욕구 차이	차이가 큼/거의 비슷함	**33%/2%**	**25%/16%**
제품 출시 전 고객 욕구 이해도	이해도 깊음	15%	29%
제품 범주 성숙도	해당 제품 범주가 시장에 존재한 지 2년 미만	44%	53%
직접적 경쟁자의 수	10개 사 이상	35%	25%
제품 출시 시점에서 경쟁사 현황 파악 수준	깊이 파악함	21%	32%
제품 기능의 독창성과 성능의 우수성	자사가 우월/경쟁사가 우월	31%/23%	38%/9%

된 출발'은 회사의 자본금을 낭비하게 만들어 스타트업이 궁극적으로 실시할 수 있는 전략 이동의 횟수를 줄이는 결과를 낳는다.

또한 저 가치 평가 스타트업의 설립자·CEO가 파악한 얼리 어답터와 주력 고객 사이의 욕구 차이는 고 가치 평가 스타트업에 비해 훨씬 컸다. 이로 인해 그들이 '긍정의 오류' 실패 패턴에 빠질 위험도 한층 증가했다.

스타트업의 고객 가치 제안과 연관된 또 다른 기업 가치 증가 요인을 살펴보면, 고 가치 평가 스타트업의 설립자·CEO는 자기 회사의 제품 범주가 새롭고, 직접적인 경쟁자가 적고, 특히 독특한 기능과 성능의 우수성에 있어서 주력 경쟁자들에 비해 품질이 월등하다고 응답했다. 그러나 이변량 분석법을 통해 조사한 결과 이런 요인들이 기업 가치 평가에 미치는 영향은 그리 크지 않으며 통계적으로 유의미하지도 않은 것으로 드러났다. 이는 훌륭한 회사를 만들기 위해서는 좋은 제품 이상의 무엇이 필요하다는 사실을 시사해 준다.

■ 기술 및 운영 ■

기술 및 운영과 관련된 요인들은 기업 가치 평가에 통계적으로 유의미한 영향을 미치지 않는 것으로 드러났다. 또 "시간을 거꾸로 돌려 그 시절로 되돌아간다면, 스타트업을 운영할 때 가장 다르게 하고 싶은 일한 가지는 무엇인가?"라는 질문을 받고 기술 및 운영이라고 답변한 응답자 역시 3퍼센트에 불과했다. 저 가치 평가 스타트업들은 엔지니어

기술 및 운영 요인

요인	기준	저 가치 평가	고 가치 평가
엔지니어링 부서 관리	체계적인 접근 방식을 따름	17%	21%
회사 자체적 지적재산권	매우 중요함	8%	28%
외부 공급업체에 대한 기술 및 운영 의존도	너무 낮음/너무 높음	23%/25%	20%/16%

링 부서를 관리하는 데 체계화된 접근 방식을 따르지 않았고, 회사 자체적인 지적재산권에 의존하는 비율도 낮았다. 또 그들은 제3장에서 논의한 '나쁜 동료들' 패턴대로 기술 및 운영상의 능력을 확보하기 위해 외부 공급업체에 너무 많이 또는 너무 적게 의존하는 것으로 드러났다.

■ 마케팅 ■

저 가치 평가 스타트업의 설립자·CEO 중에는 수요를 창출하기 위한 마케팅 활동에 지나치게 많은 돈을 썼다고 답변한 응답자가 많았다. 다변량 분석법으로 조사한 결과 수요 창출 과정에서 과도한 예산을 낭비했다고 응답한 스타트업이 저 가치 평가 스타트업일 예측 확률은 **26퍼센트**였다. 반면 적정 수준의 마케팅 비용을 지출했다고 응답한 스타트

요인	기준	저 가치 평가	고 가치 평가
수요 창출을 위한 지출	과도하게 또는 매우 과도하게 지출	**47%**	**21%**
고객 확보 위한 채널 파트너 의존	전혀 의존하지 않음	61%	65%
채널 파트너에 대한 만족도 (파트너를 둔 경우)	낮음 또는 매우 낮음	41%	41%

업이 저 가치 평가 회사일 확률은 **6퍼센트**였다.

고객을 확보하기 위해 채널 파트너들에게 의존한 비율은 저 가치 평가 및 고 가치 평가 스타트업이 거의 비슷했다. 파트너를 활용했다고 답변한 응답자들은 저 가치 평가 및 고 가치 평가 스타트업을 가리지 않고 파트너의 성과에 불만족했다고 답했다.

'가장 다르게 하고 싶은 일'의 1순위를 마케팅으로 꼽은 응답자는 전체의 4퍼센트에 불과했다. 이렇게 응답한 사람 대부분은 고 가치 평가 스타트업을 운영하는 설립자였으며, 그들은 마케팅에 더 많은 돈을 더 일찍 투자했어야 했다고 언급했다.

■ 수익 공식 ■

저 가치 평가 및 고 가치 평가 스타트업의 설립자·CEO는 모두 회사의 수익 공식과 관련해서 본인이 예측한 TAM에 높은 자신감을 보였다. 그리고 이 예측에 대한 자신감의 정도가 스타트업의 기업 가치에 어느 정도 영향을 미치는 것으로 드러났다. 우리가 다변량 회귀분석 모델을 바탕으로 분석한 결과 본인이 예측한 TAM에 낮은 자신감을 보인 응답자가 저 가치 평가 스타트업의 설립자일 예측 확률은 **15퍼센트**였으며 자신감이 높은 응답자가 저 가치 평가 스타트업을 운영할 예측 확률은 **10퍼센트**였다.

반면 저 가치 평가 스타트업의 설립자·CEO는 회사의 단위 경제, LTV/CAC 비율, 향후 6개월간의 현금 흐름 예측 등에 대한 자신감이 고 가치 평가 스타트업 설립자·CEO에 비해 현저히 떨어졌다. 특히 창업가가 예측한 LTV/CAC 비율에 대한 자신감의 정도는 스타트업의 기업 가치를 좌우하는 주요 변수로 작용했다. 다변량 분석법을 통해 조사한 결과 본인이 예측한 LTV/CAC 비율에 낮은 자신감을 보인 응답자가 저 가치 평가 스타트업의 설립자일 확률은 **18퍼센트**였고, 높은 자신감을 보인 응답자가 저 가치 평가 스타트업의 설립자일 확률은 불과 **2퍼센트**였다.

또 당연한 일이지만, 저 가치 평가 스타트업의 설립자·CEO 중에는 회사의 현금 소진율이 과도하다고 응답한 사람이 많았으며, 자기 회사가 장기적으로 수익을 거둘 수 있는 방안에 대해 자신감이 없는 응답자의 비율도 높았다. 다변량 분석법으로 조사한 결과 현금 소진율이 '지나

수익 공식 요인

요인	기준	저 가치 평가	고 가치 평가
전체 시장 수요 예측에 대한 자신감	높음	48%	50%
단위 경제 예측에 대한 자신감	높음	21%	40%
LTV/CAC 예측에 대한 자신감	높음	2%	23%
향후 6개월간의 현금 흐름에 대한 자신감	높음	21%	39%
장기적 수익성을 확보할 수 있는 방안에 대한 자신감	높음 또는 매우 높음	13%	53%
현금 소진율	지나치게 높음	23%	4%
운영상 현금 흐름 (현재 독립적으로 운영되고 있는 스타트업의 경우)	현재 긍정적 수준임	35%	20%

치게 높다'고 답변한 응답자가 저 가치 평가 스타트업을 운영하는 설립자일 예측 확률은 **32퍼센트**였다. 또 회사의 장기적 수익성에 매우 낮은 자신감을 보인 응답자가 저 가치 평가 스타트업을 운영할 예측 확률은 **36퍼센트**였으며, 반면 자신감이 매우 높은 응답자가 저 가치 평가 스타

트업 소속일 확률은 **2퍼센트**에 불과했다.

재미있는 사실은 현재 회사의 현금 흐름을 긍정적 수준이라고 답변한 응답자의 비율이 저 가치 평가 스타트업 설립자들 사이에서 더 높았다는 점이다. 우리는 이렇게 답변한 저 가치 평가 스타트업의 일부가 벤처캐피털 투자자들이 소위 '좀비'라고 부르는 회사일 거라고 추측할 수 있다. 다시 말해 사업을 유지하기에는 충분한 현금을 벌어들이지만, 투자자에게 수익을 돌려줄 가능성은 거의 없는 스타트업이라는 것이다.

설문 응답자 중에 '가장 다르게 하고 싶은 일'의 1순위를 재무관리를 더 잘하는 것이라고 답변한 사람의 비율은 10퍼센트에 달했다. 그들이 남긴 답변은 주로 현금 소진율에 집중된 모습을 보였다. 창업 초기에 현금 소진율을 낮추고 매출액을 올리는 데 주력해야 했다고 응답한 사람은 더 많은 돈을 공격적으로 지출했어야 했다고 답변한 응답자보다 7배 정도가 많았다.

▪ 설립자 ▪

저 가치 평가 스타트업들은 고 가치 평가 스타트업에 비해 단독 설립자에 의해 운영되는 비율이 더 낮았다. 반면 나이가 젊고 창업 전 특정 분야에서 전업으로 일한 경력이 2년 미만인 CEO가 회사를 이끄는 비율은 더 높았다.

우리가 '좋은 아이디어와 나쁜 동료' 실패 패턴에서 살펴본 바와 같이, 저 가치 평가 스타트업의 설립자·CEO들은 해당 스타트업이 속한

설립자 요인

요인	기준	저 가치 평가	고 가치 평가
설립자의 수	1명	15%	21%
연쇄 창업가 여부	현재 스타트업 이전에 다른 회사 창업 경험	48%	52%
세계 50대 대학에서 학위 취득	《US뉴스앤월드리포트》 선정 세계 상위 50대 대학에서 학위 취득	54%	37%
MBA 또는 이와 비슷한 경영 분야의 석사학위 취득	–	44%	33%
박사학위 소지 여부	–	8%	8%
CEO의 연령대	30세 이하	**21%**	**16%**
CEO가 스타트업 설립 전 특정 분야에서 전업으로 일한 경력	2년 미만	**13%**	**4%**
CEO가 스타트업이 속한 산업 분야에서 일한 경력	4년 이상	**52%**	**63%**
임원들 사이에 역할의 명확성	부족하거나 전혀 없음	**17%**	**6%**
임원들 사이에 갈등이 발생한 빈도	잦거나 거의 매일 발생	**33%**	**18%**

CEO와 공동 설립자의 창업 전 관계

	저 가치 평가	고 가치 평가
업무상 동료	27%	43%
학교 동창	17%	12%
가족	10%	7%
친구	46%	38%

산업 분야의 경력이 훨씬 부족했다. 반면 공동 창업가 사이에 역할이 불분명했으며, 공동 설립자를 포함한 다른 임원들과 잦은 충돌을 겪었다고 응답한 사람은 더 많았다.

저 가치 평가 스타트업의 설립자들은 고 가치 평가 스타트업에 비해 연쇄 창업가의 비율은 다소 낮았고, 박사학위 소지자 비율은 비슷했으며, MBA 출신자 비율은 오히려 더 높았다. 또 《US뉴스앤월드리포트》가 선정한 세계 상위 50개 대학에서 학위를 취득한 사람도 더 많았다. 그러나 이 요인들 상호 간의 관계, 그리고 이 요인들과 기업 가치 사이의 연관성은 통계적으로 유의미하지 않다.

나는 조사 응답률의 편향성을 감안해서 설립자의 성별과 기업 가치 사이의 연관성은 분석하지 않기로 했다. 이 설문 조사에 초대된 전체 2,822개의 스타트업 중에 폐업한 회사의 여성 설립자·CEO 비율은 12퍼센트였다. 반면 조사에 응한 470개 스타트업 중 이미 폐업한 회사의 여성 설립자·CEO 비율은 29퍼센트였다. 그 말은 실패한 회사의 여

창업가가 된 동기: '핵심적 관심사'

	저 가치 평가	고 가치 평가
독립적 사업 운영	33%	40%
지속 가능한 새로운 과업	81%	90%
부의 축적	17%	27%

성 설립자들이 남성 설립자들에 비해 훨씬 설문 응답률이 높았다는 뜻이다. 따라서 내 조사 표본 중에는 여성 설립자의 비율이 업계 표준보다 훨씬 높기 때문에, 이를 바탕으로 설립자의 성별과 기업 가치 사이의 연관성을 추론하는 것은 타당하지 않다고 여겨진다.

저 가치 평가 스타트업의 설립자·CEO들은 고 가치 평가 스타트업 설립자·CEO에 비해 직장 동료와 창업한 비율은 더 낮았으며, 반면 학교 동창, 가족 그리고 퀸시 어패럴처럼 친구와 동업해서 회사를 설립한 비율은 더 높았다. 그러나 이는 통계적으로 유의미한 결과가 아니다.

저 가치 평가 스타트업의 설립자·CEO들이 창업가로서의 경력을 추구하게 된 동기는 고 가치 평가 스타트업 설립자·CEO들과 비슷했다. 그러나 사업을 수행하는 데 그 동기가 '핵심적인 관심사'였다고 응답한 비율은 다소 낮았다.

스타트업의 설립자·CEO가 자신의 성격적 특성을 스스로 평가한 내용은 저 가치 평가 스타트업과 고 가치 평가 스타트업이 거의 비슷했다.

CEO가 평가한 자신의 성격적 특성: '나를 잘 또는 매우 잘 표현하는 단어'

	저 가치 평가	고 가치 평가
카리스마가 있다	73%	68%
합의를 잘 이끌어 낸다	44%	52%
남을 통제하려는 경향이 강하다	19%	18%
완고하다	46%	48%
내성적이다	17%	16%
타인을 비판하는 성향이 강하다	25%	22%
꼼꼼하다	**33%**	**51%**
자신감이 넘친다	31%	21%
완벽주의자다	25%	37%
회복탄력성이 강하다	88%	96%
위험을 회피한다	15%	9%
통찰력이 강하다	73%	81%

양쪽 그룹의 응답자 모두 '자기 자신을 가장 잘 표현하는' 세 가지 특징을 '회복탄력성이 강하다', '통찰력이 있다', '카리스마가 있다'로 선택했다. 이 조사에서는 통계적으로 유의미하지는 않지만 몇 가지 재미있는 사실이 드러났다. 예를 들어 저 가치 평가 스타트업의 설립자들은 고 가치 평가 스타트업 설립자들에 비해 자기 자신을 카리스마 있고 자신

감이 넘친다고 평가한 비율이 더 높았다. 이는 제9장에서 살펴본 바와 같이 '기적의 연속' 실패 패턴에 빠진 편집광적인 설립자들에게서 자주 관찰되는 성격적 특성이다.

위에서 열거된 설립자의 성격적 특성 중 일부는 이변량 분석법을 바탕으로 분석했을 때 스타트업의 기업 가치와 유의미한 상관관계를 보였으나 다변량 회귀분석에서는 그 어느 것도 통계적으로 유의미한 예측 변수가 되지 못했다. 다시 말해 성공한 설립자들의 성격은 매우 다양했다는 의미다. 또 스타트업의 성공을 위해서는 재능 있는 '기수'를 고르는 일이 중요할지도 모르지만, 설립자의 연령이나 성격 유형처럼 객관적으로 관찰이 가능한 특성들을 바탕으로 적합한 리더를 미리 선택하기는 쉽지 않다.

설문 조사에 응답한 사람 중 20퍼센트가 '가장 다르게 하고 싶은 일'의 1순위로 설립자 문제를 꼽았다. 이는 조직 구성원 문제에 이어 두 번째로 많은 수치였다. 그중 절반 정도가 공동 설립자와의 갈등을 언급했다. 특히 능력과 태도를 포함해 공동 창업가의 업무 적합성을 지적한 응답자가 많았으며, 이로 인해 깔끔하지 못한 '결별'이 발생하는 일이 잦았던 것으로 드러났다. 다른 여러 창업가 역시 공동 설립자와 함께 일하기로 결정하기 전에 그들의 역량, 동기 부여, 리더십 스타일 등을 더 면밀히 검토해야 했다고 후회했다. 또 역할의 불명료함과 회사의 목표에 대한 합의 부족도 반복적으로 거론된 주제였다.

기타 의견을 제시한 응답자 중에는 자신을 반성하는 의미에서 타인과 아이디어를 공유하고 리더십 스타일을 개선하는 방안에 대한 응답을 남긴 설립자들이 많았다. 다양한 견해들이 제시됐지만 한 차례 이상 반복된 이야기만 몇 가지 소개하면 다음과 같다.

1. 더 자신감 있게 행동하라.
2. 사업적 우선순위를 확립하는 데 역점을 기울이라.
3. 권한을 더 많이 위임하라.
4. 투자자들의 조언이나 조직 구성원의 합의에 의존하지 말고 자신의 직감을 신뢰하라.
5. 전략에 초점을 맞추라.
6. 전략보다는 실행에 집중하라.
7. 다른 창업가들의 경험에서 배우라.
8. 기술을 더 공부하라.
9. 재무를 익히라.
10. 창업가의 삶에 닥치는 개인적 스트레스를 관리하는 방법을 배우라.
11. 과감하게 비용을 지출하라.
12. 더욱 빨리 움직이라.
13. 천천히 움직이라. 서두를 필요가 없다.
14. 회사를 세우려면 오랜 시간이 걸린다는 사실을 현실적으로 받아들이라.
15. 수건을 던질 때가 언제인지 알아야 한다.

보다시피 이 목록에는 일부 상충되는 권고 사항도 눈에 띈다. 내 생각에 설립자들이 그런 견해를 갖게 된 데는 '멘토의 가르침'만 영향을 미친 것이 아니라, 스타트업을 운영하는 과정에서 각자가 맞닥뜨려야 했던 어려운 문제들도 한몫한 것 같다. 그런 의미에서 어느 응답자가 설문지에 남긴 말에는 많은 지혜가 담겨 있는 듯하다.

"사업을 즐기고 회사가 달성한 목표를 더욱 축하하라! 창업가가 된다는 말은 상상할 수 있는 가장 파란만장한 롤러코스터에 오른다는 뜻이다. 당신은 화려한 최고점과 비참한 최저점을 번갈아 경험할 것이다. 당신에게 문제가 닥치는 순간마다 이를 극복하기가 불가능하게 보일지도 모른다. 동시에 매번 승리의 순간이 찾아올 때마다 마치 금광을 발견한 것 같은 짜릿한 기쁨을 맛볼 것이다. 나는 우리 회사가 어느 지역 은행에서 2만 5,000달러를 대출받았을 때 마치 우리의 모든 사업적 문제가 해결된 것처럼 느껴졌던 그 순간을 잊을 수 없다. 그러나 '이곳이 성공의 문입니다!'라고 쓰인 결승점은 항상 우리의 손이 닿지 않는 곳에 존재하는 듯이 보인다. 당신이 힘들게 얻어 낸 기억들을 소중히 간직하고 삶의 단 한 순간도 낭비하지 말라!"

▪ 조직 구성원 ▪

저 가치 평가 스타트업의 설립자·CEO 중에는 조직 구성원 요인과 관련해서 자신의 회사에 인적 관리를 위한 채용, 훈련, 승진 등 공식적인 체계가 부족했다고 응답한 사람이 많았다. 반면 회사에 강력한 기업 문화가 존재했다고 답변한 응답자의 비율은 현저히 낮았다. 다변량 분석

조직 구성원 요인

요인	기준	저 가치 평가	고 가치 평가
인적자원 관리	HR의 체계가 갖춰지지 않음	**35%**	**16%**
기업 문화	동종 기업에 비해 강함	**42%**	**64%**
채용 시 기술과 태도의 판단 기준	기술/태도 중 한쪽을 너무 강조함	31%/23%	21%/21%

법으로 조사한 결과, 기업 문화가 '매우 취약하다'고 답변한 응답자가 저 가치 평가 스타트업의 설립자일 확률은 최고 **26퍼센트**였으며, 반면 '매우 강하다'고 답변한 응답자가 저 가치 평가 스타트업의 설립자일 확률은 최고 **6퍼센트**였다. 그러나 앞서 언급한 바와 같이 이런 상관관계는 꼭 인과관계를 의미한다고 볼 수 없다. 취약한 기업 문화로 인해 스타트업에 문제가 초래될 수도 있지만, 반대로 스타트업에 문제가 발생함으로써 기업 문화가 취약해질 수도 있기 때문이다.

저 가치 평가 스타트업은 인력을 채용하는 과정에서 후보자의 기술 또는 태도 중 한쪽만 지나치게 강조하는 성향을 드러냈다. 다변량 분석법으로 분석한 결과 후보자의 기술을 지나치게 강조하는 스타트업의 채용 기준은 작기는 하지만 기업 가치에 통계적으로 유의미한 영향을 미쳤다. 직원의 기술을 '적정 수준으로 강조'한 회사와 '지나치게 강조'한 회사가 저 가치 평가 스타트업일 확률은 각각 **9퍼센트**와 **14퍼센트**였다.

기능 부서 부서장의 업무 성과: '기대치 이하/해고 또는 좌천'

부서	저 가치 평가	고 가치 평가
엔지니어링	19%/17%	17%/21%
제품 관리	29%/13%	21%/19%
운영	19%/13%	17%/16%
마케팅	35%/19%	33%/22%
영업	29%/**15%**	33%/**31%**
재무	25%/6%	12%/8%

저 가치 평가 스타트업 설립자와 고 가치 평가 스타트업의 설립자들은 자신의 스타트업에서 근무하던 기능 부서 부서장들의 업무적 성과를 묻는 질문에 모두 비슷한 수준의 불만족을 나타냈다. 응답자들은 전체 부서장의 4분의 1 정도가 실적이 불만스러웠으며 그들 중 일부는 해고 또는 좌천됐다고 밝혔다. 특이한 점은 저 가치 평가 스타트업들이 기능 부서의 부서장을 해고한 비율이 더 낮았다는 사실이다. 특히 눈에 띄는 것은 영업 부서의 부서장을 해고한 비율이었다. 다변량 분석법으로 조사한 결과 영업 부서장을 한 번도 해고하지 않은 회사가 저 가치 평가 스타트업일 예측 확률은 **13퍼센트**였으며, 해고한 회사가 저 가치 평가 스타트업일 확률은 **5퍼센트**였다.

조사 대상자들에게 "시간을 거꾸로 돌려 그 시절로 되돌아간다면, 스타트업을 운영할 때 가장 다르게 하고 싶은 일 한 가지는 무엇인가?"

라고 물었을 때, 조직을 구축하고 관리하는 일이라고 답변한 응답자는 전체의 28퍼센트를 차지했다. 이 주제에 답변을 한 응답자의 비율은 다른 어느 주제에 비해서도 높았다. 전체 설립자 중 5퍼센트가 '천천히 채용하고 빨리 해고하라'는 경구를 언급했다. 또 그와 비슷한 비율의 응답자가 B급 직원보다는 능력이 우수한 A급 직원을 고용해야 하며, 직원을 채용할 때 공들여 평판 조회를 하고, 정규 직원 자리를 제안하기 전에 후보자의 능력을 '검증'해보는 기회를 갖고, 설립자의 친구를 채용하는 일을 삼가는 등 더욱 세심한 노력을 기울여야 한다고 조언했다.

재미있는 사실은 스타트업이 속한 산업 분야에 전문성을 갖춘 직원을 채용해야 한다고 언급한 설립자가 소수에 불과했다는 점이다. 대신 7퍼센트의 응답자가 영업, 마케팅, 제품 관리, 엔지니어링, 재무 등 특정 기능 부서의 업무에 정통한 사람을 뽑아야 한다고 말했다. 또 4퍼센트의 응답자는 능력이 출중한 경영진을 조기에 영입해야 한다는 응답을 남겼다.

그 밖에 소수의 응답자가 언급한 조직 구성원 관련 우선순위는 다음과 같다.

1. 기업 문화를 구축하는 데 더 노력을 기울이라.
2. 인사부HR 부서장을 조기에 채용하라.
3. 창업 초기에 설립자가 특정 기능 부서(특히 영업부)를 담당하면 채용상의 요건을 이해하는 데 도움이 된다.
4. 직원들의 책임감을 끌어올리기 위해 '목표 및 핵심 결과 지표'
   Objectives and Key Results, OKRs 또는 이와 비슷한 목표 설정 프로세스

를 도입하라.

5. 엔지니어링 부서 대 사업 부서, 또는 마케팅 부서 대 영업 부서와 같이 서로 다른 기능 부서 간에 한층 더 균형 잡힌 채용을 실시하라.

6. 나이, 종교, 성, 인종 등의 다양성을 고려해서 인력을 채용하라.

▪ 투자자 ▪

저 가치 평가 스타트업들은 첫 번째 주요 투자 라운드에서 벤처캐피털이 아닌 엔젤투자자로부터 자금을 조달한 비율이 고 가치 평가 스타트업에 비해 높았다. 따라서 그들이 첫 번째 투자 라운드에서 '탑 100' 투자자(이 설문 조사에 초대된 2,822개의 스타트업의 첫 번째 투자 라운드에 자금을 지원한 투자자들의 목록을 바탕으로 도출한 순위)로부터 투자를 유치한 비율 역시 고 가치 평가 스타트업에 비해 낮았다. 그러나 투자자의 형태와 기업 가치의 상관관계는 통계적으로 유의미하지 않은 것으로 드러났다.

반면 우리가 '좋은 아이디어와 나쁜 동료' 실패 패턴에서 살펴본 바와 같이 저 가치 평가 스타트업들은 첫 번째 투자 라운드에서 목표했던 자본금을 조달하지 못한 비율이 고 가치 평가 스타트업에 비해 훨씬 높았다. 다변량 분석법으로 조사한 결과 목표 금액의 75퍼센트 이하를 유치한 회사가 저 가치 평가 스타트업일 예측 확률은 **18퍼센트**였으며, 최초 목표액의 125퍼센트 이상을 투자받은 회사가 저 가치 평가 스타트업일 예측 확률은 **7퍼센트**였다. 그러나 이 변수 역시 서로 간의 상관관

투자자 요인

요인	기준	저 가치 평가	고 가치 평가
첫 번째 투자 라운드의 투자자 종류	엔젤투자자가 주도	19%	12%
첫 번째 투자 라운드에 탑100 투자자 포함 여부	–	25%	29%
첫 번째 투자 라운드에 조달한 자금과 목표액의 차이	목표액의 75퍼센트 이하	**25%**	**11%**
투자자들이 제공한 조언의 품질	기대보다 훨씬 낮음	**35%**	**22%**
회사의 우선순위를 두고 투자자들과 갈등을 겪은 정도	빈도가 잦고, 심각하고, 분열적임	**10%**	**4%**

계가 반드시 인과관계를 의미한다고 볼 수 없다. 일부 스타트업이 자금 조달 목표를 달성하지 못한 이유는 투자자들이 보기에 그 회사의 조직 구성원이 취약했거나 그들이 추구하는 아이디어가 좋지 못했기 때문일 수 있다. 이 스타트업들은 자본금이 부족해 문을 닫았을지 모르지만, 실패의 근본 원인은 '기수 또는 말'의 문제였을 가능성이 크다.

저 가치 평가 스타트업의 설립자·CEO는 투자자들에게서 양질의 조언을 받지 못했다고 실망감을 나타냈으며, 회사의 전략적 우선순위를 두고 투자자들과 심각하게 충돌하거나 불화를 겪었다고 응답한 비율도 높았다.

설립자들 중 17퍼센트가 '가장 다르게 하고 싶은 일'을 묻는 질문에 자금 조달에 관한 응답을 했으며 그중 절반 정도가 시드 라운드에서 조달한 자본금을 언급했다. 더 많은 자금을 유치했어야 했다고 응답한 설립자의 비율은 더 적게 투자받아야 했다고 답변한 응답자의 5배가 넘었다. 또 몇몇 설립자는 자신이 벤처캐피털에서 자금을 유치하는 일을 피하고 '자력 경영' 전략을 지속해야 했다고 후회했다. 5퍼센트의 응답자는 투자자들에 대한 불만족을 피력했으며, 그중 다수가 투자자들이 제공한 부실한 조언과 전략적 우선순위를 두고 투자자들과 겪은 갈등을 지적했다.

지금까지 논의한 바를 정리하자면, 이 조사 결과는 제1부에서 살펴본 초기 단계 스타트업의 실패 패턴들에 대한 강력한 근거 자료가 돼 준다고 할 수 있다. 또 우리는 이 조사를 통해 창업가의 실패가 단일 원인이 아니라 다양한 요인이 복합적으로 작용한 데서 비롯된다는 사실을 알 수 있다.

들어가는 글_ 스타트업 창업가라면 반드시 찾아야 할 대답

1   내가 언급한 스타트업의 실패율은 다양한 출처를 기반으로 하는데, 출처마다
    추정치가 조금씩 다르다. Robert Hall and Susan Woodward, "The Burden
    of the Non-Diversifiable Risk of Entrepreneurship," *American Economic
    Review* 100, no. 3 (2010): 1163–1194에 따르면, 벤처캐피털에서 투자를 유
    치한 스타트업의 4분의 3에서는 창업가 몫의 지분 수익이 한 푼도 발생하지
    않았다고 한다. 또 Deborah Gage, "The Venture Capital Secret: 3 Out of
    4 Startups Fail," *Wall Street Journal,* Sept. 20, 2012에는 시카르 고시의 미
    발표 연구 결과가 요약돼 있는데, 이 연구의 내용 역시 홀과 우드워드의 주
    장과 일맥상통한다. 고시는 2004년부터 2010년 사이에 벤처캐피털에서
    100만 달러 이상을 투자받은 2,000여 개의 스타트업을 조사해서 그중 75
    퍼센트가 투자자들에게 자본금을 돌려주는 데 실패했다는 사실을 밝혀냈
    다. 그리고 William Kerr, Ramana Nanda, and Matthew Rhodes-Kropf,
    "Entrepreneurship as Experimentation," *Journal of Economic Perspectives*

28, no. 3 (2014): 25 - 48에 따르면 세 사람의 저자가 고시와 비슷한 방식으로 1985년부터 2009년 사이 벤처캐피털 투자를 최초로 유치한 스타트업들을 조사해 그중 55퍼센트가 실패했다는 결과를 얻어 냈다고 한다. 이 실패율이 고시의 추정치보다 낮은 이유는 다른 기업에 인수된 스타트업 중에 출구 자금이 얼마였는지 외부에 공개하지 않은 회사들(인수합병에서는 이런 경우가 대부분이다)은 모두 총자본금의 1.5배가 넘는 금액을 취득해서 수익을 냈을 거라고 연구자들이 간주했기 때문이다. 사실 인수된 스타트업의 상당수는 투자자들에게 손실을 입힌다. 다른 연구자들이 추정한 스타트업의 실패율 역시 대체로 50퍼센트에서 90퍼센트 사이를 오간다. 추정치의 차이가 발생하는 주된 이유는 연구자들 사이에서 '스타트업' 및 '실패'라는 용어의 정의가 다르기 때문이다. 만일 '재무적 문제로 인한 사업의 완전한 폐쇄'로 실패를 정의한다면 공식적인 실패율은 낮아질 수 있다. 그러나 이 정의를 채택할 경우 여전히 영업 중이면서 투자자에게 수익을 돌려주지 못하는 '좀비' 업체들, 그리고 다른 기업에 인수됐지만 인수 금액이 총자본금에 미치지 못한 스타트업들은 실패의 범주에서 제외되어야 한다. 반면 스타트업의 정의를 일정액 이상의 외부 투자를 유치한 회사뿐 아니라 창업가적 기회를 추구하는 모든 조직으로 확장했을 때 실패율은 더 높아질 것이다. 더 자세한 내용은 다음 자료를 참조하라. Grace Walsh and James Cunningham, "Business Failure and Entrepreneurship: Emergence, Evolution and Future Research," *Foundations and Trends in Entrepreneurship* 12, no. 3 (2016): 163 - 285.

2   피치북은 이 단락 후반부에서 언급되는 HBS '유니콘' 기업 목록의 출처이기도 하다.

3   스타트업 창업 이외 분야의 실패를 다루는 문헌은 매우 다양하다. 개론서로는 Megan McArdle, *The Up Side of Down: Why Failing Well Is the Key to Success* (New York: Viking, 2014); and Sarah Lewis, *The Rise: Creativity, the Gift of Failure, and the Search for Mastery* (New York: Simon & Schuster, 2014)를 참조하라. Scott Sandage, *Born Losers: A History of Failure in America* (Cambridge, MA: Harvard University Press, 2005)는 실패에 대한 사회적 인식이 어떻게 변화해 왔는지에 대한 관점의 변천사를 다룬다. Charles Perrow, *Normal*

Accidents: Living with High-Risk Technologies (New York: Basic Books, 1984)
는 원자력 발전소처럼 복잡한 시스템에 관련된 실패의 사례를 분석한다. Eliot
Cohen and John Gooch, *Military Misfortunes: The Anatomy of Failure in War*
(New York: Free Press, 1990)은 전쟁에서의 실패를 상세히 진단한다. Richard
Neustadt and Ernest May, *Thinking in Time: The Uses of History for Decision
Makers* (New York: Free Press, 1989)는 국내외 정책의 성공과 실패를 비교해
서 조명한다. Atul Gawande, *The Checklist Manifesto: How to Get Things Right*
(New York: Metropolitan Books, 2009)는 의료 현장에서의 실패 사례와 이를
피하는 방법을 탐구한다.

4   Eric Ries, *The Lean Startup: How Today's Entrepreneurs Use Radical Innovation
to Create Successful Businesses* (New York: Currency, 2011), p. 56.이론을 개
발하고 테스트하는 과정에서 오류가 수행하는 역할은 다음 자료 참조. Karl
Popper, *The Logic of Scientific Discovery* (London: Hutchison, 1959) 또 Sim
Sitkin, "Learning through Failure: The Strategy of Small Losses," *Research
in Organizational Behavior* 14 (1992): 231 – 266은 실패가 실험을 촉진하기 때
문에 "학습을 위한 필수적 선행조건"이라고 주장한다. 시트킨은 조직이라는
환경에서 학습을 촉진하는 요인들을 탐구한다.

5   A. Bandura, *Social Learning Theory* (Englewood Cliffs, NJ: Prentice Hall, 1977)
은 간접적 학습의 과정을 서술하고, 이를 직접적 경험을 통한 학습과 비교한
다. Jerker Denrell, "Vicarious Learning, Undersampling of Failure, and
the Myths of Management," *Organization Science* 14, no. 3 (2003): 227 –
243에 따르면 조직의 구성원들이 간접적 학습을 수행하는 과정에서 실패 사
례보다 성공 사례에 과도하게 집중하는 경향이 있다고 한다. 덴렐 교수는 위
험부담이 큰 전략이 안전한 전략에 비해 성공과 실패로 귀결될 확률이 모두
높을 경우, 실패 사례의 표본을 과소표집하면 위험한 전략이 실제보다 더욱
매력적이라는 그릇된 추론으로 이어질 가능성이 크다고 말한다.

6   Hans Hansen, "Fallacies," *The Stanford Encyclopedia of Philosophy* (online;
Summer 2020 ed.)에서는 단일 원인의 오류에 대한 존 스튜어트 밀의 분석을
소개한다. 밀은 이를 post hoc ergo propter hoc('이 뒤에, 따라서 이 때문에'라

는 뜻으로 시간의 전후 관계를 인과 관계와 혼동한 허위 논법—옮긴이)에 기인한 일반화의 오류 형태 중 하나로 분류한다.

7   '근본적 귀인 오류'라는 용어는 다음 자료에서 처음으로 등장한다. Lee Ross, "The Intuitive Psychologist and His Shortcomings: Distortions in the Attribution Process," *Advances in Experimental Social Psychology* 10 (1977): 173–220. BMW 운전사 사례의 출처는 Patrick Enright, "Road Rage Can Churn the Calmest of Hearts," NBCNews.com, May 15, 2007.

8   Dean Shepherd and Randall Tobias, eds., *Entrepreneurial Failure* (Northampton, MA: Edward Elgar, 2013)은 창업 실패의 원인과 결과를 다루는 36편의 학술 논문을 엮은 책이다.

9   Paul Gompers, Will Gornall, Steven Kaplan, and Ilya Strebulaev, "How Do Venture Capital Investors Make Decisions?" *Journal of Financial Economics* 135, no. 1 (2020): 169–190에는 885명의 벤처캐피털 투자 전문가를 대상으로 그들이 어떤 기준으로 스타트업에 대한 투자를 결정하는지 조사한 내용이 담겨 있다. 1위는 전체 응답자 중 47퍼센트가 가장 중요한 요인으로 꼽은 경영진의 자질이 차지했다. 37퍼센트는 '말'의 네 가지 요소(비즈니스 모델, 제품, 시장 또는 산업 등) 중 하나가 가장 중요하다고 응답했다. 벤처캐피털 IA 벤처스의 파트너 로저 에렌버그Roger Ehrenberg가 2010년 10월 26일 쿼라 Quora 사이트에 올라온 질문에 답한 내용을 보면 투자자들의 전형적인 시각을 확인할 수 있다. 그는 "왜 그토록 많은 스타트업이 실패할까요?"라는 질문에 이렇게 대답했다. "두말할 나위도 없이 '잘못된 경영진' 때문이죠. 그밖에 다른 모든 것은 부수적인 문제일 뿐입니다." 투자 포트폴리오 관리 소프트웨어 기업 세라프Seraf의 설립자 겸 CEO 크리스토퍼 미라빌Christopher Mirabile 은 자사 웹사이트에 게시한 "기수인가 말인가?"라는 제목의 기사에서 자신이 9명의 엔젤투자자와 진행한 인터뷰를 간략히 요약했는데, 그에 따르면 6명의 투자자는 기수가 더 중요하다고 말했고, 3명은 기수와 말이 똑같이 중요하다고 답했다고 한다.

10 CB Insights, "The Top 20 Reasons Startups Fail," Research Briefs, CB Insights website, Nov. 6, 2019.

11   Ries, *The Lean Startup*, builds upon Steve Blank, *Four Steps to the Epiphany: Successful Strategies for Products That Win* (Louisville, KY: Cafepress, 2005)에서 는 '고객 발견'이라는 핵심 개념이 소개된다. 아울러 다음 자료도 함께 참조하 라. Steve Blank, "Why the Lean Start-Up Changes Everything," *Harvard Business Review*, May 2013.

12   Hans Swildens and Eric Yee, "The Venture Capital Risk and Return Matrix," Industry Ventures blog, Feb. 7, 2017은 피치북 데이터를 기반으로 2006년에서 2016년 사이에 집행된 후기 단계 스타트업 대상의 벤처캐피털 투자 결과를 분석하고 있다. 이 자료에 따르면 투자액의 0~100퍼센트 회수 에 그친 투자 건은 전체의 29퍼센트에 달하며, 100~200퍼센트가 회수된 투 자 건은 28퍼센트라고 한다. 이 책에서 정의하는 스타트업의 실패는 투자액의 100퍼센트보다 큰 금액을 회수하지 못한 경우를 의미하므로, 후자의 28퍼센 트 중 일부도 실패로 간주돼야 할 것이다.

13   Alan Patricof, "VC: Too Many Entrepreneurs' Business Models Rely on a 'Cascade of Miracles,' " Business Insider website, Mar. 10, 2015. 패트 리코프는 '기적의 연속' 개념을 설명하며 이 용어를 처음 사용한 사람은 케 이블 셋톱박스 제조기업 제너럴 인스트루먼트의 전 CEO 고故 몬티 샤피로 Monty Shapiro라고 말한다. 나는 이 용어를 리버티 미디어의 CEO 존 말론John Malone에게서 처음 들었는데, 그는 한때 샤피로 밑에서 근무한 적이 있다.

14   Roger Frock, *Changing How the World Does Business: FedEx's Incredible Journey to Success—The Inside Story* (San Francisco: Berrett-Koehler, 2006).

제1장 성공과 실패

1   Jeffrey Van Camp, "My Jibo Is Dying and It's Breaking My Heart," *Wired*, Mar. 8, 2019.

2   다음 몇 단락에 기술된 로봇의 제작 배경 및 2015년 2월까지 지속된 이 스 타트업의 연혁은 다음 자료를 참조했다. Jeffrey Bussgang and Christine

Snively, "Jibo: A Social Robot for the Home," HBS case 816003, Dec. 2015 (May 2016 rev.).

3 저자가 지보의 전 CEO 스티브 체임버스와 2019년 7월 11일 진행한 인터뷰.

4 이에 관한 상세 내용을 포함해서 다음 여러 페이지에 기술된 지보의 투자 유치, 제품 개발, 조기 시장 진입, 그리고 폐업 등에 관한 체임버스의 인용문은 저자가 그와 진행한 인터뷰를 바탕으로 작성됐다.

5 캠페인의 상세 결과 출처는 Bussgang and Snively, "Jibo: A Social Robot."

6 Chris Welch, "Amazon Just Surprised Everyone with a Crazy Speaker That Talks to You," The Verge website, Nov. 6, 2014.

7 지보가 유치한 총 투자액은 스타트업 정보 사이트 크런치베이스Crunchbase 의 자료를 참조했다.

8 이 대목은 Thomas Eisenmann, "Entrepreneurship: A Working Definition," Harvard Business Review blog, Jan. 10, 2013에 포함된 관련 내용을 기반으로 작성했다.

9 HBS의 교수 하워드 스티븐슨은 "A Perspective on Entrepreneurship," HBS working paper 384 – 131, 1983에서 창업가정신을 "당신이 현재 통제할 수 있는 자원의 한계를 넘어 기회를 추구하는 행위"라고 정의했다.

10 창업의 실패를 다양한 각도에서 논의한 자료들은 다음 참조. Walsh and Cunningham, "Business Failure and Entrepreneurship"

11 Tom Nicholas, *VC: An American History* (Cambridge, MA: Harvard University Press, 2019), Ch. *1*.

12 Noam Wasserman, *The Founder's Dilemmas: Anticipating and Avoiding the Pitfalls That Can Sink a Startup* (Princeton, NJ: Princeton University Press, 2012), p. 299.

13 Jeffrey Van Camp, "Review: Jibo, Social Robot," Wired, Nov. 7, 2017. 이어지는 인용문의 출처는 벤 캠프의 "My Jibo Is Dying"

14 Barry Sardis, "How Can Social Robots Benefit Seniors Aging in Place?" TechForAging website, Dec. 1, 2019에는 노인 돌봄 목적으로 설계된 다양한 종류의 소셜로봇이 소개된다.

15 Jerry Kaplan, *Startup: A Silicon Valley Adventure* (Boston: Houghton Mifflin, 1994). 이 스타트업의 CEO였던 제리 케플란은 이 책에서 고 코퍼레이션의 역사를 회고한다.

16 저자가 제프 버스갱과 2019년 7월 주고받은 이메일.

17 Welch, "Amazon Just Surprised."

18 이 단락과 다음 단락에서 언급된 지보의 제품 디자인 및 CTO 채용에 관한 의사 결정은 저자가 체임버스와 진행한 인터뷰를 출처로 작성했다.

19 J. P. Eggers and Lin Song, "Dealing with Failure: Serial Entrepreneurs and the Cost of Changing Industries Between Ventures," *Academy of Management Journal* 58, no. 6 (2015): 1785–1803.

20 Peter Thiel, *Zero to One: Notes on Startups, or How to Build the Future* (New York: Currency, 2014), p. 34. '말을 나무라는' 관점을 지지하는 학문적 연구는 다음 자료 참조. Steven Kaplan, Berk Sensoy, and Per Stromberg, "Should Investors Bet on the Jockey or the Horse? Evidence from the Evolution of Firms from Early Business Plans to Public Companies," *Journal of Finance* 64, no. 1 (2009): 75–115.

21 Paul Graham, "The 18 Mistakes That Kill Startups," Paul Graham blog, Oct. 2016.

22 Michael Gorman and William Sahlman, "What Do Venture Capitalists Do?" *Journal of Business Venturing* 4, no. 4 (1989): 231–248.

23 Ian Macmillan, Lauriann Zemann, and P. N. Subbanarasimha, "Criteria Distinguishing Successful from Unsuccessful Ventures in the Venture Screening Process," *Journal of Business Venturing* 2, no. 2 (1987): 123–137.

24 Paul Gompers, Anna Kovner, Josh Lerner, and David Scharfstein, "Performance Persistence in Entrepreneurship," *Journal of Financial Economics* 96, no. 1 (2010): 18–32.

25 Robert Baron and Gideon Markman, "Beyond Social Capital: The Role of Entrepreneurs' Social Competence in Their Financial Success," *Journal of Business Venturing* 18 (2003): 41–60는 사회적 역량(적응성, 설득력

등)에서 높은 점수를 받은 창업가는 높은 소득을 올릴 가능성이 크다고 지적한다. 또 Sabrina Artinger and Thomas Powell, "Entrepreneurial Failure: Statistical and Psychological Explanations," *Strategic Management Journal* 37, no. 6 (2016): 1047 – 1064는 자신감이 과도한 창업가가 실험실에서의 경력만을 믿고 경쟁이 치열한 시장에 서둘러 진입하는 경향이 있다고 기술한다. Hao Zhao, Scott Seibert, and G. T. Lumpkin, "The Relationship of Personality to Entrepreneurial Intentions and Performance: A Meta-Analytical Review," *Journal of Management* 36, no. 2 (2010): 381 – 404에 따르면 인간의 "5대" 인격 성향 중 네 가지(성실성, 경험에 대한 개방성, 외향성, 정서적 안정성)가 회사의 실적과 양의 상관관계를 보인다고 한다. 반면 M. Ciavarella, A. Bucholtz, C. Riordan, R. Gatewood, and G. Stokes, "The Big Five and Venture Survival," *Journal of Business Venturing* 19 (2004): 465 – 483은 인간의 5대 성격 특성 중 스타트업의 생존율과 통계적으로 유의미한 양의 상관관계를 나타내는 유일한 예측변수는 성실성이라고 주장한다.

26 창업가의 산업 분야 경험이 스타트업의 실적에 미치는 영향에 대한 학술적 연구는 다음 자료 참조. Raj Echambadi, April Franco, and M. B. Sarkar, "Knowledge Transfer through Inheritance: Spin-out Generation, Development, and Survival," *Academy of Management Journal* 47, no. 4 (2004): 501 – 522; Aaron Chatterji, "Spawned with a Silver Spoon? Entrepreneurial Performance and Innovation in the Medical Device Industry," *Strategic Management Journal* 30, no. 2 (2009): 185 – 206; and Charles Eesley and Edward Roberts, "Are You Experienced or Are You Talented? When Does Innate Talent Versus Experience Explain Entrepreneurial Performance?" *Strategic Entrepreneurship Journal* 6 (2012): 207 – 219. 에거스와 송은 "실패와 맞서기"에서 예전에 스타트업을 설립해서 실패를 겪은 연쇄 창업가는 본인의 능력 부족보다 외적인 환경 탓을 하는 경향이 있기 때문에, 새롭게 스타트업을 설립할 때 다른 산업 분야를 선택하는 비율이 성공한 창업가에 비해 훨씬 높다고 지적한다. 또 두 사람에 따르면 새로운 산업 분야에서 스타트업을 설립한 연쇄 창업가들은 과거의 실패 및 성공 경험과

관계없이 부정적인 결과를 낳을 공산이 크다고 한다. 이는 설립자가 해당 산업 분야의 경력이 풍부하면 성공 확률이 더 높다는 사실을 입증하는 강력한 증거라고 할 수 있다.

제2장 창업가의 딜레마

1   창업가의 딜레마를 극복하기 위한 네 가지 전략은 다음 자료 참조. Eisenmann, "Entrepreneurship: A Working Definition"

2   Richard Hamermesh and Thomas Eisenmann, "The Entrepreneurial Manager, Course Overview: 2013 Winter Term," HBS course note 813155, Jan. 2013에 요약돼 있는 이 프레임워크는 내가 2013년 하버드경영대학원 MBA 필수 이수 과정 '창업가정신' 과목을 위해 개발했으며, 그 뒤에 동료 교수들의 도움을 받아 다듬었다. 다이아몬드 요소들은 Thomas Eisenmann, "Business Model Analysis for Entrepreneurs," HBS course note 812096, Dec. 2011 (rev. Oct. 2014)에 더 자세하게 분석돼 있다.

3   Thiel, *Zero to One*에서는 독점적 경쟁 우위의 중요성과 이를 달성하는 방법을 논의한다.

4   Fiona Southey, "Rouqette 'Significantly Increases' Pea Protein Supply Deal with Beyond Meat," Food Navigator website, Jan. 16, 2020.

5   고객이 제품의 가치를 인식하는 데 네트워크 효과가 끼치는 영향에 대해서는 다음 자료 참조. Thomas Eisenmann, Geoffrey Parker, and Marshall Van Alstyne, "Strategies for Two-Sided Markets," *Harvard Business Review*, Oct. 2006; Thomas Eisenmann, "Platform-Mediated Networks: Definitions and Core Concepts," HBS course note 807049, Sept. 2006 (Oct. 2007 rev.); Geoffrey Parker, Marshall Van Alstyne, and Sangeet Choudary, *Platform Revolution: How Networked Markets Are Transforming the Economy and How to Make Them Work for You* (New York: W. W. Norton, 2017); James Currier, "The Network Effects Manual: 13 Different

Network Effects (and Counting)," NfX blog; and Anu Hariharan, "All about Network Effects," Andreessen Horowitz blog, Mar. 7, 2016.

6 Thomas Eisenmann and Jeff Huizinga, "Poppy: A Modern Village for Childcare," HBS case 820715, Nov. 2017; and Thomas Eisenmann, Scott Kominers, Jeff Huizinga, and Allison Ciechanover, "Poppy (B)," HBS case 820715, Mar. 2020.

7 Blake Masters, "Peter Thiel's CS183: Startup—Class 10 Notes Essay," Blake Masters blog, May 8, 2012.

8 Thomas Eisenmann, Michael Pao, and Lauren Barley, "Dropbox: It Just Works," HBS case 811065, Jan. 2011 (Oct. 2014 rev.).

9 Startup Genome Project, "A Deep Dive into the Anatomy of Premature Scaling," Startup Genome website, Sept. 2, 2011.

10 LTV와 CAC 계산 방법에 대한 더 많은 조언은 다음 자료 참조. Tom Eisenmann, "Business Model Analysis, Part 6: LTV and CAC," Platforms & Networks blog, July 27, 2011; David Skok, "What's Your TRUE Customer Lifetime Value (LTV)—DCF Provides the Answer," for Entrepreneurs blog, Feb. 23, 2016; and Eric Jorgenson, "The Simple Math Behind Every Profitable Business—Customer Lifetime Value," *Medium*, Mar. 16, 2015.

11 설립자들의 자질과 의사 결정에 대한 더 상세한 분석은 Wasserman, *Founder's Dilemmas* 참조.

12 창업가의 산업 분야 경험과 사업적 성과 사이의 상관관계에 대한 학문적 연구는 제1장에서 인용한 참고자료 참조.

13 특히 다음 자료를 참고하라. Arnold Cooper, Carolyn Woo, and William Dunkelberg, "Entrepreneurs' Perceived Chances for Success," *Journal of Business Venturing* 3, no. 2 (1988): 97–108; L. W. Busenitz and Jay Barney, "Differences between Entrepreneurs and Managers in Large Organizations: Biases and Heuristics in Strategic Decision-Making," *Journal of Business Venturing* 12, no. 1 (1997): 9–30; and Antonio

Bernardo and Ivo Welch, "On the Evolution of Overconfidence and Entrepreneurs," *Journal of Economics & Management Strategy* 10, no. 3 (2001): 301 – 330. Colin Camerer and Dan Lovallo, "Overconfidence and Excess Entry: An Experimental Approach," *American Economic Review* 89, no. 1 (1999): 306 – 318은 자신감이 지나친 설립자들이 확실치도 않은 시장 전망에도 불구하고 무리하게 스타트업을 출범시킴으로써 재무적 손실을 입는 경우가 많다는 실험 결과를 제시한다. Mathew Hayward, Dean Shepherd, and Dale Griffin, "A Hubris Theory of Entrepreneurship," *Management Science* 52, no. 2 (2006): 160 – 172에서는 설립자의 과도한 자신감을 부추길 가능성이 큰 스타트업의 특성을 분석하고 자신감이 지나친 설립자들의 실패 확률이 높은 이유를 분석한다.

14 이 대목의 일부는 다음 자료를 출처로 한다. Tom Eisenmann, "Head Games: Ego and Entrepreneurial Failure," O'Reilly Radar website, July 9, 2013. 자신감이 과도한 설립자들의 사업 실적에 대한 학문적 연구는 다음 자료 참조. Artinger and Powell, "Entrepreneurial Failure"; and Robin Hogarth and Natalia Karelaia, "Entrepreneurial Success and Failure: Confidence and Fallible Judgment," *Organization Science* 23, no. 6 (2012): 1733 – 1747.

15 후보자의 태도를 바탕으로 직원을 채용해야 한다고 주장하는 벤처캐피털의 관점은 다음 자료 참조. Mark Suster, "Whom Should You Hire at a Startup (Attitude over Aptitude)?" *TechCrunch*, Mar. 17, 2011. Wasserman, *Founder's Dilemmas*, Ch. 8 역시 채용상의 선택 문제를 다룬다.

16 초기 단계 스타트업의 자금 조달 의사 결정을 분석한 자료는 다음 참조. Brad Feld and Jason Mendelson, *Venture Deals: Be Smarter Than Your Lawyer and Venture Capitalist* (Hoboken, NJ: Wiley, 2011); Jeffrey Bussgang, *Mastering the VC Game: A Venture Capital Insider Reveals How to Get from Start-up to IPO on YOUR Terms* (New York: Portfolio, 2011); Jason Calacanis, *Angel: How to Invest in Technology Startups* (New York: Harper Business, 2017); and Scott Kupor, *Secrets of Sand Hill Road: Venture Capital and How to Get It* (New

York: Portfolio, 2019).

17 Wasserman, *Founder's Dilemmas*, p. 291.

18 Marc Andreessen, "Part 6: How Much Funding Is Too Little? Too Much?" The Pmarca Guide to Startups website, July 3, 2007.

19 Marc Andreessen, "Part 5: The Moby Dick Theory of Big Companies," The Pmarca Guide to Startups website, June 27, 2007. Dharmesh Shah, "Advice for Partnering with the Big and Powerful: Don't," OnStartups blog, Oct. 7, 2009도 같은 문제를 다룬다.

20 Eisenmann et al., "Dropbox: It Just Works."

제3장 좋은 아이디어와 나쁜 동료

1 이 장에서 언급된 퀸시 어패럴에 관한 모든 사실관계 및 설립자들의 인용문은 다음 자료를 출처로 한다. Thomas Eisenmann and Lisa Mazzanti, "Quincy Apparel (A)," HBS case 815067, Feb. 2015 (Apr. 2016 rev.); and Eisenmann and Mazzanti, "Quincy Apparel (B)," HBS case 815095, Feb. 2015 (Apr. 2016 rev.).

2 초기 단계 스타트업들의 직원 채용에 관련된 추가적인 조언은 다음 자료 참조. Julia Austin, "Hard to Do, and Easy to Screw Up: A Primer on Hiring for Startups," Being FA and Other Ponderings blog, Oct. 25, 2015; Dan Portillo, "Debugging Recruiting," Greylock Partners website, May 23, 2016; David Skok, "Recruiting—the 3rd Crucial Startup Skill," for Entrepreneurs blog; Sam Altman, "How to Hire," Sam Altman blog, Sept. 23, 2013; and Fred Wilson, "MBA Mondays: Best Hiring Practices," AVC blog, June 11, 2012.

3 Wasserman, *Founder's Dilemmas*, Ch. 4.

4 Wasserman, *Founder's Dilemmas*, p. 131.

5 공동 설립자를 선택하고 그들 사이의 관계를 관리하는 데 관한 추가적인

조언은 다음 자료 참조. Naval Ravikant, "How to Pick a Co-Founder," Venture Hacks blog, Nov. 12, 2009; Simeon Simeonov, "When to Fire Your Co-Founders," Venture Hacks blog, Jan. 28, 2010; Jessica Alter, "Three Biggest Mistakes When Choosing a Cofounder," OnStartups website, Apr. 18, 2013; and this interview of Steve Blank: "Looking for Love in All the Wrong Places—How to Find a Co-Founder," First Round Review website.

6 전 장에서 인용한 자금 조달 관련 참고자료 이외에 초기 단계 스타트업의 투자자 선택에 대한 추가적인 조언은 다음 자료 참조. Geoff Ralston, "A Guide to Seed Fundraising," Y Combinator blog, Jan. 7, 2016; Chris Dixon, "What's the Right Amount of Seed Money to Raise?" cdixon blog, Jan. 28, 2009; Rob Go, "How a Seed VC Makes Investment Decisions," NextView blog, Apr. 8, 2015; Mark Suster, "How to Develop Your Fundraising Strategy," Both Sides blog, Jan. 17, 2012; and Roger Ehrenberg, "Thoughts on Taking VC Money," informationarbitrage blog, Dec. 5, 2009.

7 규모가 크고 힘이 센 파트너들과의 협상 전략은 다음 자료 참조. Peter Johnston, *Negotiating with Giants: Get What You Want Against the Odds* (Cambridge, MA: Negotiation Press, 2012).

제4장 잘못된 출발

1 트라이앵귤레이트에 관한 모든 사실관계 및 나가라지의 인용문은 다음 자료를 출처로 한다. Thomas Eisenmann and Lauren Barley, "Triangulate," HBS case 811055, Jan. 2011; Eisenmann and Barley, "Triangulate (B): Post Mortem," HBS case 819080, Nov. 2018; and Eisenmann, Shikhar Ghosh, and Christopher Payton, "Triangulate: Stay, Pivot or Exit?" HBS case 817059, Oct. 2016.

2 Ries, *The Lean Startup*, p. 160.

3 온라인 데이트 서비스 스타트업들이 직면한 도전에 대한 추가 분석은 다음 자료 참조. Andrew Chen, "Why Investors Don't Fund Dating," @andrewchen blog.

4 Design Council, "What Is the Framework for Innovation? Design Council's Evolved Double Diamond," Design Council website.

5 '이중 다이아몬드 프레임워크'의 단계별 수행 과업들은 아직 외부에 공개되지 않은 내 강의 노트 Tom Eisenmann, "Design Workshop," Nov. 2018을 출처로 한다. 이 밖에 보다 구체적인 연구 기법이 궁금하면 다음 자료 참조. Bella Martin and Bruce Hanington, *Universal Methods of Design: 100 Ways to Research Complex Problems, Develop Innovative Ideas, and Design Effective Solutions* (Beverley, MA: Rockport, 2012); Jeanne Liedtka and Tim Ogilvie, *Designing for Growth: A Design Thinking Toolkit for Managers* (New York: Columbia Business School Publishing, 2011); Tom Kelley, *The Art of Innovation: Lessons in Creativity from IDEO, America's Leading Design Firm* (New York: Currency, 2001); Jake Knapp, *Sprint: How to Solve Big Problems and Test New Ideas in Just Five Days* (New York: Simon & Schuster, 2016); and Laura Klein, *UX for Lean Startups: Faster, Smarter User Experience Research and Design* (Beverley, MA: O'Reilly, 2013).

6 포지셔닝 성명서는 다음 자료의 버전을 참조했다. Geoffrey Moore, *Crossing the Chasm: Marketing and Selling Disruptive Products to Mainstream Customers* (New York: Harper, 1991; 3rd ed. 2014), p. 186.

7 고객 인터뷰의 모범 관행은 다음 자료 참조. Frank Cespedes, "Customer Visits for Entrepreneurs," HBS course note 812098, Nov. 2011 (Aug. 2012 rev.); Elizabeth Goodman, Mike Kuniavsky, and Andrea Moed, *Observing the User Experience: A Practitioner's Guide to User Research* (Waltham, MA: Morgan Kaufmann, 2012), Ch. 6; Rob Fitzpatrick, *The Mom Test: How to Talk to Customers* (Scotts Valley, CA: CreateSpace, 2013); and Cindy Alvarez, *Lean Product Development: Building Products Your Customers Will Buy* (Boston:

O'Reilly, 2014).

8 Blank, *Four Steps*, Ch. 3.

9 얼리 어답터와 주력 고객의 차이에 대한 분석은 Moore, *Crossing the Chasm*, Ch. 2, for analysis of the differences between early adopters and mainstream customers. 참조.

10 경쟁 제품 사용자 테스트의 모범 관행은 다음 자료 참조. Goodman et al., Observing the User Experience, Ch. 11; and Steve Krug, *Rocket Surgery Made Easy: The Do-It-Yourself Guide to Finding and Fixing Usability Problems* (Berkeley, CA: New Riders, 2010).

11 Goodman et al., Observing the User Experience의 제7장은 포커스 그룹의 모범 사례를, 제9장은 문화기술적 접근의 모범 사례를 기술하고 있다. 아울러 다음 자료를 참조하라. Ellen Isaacs, "The Power of Observation: How Companies Can Have More 'Aha' Moments," GigaOm website, Sept. 15, 2012.

12 고객 여정 지도를 사용하는 이유와 사용 방법에 대해서는 다음 자료 참조. Sarah Gibbons, "Journey Mapping 101," Nielsen Norman Group website, Dec. 9, 2018.

13 경쟁자 분석에 대한 모범 관행은 다음 자료 참조. Goodman et al., *Observing the User Experience*, Ch. 5.

14 고객 설문 조사에 대한 모범 관행은 다음 자료 참조. Goodman et al., *Observing the User Experience*, Ch. 12; and SurveyMonkey, "Surveys 101," SurveyMonkey website.

15 고객 페르소나 개발에 대한 모범 관행은 다음 자료 참조. Goodman et al., *Observing the User Experience*, Ch. 17; and Alan Cooper, *The Inmates Are Running the Asylum: Why High-Tech Products Drive Us Crazy and How to Restore the Sanity* (Carmel, IN: Sams-Pearson Education, 2004).

16 브레인스토밍에 대한 모범 관행은 다음 자료 참조. Scott Berkun, "How to Run a Brainstorming Session," Scott Berkun blog; and Tina Seelig, "Brainstorming—Why It Doesn't (Always) Work," *Medium*, Jan. 8, 2017.

17 Alberto Savoia, "The Palm Pilot Story," *Medium*, Mar. 2, 2019.

18 '모양이 유사한' 시제품과 '기능이 유사한' 시제품을 구별해서 개발하는 일은
디자인 업계에서 널리 채택되고 있는 원칙이다. 양자의 차이에 대한 유용한
설명(그리고 디자이너가 두 가지 시제품을 모두 사용해야 하는 이유)은 다음 자료 참
조. Ben Einstein, "The Illustrated Guide to Product Development (Part 2:
Design)," Bolt website, Oct. 20, 2015.

19 실제 제품과의 일치성 수준을 선택할 때 고려해야 할 트레이드오프에 대
한 추가 논의는 다음 자료 참조. John Willshire, "Want to Improve Your
Design Process? Question Your Fidelity," Mind the Product website,
Mar. 17, 2015; and Lyndon Cerejo, "Design Better and Faster with Rapid
Prototyping," Smashing Magazine website, June 16, 2010.

20 이 질문들은 다음 자료를 기반으로 작성됐다. January 2017 "MBA Startup
Bootcamp" class presentation by Keith Hopper, founder/CEO of
Danger Point Labs.

21 MVP 테스트의 이론 및 모범 관행에 대해서는 라이스의 *The Lean Startup* 이
외에 다음 자료 참조. Thomas Eisenmann, Eric Ries, and Sarah Dillard,
"Hypothesis-Driven Entrepreneurship: The Lean Startup," HBS course
note 812095, Dec. 2011 (July 2013 rev.); and Steve Blank, "An MVP Is Not
a Cheaper Product; It's about Smart Learning," Steve Blank blog, July
22, 2013.

22 Ries, *The Lean Startup*, p. 8.

23 Eisenmann et al., "Hypothesis-Driven Entrepreneurship," pp. 7–8. 아
울러 다음 자료 참조. Tristan Kromer, "Concierge versus Wizard of Oz
Prototyping," Kromatic website.

제5장 긍정의 오류

1   이 장에서 언급된 바루에 관한 모든 사실관계 및 하이드의 인용문은 다음 자료

를 출처로 한다. Thomas Eisenmann and Susie Ma, "Baroo: Pet Concierge," HBS case 820011, Aug. 2019; and Eisenmann and Ma, "Baroo (B)," HBS case 820026, Aug. 2019.

2 Moore, *Crossing the Chasm*은 기술 기업의 경영자들이 얼리 어답터와 주력 고객들의 욕구 차이를 인식하는 데 실패하는 이유와 실패에 이르는 과정, 그리고 이를 이해한 경영자가 채택해야 할 전략에 대해 상세한 설명을 제공한다.

3 고객 수요 예측을 위한 릿 모터스의 접근 방식은 다음 자료에 기술돼 있다. Thomas Eisenmann and Alex Godden, "Lit Motors," HBS case 813079, Dec. 2012 (Nov. 2014 rev.).

4 무어는《캐즘 마케팅》에서 주력 고객들이 얼리 어답터에 비해 '완전한 제품'을 선호하는 성향이 강하다고 주장한다. 즉 '셀프 서비스'가 최소화되고 소비자들에게 사용상 편의를 제공하는 각종 보조 장치에 쉽게 접근할 수 있는 제품을 원한다는 것이다. 또 두 그룹의 고객 사이에는 욕구의 차이가 크기 때문에, 주력 고객들은 해당 제품에 대한 얼리 어답터들의 '평판'을 그다지 신뢰하지 않는다고 한다. 따라서 무어는 설립자들이 주력 시장에 진입할 때는 '디데이D-Day 공격'을 하라고 권한다. 다시 말해 새로운 시장에 맞춰 재설계된 '완전한 제품'을 무기로 삼아 언제라도 도움을 제공할 수 있는 '연합군'들과 함께 집중적으로 시장을 공략함으로써, 자사 제품에 대해 믿을 만한 평판을 제공할 고객이 부족한 단점을 보완하라는 것이다.

5 Eisenmann et al., "Dropbox: It Just Works."

제6장 성장의 리스크

1 Swildens and Yee, "The Venture Capital Risk and Return Matrix."

2 Magdelena Petrova, "This Green Cement Company Says Its Product Can Cut Carbon Dioxide Emissions by Up to 70%," CNBC website, Sept. 28, 2019.

3 나는 2017년 "기술 스타트업의 확장"이라는 HBS MBA 과정 선택 과목을 지

도하기 위해 제프리 레이포트와 함께 '6S' 프레임워크를 개발했으며, 그 과정에서 다음 자료에 포함된 매킨지의 '7-S' 프레임워크에서 일부 요소를 차용했다. Tom Peters and Robert Waterman, *In Search of Excellence: Lessons from America's Best-Run Companies* (New York: Harper & Row, 1982).

4 제2장에서 인용한 네트워크 효과 관련 참고자료 이외에, 스타트업의 고객 유치를 촉진하는 요인들에 대한 분석은 다음 자료 참조. Reid Hoffman and Chris Yeh, *Blitzscaling: The Lightning-Fast Path to Building Massively Valuable Companies* (New York: Currency, 2018); Albert Wenger, "Hard Choices: Growth vs. Profitability," Continuations blog, Oct. 12, 2015; Michael Skok, "Scaling Your Startup: The Deliberator's Dozen," LinkedIn blog, July 16, 2013; Thomas Eisenmann, "Scaling a Startup: Pacing Issues," HBS course note 812099, Nov. 2011 (Nov. 2014 rev.); and Eisenmann, "Internet Companies' Growth Strategies: Determinants of Investment Intensity and Long-Term Performance," *Strategic Management Journal* 27, no. 12 (2006): 1183-1204.

5 John Gramlich, "10 Facts About Americans and Facebook," Pew Research Center website, May 16, 2019.

6 스타트업이 지리적 반경을 확장하는 이유와 방법에 대한 추가적 분석은 다음 자료 참조. John O'Farrell, "Building the Global Startup," Andreessen Horowitz blog, June 17, 2011—the first of a five-part series; and Steve Carpenter, "A Startup's Guide to International Expansion," *TechCrunch*, Dec. 23, 2015.

7 Olivia Solon, "How Uber Conquers a City in Seven Steps," The Guardian website, Apr. 12, 2017.

8 Thomas Eisenmann, Allison Ciechanover, and Jeff Huizinga, "thredUP: Think Secondhand First," HBS case 817083, Dec. 2016; 스레드업의 유럽 시장 진출 전략은 이 회사의 공동 설립자 겸 CEO 제임스 라인하트가 2017년 2월 HBS의 수업을 방문해서 설명했다.

9 J. Stewart Black and Tanya Spyridakis, "EuroDisneyland," Thunderbird

case TB0195, June 15, 1999.

10 제품의 혁신에 관한 전략은 다음 자료 참조. Steve Sinofsky, "Everyone Starts with Simplicity; No-One Ends There (and That's Okay)," Learning by Shipping blog, May 13, 2014.

11 대기업들이 인수합병을 통해 거둔 재무적 수익에 대한 분석은 다음 자료 참조. Jay Barney, "Returns to Bidding Firms in Mergers and Acquisitions: Reconsidering the Relatedness Hypothesis," *Strategic Management Journal* 9, no. S1 (1988): 71–78; and Sara Moeller, Frederik Schlingemann, and Rene Stulz, "Wealth Destruction on a Massive Scale? A Study of Acquiring-Firm Returns in the Recent Merger Wave," *Journal of Finance* 60, no. 2 (2005): 757–782.

12 승자의 저주에 대한 내용은 다음 자료 참조. Richard Thaler, *The Winner's Curse: Paradoxes and Anomalies of Economic Life* (Princeton, NJ: Princeton University Press, 1994), Ch. 5.

13 Fred Wilson, "Why Early Stage Venture Investments Fail," Union Square Ventures blog, Nov. 30, 2007.

14 Fred Wilson, "The Finance to Value Framework," AVC blog, May 20, 2018.

15 자금 조달 리스크가 스타트업의 혁신에 미치는 영향은 다음 자료 참조. Ramana Nanda and Matthew Rhodes-Kropf, "Investment Cycles and Startup Innovation," *Journal of Financial Economics* 110 (2013): 403–418; and Nanda and Rhodes-Kropf, "Financing Risk and Innovation," *Management Science* 63, no. 4 (2017): 901–918.

16 Wasserman, *Founder's Dilemmas*, Ch. 10에는 스타트업 CEO 교체의 선행 조건, 발생 빈도, 결과 등이 상세히 기술돼 있다. 아울러 다음 자료를 참조하라. Steve Blank, "I've Seen the Promised Land. And I Might Not Get There with You," Steve Blank blog, Jan. 21, 2010.

17 스타트업 이사회의 관리 방식에 관한 추가적인 논의는 다음 자료 참조. Brad Feld and Mahendra Ramsinghani, *Startup Boards: Getting the Most*

Out of Your Board of Directors (Hoboken, NJ: Wiley, 2013); Matt Blumberg, *Startup CEO: A Field Guide to Scaling Up Your Business* (Hoboken, NJ: Wiley, 2013), Part 4; a series of AVC blog posts by Fred Wilson in March and April 2012; a series of VCAdventure blog posts by Seth Levine, titled "Designing the Ideal Board Meeting," Oct. and Nov. 2018; and Jeff Bussgang, "Board Meetings vs. Bored Meetings," Business Insider, Apr. 5, 2011.

18 '직원' 및 '구조'와 관련된 부분은 다음 자료에서 일부 인용했다. Thomas Eisenmann and Alison Wagonfeld, "Scaling a Startup: People and Organizational Issues," HBS course note 812100, Jan. 2012 (Feb. 2012 rev.). 성장 중인 스타트업의 인적 자본 관리에 대한 추가적 관점은 다음 자료를 참조하라. Ben Horowitz, *The Hard Thing about Hard Things* (New York: HarperCollins, 2014); Hoffman and Yeh, *Blitzscaling*, Part IV; Blumberg, *Startup CEO*, Part 2; Sam Altman, "Later Stage Advice for Startups," Y Combinator blog, July 6, 2016; Brian Halligan, "Scale-Up Leadership Lessons I've Learned over 9 Years as HubSpot's CEO," *Medium*, Jan. 10, 2016; Mark Suster, "This Is How Companies 'Level Up' after Raising Money," Both Sides blog, Apr. 10, 2014. 그리고 와서맨의 *Founder's Dilemmas* 제8장과 제10장에서도 각각 직원 채용과 CEO 승계 문제를 다루고 있다.

19 Horowitz, *The Hard Thing*, p. 193.

20 Fred Wilson, "MBA Mondays: Turning Your Team," AVC blog, Aug. 12, 2013.

21 Steve Blank, "The Peter Pan Syndrome: The Startup to Company Transition," Steve Blank blog, Sept. 20, 2010. 어른이 아이처럼 행동하고 자 하는 심리를 뜻하는 용어 '피터 팬 증후군'은 다음 저서에서 처음 등장했다. Dan Kiley, *The Peter Pan Syndrome: Men Who Have Never Grown Up* (New York: Dodd, Mead, 1983).

22 John Hamm, "Why Entrepreneurs Don't Scale," *Harvard Business Review*,

Dec. 2002.

23 Wasserman, *Founder's Dilemmas*, p. 299.

24 Eisenmann and Wagonfeld, "Scaling a Startup: People and Organizational Issues."

25 프로덕트 매니저의 역할에 대한 개요는 다음 자료 참조. Jeffrey Bussgang, Thomas Eisenmann, and Rob Go, "The Product Manager," HBS course note 812105, Dec. 2011 (Jan. 2015 rev.).

26 이와 상반된 견해는 다음 자료 참조. Mark Suster, "Why Your Startup Doesn't Need a COO," Both Sides blog, Sept. 13, 2013.

27 스타트업이 시스템을 도입하는 패턴에 대한 연구는 다음 자료 참조. Anthony Davila, George Foster, and Ning Ja, "Building Sustainable High-Growth Startup Companies: Management Systems as an Accelerator," *California Management Review*, Spring 2010. 수많은 기술 기업이 도입한 성과측정 시스템 OKR(Objectives and Key Results)에 대해서는 다음 자료 참조. John Doerr, *Measure What Matters: How Google, Bono, and the Gates Foundation Rock the World with OKRs* (New York: Portfolio, 2018). 그리고 First Round Review, "AltSchool's CEO Rebuilt Google's Performance Management System to Work for Startups—Here It Is," First Round Review website에서는 맥스 벤틸라Max Ventilla와 진행한 인터뷰가 소개되는데, 그는 이 인터뷰에서 OKR를 스타트업에 적용하는 문제를 언급한다.

28 Ben Horowitz, *What You Do Is Who You Are: How to Create Your Business Culture* (New York: HarperCollins, 2019). 성장세에 놓인 스타트업의 기업문화 관리에 대한 추가적 관점은 다음 자료 참조. Horowitz, *The Hard Thing*; Blumberg, *Startup CEO*, Ch. 9; Hoffman and Yeh, *Blitzscaling*, Part IV; Dharmesh Shah, "Does HubSpot Walk the Talk on Its Culture Code?" OnStartups blog, Apr. 11, 2013; Kristi Riordan, "You Hire for Culture, but Have You Established What Your Culture Is?" *Medium*, May 30, 2016; and Steve Blank, "The Elves Leave Middle Earth—Sodas Are No Longer Free," Steve Blank blog, Dec. 21, 2009.

29 Jerry Colonna, *Reboot: Leadership and the Art of Growing Up* (New York: Harper Business, 2019), p. 185.

30 이에 대한 추가적 관점은 다음 자료 참조. Rands, "The Old Guard," *Medium*, Jan. 27, 2016.

31 Justin Randolph, Peter Levine, and James Lattin, "Dropbox," Stanford Graduate School of Business case E471, Apr. 20, 2013 (May 15, 2015, rev.).

32 저자가 사미르 카울과 2019년 7월 19일 진행한 인터뷰.

33 Eisenmann and Godden, "Lit Motors."

34 William Sahlman and Matthew Lieb, "E Ink: Financing Growth," HBS case 800252, Dec. 1999.

제7장 속도의 함정

1 Ben Popper, "Demolition Man: Why Does Fab's CEO Keep Building Companies That Suddenly Implode?" The Verge website, Nov. 26, 2013.

2 이 장의 첫 네 단락에서 인용된 각종 사실관계는 별도의 언급이 없는 한 다음 자료를 출처로 한다. Adam Penenberg, "Fab.com: Ready, Set, Reset!" *Fast Company*, May 16, 2012.

3 Allison Shontell, "The Tech Titanic: How Red-Hot Startup Fab Raised $330 Million and Then Went Bust," Business Insider website, Feb. 6, 2015.

4 2012년 조달한 자금 총액은 크런치베이스 데이터를 바탕으로 기술했다.

5 2012년 총매출액은 Penenberg, "Ready, Set, Reset!"를 참고했다. 2011년의 총매출액은 다음 자료를 출처로 한다. Jason Goldberg, "On the Rebound from Epic Failure," Hackernoon blog, June 20, 2016.

6 9,000만 달러의 손실은 다음 자료를 인용해서 기술했다. Erin Griffith, "Fab's Eyes Are Bigger Than Its Wallet. That's Nothing $100 Million Can't Fix,"

Pando Daily, Apr. 30, 2013.

7   마케팅 비용은 다음 자료를 참조했다. Erin Griffith, "The Samwer Brothers May Have the Last Laugh on Fab after All," *Pando Daily*, Nov. 26, 2013.

8   저자가 제이슨 골드버그와 2019년 7월 3일 진행한 인터뷰.

9   이 단락에서 인용된 사실관계는 다음 자료를 출처로 한다. Griffith, "Samwer Brothers."

10   제이슨 골드버그 인터뷰

11   이 단락에서 인용된 사실관계는 별도의 언급이 없는 한 다음 자료를 출처로 한다. Shontell, "Tech Titanic."

12   Sarah Perez, "Fab: Europe Will Be 20% of Fab's 2012 Revenue," *TechCrunch*, Aug. 7, 2012.

13   Alex Konrad, "Fab Pivots Away from Flash Sales; Sets Sights on Amazon and IKEA," Forbes website, Apr. 30, 2013.

14   저자의 골드버그 인터뷰

15   Konrad, "Fab Pivots." 11만 개의 제품이라는 사실관계는 다음 자료를 인용해서 기술했다. Zachary Crockett, "Sh*t, I'm F*cked: Jason Goldberg, Founder of Fab," The Hustle website, Oct. 17, 2017.

16   저자의 골드버그 인터뷰

17   Crockett, "Sh*t, I'm F*cked."

18   이 단락과 다음 단락에 기술된 내용은 Goldberg, "On the Rebound."를 출처로 한다.

19   Ingrid Lunden, "Fab Was Burning through $14 Million/Month before Its Layoffs and Pivot," *TechCrunch*, Oct. 20, 2014.

20   Goldberg, "On the Rebound."

21   Crockett, "Sh*t, I'm F*cked."

22   Ingrid Lunden, "Hem.com Is on the Block; Swiss Furniture Maker Vitra Likely Buyer," *TechCrunch*, Dec. 30, 2015.

23   Shontell, "Tech Titanic."

24   Kate Taylor and Benjamin Goggin, "49 of the Biggest Scandals in

Uber's History," Business Insider website, May 10, 2019.

25 Claire Suddath and Eric Newcomer, "Zenefits Was the Perfect Startup. Then It Self-Disrupted," *Bloomberg Businessweek*, May 9, 2016.

26 RAWI 테스트의 기원은 미스터리에 쌓여 있다. 그러나 나는 HBS의 동료 시카르 고시가 이를 창안했으며, 나를 포함해서 펠다 하디몬, 토비 스튜어트 그리고 HBS의 MBA 과정에서 창업을 지도하는 교수진 일부가 그 과정을 지원했다고 믿는다.

27 마크 앤드리슨은 다음 자료에서 '제품-시장 적합성'이라는 용어를 처음 사용했다. "Part 4: The Only Thing That Matters," The Pmarca Guide to Startups blog, June 25, 2007. 아울러 다음 자료를 참조하라. Andrew Chen, "When Has a Consumer Startup Hit Product-Market Fit?" @ andrewchen blog; Sean Ellis, "Using Product/Market Fit to Drive Sustainable Growth," *Medium: Growth Hackers,* Apr. 5, 2019; and Brian Balfour, "The Neverending Road to Product-Market Fit," Brian Balfour blog, Dec. 11, 2013.

28 제2장에서 인용한 LTV/CAC 계산에 관한 참고자료 참조.

29 3.0이라는 비율 목표는 수많은 곳에서 언급된 바 있지만 특히 다음 자료를 참조하라. Jared Sleeper, "Why Early-Stage Startups Should Wait to Calculate LTV: CAC, and How They Should Use It When They Do," for Entrepreneurs blog.

30 코호트 분석에 대한 추가적인 논의는 다음 자료 참조. David Skok, "SaaS Metrics 2.0—A Guide to Measuring and Improving What Matters," for Entrepreneurs blog; Nico Wittenborn, "Cohort Analysis: A (Practical) Q&A," The Angel VC blog, Mar. 14, 2014; and Sean Ellis and Morgan Brown, *Hacking Growth: How Today's Fastest-Growing Companies Drive Breakthrough Success* (New York: Currency, 2017), Ch. 7.

31 여기에서 사례로 제시된 코호트 및 CAC 테이블은 Mark Roberge and Thomas Eisenmann, "eSig: Growth Analysis," HBS case 817009, Aug. 2019 (Nov. 2019 rev.)의 보충 자료를 기반으로 작성했다.

32 Mark Roberge, *The Science of Scaling*, forthcoming ebook.

33 제프 버스갱은 "Your LTV Math Is Wrong," *Seeing Both Sides*, Oct. 24, 2015 에서 창업가들이 예상 LTV 비율을 높이는 경향을 지적하고, 그들이 LTV 계산 과정에서 자주 저지르는 실수를 논의한다.

34 Jeff Bussgang, "Why Metrics Get Worse with Scale," *HuffPost*, Feb. 12, 2015.

35 Shontell, "Tech Titanic."

36 제이슨 골드버그 인터뷰. 다음 단락의 인용문도 같은 출처.

37 Shontell, "Tech Titanic."

38 Shontell, "Tech Titanic."

39 Hoffman and Yeh, *Blitzscaling*, pp. 217-218.

40 Paul Graham, "Startup = Growth," Paul Graham blog, Sept. 2012.

41 네트워크 효과는 제2장에서 인용한 참고자료 참조.

42 컨조인트 분석에 대한 더 상세한 조언은 다음 자료 참조. Elie Ofek and Olivier Toubia, "Conjoint Analysis: A Do-It-Yourself Guide," HBS course note 515024, Aug. 2014.

43 고객 확산 계수를 계산하는 이유와 방법에 대한 추가 조언은 다음 자료 참조. Adam Nash, "User Acquisition: Viral Factor Basics," Psychohistory blog, Apr. 4, 2012.

44 이 단락과 다음 단락에서 언급되는 전환 비용 및 규모의 경제 관련 논의는 다음 자료를 기반으로 작성했다. Thomas Eisenmann, "Note on Racing to Acquire Customers," HBS course note 803103, Jan. 2003 (Sept. 2007 rev.).

45 군비 축소 전략과 이를 가능케 하는 요인에 대한 논의는 다음 자료 참조. Eisenmann, "Note on Racing."

제8장 자원의 고갈

1 이 장에서 다뤄진 닷 앤 보의 모든 사실관계, 그리고 앤서니 수후와 그의 동

료들의 인용문은 별도의 언급이 없는 한 다음 자료를 출처로 한다. Thomas Eisenmann, Allison Ciechanover, and George Gonzalez, "Anthony Soohoo at Dot & Bo: Bringing Storytelling to Furniture E-Commerce," HBS case 820036, Sept. 2019 (Dec. 2019 rev.); and Eisenmann, Ciechanover, and Gonzalez, "Anthony Soohoo: Retrospection on Dot & Bo," HBS case 820037, Sept. 2019 (Dec. 2019 rev.).

2 Jason DelRay, "One Kings Lane Sold for Less Than $30 Million after Being Valued at $900 Million," *Vox recode*, Aug. 23, 2016.

3 벤처캐피털 자금이 호황과 불황의 주기를 오르내리는 원인과 결과에 대한 분석은 다음 자료 참조. Paul Gompers and Josh Lerner, *The Money of Invention: How Venture Capital Creates New Wealth* (Boston: Harvard Business School Press, 2001), Ch. 6; Gompers and Lerner, *The Venture Capital Cycle* (Cambridge, MA: MIT Press, 2004); Paul Gompers, Anna Kovner, Josh Lerner, and David Scharfstein, "Venture Capital Investment Cycles: The Impact of Public Markets," *Journal of Financial Economics* 87 (2008): 1 – 23; and Nicholas, *VC: An American History*, Ch. 8.

4 벤처캐피털 자금의 호황과 불황 주기를 극복하는 방법에 대한 추가적 관점은 다음 자료 참조. Eisenmann, "Note on Racing." 또 자본시장의 기업 가치 과대평가 현상과 제품시장의 과잉투자 현상의 상호관계에 관한 연구는 다음 자료에 요약돼 있다. Thomas Eisenmann, "Valuation Bubbles and Broadband Deployment," Ch. 4 in Robert Austin and Stephen Bradley (eds.), *The Broadband Explosion: Leading Thinkers on the Promise of a Truly Interactive World* (Boston: Harvard Business School Press, 2005).

5 벤 호로위츠가 작성한 다음 두 게시물을 참조하라. "Old People," Andreessen Horowitz blog, December 5, 2012, and "Why Is It Hard to Bring Big Company Execs into Little Companies?" Business Insider website, Apr. 22, 2010.

6 Rand Fishkin, *Lost and Founder: A Painfully Honest Field Guide to the Startup World* (New York: Portfolio, 2018), Ch. 5.

7   제6장에서 인용한 직원 채용에 관한 모범 관행 참고자료 참조.

8   Thomas Eisenmann and Halah AlQahtani, "Flatiron School," HBS case 817114, Jan. 2017.

9   이 단락과 다음 단락은 다음 자료를 기반으로 작성됐다. Eisenmann and Wagonfeld, "Scaling a Startup: People and Organizational Issues."

제9장 문샷과 기적

1   Daniel Weisfield, "Peter Thiel at Yale: We Wanted Flying Cars, Instead We Got 140 Characters," Yale School of Management website, Apr. 27, 2013.

2   이 장의 처음 세 단락에 기술된 각종 사실관계는 별도의 언급이 없는 한 다음 자료를 출처로 한다. Max Chafkin, "A Broken Place: The Spectacular Failure of the Startup That Was Going to Change the World," *Fast Company*, May 2014.

3   아가시가 SAP에서 맡았던 역할에 대한 출처는 Elie Ofek and Alison Wagonfeld, "Speeding Ahead to a Better Place," HBS case 512056, Jan. 2012 (Mar. 2012 rev.).

4   Brian Blum and Shlomo Ben-Hur, "Better Place: An Entrepreneur's Drive Goes Off Track," IMD case 940, Oct. 2018.

5   전기자동차 관세에 대한 출처는 Brian Blum, *Totaled: The Billion-Dollar Crash of the Startup That Took on Big Auto, Big Oil and the World* (Sherman Oaks, CA: Blue Pepper, 2017), p. 27.

6   이 장에서 언급한 베터 플레이스의 자금 조달 관련 내용은 피치북 데이터를 참조했다.

7   조직 구성원들의 배경에 관한 출처는 Blum and Ben-Hur, "Better Place: An Entrepreneur's Drive."

8   이 단락에서 언급된 제품 출시 시장의 기준과 다음 두 단락에서 다뤄지

는 충전기 및 배터리 교환소의 예상 비용 및 보급 대수의 출처는 Ofek and Wagonfeld, "Speeding Ahead."

9 Blum, *Totaled*, p. 225.

10 Chris Nuttal, "Better Place's $200M Round to Expand Electric Car Networks," *Financial Times*, Nov. 22, 2011.

11 Ofek and Wagonfeld, "Speeding Ahead."

12 차량의 소비자 가격 및 충전 네트워크 연간 사용료의 출처는 Blum, *Totaled*의 200페이지 및 205페이지.

13 차량 및 배터리 비용의 출처는 Blum, *Totaled*의 201페이지 및 109페이지.

14 Ofek and Wagonfeld, "Speeding Ahead"에는 1년에 1만 2,000마일을 운행하는 전기자동차 고객 한 사람에게 소요되는 연간 전기 요금이 600달러 정도이며 여기에 '몇백 달러'의 유지보수 비용이 추가된다고 기술돼 있다. 나는 이 금액에 충전기와 배터리 교환소의 감가상각비로 70달러를 더해서 전체 비용을 계산했다. 이 감가상각비는 같은 책에서 언급된 대로 (1) 충전기 한 대 제작 비용 250달러 및 배터리 교환소 한 곳 건설 비용 40만 달러 (2) 고객 1인당 충전기 2개 보급 및 고객 2,000명당 배터리 교환소 한 곳 설치 예정이라는 전제하에 추정했다. 충전기와 배터리 교환소의 감가상각 기간은 10년으로 잡았다.

15 지역 사무소 및 프로젝트 목록 출처는 Blum, Totaled, p. 86.

16 OSCAR에 대한 내용의 출처는 Blum, Totaled, p. 64 and p. 135.

17 6,000만 달러의 추청 비용 출처는 Blum, Totaled, p. 67.

18 《타임》에서 선정한 인물의 목록은 다음 자료에 언급돼 있다. Blum and Ben-Hur, "Better Place: An Entrepreneur's Drive." 아가시의 TED 연설은 2009년 4월 19일 진행됐다.

19 Chafkin, "Broken Place."

20 Vauhini Vara, "Software Executive Shifts Gears to Electric Cars," *Wall Street Journal*, Oct. 29, 2007.

21 Clive Thompson, "Batteries Not Included," *New York Times Magazine*, Apr. 16, 2009.

22 GM과의 회의 내용 출처는 Chafkin, "Broken Place"; and Ch. 6 of Blum, Totaled.

23 르노-닛산의 전기자동차 담당 신임 임원에 관한 내용 및 다음 단락의 '스마트 나사' 관련 논란은 Blum, *Totaled* 제10장, 그리고 급속 충전에 관한 트레이드 오프는 같은 책의 61페이지를 참조했다.

24 Peter Valdes-Dapena, "The Nissan Leaf Will Cost $25,000," CNN Money website, Mar. 30, 2010

25 Blum, *Totaled* 219페이지에는 베터 플레이스의 충전기 비용이 설치비를 포함해서 2,000~3,000달러였으며, 미국 시장에서 충전기 평균 설치비는 1,350달러였다고 기술돼 있다.

26 Leslie Guevarra, "GE and Lowe's Partner to Power EV Charging at Home," GreenBiz website, July 19, 2011.

27 배터리 교환소 한 곳의 건설비가 200만 달러를 넘었다는 사실의 출처는 Chafkin, "Broken Place."

28 Blum, *Totaled*, pp. 62 – 63.

29 Blum, *Totaled*, pp. 172 – 174.

30 Blum, *Totaled*, pp. 158 – 159.

31 르노 플루언스의 출시 지연에 대한 출처는 Blum, *Totaled*, p. 193.

32 굴착 작업 관련 정부 규제의 출처는 Blum, *Totaled*, pp. 186 – 188.

33 주유소 관련 정부 규제의 출처는 Blum, *Totaled*, p. 181.

34 Blum, *Totaled*, pp. 202 – 204.

35 Blum, *Totaled*, p. 195.

36 하루 50만 달러씩 현금을 소진했다는 사실의 출처는 Chafkin, "Broken Place,".

37 사용세 관련 출처는 Blum, *Totaled*의 226페이지. 차량 잔존 가치의 출처는 같은 책 228페이지.

38 Blum, *Totaled*, pp. 210 – 212. "진실하지 않은 친구는 친구가 아니다"라는 인용문의 출처는 같은 책 232페이지.

39 Blum, *Totaled*, pp. 192 – 194.

40 자금 조달 실패 및 아가시의 퇴사 관련 내용과 "자동차 총 판매 대수 1,500대" 라는 사실관계의 출처는 Chafkin, "Broken Place,". 아가시의 후임 CEO 관련 내용의 출처는 Blum, *Totaled*, Ch. 19.

41 베터 플레이스 고객들의 배터리 교환소 사용률 출처는 Blum, *Totaled*, p. 258.

42 Kristen Korosec, "Telsa's Battery Swap Program Is Pretty Much Dead," Fortune website, June 10, 2015.

43 Barry Staw, "The Escalation of Commitment to a Course of Action," *Academy of Management Review* 6, no. 4 (1981): 577–587. 사업에서 부정적인 성과가 발생했음에도 불구하고 설립자가 자신의 방식을 더 완강하게 밀어붙이는 경향은 '전망 이론'prospect theory의 핵심 원리와도 일맥상통한다. Daniel Kahneman and Amos Tversky, "Prospect Theory: An Analysis of Decision under Risk," *Econometrica* 47, no. 2 (1979): 263–292에 따르면 사람들은 분명하게 이익이 예상되는 경우에도 리스크를 회피하는 경향이 있으며(이미 긍정적인 결과를 얻은 상황에서 베팅이 잘못되면 잃을 것이 많아진다는 이유로), 손실이 예상될 때는 오히려 리스크를 감수하는 길을 택한다고 한다. 또 위협 경직성threat-rigidity 이론이 제기하는 관찰 대상자의 반응 역시 몰입 상승 현상에서 드러나는 모습과 일치한다. 즉 위협이나 압박감을 겪는 개인이나 조직은 새로운 전략을 모색하기보다는 자신에게 친숙한 전략으로 회귀한다는 것이다. 이에 대한 자세한 내용은 다음 자료 참조. Barry Staw, Lance Sandelands, and Jane Dutton, "Threat-Rigidity Effects in Organizational Behavior: A Multilevel Analysis," *Administrative Science Quarterly* 26, no. 4 (1981): 501–524.

44 이 단락의 상세 사항 출처는 John Bloom, *Eccentric Orbits: How a Single Man Saved the World's Largest Satellite Constellation from Fiery Destruction* (New York: Atlantic Monthly Press, 2016); 시장 조사 프로젝트에 대한 묘사는 on p. 196 and the $6.4 billion investment is cited on p. 209.

45 Patrick Vlaskovits, "Henry Ford, Innovation, and That 'Faster Horse' Quote," Harvard Business Review blog, Aug. 29, 2011.

46 이 단락의 상세 사항 출처는 Steve Kemper, *Code Name Ginger: The Story*

Behind Segway and Dean Kamen's Quest to Invent a New World (Boston: Harvard Business School Press, 2003). ADL의 판매 예상치에 대한 출처는 같은 책 63페이지. 초기 고객들의 시험 주행 관련 내용은 같은 책 227페이지.

47 Jordan Golson, "Well, That Didn't Work: The Segway Is a Technological Marvel. Too Bad It Doesn't Make Any Sense," *Wired*, Jan. 16, 2015.

48 Johnny Diaz, "Segway to End Production of Its Original Personal Transporter," *New York Times*, June 24, 2020.

49 이 단락의 상세 사항 및 다음 단락에서 언급되는 고 코퍼레이션의 제품 개발 관련 의사 결정의 출처는 Josh Lerner, Thomas Kosnik, Tarek Abuzayyad, and Paul Yang, "GO Corp," HBS case 297021, Sept. 2016 (Apr. 2017 rev.). Facts in the next paragraph about GO Corp's failure are from Jerry Kaplan, *Startup: A Silicon Valley Adventure* (New York: Penguin, 1994), Ch. 13.

50 Bloom, *Eccentric Orbits*, p. 180.

51 Frederick Brooks, *The Mythical Man Month: Essays on Software Engineering* (Boston: Addison-Wesley, 1975).

52 Kemper, *Code Name Ginger*, p. 36.

53 Bloom, *Eccentric Orbits*, p. 182.

54 이 인용문의 최초 발언자가 잡스인지 여부에 대해서는 다소 논란의 여지가 있다. 언젠가 쿼라에는 다음과 같은 질문이 올라왔다. 「잡스는 언제 어디서 "우리는 우주에 흔적을 남기기 위해 이곳에 왔다"고 말했나요?」 어떤 사람은 이 인용문이 영화 〈실리콘밸리의 해적들〉Pirates of Silicon Valley에서 처음 등장했을 거라고 추측했으며, 또 다른 사람은 스티브 잡스가 1985년《플레이보이》지와의 인터뷰에서 이 말을 처음 했다고 주장했다. 하지만 여전히 많은 사람은 월터 아이작슨Walter Isaacson이 저술한 잡스의 전기《스티브 잡스》Steve Jobs(New York: Simon & Schuster, 2011)를 이 인용문의 최초 출처로 믿는다.

55 자동차와 메인프레임을 비교한 인용문의 출처는 Kemper, *Code Name Ginger*, p. 93; the fastest-growing company assertion is from p. 50; "entertaining and irresistible" is from p. 49.

56 Michael Maccoby, "Narcissistic Leaders: The Incredible Pros, the

Inevitable Cons," *Harvard Business Review*, Jan. 2001.

57   Chad Navis and O. Ozbek, "The Right People in the Wrong Places: The Paradox of Entrepreneurial Entry and Successful Opportunity Realization," *Academy of Management Review* 41, no. 1 (2016): 109 – 129에 따르면 과도한 자신감과 자아도취적 성향을 지닌 사람들은 대담하고 새로운 기회를 추구하고자 하는 욕구에 빠지기 쉽다고 한다. 그 이유는 성공 가능성을 실제보다 과장해서 예측(과도한 자신감)하고, 뭔가 크고 새로운 일을 벌이는 과정에서 사람들에게 쏟아지는 관심을 열망(자아도취적 증세)하기 때문이라는 것이다. 또 네이비스와 오즈벡은 과도한 자신감과 자아도취적 성향이 학습의 기회를 가로막음으로써 창업가가 새로운 스타트업을 설립했을 때 성공의 확률을 떨어뜨린다고 주장한다.

58   John Carreyrou, *Bad Blood: Secrets and Lies in a Silicon Valley Startup* (New York: Knopf, 2018), p. 43.

59   이사회를 관리하는 모범 관행에 대한 추가 정보는 제6장의 "이사회의 우선순위"에서 인용한 참고자료 참조.

60   Frock, *Changing How the World Does Business*.

제10장 최후의 질주

1   Andrew Lee, "Startup Mortality: What End-of-Life Care Teaches Us about Startup Failure," *Medium: Startup Grin*d, Nov. 28, 2017.

2   와서맨의 *Founder's Dilemmas* 이외에도, Michael Ewens and Matt Marx, "Founder Replacement and Startup Performance," *Review of Financial Studies* 31, no. 4 (2018): 1532 – 1565에서는 경영난에 빠진 스타트업들이 설립자·CEO를 교체한 사례의 데이터가 제시되는데, 이 자료에 따르면 설립자·CEO를 교체한 스타트업은 대체로 경영 성과가 개선되는 경향이 있다고 한다.

3   Eric Jackson, *The PayPal Wars: Battles with eBay, the Media, the Mafia, and the*

Rest of Planet Earth (Los Angeles: World Ahead, 2004).

4   Jason Koebler, "Ten Years Ago Today, YouTube Launched as a Dating Website," Vice website, Apr. 23, 2015.

5   Wilson, "Why Early Stage Venture Investments Fail"에 따르면 윌슨에게 초기 투자액의 5배가 넘는 수익을 안겨준 11개 스타트업 중 7개가 성공적으로 전략 이동을 마친 회사라고 한다. 반면 그가 투자한 스타트업 중 실패한 5개 회사에서 성공적으로 전략 이동이 이뤄진 경우는 1개에 불과했다. 윌슨은 그 원인을 '지속 불가능할 정도로 높은 현금 소진율'에서 찾는다.

6   이에 대한 추가적 관점은 다음 자료 참조. Fred Wilson, "The Pro Rata Participation Right," AVC blog, Mar. 4, 2014; and Mark Suster, "What All Entrepreneurs Need to Know about Prorata Rights," Both Sides blog, Oct. 12, 2014.

7   스타트업 매각에 관한 추가적 관점은 다음 자료 참조. Chris Dixon, "Notes on the Acquisition Process," cdixon blog, Sept. 10, 2012; Ben Horowitz, "Should You Sell Your Company?" Andreessen Horowitz blog, Jan. 19, 2011; Chris Sheehan, "Corporate Development 101: What Every Startup Should Know," OnStartups blog, Apr. 2, 2014; John O'Farrell, "Knowing Where the Exits Are," Andreessen Horowitz blog, May 30, 2012; and James Altucher, "The 9 Most Important Things to Remember If You Want to Sell Your Company," TechCrunch website, June 13, 2011.

8   Eisenmann, Ciechanover, and Gonzalez, "Anthony Soohoo: Retrospection."

9   린제이 하이드, 2019년 2월 HBS MBA '창업 실패' 수업 방문

10 규모가 큰 기업에 스타트업을 매각하는 설립자들을 위한 조언은 다음 자료 참조. Scott Weiss, "The 'I-Just-Got-Bought-by-a-Big-Company' Survival Guide," Andreessen Horowitz blog, Feb. 2, 2013.

11 Eisenmann et al., "Poppy (B)."

12 Fred Destin, "How to Get Really Screwed by Your Board and Investors in a Scaled Startup," *Medium*, Sept. 30, 2016.

13 브리지 금융에 대한 추가적인 관점은 다음 자료 참조. Fred Wilson, "Financing Options: Bridge Loans," AVC blog, Aug. 15, 2011; and Jason Lemkin, "How Bridge Rounds Work in Venture Capital: Messy, Full of Drama, and Not Without High Risk," SaaStr blog, June 20, 2019.

14 인력 감축에 대한 추가적인 관점은 다음 자료 참조. Erick Schonfeld, "Email from Jason Calacanis: How to Handle Layoffs," TechCrunch website, Oct. 22, 2008; and Fred Wilson, "MBA Mondays: How to Ask an Employee to Leave the Company," AVC blog, July 2, 2012.

15 Fishkin, *Lost and Founder*, Ch. 17.

16 Goldberg, "On the Rebound."

17 저자의 골드버그 인터뷰

18 Fishkin, *Lost and Founder*, Ch. 17.

19 Lee, "Startup Mortality."

20 Dawn DeTienne, Dean Shepherd, and Julio De Castro, "The Fallacy of 'Only the Strong Survive': The Effects of Extrinsic Motivation on the Persistence Decisions for Under-Performing Firms," *Journal of Business Venturing* 23 (2008): 528–546에서는 창업가들이 심각한 문제에 빠진 스타트업을 폐업하지 않고 계속 운영하는 이유에 대한 이론적인 모델을 제시하고, 컨조인트 분석법을 사용해 이 모델을 테스트한다. 내가 이 목록에 포함시키지 않은 요인 중의 하나는 창업가가 과거 스타트업을 설립해서 성공한 기록이다. 디 티엔을 포함한 위 글의 저자들에 따르면 이전의 회사에서 성공했던 창업가는 승리를 위한 자신만의 비결이 있다고 믿기 때문에 사업을 더 오래 유지하려는 성향이 강하다고 한다.

21 Mike Gozzo, My Startup Has 30 Days to Live blog, *Tumblr*, 2013.

22 Gozzo, 30 Days.

23 Lee, "Startup Mortality."

24 스티브 카펜터, 2019년 2월 HBS MBA '창업 실패' 수업 방문

25 Gozzo, 30 Days.

26 제리 콜로나, 2019년 5월 HBS MBA '창업 실패' 수업 방문

27 Gozzo, 30 Days.

28 Gozzo, 30 Days.

29 Jasper Diamond Nathaniel, "When Your Startup Fails," Medium: Noteworthy blog, Apr. 15, 2019.

30 Eisenmann and Ma, "Baroo (B)."

31 퀸시의 폐업에 관한 상세 상황은 이 스타트업의 투자자로서 저자의 경험을 토대로 기술했다.

32 Eisenmann and Ma, "Baroo (B)."

33 Eisenmann and Ma, "Baroo (B)."

34 저자가 2019년 7월 9일 에일린 리와 진행한 인터뷰

35 어크하이어에 대한 추가적인 관점은 다음 자료 참조. John Coyle and Gregg Polsky, "Acqui-hiring," *Duke Law Journal* 62, no. 3 (2013): 281 – 346; and Chris Dixon, "The Economic Logic Behind Tech and Talent Acquisitions," cdixon blog, Oct. 18, 2012.

36 Gozzo, 30 Days.

37 Lee, "Startup Mortality."

38 변호사에게 선불로 수임료를 지불하라는 제안의 출처는 Gabe Zichermann, "How and Why to Shut Down Your Startup," Medium: The Startup, Aug. 2, 2019. 그리고 Alex Fishman, "How to Shut Down a Startup in 36 Hours," *Medium*, July 2, 2016. 역시 앞의 자료와 더불어 폐업 프로세스에 관한 여러 가지 유용한 지침을 제공한다. 더 많은 정보가 필요하면 Abigail Edgecliffe-Johnson이 만든 웹사이트 The Shut Down을 참조하라.

39 회사의 폐업에 따라 자산을 처분하는 세 가지 접근 방식의 출처는 Bethany Laurence, "Going Out of Business: Liquidate Assets Yourself or File for Bankruptcy?" and Laurence, "How to Liquidate a Closing Business's Assets," NOLO website. 또 놀로의 웹사이트 "Going Out of Business Page"에도 많은 조언이 실려 있다.

40 Eisenmann et al., "Anthony Soohoo: Retrospection."

41 Bethany Laurence, "Negotiating Debt Settlements When You Go Out of

Business," NOLO website.

42   Eisenmann and Ma, "Baroo (B)."

제11장 다시 일어서기

1   이 장 처음 두 단락의 출처는 Christina Wallace, "What Happens When You Fail?" Ch. 13 in Charu Sharma (ed.), *Go Against the Flow: Women, Entrepreneurship and Success* (independently published, 2019).

2   Josh Carter, "Failing and Other Uplifting Anecdotes," *Medium*, Jan. 5, 2019.

3   Nikki Durkin, "My Startup Failed, and This Is What It Feels Like," *Medium: Female Founders*, June 23, 2014.

4   Elisabeth Kübler-Ross, *On Death and Dying: What the Dying Have to Teach Doctors, Nurses, Clergy and Their Own Families* (New York: Scribner, 1969).

5   Eisenmann et al., "Anthony Soohoo: Retrospection."

6   Eisenmann et al., "Anthony Soohoo: Retrospection."

7   창업 실패를 극복하는 방법에 관한 셰퍼드의 학술적 연구는 다음 자료에 요약돼 있다. Dean Shepherd, Trenton Williams, Marcus Wolfe, and Holger Patzelt, *Learning from Entrepreneurial Failure: Emotions, Cognitions, and Actions* (Cambridge, UK: Cambridge University Press, 2016). 또 *From Lemons to Lemonade: Squeeze Every Last Drop of Success Out of Your Mistakes* (Upper Saddle River, NJ: Prentice Hall, 2009)는 일반 독자들을 위해 셰퍼드의 통찰을 보다 쉽게 설명한다. 그리고 Walsh and Cunningham, "Business Failure and Entrepreneurship"은 창업가들이 스타트업의 실패를 딛고 회복하는 방법에 대한 여러 학술적 문헌을 정리해서 보여 준다.

8   Eisenmann et al., "Poppy (B)."

9   Adi Hillel, "Killing Your Startup and Staying Alive: Four Steps to Entrepreneurial Resilience," *Medium: Hubitus*, Mar. 23, 2016.

10   Walsh and Cunningham, "Business Failure and Entrepreneurship"은 창업가들이 스타트업의 실패에서 배우는 방법에 대한 여러 학술적 문헌을 요약해준다. 또 Amy Edmondson, "Strategies for Learning from Failure," *Harvard Business Review*, April 2001는 조직의 실패를 초래하는 다양한 이유, 실패를 통한 학습을 가로막는 장벽, 그리고 그 장벽을 극복하는 전략들을 개괄적으로 제시한다.

11   Y. Liu, Y. Li, X. Hao, and Y. Zhang, "Narcissism and Learning from Entrepreneurial Failure," *Journal of Business Venturing* 34 (2019): 496-512에서 언급한 설문 조사 자료에 따르면 자아도취적 성향이 강한 설립자들은 과거 창업한 스타트업의 실패를 통해 학습하는 비율이 현저히 낮다고 한다.

12   이 단락의 인용문 출처는 Goldberg, "On the Rebound"

13   나는 피치북 데이터를 바탕으로 2013년과 2014년에 설립돼 50만 달러 이상의 투자를 유치한 뒤 2015년에 폐업한 스타트업의 목록을 작성했다. CEO들의 경력 사항은 링크드인의 프로필을 참조했다. 50개 스타트업의 CEO 중 25명은 2015년에 문을 닫은 회사 이전에 창업 경험이 있었으며 나머지 25명은 처음으로 스타트업을 설립한 초보 창업가였다.

14   Jason Cope, "Learning from Entrepreneurial Failure: An Interpretive Phenomenological Analysis," *Journal of Business Venturing* 26 (2011): 604-623.

15   Fishkin, *Lost and Founder*, Afterword.

16   Eisenmann and Ma, "Baroo (B)."

17   "Agassi Turns Environment Friendly Focus to Mass Transport," Haaretz, Aug. 7, 2014.

나가는 글_ 새내기 창업가에게 보내는 편지

1   Graham, "Startup = Growth."

2   Daniel Kahneman, *Thinking, Fast and Slow* (New York: Farrar, Strauss and

Giroux, 2011).

3   HBS 동문 설립자들의 편지 회답은 다음 자료에 실려 있다. Tom Eisenmann, "No Regrets (Mostly): Reflections from HBS MBA '99 Entrepreneurs," Launching Technology Ventures course blog, Mar. 28, 2011.

부록_ 초기 단계 스타트업 설문 조사 결과 분석

1   내가 사용한 다항 로지스틱 회귀 모델은 N=470, 우도비검정을 위한 카이 제곱 차이의 모델 적합도=198.1, 자유도 92 및 유의수준=0.000, 콕스&스텔 R-제곱=0.344 등과 양호한 적합도를 나타냈다. 순서형 로지스틱 회귀ordinal logistic regression 모델도 전반적으로 비슷한 결과를 도출하겠지만, 여기서 다항 로지스틱 회귀 모델을 채택한 이유는 내 데이터가 비례 확률에 대해 순서형 회귀 모델의 요건을 충족하지 못했기 때문이다. 다시 말해 스타트업의 가치 평가가 낮은 단계에서 중간 단계로 이동할 때 예측 변수가 종속 변수에 미치는 효과는 중간 단계에서 높은 단계로 움직일 때의 효과와 같지 않았다. 이 모델들과 회귀분석의 결과에 대해 더 자세한 내용을 알고 싶으면 저자의 논문을 참조하라.